Avviare un'attività di allevamento di cani Libro per principianti

Guida per gli allevatori al denaro gratuito, agli articoli commerciali per cani, alla gestione dei cani da servizio e alla nascita dei cuccioli

Di Brian Mahoney

Copyright © 20124 Brian Mahoney
Tutti i diritti riservati.

Esclusione di responsabilità

Questo libro è stato scritto come guida all'avvio di un'impresa. Come ogni altra azione ad alto rendimento, l'avvio di un'impresa comporta un certo grado di rischio. Questo libro non intende sostituirsi alla consulenza contabile, legale, finanziaria o di altro tipo. Se è necessaria una consulenza in uno di questi campi, si consiglia di rivolgersi a un professionista.

Sebbene l'autore abbia cercato di rendere le informazioni contenute in questo libro il più accurate possibile, non si garantisce l'accuratezza o l'attualità di ogni singola voce. Le leggi e le procedure relative agli affari cambiano continuamente.

Pertanto, in nessun caso Brian Mahoney, l'autore di questo libro, potrà essere ritenuto responsabile per danni speciali, indiretti o consequenziali o per qualsiasi altro danno in relazione all'uso delle informazioni qui fornite.

Tutti i diritti riservati

Nessuna parte di questo libro può essere utilizzata o riprodotta in alcun modo senza l'autorizzazione scritta dell'autore.

Indice dei contenuti

CCapitolo 1 Panoramica sull'allevamento dei cani

Capitolo 2 Riproduzione e riproduzione canina

Capitolo 3 Guida all'allevamento dei cani da assistenza

Capitolo 4 Forniture e attrezzature per l'allevamento dei cani

Capitolo 5 Avvio dell'attività imprenditoriale passo dopo passo

Capitolo 6 Il modo migliore per scrivere un piano aziendale

Capitolo 7 Assicurazione aziendale

Capitolo 8 La miniera d'oro delle sovvenzioni governative

Capitolo 9 Soldi colossali dal Crowd Funding

Capitolo 10 Marketing Come raggiungere un miliardo di persone gratuitamente!

Capitolo 11 ALLEVAMENTO DEI CANI GUIDA ALLE RISORSE WEB

Capitolo 1
Allevamento di cani
Panoramica

Panoramica sull'allevamento dei cani

ALLEVAMENTO DI CANI

Associazione americana degli allevatori di cani

L'American Dog Breeders Association, Inc. è stata fondata nel settembre 1909 come associazione multirazza. Il presidente in carica, Guy McCord, era un appassionato e allevatore di American Pit Bull Terrier, nonché amico intimo di John P. Colby. Il signor Colby era la colonna portante dell'A.D.B.A., che si vantava di essere l'ufficio di registrazione "domestico" dei cani Colby. Tutti i membri in regola potevano registrare i loro cani e le loro cucciolate presso il dipartimento di registrazione previo pagamento di una quota annuale di 2,50 dollari. Sembra che l'idea dell'esclusività dei membri sia stata gradualmente sostituita da un registro aperto a tutti i proprietari e allevatori di cani di razza. Col tempo l'associazione si concentrò sulla registrazione dell'American Pit Bull Terrier.

Panoramica sull'allevamento dei cani

L'A.D.B.A. passò dalle mani di McCord a quelle di Frank Ferris nel 1951. Questi, insieme alla moglie Florence Colby (moglie del defunto John P. Colby), continuò a gestire l'A.D.B.A. su scala limitata, ma con un'enfasi sempre maggiore sulla registrazione della razza A.P.B.T. esclusivamente.

Nel 1973, grazie alla raccomandazione di Howard Heinzl, Ralph Greenwood e la sua famiglia acquistarono l'A.D.B.A. dal signor Ferris, la cui età avanzata lo spinse a ritirarsi. (Il signor Heinzl era un amico personale di Frank Ferris e un convinto sostenitore dell'A.D.B.A., in quanto registrava i suoi cani esclusivamente con l'A.D.B.A.) Spesso vorremmo che Frank potesse vivere per assistere alla crescita dell'attuale associazione. Ne sarebbe stato felice.

L'associazione continua a crescere negli Stati Uniti e in altri Paesi all'estero. L'American Dog Breeders Association Inc. è il più grande ufficio di registrazione dell'American Pit Bull Terrier e ora accetta anche altri cani di razza pura, di solito razze da lavoro.

A partire dal 27 ottobre 2006, il registro apre il suo libro genealogico ad altri cani di razza.

Panoramica sull'allevamento dei cani

Che cos'è l'allevamento di cani?

L'allevamento di cani è la pratica di accoppiare cani selezionati con l'intento di mantenere o produrre qualità e caratteristiche specifiche. Quando i cani si riproducono senza l'intervento dell'uomo, le caratteristiche della prole sono determinate dalla selezione naturale, mentre "allevamento di cani" si riferisce specificamente alla selezione artificiale dei cani, in cui i cani sono allevati intenzionalmente dai loro proprietari. Una persona che accoppia intenzionalmente i cani per produrre cuccioli viene definita allevatore di cani. L'allevamento si basa sulla scienza della genetica, quindi l'allevatore con una conoscenza della genetica canina, della salute e dell'uso previsto per i cani cerca di allevare cani adatti.

Panoramica sull'allevamento dei cani

La storia

Tre generazioni di "Westies" in un villaggio di Fife, Scozia

Gli esseri umani hanno mantenuto popolazioni di animali utili intorno ai loro luoghi di residenza fin dalla preistoria. Hanno nutrito intenzionalmente i cani ritenuti utili, trascurandone o uccidendone altri, stabilendo così una relazione tra gli esseri umani e alcuni tipi di cani nel corso di migliaia di anni. Nel corso di questi millenni, i cani addomesticati si sono sviluppati in tipi o gruppi distinti, come i cani da guardia del bestiame, i cani da caccia e i sighthound. La selezione artificiale nell'allevamento dei cani ha influenzato il comportamento, la forma e le dimensioni dei cani negli ultimi 14.000 anni.

L'evoluzione dei cani dai lupi è un esempio di neotenia o selezione deledomorfismo, che si traduce nel mantenimento delle caratteristiche fisiche giovanili. Rispetto ai lupi, molte razze canine adulte conservano caratteristiche giovanili come la pelliccia morbida e soffice, il torace rotondo, la testa e gli occhi grandi, le orecchie che pendono anziché essere erette, ecc.

Panoramica sull'allevamento dei cani

Si è visto che questi tratti possono persino indurre una femmina adulta di lupo a comportarsi in modo più difensivo nei confronti dei cuccioli di cane che dei cuccioli di lupo. L'esempio della neotenia canina si spinge ancora più in là, in quanto le varie razze di cani sono neotenizzate in modo diverso a seconda del tipo di comportamento che è stato selezionato.

Per mantenere queste distinzioni, l'uomo ha fatto accoppiare intenzionalmente cani con determinate caratteristiche per incoraggiarle nella prole. Grazie a questo processo, sono state sviluppate centinaia di razze canine. Inizialmente, la proprietà di cani da lavoro e, successivamente, di cani di razza pura, era un privilegio dei ricchi. Oggi, molte persone possono permettersi di acquistare un cane. Alcuni allevatori scelgono di allevare cani di razza pura, mentre altri preferiscono affidare la nascita di una cucciolata a un'anagrafe canina, come il kennel club, per registrarla in libri genealogici come quelli tenuti dall'AKC (American Kennel Club).

Tali registri conservano i dati relativi alla discendenza dei cani e sono solitamente affiliati ai club canini. Il mantenimento di dati corretti è importante per l'allevamento di cani di razza. L'accesso ai registri consente all'allevatore di analizzare i pedigree e di prevedere i tratti e i comportamenti.

Panoramica sull'allevamento dei cani

I requisiti per l'allevamento delle razze pure registrate variano a seconda delle razze, dei Paesi, dei club canini e dei registri. È stato concluso che "i risultati implicano che quando l'allevamento selettivo è stato fatto dall'uomo, ha schiacciato il muso di alcune razze di cani, ma ha anche modificato il loro cervello" (Scientific American, 2010). Gli allevatori devono attenersi alle regole dell'organizzazione specifica per partecipare ai programmi di mantenimento e sviluppo della razza. Le regole possono riguardare la salute dei cani, come radiografie delle articolazioni, certificazioni dell'anca ed esami oculistici; le qualità lavorative, come il superamento di un test speciale o i risultati ottenuti in una prova; la conformazione generale, come la valutazione di un cane da parte di un esperto della razza. Tuttavia, molti registri, in particolare quelli del Nord America, non sono agenzie di polizia che escludono i cani di scarsa qualità o salute. La loro funzione principale è semplicemente quella di registrare i cuccioli nati da genitori a loro volta registrati.

Panoramica sull'allevamento dei cani

Critica

Alcuni cani presentano alcune caratteristiche ereditarie che possono trasformarsi in disabilità o malattia. La displasia dell'anca canina è una di queste condizioni. È stato dimostrato che alcune anomalie oculari, alcune patologie cardiache e alcuni casi di sordità sono ereditari. Sono stati condotti studi approfonditi su queste condizioni, comunemente sponsorizzati da club di razza e registri canini, mentre i club di razza specializzati forniscono informazioni sui difetti genetici comuni delle loro razze. Inoltre, organizzazioni speciali, come la Orthopedic Foundation for Animals, raccolgono dati e li forniscono agli allevatori e al pubblico in generale. Condizioni come la displasia dell'anca possono avere un impatto maggiore su alcune razze rispetto ad altre.

Alcuni registri, come quello dell'American Kennel Club, possono includere una registrazione dell'assenza di determinate tare genetiche, nota come certificazione, nella scheda di un singolo cane. Ad esempio, il club nazionale del cane da pastore tedesco in Germania è un registro che riconosce che la displasia dell'anca è un difetto genetico per i cani di questa razza.

Panoramica sull'allevamento dei cani

Di conseguenza, richiede che tutti i cani superino la valutazione dell'assenza di displasia dell'anca per registrare la loro progenie e registra i risultati nei pedigree dei singoli cani.

Esistono documentari della BBC intitolati "Pedigree Dogs Exposed" e "Pedigree Dogs Exposed - Three Years On" che denunciano problemi di salute nei cani dovuti alla consanguineità. Problemi come la respirazione nella razza Carlino e Pechinese, problemi alla colonna vertebrale nella razza Bassotto e siringomielia nella razza Cavalier King Charles Spaniel.

Alcuni ricercatori scientifici sostengono che i progressi della tecnologia di riproduzione artificiale per l'allevamento dei cani possono essere utili, ma hanno anche "impatti dannosi" se utilizzati in modo eccessivo al posto dei principi della selezione naturale. Questi scienziati chiedono una comprensione più approfondita della selezione naturale, che porti a un approccio più naturalistico nell'allevamento dei cani.

Panoramica sull'allevamento dei cani

Cane di razza

Un cane di razza pura si riferisce tipicamente a un cane di una razza canina moderna con un pedigree documentato in un libro genealogico e può essere registrato presso un club di razza che può anche far parte di un kennel club nazionale.

Il termine "cane di razza" può anche essere usato in modo diverso per indicare cani di tipi specifici e razze che non sono razze moderne. Il biologo Raymond Coppinger cita l'esempio di un pastore italiano che tiene solo i cuccioli bianchi delle cucciolate del suo cane guardiano di pecore, eliminando gli altri, perché definisce quelli bianchi come di razza pura. Coppinger dice: "La definizione di puro del pastore non è sbagliata, è semplicemente diversa dalla mia". Tuttavia, la definizione abituale è quella che riguarda le razze moderne.

Registrazione

I cani di razza sono membri pedigree di razze moderne. Questi cani possono essere registrati in un club di razza. I club di razza possono essere un libro genealogico aperto o un libro genealogico chiuso, il termine può essere interpretato in entrambi i casi. Di solito il club di razza è anche associato a un kennel club (AKC, UKC, CKC ecc.). Tuttavia, i cani registrati presso un club di razza vengono solitamente definiti "registrati".

Panoramica sull'allevamento dei cani

Alcuni usano il termine esclusivamente per un cane che è stato anche registrato presso un club di razza, ma più spesso è usato semplicemente come termine generico per riferirsi a cani che hanno pedigree noti all'interno di una razza standardizzata. Un cane di razza pura non può essere interpretato come un cane di alta qualità. Non si tratta di una riflessione sulla qualità della salute, del temperamento o della sagacia del cane, ma semplicemente di un riferimento al fatto che il cane ha una discendenza nota secondo l'allevatore. Sebbene alcuni club di razza possano ora garantire la parentela attraverso il test del DNA, per la maggior parte tutti i club di razza devono affidarsi esclusivamente alla parola dell'allevatore e alla sua scelta di parentela. Nei primi anni del concetto di kennel club questo non era un problema, poiché l'allevamento dei cani era praticato solo da persone estremamente ricche e la loro reputazione era in gioco. Tuttavia, nell'era moderna dell'allevamento, bisogna essere consapevoli che anche un campione di razza pura e registrato con DNA, che ha vinto concorsi nazionali, può avere seri problemi di salute.

Panoramica sull'allevamento dei cani

Il libro genealogico chiuso richiede che tutti i cani discendano da una serie di antenati noti e registrati; ciò comporta una perdita di variazione genetica nel tempo, nonché un tipo di razza altamente identificabile, che è alla base dello sport della conformazione. Al fine di esaltare caratteristiche specifiche, la maggior parte dei moderni cani di razza pura registrati con libri genealogici chiusi sono altamente consanguinei, aumentando la possibilità di malattie su base genetica.

Il libro genealogico aperto, che prevede l'accettazione di alcuni incroci, è spesso utilizzato nei registri dei cani da pastore, da caccia e da lavoro (per cani da lavoro si intendono i cani della polizia, i cani da assistenza e altri cani che lavorano direttamente con gli esseri umani, non con la selvaggina o il bestiame) per i cani che non sono impegnati anche nello sport delle mostre di conformazione. Si presume che gli incroci con altre razze e l'allevamento per le caratteristiche di lavoro (piuttosto che per l'aspetto) diano come risultato un cane più sano. L'uso eccessivo di un particolare cane da monta, dovuto alla desiderabilità dello stile di lavoro o dell'aspetto del cane, porta a una riduzione della diversità genetica, sia che la razza utilizzi un libro genealogico aperto o un libro genealogico chiuso.

Panoramica sull'allevamento dei cani

Il Jack Russell Terrier Club of America afferma: "La consanguineità favorisce i geni di eccellenza e i geni deleteri". Alcune razze a libro genealogico aperto, come il Jack Russell Terrier, hanno limitazioni severe sulla consanguineità.

Incroci di cani

Gli incroci di cani (incroci di prima generazione di due cani di razza pura, detti anche ibridi di cani) non sono razze e non sono considerati di razza pura, anche se gli incroci delle stesse due razze di razza pura possono avere "qualità identiche", simili a quelle che ci si aspetterebbe dall'allevamento di due cani di razza pura, ma con una maggiore variazione genetica. Tuttavia, gli incroci non sono di razza vera (cioè la progenie presenta caratteristiche coerenti, riproducibili e prevedibili) e possono essere riprodotti solo tornando alle due razze pure originali.

Tra le razze di cani da caccia, da pastore o da lavoro iscritte nei registri aperti, un cane incrociato può essere registrato come membro della razza a cui assomiglia di più se il cane lavora secondo le modalità della razza.

Panoramica sull'allevamento dei cani

Alcuni registri di cani da caccia, da pastore o da lavoro accettano i cani di razza mista (cioè di eredità sconosciuta) come membri della razza se lavorano nel modo corretto, chiamati a registrarsi in base al merito.

Misto

Per i cani da compagnia di razza mista (eredità sconosciuta), incrociati (provenienti da due diverse razze pure) o comunque non registrati, sono disponibili molti piccoli registri a pagamento su Internet che certificheranno qualsiasi cane come razza pura, qualunque cosa si voglia inventare.

Tuttavia, vengono continuamente create legittimamente nuove razze di cani e ci sono molti siti web di associazioni e club di razza che offrono registrazioni legittime per razze nuove o rare. Quando i cani di una nuova razza sono "visibilmente simili nella maggior parte delle caratteristiche" e hanno una discendenza documentata e affidabile da un "ceppo di base noto e designato", possono essere considerati membri di una razza e, se un singolo cane è documentato e registrato, può essere definito di razza pura. Solo la documentazione dell'ascendenza dal patrimonio di base di una razza determina se un cane sia o meno un membro puro di una razza.

Panoramica sull'allevamento dei cani

Cane da esposizione

Il termine showdog viene comunemente utilizzato in due modi diversi. Per gli appassionati di cinofilia, un cane da esposizione è un cane di razza eccezionale, conforme al tipo di razza e con un carattere estroverso ed energico. Per le persone che non hanno interesse per le mostre canine, il termine "cane da esposizione" è spesso usato in modo scherzoso per indicare un cane le cui uniche caratteristiche sono l'aspetto. Raymond Coppinger afferma: "Questa recente moda dell'allevamento del cane di razza è fuori controllo".

Le esposizioni canine (e lo sport correlato del Junior Handling per bambini e ragazzi) continuano a essere attività popolari; una sola esposizione, il Crufts 2006, ha avuto 143.000 spettatori, con 24.640 cani di razza iscritti, in rappresentanza di 178 razze diverse provenienti da 35 Paesi. Lo sport dell'esposizione canina di conformazione è aperto solo ai cani di razza registrati.

Panoramica sull'allevamento dei cani

Problemi di salute

Le condizioni genetiche sono un problema particolare per i cani provenienti da registri i cui libri genealogici sono chiusi. Molti kennel club nazionali vietano la registrazione di cani affetti o portatori di determinate malattie genetiche. Alcune delle condizioni più comuni includono la displasia dell'anca, riscontrata nei cani di razza grande, la malattia di von Willebrand, una malattia che colpisce le piastrine ereditata nei Doberman Pinscher, l'entropion, un arricciamento della palpebra riscontrato negli Shar Peis e in molte altre razze, l'atrofia progressiva della retina, ereditata in molte razze, la sordità e l'epilessia, nota per essere ereditata nei cani da pastore belga, nei cani da pastore tedesco, nei Cocker Spaniel e nei San Bernardo. Nel 2008, la BBC ha trasmesso un documentario sui problemi di salute dei cani di razza.

Panoramica sull'allevamento dei cani

Il futuro dei cani di razza

La maggior parte delle razze del Kennel Club che esistono oggi sono state scelte a partire da razze terrestri esistenti alla fine del XIX secolo. Il modo in cui questi cani appaiono oggi, tuttavia, è stato personalizzato per rientrare nella descrizione che il club di razza ha scelto per loro. Per fare ciò, è stato necessario un allevamento selettivo e un rigoroso abbattimento. Ciò ha creato un collo di bottiglia genetico che, secondo alcuni, renderà impraticabile la riproduzione da libri genealogici chiusi. Le proposte di miglioramento includono l'outcrossing (l'apertura dei libri genealogici) e la misurazione e la regolamentazione della consanguineità. Ci sono alcuni allevatori che si assicurano che i cani che allevano non siano stati accoppiati con troppi altri cani, in modo che il pool genetico non si riduca a causa dell'accoppiamento di tutti con un padre popolare. Ce ne sono moltissimi che si limitano ad allevare due cani "schedati" pensando che sia l'unica cosa da fare.

Tuttavia, la scienza continua a migliorare e consente agli allevatori di testare le malattie genetiche. Se in passato gli allevatori erano in grado di individuare solo gli animali affetti, oggi è possibile eseguire test del DNA e allevare solo animali privi di geni affetti per ottenere razze più forti.

Capitolo 2
Riproduzione e riproduzione canina

Benvenuti in questa guida completa sulla riproduzione canina e sul parto. Questa guida vi guiderà attraverso i processi e le considerazioni essenziali per un'esperienza di riproduzione e parto di successo.

1. Comprendere l'anatomia riproduttiva canina

   Cani maschi:
   Gli organi riproduttivi principali sono i testicoli, che producono sperma e testosterone.
   Il pene contiene il bulbo ghiandolare, che si gonfia durante l'accoppiamento, garantendo una "cravatta" per una riproduzione efficace.

   Cani femmina:
   Gli organi principali sono le ovaie, l'utero e la vagina.
   Le femmine sono sottoposte a un ciclo estrale (calore) che comprende quattro fasi: proestro, estro, diestro e anestro.

2. Il ciclo estrale

   Proestro (9 giorni in media):
   Gonfiore della vulva e perdite sanguinolente.
   Le femmine attirano i maschi ma non sono ricettive.

   Estro (5-13 giorni):
   Si verifica l'ovulazione e la femmina è fertile e ricettiva.
   Le perdite si attenuano e la vulva rimane gonfia.

   Diestro (2 mesi se non si è in gravidanza):
   I livelli ormonali si stabilizzano e la femmina non è più ricettiva.

Anestro (4-5 mesi):
Periodo di riposo prima del ciclo successivo.

3. L'accoppiamento

Accoppiamento naturale: I cani maschi e le femmine possono interagire naturalmente. Il "legame" si verifica quando il bulbus glandis si gonfia, bloccando temporaneamente i cani tra loro.
Inseminazione artificiale: Si usa quando l'accoppiamento naturale non è praticabile. Un veterinario raccoglie lo sperma e lo deposita nel tratto riproduttivo della femmina.

4. Gravidanza

La gestazione dura 58-68 giorni (in media 63 giorni).
Segni di gravidanza:
Addome ingrossato.
Aumento dell'appetito.
Cambiamenti comportamentali (più affettuosi o solitari).
I capezzoli si ingrossano e possono scurirsi.

Conferma del veterinario:

Ecografia (da 21-25 giorni).
Radiografia (dal 45° giorno per valutare il numero di cuccioli).

5. Preparazione al parto

Creare una cassetta per il parto:
Abbastanza grande da permettere alla diga di allungarsi comodamente.
Pareti basse per un facile accesso, ma sufficientemente alte per contenere i cuccioli.
Biancheria da letto morbida e pulita.

Raccogliere i materiali:
Asciugamani puliti.
Cuscino riscaldante (impostato su basso) o lampada termica.
Siringa a bulbo (per liberare le vie respiratorie dei cuccioli).
Guanti monouso.
Forbici e pinze ombelicali sterili.

Monitorare la diga:
Misurare la temperatura rettale due volte al giorno durante l'ultima settimana. Un calo a 98-99°F indica che il travaglio inizierà entro 24 ore.

6. Il processo di ingrasso

Fase 1: preparazione (6-12 ore):

Irrequietezza, ansimare, annaspare e perdita di appetito.
La cervice si dilata e iniziano le contrazioni.

Fase 2: parto (6-12 ore o più):

I cuccioli nascono a distanza di circa 30-60 minuti l'uno dall'altro.
Ogni cucciolo è racchiuso in un sacco amniotico, che la diga dovrebbe rompere.

Assistere se necessario:

Rompere delicatamente il sacco e liberare il naso e la bocca del cucciolo.
Stimolare la respirazione strofinando con un asciugamano pulito.

Fase 3: Dopoparto:

La placenta viene espulsa per ogni cucciolo.
Assicurarsi che la diga non mangi troppa placenta, perché potrebbe causare disturbi allo stomaco.

7. Assistenza post-assistenza

Per la diga:
Monitorare i segni di infezione (perdite maleodoranti, febbre, letargia).
Fornire cibo nutriente e acqua fresca.
Per i cuccioli:
Controllare che sia caldo (inizialmente i cuccioli non sono in grado di regolare la temperatura).
Assicuratevi che ogni cucciolo si allatti entro le prime 2 ore per assumere il colostro.
Osservare l'aumento di peso (si consiglia di effettuare pesate giornaliere).

8. Risoluzione dei problemi

   Distocia (parto difficile):
      Rivolgersi a un veterinario se:
         Il travaglio supera le 2 ore senza un cucciolo.
         Un cucciolo è bloccato nel canale del parto.
         Le scariche verdi compaiono in assenza di cuccioli.

   Problemi dei cuccioli:
      I cuccioli deboli o poco reattivi possono aver bisogno di una stimolazione delicata e di calore.

9. Assistenza a lungo termine

   Fate socializzare presto i cuccioli e programmate la loro prima visita veterinaria a 6-8 settimane per le vaccinazioni e i controlli sanitari.
   Svezzare i cuccioli gradualmente tra le 3-4 settimane.

Seguendo questi accorgimenti, potrete garantire un'esperienza sicura e sana sia alla fattrice che ai suoi cuccioli.

Le cure neonatali e la salute dei cuccioli sono aspetti cruciali dell'allevamento dei cani. Ecco alcune considerazioni:

   Assistenza neonatale:

      Controllo della temperatura: Mantenere l'area del parto calda (circa 85-90°F) per i cuccioli appena nati, poiché inizialmente non sono in grado di regolare la loro temperatura corporea.

      Alimentazione: I cuccioli devono allattare entro poche ore dalla nascita per ricevere il colostro, che fornisce anticorpi essenziali.

Igiene: Mantenere l'area del parto pulita e asciutta per prevenire le infezioni.

Monitoraggio: Monitorare i cuccioli per individuare eventuali segni di sofferenza, malattia o mancata crescita.

Considerazioni sulla salute dei cuccioli:

Vaccinazioni: Seguire il programma di vaccinazione raccomandato dal veterinario per proteggere i cuccioli dalle malattie più comuni.

Sverminazione: Sverminare regolarmente i cuccioli per controllare i parassiti intestinali.

Alimentazione: Fornire una dieta bilanciata adatta all'età e alla razza per favorire la crescita e lo sviluppo.

Socializzazione: Esporre i cuccioli a diversi ambienti, persone ed esperienze per favorire la socializzazione e ridurre i problemi comportamentali.

Controlli sanitari: Programmare controlli sanitari regolari con un veterinario per individuare e affrontare tempestivamente eventuali problemi di salute.

Garantire un'adeguata cura neonatale e affrontare le considerazioni sulla salute dei cuccioli contribuirà a far crescere cani sani e felici, il che è essenziale per un'attività di allevamento di cani di successo.

Preparazione dei cicli riproduttivi e procedure di accoppiamento

Comprendere il ciclo riproduttivo:

Imparare il ciclo riproduttivo e le caratteristiche della razza specifica.

Conoscere le quattro fasi del ciclo estrale di un cane: proestro, estro, diestro e anestro.

Monitorate le vostre femmine per individuare i segni di preparazione, come i cambiamenti comportamentali e gli indicatori fisici come il gonfiore della vulva e le perdite.

Controlli sanitari e test genetici:

Programmare esami veterinari prima della riproduzione per assicurarsi che entrambi i cani siano in condizioni di salute ottimali.

Eseguire test genetici per identificare potenziali problemi ereditari che potrebbero essere trasmessi alla prole.

Aggiornate le vaccinazioni e assicuratevi che entrambi i cani siano esenti da parassiti o malattie trasmissibili.

Creare un piano di allevamento:

Pianificare il momento ideale per l'accoppiamento in base al ciclo di calore della femmina, in genere intorno al 9°-14° giorno di estro.

Tenere un registro della discendenza, della storia sanitaria e delle precedenti cucciolate per evitare la consanguineità.

Definire gli obiettivi dell'allevamento, come il miglioramento di tratti specifici o il rispetto degli standard di razza.

Preparare l'ambiente:

Predisporre un'area tranquilla e priva di stress per il processo di accoppiamento.
Assicuratevi che lo spazio sia pulito e privo di distrazioni o potenziali pericoli.
Predisporre un'area confortevole dove la femmina possa riposare dopo l'accoppiamento.

Procedure di accoppiamento:

Introdurre i cani in uno spazio controllato e neutro per ridurre al minimo i comportamenti territoriali.
Osservare il processo di accoppiamento per garantire la sicurezza e il corretto innesto, in particolare durante la fase di legatura, che può durare 5-30 minuti.
Evitare di interrompere i cani durante l'accoppiamento per ridurre lo stress o le lesioni.

Cura post accoppiamento:

Monitorare la femmina per individuare eventuali segni di gravidanza, come cambiamenti nell'appetito, nel comportamento o nelle condizioni fisiche.

Programmare una visita veterinaria di controllo per confermare la gravidanza tramite ecografia o palpazione.

Adattare la dieta e l'attività fisica della donna per favorire una gravidanza sana.

L'inclusione di consigli dettagliati, liste di controllo e suggerimenti da parte di allevatori esperti può aumentare il valore del capitolo per i lettori che iniziano la loro attività di allevamento di cani.

Capitolo 3
Guida a Allevare cani da assistenza

L'allevamento di cani da assistenza è un'attività mirata e specializzata che richiede una profonda conoscenza della genetica, del temperamento e dell'addestramento. Ecco una guida strutturata per garantire un approccio responsabile ed etico:

1. Comprendere il ruolo dei cani da assistenza

I cani da assistenza assistono le persone con disabilità svolgendo compiti specifici. I tipi più comuni includono:

Cani guida per persone ipovedenti.
Cani da ascolto per persone con problemi di udito.
Cani da assistenza alla mobilità per le disabilità fisiche.
Cani da assistenza psichiatrica per il supporto alla salute mentale.

Ogni ruolo richiede caratteristiche uniche e il programma di allevamento deve essere mirato alle caratteristiche fisiche e comportamentali appropriate.

2. Selezionare le razze adatte

Alcune razze sono comunemente utilizzate per la loro intelligenza, temperamento e addestrabilità:

Labrador Retriever: Amichevoli, adattabili e desiderosi di piacere.
Golden Retriever: Intelligenti e gentili.
Pastori tedeschi: Fedeli e disciplinati.
Barboncini: Ipoallergenici e di grande intelligenza.

La razza scelta deve essere in linea con i compiti specifici del cane da assistenza che si intende sostenere.

3. Valutare i riproduttori

I vostri cani da riproduzione devono avere le seguenti qualità:

Buona salute: Eseguire screening sanitari per le condizioni genetiche più comuni (ad esempio, displasia dell'anca, problemi agli occhi o patologie cardiache).
Temperamento stabile: Evitare cani con ansia, aggressività o estrema timidezza.
Pedigree comprovato: Selezionare cani provenienti da linee con una storia di animali di servizio di successo.

Assicurarsi che tutti i cani soddisfino gli standard di razza e superino le valutazioni comportamentali.

4. Test del temperamento

Iniziare presto le valutazioni del temperamento:

Test attitudinale del cucciolo (PAT) a 7-8 settimane: Misura la curiosità, l'attrazione sociale, la sensibilità al rumore e la risposta allo spavento.
Osservazioni comportamentali: Cercate la resilienza, la concentrazione e la volontà di imparare.

5. Potenziale formativo

L'obiettivo è produrre cani con:

Intelligenza: Apprendono rapidamente e sono in grado di adattarsi a compiti complessi.
Contegno calmo: Comfort in ambienti ad alto stress.
Capacità di socializzazione: Capacità di interagire bene con le persone e gli altri animali.

La socializzazione precoce con ambienti, suoni e persone diverse è essenziale.

6. Seguire pratiche etiche

Limitare la frequenza di allevamento: Proteggere la salute degli animali da riproduzione.
Rispettare le normative: Controllare le leggi locali, statali e federali sull'allevamento degli animali.
Trasparenza: Fornire agli acquirenti o alle organizzazioni i dati completi sulla salute e sul lignaggio.

7. Collaborare con formatori e organizzazioni

La collaborazione è fondamentale. Lavorate con addestratori esperti, veterinari e organizzazioni di cani da assistenza per:

Assicurarsi che i cuccioli siano abbinati a programmi di addestramento adeguati.
Ottenere un feedback per migliorare le vostre pratiche di allevamento.

8. Piano per i cani non idonei

Non tutti i cuccioli soddisfano i criteri dei cani da assistenza. Avere un piano per:

Adozione in case amorevoli.
Ruoli alternativi: Animali da terapia o da supporto emotivo.

9. Investire nella formazione continua

Rimani informato su:

Progressi nella genetica e nelle pratiche di allevamento.
Evoluzione dei requisiti per i compiti dei cani da assistenza.
Ricerca sulla salute e sul comportamento.

Seguendo questi passaggi, potete contribuire in modo significativo alla creazione di cani da assistenza che trasformano le vite.

Capitolo 4
Allevamento di cani
Forniture
e attrezzature

Forniture e attrezzature per l'allevamento dei cani

Bordo dell'animale domestico

PetEdge è un fornitore leader di forniture per la toelettatura all'ingrosso e di prodotti scontati per animali domestici.

Pet Edge vi dà accesso a oltre 12.000 prodotti di marca nazionale ed esclusivi di PetEdge attraverso i suoi cataloghi e il suo sito web.

http://goo.gl/R9DDto

ValleyVet

Sia che stiate cercando farmaci da prescrizione, vaccini, controllo dei parassiti, materiali per la recinzione, attrezzature, un nuovo paio di stivali o qualsiasi altra cosa, non cercate oltre ValleyVet che offre oltre 23.000 prodotti!

https://urlzs.com/hh2ro

Forniture e attrezzature per l'allevamento dei cani

Allevatori Exodus

Gli allevatori Exodus offrono forniture per la riproduzione come

- Kit di inseminazione
- Materiali per la raccolta del sangue
- Trasporto espresso di sperma canino
- Gestione e forniture per canili
- Kit e rilevatori di ovulazione
- Tutte le siringhe e gli aghi sterili in plastica
- Kit di rianimazione per cuccioli
- Materiale per la raccolta dello sperma
- Forniture per la gestione del congelamento dello sperma

e molto altro ancora!

https://www.exodusbreeders.com/

Forniture e attrezzature per l'allevamento dei cani

Fornitura veterinaria dalla A alla Z

A to Z vet supply ha oltre 50.000 prodotti. Risparmiate su tutto ciò che vi serve per l'allevamento dei cani acquistando le forniture per l'allevamento dei cani direttamente da A to Z Vet Supply. Il sito rende conveniente e conveniente fare scorta di prodotti di qualità per la toelettatura, farmaci, lettiere e altre forniture per cucce.

A to Z Vet Supply è anche la vostra unica risorsa per le forniture per il parto, dagli integratori per la riproduzione ai test di gravidanza ai vaccini per i cuccioli.

Offrono anche:

- Prodotti per il controllo di pulci e zecche
- Vermi D
- Collari e contratti di locazione
- Integratori / Prodotti nutrizionali
- Ausili per la formazione
- Giocattoli e dolcetti
- Sistemi ID

https://urlzs.com/kYMf1

Forniture e attrezzature per l'allevamento dei cani

Elenco completo delle razze canine riconosciute

American Kennel Club

L'American Kennel Club si impegna a sostenere l'integrità del suo Registro, a promuovere lo sport dei cani di razza e ad allevare per tipo e funzione. Fondato nel 1884, l'AKC® e le sue organizzazioni affiliate sostengono il cane di razza pura come compagno di famiglia, promuovono la salute e il benessere dei cani, si adoperano per tutelare i diritti di tutti i proprietari di cani e promuovono la proprietà responsabile dei cani.

Non solo è possibile ottenere un elenco di tutte le razze canine riconosciute, ma da questo sito web è anche possibile:

- Ottenere prodotti e servizi per l'addestramento dei cani
- Trova i cuccioli
- Acquista nuovi prodotti
- Partecipare a eventi sportivi
- Registra il tuo cane

http://www.akc.org/dog-breeds/

Forniture e attrezzature per l'allevamento dei cani

Forniture per l'addestramento dei cani

http://www.dog-training.com/

http://www.roverpet.com/

http://www.dogsupplies.com/

http://www.petwholesaler.com/index.php

http://www.happytailsspa.com/

http://www.futurepet.com/

http://www.petmanufacturers.com/

http://www.k9bytesgifts.com/

http://www.kingwholesale.com/

http://www.upco.com/

Forniture e attrezzature per l'allevamento dei cani

PROGRAMMI DI CERTIFICAZIONE

Consiglio di certificazione per Addestratori di cani professionisti

Il Certification Council for Professional Dog Trainers® (CCPDT®) è la principale risorsa indipendente di test e certificazione per i professionisti dell'addestramento e del comportamento dei cani. Definisce lo standard globale per lo sviluppo di esami rigorosi per dimostrare la padronanza di pratiche di addestramento del cane umane e basate sulla scienza. È un'organizzazione privata senza scopo di lucro.

http://www.ccpdt.org/

L'Associazione di Addestratori di cani professionisti

Sia che abbiate appena intrapreso la carriera di addestratore di cani, sia che siate veterani del settore o che stiate semplicemente cercando di decidere come aggiungere un cane alla vostra famiglia, l'APDT è il luogo in cui troverete i consigli, il supporto e la formazione di cui avete bisogno.

https://apdt.com/join/certification/

Capitolo 5
Avvio dell'attività imprenditoriale passo dopo passo

Iniziare l'attività commerciale

Solo negli Stati Uniti ci sono più di trenta milioni di imprese a domicilio.

Molte persone sognano l'indipendenza e la gratificazione finanziaria di un'attività da casa. Purtroppo lasciano che la paralisi dell'analisi li trattenga dall'agire. Questo capitolo è stato pensato per fornirvi una mappa per iniziare. Il passo più difficile in ogni viaggio è il primo.

Anthony Robbins ha creato un programma chiamato Potere personale. Ho studiato il programma molto tempo fa e oggi lo riassumerei dicendo che dovete trovare un modo per motivarvi a intraprendere azioni massicce senza paura di fallire.

2 Timoteo 1:7 Versione di Re Giacomo

"Dio infatti non ci ha dato uno spirito di timore, ma di potenza, di amore e di mente sana".

Iniziare l'attività commerciale

PASSO #1 CREARE UN UFFICIO IN CASA

Se volete fare soldi sul serio, rifate la caverna dell'uomo o della donna e create un posto dove poter fare affari, senza interruzioni.

PASSO N. 2: PREVEDERE UN BUDGET DI TEMPO PER LA PROPRIA ATTIVITÀ

Se avete già un lavoro, o se avete dei figli, possono occupare una grande quantità di tempo. Per non parlare degli amici benintenzionati che usano il telefono per diventare ladri di tempo. Mettete in preventivo del tempo per la vostra attività e rispettatelo.

FASE #3 DECIDERE IL TIPO DI ATTIVITÀ

Non è necessario essere rigidi, ma iniziare con il fine ultimo. Con l'esperienza si può diventare più flessibili.

Iniziare l'attività commerciale

PASSO #4 FORMA GIURIDICA PER LA VOSTRA AZIENDA

Le tre forme giuridiche di base sono la ditta individuale, la società di persone e la società di capitali. Ognuna ha i suoi vantaggi. Visitate il sito www.Sba.gov, informatevi su ciascuna di esse e prendete una decisione.

PASSO #5 SCEGLIERE UN NOME COMMERCIALE E REGISTRARLO

Uno dei modi più sicuri per scegliere un nome commerciale è quello di utilizzare il proprio nome. Utilizzando il proprio nome non ci si deve preoccupare di violazioni del diritto di copia.

Tuttavia, quando si tratta di questioni legali, è sempre opportuno rivolgersi a un avvocato o all'autorità legale competente.

Iniziare l'attività commerciale

FASE #6 SCRIVERE UN BUSINESS PLAN

Questo sembrerebbe un'ovvietà. Qualunque cosa stiate cercando di realizzare, dovreste avere un progetto. Dovreste avere un piano aziendale. Nella NFL ogni stagione vengono licenziati circa sette allenatori capo. Così, in un settore molto competitivo, un uomo senza alcuna esperienza di head coaching è stato assunto dai Philadelphia Eagles della NFL. Il suo nome era Andy Reid. Andy Reid sarebbe poi diventato l'allenatore di maggior successo nella storia della squadra. Uno dei motivi per cui il proprietario lo assunse fu perché aveva un business plan grande come un elenco telefonico. Non è necessario che il vostro piano aziendale sia così grande, ma se lo pianificate il più possibile, è meno probabile che vi agitiate quando le cose non vanno come previsto.

FASE #7 LICENZE E PERMESSI ADEGUATI

Andate in municipio e scoprite cosa dovete fare per avviare un'attività domestica.

Iniziare l'attività commerciale

PASSO #8 CREAZIONE DI UN SITO WEB, SELEZIONE DI BIGLIETTI DA VISITA, CANCELLERIA, BROCHURE

Questo è uno dei modi meno costosi non solo per avviare la propria attività, ma anche per promuoverla e metterla in rete.

PASSO #9 APRIRE UN CONTO CORRENTE AZIENDALE

Avere un conto aziendale separato rende molto più facile tenere traccia dei profitti e delle spese. Questo vi tornerà utile, sia che decidiate di fare le vostre tasse da soli o di affidarvi a un professionista.

PASSO #10 AGIRE IN QUALCHE MODO OGGI!

Questo non vuole essere un piano completo per l'avvio di un'attività. È stato pensato per indicarvi la direzione giusta per iniziare. Potete consultare la Small Business Administration per trovare molte risorse gratuite per avviare la vostra attività. Hanno anche un programma (SCORE) che vi darà accesso a molti professionisti in pensione che vi consiglieranno gratuitamente! Il loro sito web: **www.score.org**

Capitolo 6
Il modo migliore
Scrivere un
Piano aziendale

Come scrivere un business plan

Milioni di persone vogliono sapere qual è il segreto per fare soldi. La maggior parte è giunta alla conclusione che si tratta di avviare un'attività. Ma come si fa ad avviare un'attività? La prima cosa da fare per avviare un'attività è creare un business plan.

Un business plan è una dichiarazione formale di una serie di obiettivi aziendali, delle ragioni per cui si ritiene che siano raggiungibili e del piano per raggiungerli. Può anche contenere informazioni di base sull'organizzazione o sul team che cerca di raggiungere tali obiettivi.

Un business plan professionale è composto da otto parti.

1. Sintesi

Il sommario esecutivo è una parte molto importante del business plan. Molti la considerano la più importante perché questa parte del piano fornisce una sintesi dello stato attuale dell'azienda, della direzione che si vuole prendere e del motivo per cui il piano aziendale realizzato sarà un successo. Quando si richiedono fondi per avviare l'attività, il sommario esecutivo è un'occasione per attirare l'attenzione di un possibile investitore.

Come scrivere un business plan

2. Descrizione dell'azienda

La parte del business plan dedicata alla descrizione dell'azienda fornisce una rassegna di alto livello dei diversi aspetti della vostra attività. Si tratta di una sorta di "elevator pitch" in un breve riassunto che può aiutare i lettori e i possibili investitori a comprendere rapidamente l'obiettivo della vostra azienda e ciò che la contraddistingue, o quale esigenza unica andrà a colmare.

3. Analisi di mercato

La parte del business plan dedicata all'analisi di mercato deve analizzare in dettaglio il mercato e il potenziale monetario del vostro settore. Dovete dimostrare una ricerca dettagliata con strategie logiche per la penetrazione del mercato. Userete prezzi bassi o alta qualità per penetrare il mercato?

4. Organizzazione e gestione

La sezione Organizzazione e gestione segue l'Analisi di mercato. Questa parte del business plan contiene la struttura organizzativa dell'azienda, il tipo di struttura aziendale di costituzione, la proprietà, il team di gestione e le qualifiche di tutti coloro che ricoprono queste posizioni, compreso l'eventuale consiglio di amministrazione.

Come scrivere un business plan

5. Linea di servizi o prodotti

La parte del business plan dedicata ai servizi o ai prodotti vi dà la possibilità di descrivere il vostro servizio o prodotto. Concentratevi sui vantaggi per i clienti più che sulle funzioni del prodotto o del servizio. Ad esempio, un condizionatore d'aria produce aria fredda. Il vantaggio del prodotto è che rinfresca e rende i clienti più confortevoli, sia che stiano guidando in mezzo al traffico, sia che siano malati e seduti in una casa di cura. I condizionatori d'aria soddisfano un'esigenza che può fare la differenza tra la vita e la morte. Utilizzate questa sezione per indicare quali sono i vantaggi più importanti del vostro prodotto o servizio e quale esigenza soddisfa.

6. Marketing e vendite

Avere un piano di marketing collaudato è un elemento essenziale per il successo di qualsiasi azienda. Oggi le vendite online dominano il mercato. Presentate un solido piano di marketing su Internet e sui social media. Video su YouTube, annunci su Facebook e comunicati stampa possono far parte del vostro piano di marketing su Internet. Distribuire volantini e biglietti da visita è ancora un modo efficace per raggiungere i potenziali clienti.

Utilizzate questa parte del business plan per indicare le vendite previste e come siete arrivati a tale cifra. Fate ricerche su aziende simili per ottenere eventuali statistiche sui numeri di vendita.

Come scrivere un business plan

7. Richiesta di finanziamento

Quando scrivete la sezione "Richiesta di finanziamento" del vostro business plan, assicuratevi di essere dettagliati e di documentare i costi delle forniture, degli spazi, dei trasporti, delle spese generali e della promozione della vostra attività.

8. Proiezioni finanziarie

Di seguito è riportato un elenco di importanti rendiconti finanziari da includere nel pacchetto del business plan.

Dati finanziari storici

I dati finanziari storici sono costituiti da estratti conto bancari, bilanci e possibili garanzie per il prestito.

Dati finanziari prospettici

La sezione del business plan dedicata ai dati finanziari prospettici deve mostrare la crescita potenziale del vostro settore, con una proiezione di almeno cinque anni.

Per il primo anno si possono fare proiezioni mensili o trimestrali. Poi proiettate di anno in anno.

Includete un'analisi dei rapporti e delle tendenze per tutti i vostri rendiconti finanziari. Utilizzate grafici colorati per spiegare le tendenze positive, come parte della sezione proiezioni finanziarie del vostro business plan.

Come scrivere un business plan

Appendice

L'appendice non deve far parte del corpo principale del business plan. Dovrebbe essere fornita solo in caso di necessità. Il vostro business plan potrebbe essere visto da molte persone e non volete che certe informazioni siano disponibili a tutti. I finanziatori potrebbero aver bisogno di tali informazioni, quindi è bene avere un'appendice pronta per ogni evenienza.

L'appendice dovrebbe includere:

Storia del credito (personale e aziendale)

      Curriculum dei manager chiave

      Immagini del prodotto

      Lettere di referenza

      Dettagli degli studi di mercato

      Articoli di riviste o libri pertinenti

      Licenze, permessi o brevetti

      Documenti legali

      Copie dei contratti di locazione

Come scrivere un business plan

Permessi di costruzione

Contratti

Elenco dei consulenti aziendali, compresi avvocato e commercialista

Tenete un registro di chi vi permette di vedere il vostro business plan.

Includere una clausola di esclusione della responsabilità per il collocamento privato. Un Private Placement Disclaimer è un memorandum di collocamento privato (PPM) è un documento incentrato principalmente sui possibili svantaggi di un investimento.

Capitolo 7
Affari
Assicurazione

ASSICURAZIONE AZIENDALE

Consultate un avvocato per tutte le questioni commerciali.

All'inizio degli anni '90, una donna anziana acquistò una tazza di caffè bollente da un McDonald's drive-thru di Albuquerque. Versò il caffè e riportò ustioni di terzo grado. Fece causa a McDonald's e vinse. Ha vinto 2,7 milioni di dollari di danni punitivi. Il verdetto è stato impugnato e il risarcimento è stimato intorno ai 500.000 dollari. Tutto questo perché si è rovesciata il caffè in grembo, mentre cercava di aggiungere zucchero e panna.

Due uomini dell'Ohio erano posatori di tappeti. Sono rimasti gravemente ustionati quando un contenitore da tre litri e mezzo di adesivo per tappeti ha preso fuoco, accendendo lo scaldabagno accanto al quale si trovava. Hanno ritenuto che l'etichetta di avvertimento sul retro del barattolo fosse insufficiente. Hanno quindi intentato una causa contro i produttori di adesivo e hanno ottenuto un risarcimento di nove milioni di dollari.

Una donna dell'Oklahoma ha acquistato un Winnebago nuovo di zecca. Mentre lo guidava per tornare a casa, ha impostato il cruise control a 70 miglia all'ora. Poi ha lasciato il posto di guida per prepararsi un caffè o un panino nel retro del camper.

ASSICURAZIONE AZIENDALE

Il veicolo si è schiantato e la donna ha fatto causa a Winnebago per non averla avvisata che il cruise control non guida e non governa il veicolo. La donna vinse 1,7 milioni di dollari e l'azienda dovette riscrivere il manuale di istruzioni.

Purtroppo tutte e tre le cause legali sono reali. Se avete intenzione di gestire un'attività, qualsiasi attività, dovreste prendere in considerazione l'idea di proteggervi con un'assicurazione di responsabilità civile professionale, nota anche come assicurazione per errori e omissioni (E & 0).

Questo tipo di assicurazione può aiutarvi a tutelarvi dall'eventualità di dover pagare l'intero costo della difesa contro una richiesta di risarcimento per negligenza.

La polizza Error and Omissions può proteggervi da richieste di risarcimento che di solito non sono coperte dalla normale assicurazione di responsabilità civile. Queste polizze coprono solitamente i danni fisici o materiali. La polizza Errori e omissioni può tutelarvi contro la negligenza e altre angosce mentali, come consigli inesatti o false dichiarazioni. L'azione penale non è coperta.

L'assicurazione contro gli errori e le omissioni è consigliata a notai, mediatori immobiliari o investitori e professionisti come: ingegneri informatici, avvocati, ispettori domestici, sviluppatori di siti web e architetti paesaggisti, solo per citare alcune professioni.

ASSICURAZIONE AZIENDALE

Le più comuni richieste di risarcimento per errori e omissioni:

%25 Violazione del dovere fiduciario

%15 Violazione del contratto

%14 Negligenza

%13 Mancata supervisione

%11 Inidoneità

%10 Altro

ASSICURAZIONE AZIENDALE

Le cose da sapere o da richiedere prima di acquistare una polizza Errori e omissioni sono...

* Qual è il limite di responsabilità

* Cos'è la franchigia

* Include il FDD First Dollar Defense, che obbliga la compagnia assicurativa a combattere un caso senza franchigia.

* Ho una copertura Tail-end o Extended Reporting Coverage (assicurazione che dura fino alla pensione)?

* Estensione della copertura per i dipendenti

* Copertura della responsabilità civile informatica

* Copertura fiduciaria del Dipartimento del Lavoro

* Copertura dell'insolvenza

Se avete stipulato un'assicurazione contro gli errori e le omissioni, rinnovatela il giorno stesso della scadenza. È necessario fare attenzione a non creare lacune nella copertura, altrimenti si rischia di non ottenere il rinnovo della polizza.

ASSICURAZIONE AZIENDALE

Alcuni fornitori di assicurazioni E & O:

Assicurazione

Insureon dichiara che la polizza assicurativa mediana per errori e omissioni costa circa 750 dollari all'anno o circa 65 dollari al mese. Il prezzo varia ovviamente in base alla vostra attività, alla polizza scelta e ad altri fattori di rischio.

https://www.insureon.com/home

EOperless

EOforless.com aiuta i professionisti del settore assicurativo, degli investimenti e dell'immobiliare ad acquistare un'assicurazione E&O a un costo accessibile in cinque minuti o meno.

https://www.eoforless.com/

ASSICURAZIONE AZIENDALE

CalSurance Associati

In qualità di broker assicurativo leader, CalSurance Associates, una divisione di Brown & Brown Program Insurance Services, Inc. vanta oltre cinquant'anni di esperienza nella fornitura di prodotti assicurativi completi, servizi eccezionali e risultati comprovati a oltre 150.000 assicurati. Fornisce professionisti a livello nazionale e in diversi settori, tra cui alcune delle più grandi società finanziarie e assicurative degli Stati Uniti.

http://www.calsurance.com/csweb/index.aspx

Meglio prevenire che curare

L'assicurazione è uno dei costi nascosti dell'attività imprenditoriale. Queste sono solo alcune compagnie e una breve panoramica sul tema delle assicurazioni aziendali. Prima di prendere qualsiasi decisione in materia assicurativa, rivolgetevi a un avvocato o a un agente assicurativo qualificato. Proteggete voi e la vostra attività. Molti Stati non richiedono assicurazioni E&O. Ma se si considerano i costi di alcuni risarcimenti, è meglio essere sicuri che dispiaciuti.

Capitolo 8
Una miniera d'oro di sovvenzioni governative

Come scrivere un Vincente

Proposta di sovvenzione

Una miniera d'oro di sovvenzioni governative

Sovvenzioni governative. Molte persone non credono che le sovvenzioni governative esistano o pensano di non essere in grado di ottenerle.

Innanzitutto chiariamo una cosa. Il denaro delle sovvenzioni governative è il **VOSTRO denaro**. Il denaro del governo proviene dalle tasse pagate dai residenti di questo Paese. A seconda dello Stato in cui si vive, si pagano tasse su quasi tutto....Tassa di proprietà per la casa. Tassa di proprietà sulla vostra auto. Tasse sugli oggetti che acquistate al centro commerciale o alla stazione di servizio. Tasse sulla benzina, sui prodotti alimentari acquistati, ecc.

Quindi mettetevi in testa che non siete un caso di carità o troppo orgogliosi per chiedere aiuto, perché le aziende miliardarie come GM, le grandi banche e la maggior parte delle Corporate America non esitano a ottenere la loro parte dei **VOSTRI SOLDI**!

Esistono oltre duemilatrecento (2.300) programmi di assistenza del governo federale. Alcuni sono prestiti, ma molti sono sovvenzioni di formula e sovvenzioni di progetto. Per vedere tutti i programmi disponibili, visitate il sito:

https://beta.sam.gov/help/assistance-listing

SCRIVERE UNA PROPOSTA DI SOVVENZIONE

Le componenti di base di una proposta

Ci sono otto componenti fondamentali per creare un pacchetto di proposte solido:

1. La sintesi della proposta;

2. Introduzione dell'organizzazione;

3. La dichiarazione del problema (o valutazione dei bisogni);

4. Obiettivi del progetto;

5. Metodi o design del progetto;

6. Valutazione del progetto;

7. Finanziamento futuro; e

8. Il budget del progetto.

SCRIVERE UNA PROPOSTA DI SOVVENZIONE

Sintesi della proposta

Il Riassunto della proposta è una sintesi degli obiettivi e delle finalità del progetto. Mantenete il Riepilogo della proposta breve e diretto. Non più di 2 o 3 paragrafi. Mettetelo all'inizio della proposta.

Introduzione

La parte introduttiva della proposta di sovvenzione presenta voi e la vostra azienda come un candidato e un'organizzazione credibili.

Evidenziate le realizzazioni della vostra organizzazione da tutte le fonti: articoli di giornale o online, ecc. Includere una biografia dei membri chiave e dei leader. Indicare gli obiettivi e la filosofia dell'azienda.

La dichiarazione del problema

L'enunciazione del problema chiarisce il problema che si intende risolvere (forse ridurre il fenomeno dei senzatetto). Assicuratevi di utilizzare i fatti. Indicate chi e come beneficerà della soluzione del problema. Indicate il modo esatto in cui risolverete il problema.

SCRIVERE UNA PROPOSTA DI SOVVENZIONE

Obiettivi del progetto

La sezione Obiettivi del progetto della vostra proposta di sovvenzione si concentra sugli Obiettivi e sui Risultati desiderati.

Assicuratevi di identificare tutti gli obiettivi e il modo in cui li raggiungerete. Più statistiche riuscite a trovare a sostegno dei vostri obiettivi, meglio è. Assicuratevi di inserire obiettivi realistici. Potrete essere giudicati in base a quanto riuscirete a realizzare ciò che avete dichiarato di voler fare.

Metodi e progettazione del programma

La sezione metodi e progettazione del programma della vostra proposta di sovvenzione è un piano d'azione dettagliato.

    Quali risorse saranno utilizzate.

    Quale personale sarà necessario.

    Sviluppo del sistema.

    Creare un diagramma di flusso delle caratteristiche del progetto.

    Spiegare cosa si otterrà.

    Cercate di produrre prove di ciò che sarà realizzato.

    Creare un diagramma di progettazione del programma.

SCRIVERE UNA PROPOSTA DI SOVVENZIONE

Valutazione

Esistono la valutazione del prodotto e la valutazione del processo. La valutazione del prodotto si occupa dei risultati relativi al progetto e di quanto il progetto abbia raggiunto i suoi obiettivi.

La valutazione del processo riguarda il modo in cui il progetto è stato condotto, la sua conformità al piano originale e l'efficacia complessiva dei diversi aspetti del piano.

Le valutazioni possono iniziare in qualsiasi momento durante il progetto o alla sua conclusione. Si consiglia di presentare un progetto di valutazione all'inizio del progetto.

Il risultato è migliore se si sono raccolti dati convincenti prima e durante il programma.

Se il progetto di valutazione non viene presentato all'inizio, ciò potrebbe incoraggiare una revisione critica del progetto del programma.

Finanziamento futuro

La parte della proposta di sovvenzione relativa al finanziamento futuro deve prevedere una pianificazione del progetto a lungo termine, oltre il periodo della sovvenzione.

SCRIVERE UNA PROPOSTA DI SOVVENZIONE

Bilancio

Utenze, noleggio di attrezzature, personale, stipendio, cibo, trasporti, bollette telefoniche e assicurazioni sono solo alcune delle cose da includere nel budget.

Un bilancio ben costruito tiene conto di ogni centesimo.

Per una guida completa alle sovvenzioni governative, cercate su Google

catalogo dell'assistenza federale nazionale. È possibile scaricare una versione completa del catalogo in formato PDF.

Altre fonti di finanziamento pubblico

È possibile ottenere prestiti generali per le piccole imprese dal governo. Per maggiori informazioni, visitate la Small Business Administration.

Programma di microprestito SBA

Il programma di microprestito prevede prestiti fino a 50.000 dollari, con un prestito medio di 13.000 dollari.

https://www.sba.gov/

SCRIVERE UNA PROPOSTA DI SOVVENZIONE

Recentemente il miliardario Elon Musk ha ottenuto 4,9 miliardi di dollari di sovvenzioni governative. Se siete esitanti a chiedere assistenza al governo, lasciatevelo dire. Un miliardario che paga poche tasse ha ricevuto miliardi di dollari dalle vostre tasse.

Le sovvenzioni governative esistono. Come qualsiasi altra cosa di valore, per ottenerle è necessario compiere degli sforzi e soddisfare delle qualifiche.

Capitolo 9
Contanti colossali da Crowd Funding

Crowd Funding Crowd Sourcing

Nel 2015 sono stati raccolti oltre 34 miliardi di dollari grazie al crowdfunding. Le radici del crowdfunding e del crowdsourcing risalgono al 2005 e aiutano a finanziare progetti raccogliendo denaro da un gran numero di persone, di solito utilizzando Internet.

Questo tipo di raccolta fondi o di capitale di rischio ha solitamente tre componenti. L'individuo o l'organizzazione con un progetto che necessita di finanziamenti, i gruppi di persone che donano al progetto e un'organizzazione che stabilisce una struttura o delle regole per mettere insieme i due elementi.

Questi siti web applicano delle commissioni. La commissione standard per il successo è di circa il 5%. Se l'obiettivo non viene raggiunto, è prevista una commissione.

Di seguito è riportato un elenco dei migliori siti web di crowdfunding secondo me e la collaboratrice della rivista Entrepreneur Sally Outlaw.

Crowd Funding Crowd Sourcing

https://www.indiegogo.com/

Nata come piattaforma per la realizzazione di film, oggi aiuta a raccogliere fondi per qualsiasi causa.

http://rockethub.com/

Nata come piattaforma per le arti, oggi aiuta a raccogliere fondi per le imprese, la scienza, i progetti sociali e l'istruzione.

http://peerbackers.com/

Peerbackers si concentra sulla raccolta di fondi per aziende, imprenditori e innovatori.

https://www.kickstarter.com/

Il più popolare e conosciuto tra i siti web di crowdfunding. Kickstarter si concentra su film, musica, tecnologia, giochi, design e arti creative. Kickstarter accetta solo progetti provenienti da Stati Uniti, Canada e Regno Unito.

Crowd Funding Crowd Sourcing

Gruppo Growvc

http://group.growvc.com/

Questo sito web è dedicato all'innovazione aziendale e tecnologica.

https://microventures.com/

Ottenere l'accesso agli investitori angelici. Questo sito web è dedicato alle imprese in fase di avviamento.

https://angel.co/

Un altro sito web per la creazione di imprese.

https://circleup.com/

Circle up è per le aziende di consumo innovative.

https://www.patreon.com/

Se avviate un canale YouTube (vi consigliamo di farlo), sentirete parlare spesso di questo sito web. Questo sito è dedicato ai creativi che si occupano di contenuti.

Crowd Funding Crowd Sourcing

https://www.crowdrise.com/

"Raccogliete fondi per qualsiasi causa che vi ispiri".
Lo slogan della Landing Page parla da sé. #Il sito web numero 1 per la raccolta di fondi per cause personali.

https://www.gofundme.com/

Questo sito web per la raccolta di fondi consente di realizzare attività commerciali, di beneficenza, di istruzione, di emergenza, sportive, mediche, commemorative, animali, fede, famiglia, sposi, ecc...

https://www.youcaring.com/

Il leader della raccolta fondi gratuita. Oltre 400 milioni di dollari raccolti.

https://fundrazr.com/

FundRazr è una pluripremiata piattaforma di raccolta fondi online che ha aiutato migliaia di persone e organizzazioni a raccogliere fondi
per le cause a cui tengono.

Capitolo 10 Marketing Come raggiungere un miliardo di persone gratuitamente!

Come raggiungere gratuitamente un miliardo di persone!

Il marketing dell'attività di caffetteria è essenziale per il suo successo. Nell'ambiente commerciale di oggi, il marketing non deve essere necessariamente costoso. Con i social media e i grandi motori di ricerca come Google e YouTube è possibile far conoscere la propria attività a milioni di persone senza spendere una fortuna.

MARKETING A COSTO ZERO

Sebbene esistano molti modi per fare marketing, ci concentreremo solo sul MARKETING A COSTO ZERO. Siete all'inizio. Potrete sempre optare per metodi di marketing più costosi dopo che la vostra attività avrà prodotto reddito.

WEB HOSTING GRATUITO

Ottenere un sito web gratuito. È possibile ottenere un sito web gratuito su weebly.com o wix.com. Oppure basta digitare "web hosting gratuito" in un motore di ricerca google, bing o yahoo.

L'hosting web gratuito è un servizio che si può utilizzare per diversi motivi. Tuttavia, molti siti di web hosting gratuito aggiungono un'estensione al nome del vostro indirizzo web che fa capire a tutti che state utilizzando i loro servizi. Per questo motivo, una volta che si inizia a guadagnare, è consigliabile scalare il servizio.

Come raggiungere gratuitamente un miliardo di persone!

WEB HOSTING A BASSO COSTO A PAGAMENTO

Il servizio gratuito è bello, ma quando si ha bisogno di espandere la propria attività è meglio optare per un servizio di web hosting a pagamento. Ce ne sono diversi che offrono un buon valore per meno di 10 dollari al mese.

1. Yahoo piccola impresa

2. Intuit.com

3. ipage.com

4. Hostgator.com

5. Godaddy.com

Yahoo small business consente di creare un numero illimitato di pagine web ed è probabilmente il migliore in assoluto, ma richiede un pagamento anticipato di anni. Intuit consente pagamenti mensili.

Per un commercio elettronico gratuito sul vostro sito web, aprite un account Paypal e ottenete gratuitamente il codice HTML per i pulsanti di pagamento. Poi mettete questi pulsanti sul vostro sito web.

Come raggiungere gratuitamente un miliardo di persone!

Fase 1 Internet marketing a costo zero

Ora che il vostro sito web è attivo e funzionante, dovreste registrarlo almeno sui 3 principali motori di ricerca. 1. Google 2. Bing 3. Yahoo.

Fase 2 marketing internet a costo zero

Scrivete e inviate un **comunicato stampa**. Cercate su Google "free press release sites" (siti di comunicati stampa gratuiti) che vi permetteranno di pubblicare comunicati stampa gratuitamente. Se non sapete come scrivere un comunicato stampa andate su www.fiverr.com e subappaltate il lavoro per soli 5 dollari!!!

Fase 3 Marketing su Internet a costo zero

Scrivete e inviate articoli a siti web di article marketing come **ezinearticles.com**.

Fase 4 marketing internet a costo zero

Create e inviate video a siti di condivisione video come dailymotion.com o **youtube.com**. Assicuratevi di includere un collegamento ipertestuale al vostro sito web nella descrizione dei vostri video.

Fase 5 marketing internet a costo zero

Inviate il vostro sito web a **dmoz.org**. Si tratta di un'enorme directory aperta a cui molti piccoli motori di ricerca si rivolgono per ottenere siti web per il loro database.

Come raggiungere gratuitamente un miliardo di persone!

YouTube ha oltre un miliardo di utenti. Forse avete già un canale YouTube e siete bravi a creare video. Tuttavia, se non avete dimestichezza con la creazione e il caricamento di video su YouTube, potete visitare il sito web .....

fiverr

https://www.fiverr.com/

https://goo.gl/R9x7NU

https://goo.gl/B7uF4L

https://goo.gl/YZ6VdS

https://goo.gl/RoPurV

Su fiverr è possibile creare un video di YouTube in modo semplice e veloce per soli 5,00 dollari.
   (attualmente c'è anche una tassa di servizio di 1 dollaro).

Quindi, per meno di un biglietto del cinema, potete avere uno spot pubblicitario per il vostro immobile o la vostra attività in funzione 24 ore al giorno e 7 giorni alla settimana.

Una volta caricato il video, è necessario sapere come far sì che le persone visualizzino il video. È qui che entra in gioco l'ottimizzazione SEO per i motori di ricerca.

Come raggiungere gratuitamente un miliardo di persone!

Come far vedere i video

YouTube legge ogni interazione che lo spettatore effettua con il vostro video come segno che il vostro video è interessante. Quindi un pollice in su o un like aumenteranno il ranking del vostro video.

I commenti degli spettatori possono far salire un video nelle classifiche di ricerca. Un consiglio per indurre uno spettatore a lasciare un commento è quello di dire "Sono curioso di sapere cosa ne pensi di (inserire argomento)". Un altro modo per ottenere commenti dagli spettatori è creare un video sulle leggi per il controllo delle armi, sulle relazioni razziali, sui diritti di aborto o su qualsiasi altro argomento controverso.

YouTube può inviare una notifica a tutti i vostri abbonati ogni volta che caricate un video. Quindi, più iscritti avete, più possibilità ci sono che il vostro video ottenga visualizzazioni, e le visualizzazioni aiutano a posizionare il video più in alto nei risultati di ricerca di YouTube.

Far sì che lo spettatore condivida il link alle sue pagine sui social media è ciò che rende il nostro video virale. La chiave è un contenuto eccellente o divertente. Inoltre, non fa male chiedere semplicemente allo spettatore di farlo.

Piuttosto che dire la stessa cosa in ogni video, potete creare un video "di chiusura" e caricarlo su YouTube. Poi potete usare l'editor di YouTube per aggiungerlo a tutti i video che caricate.

Come raggiungere gratuitamente un miliardo di persone!

L'ottimizzazione per i motori di ricerca (SEO) è il termine usato per indicare le tecniche utilizzate per portare traffico ai video. Molte persone utilizzano tattiche contrarie alle regole di YouTube per portare traffico ai loro video. Queste sono chiamate "Black Hat". Ci sono molti siti web in cui è possibile acquistare visualizzazioni per i propri video. Vi consiglio di stare alla larga da qualsiasi tattica non etica. Ottenete le visualizzazioni in modo organico.

Potete iniziare il vostro video con un buon traffico, inviandolo con un link a tutte le persone a cui inviate regolarmente un'e-mail.

Strumento per le parole chiave di Google

Iniziate la vostra attività di SEO utilizzando lo strumento per le parole chiave di Google. Andate a

 https://adwords.google.com/KeywordPlanner

Una volta lì si digita la parola chiave o la frase chiave principale. Google fornirà circa 700-1200 risultati che ritiene pertinenti alla parola o frase chiave originale. Selezionare le parole chiave giuste per il video è la chiave per riuscire a posizionare i propri video.

Come raggiungere gratuitamente un miliardo di persone!

Come selezionare le parole chiave

Una volta ottenuti i 700 risultati, è possibile ordinarli in base alla rilevanza. In questo modo avrete un'alta probabilità di posizionarvi per la parola chiave o la frase originale che avete inserito.

È possibile ordinare i risultati in base alla concorrenza. È possibile scegliere parole o frasi chiave a bassa concorrenza per aumentare le possibilità di posizionamento. Le parole chiave a bassa concorrenza hanno di solito meno ricerche "al mese", ma una combinazione di più posizionamenti può a volte essere migliore di una sola parola chiave.

Marketing degli articoli

Ezine Articles è uno dei principali siti di Article Marketing su Internet. Potete iscrivervi gratuitamente a http://ezinearticles.com/. Una volta che vi siete iscritti, potete caricare su questo sito web gli articoli che sono rilevanti per il vostro video di YouTube. Ezine consente di inserire un link nel proprio articolo. Il link può rimandare al traffico di YouTube e aumentare drasticamente le visualizzazioni.

Quando scrivete il vostro articolo, cercate di abbinarlo il più possibile al vostro video di YouTube. Utilizzate il più possibile gli stessi titoli, le stesse parole e le stesse descrizioni. YouTube e Google amano la pertinenza.

Come raggiungere gratuitamente un miliardo di persone!

Il vostro articolo dovrebbe essere compreso tra le 700 e le 800 parole. Questa è la dimensione che molti blog preferiscono. Una volta caricato su Ezine articles, l'articolo può essere prelevato da qualsiasi sito web del mondo. Una volta un articolo sul marketing fotografico è stato ripreso da quasi 800 blog in tutto il mondo. Molti di loro hanno lasciato il link inserito nell'articolo e questo ha permesso di attirare tonnellate di traffico verso i miei video o il mio sito web. Non tutti i blog sono etici e molti rimuoveranno il vostro link per mantenere il traffico sul loro sito web. Molti sostituiranno il vostro link con il loro. Non lo saprete finché non ci proverete.

Comunicati stampa

Uno dei modi più efficaci per aumentare il traffico verso i vostri video è scrivere e inviare un comunicato stampa. Se non avete mai scritto un comunicato stampa, non lasciatevi intimidire. Potete andare su un sito web www.fiverr.com e farvi scrivere un comunicato stampa per soli 5 dollari!

Se volete scrivere voi stessi il comunicato stampa, ecco alcuni consigli.

Il formato di base è di 3 paragrafi su una pagina, per una pubblicazione immediata. A meno che non si tratti di una data come una festività, nel qual caso si potrebbe chiedere all'editore di ritardare l'uscita.

Come raggiungere gratuitamente un miliardo di persone!

Il titolo deve attirare l'attenzione. Se non attirate l'attenzione del redattore, il resto del comunicato stampa non verrà letto. Andate sui siti web dedicati ai comunicati stampa e guardate i comunicati stampa che sono stati pubblicati e studiate i titoli e il formato corretto.

Dopo aver creato il titolo, scrivete 3 paragrafi. Il primo paragrafo è un breve riassunto dell'argomento della vostra storia. "Ma ho così tanto da raccontare che non posso riassumerlo in un breve paragrafo". La guerra rivoluzionaria ha una tonnellata di storie straordinarie. Sono stati girati interi film di due ore su di essa. Ecco una descrizione in due frasi di quegli eventi. Le future colonie degli Stati Uniti combatterono contro gli inglesi. Le colonie vinsero!

Il secondo paragrafo è dedicato alle descrizioni della vostra storia. Mantenete la forma di una notizia. Non cercate di vendere nel vostro comunicato stampa. I programmi di intrattenimento sono bravi a coinvolgere una celebrità, a fare una piccola ripresa e a concludere l'intervista con un lancio o una pubblicità per il loro prodotto o la loro causa...

Il terzo paragrafo è l'invito all'azione. "Per maggiori informazioni su come aiutare le vittime di dipsy-doodle-itis chiamare il 555-1212 o visitare questo link".

La maggior parte dei siti web di comunicati stampa vi consentirà di inserire almeno un link nel vostro comunicato stampa.

Come raggiungere gratuitamente un miliardo di persone!

Ecco un elenco dei cinque principali siti web di comunicati stampa gratuiti:

I migliori siti web di comunicati stampa gratuiti

https://www.prlog.org

https://www.pr.com

https://www.pr-inside.com

https://www.newswire.com

https://www.OnlinePRNews.com

Come raggiungere gratuitamente un miliardo di persone!

Siti web di social media

Quando caricate i vostri video su YouTube, dovete commentare e mettere "mi piace" al vostro video. Una volta che il video piace, YouTube offre la possibilità di collegarlo ai siti web dei social media più potenti. È quindi necessario iscriversi a questi siti prima di caricare i propri video. Di seguito è riportato un elenco di alcuni dei siti web di social media a cui dovreste iscrivervi. Quando si collegano i video a questi siti web, si crea un backlink a un sito web altamente valutato, che a sua volta influisce sull'algoritmo di YouTube e di Google per stabilire quali video sono considerati rilevanti e più popolari.

Siti web di social media

https://www.facebook.com

https://www.tumbler.com

https://www.pinterest.com

https://www.reddit.com

https://www.linkedin.com/

http://digg.com/

https://twitter.com

https://plus.google.com/

Come raggiungere gratuitamente un miliardo di persone!

Infine, uno dei metodi di marketing di maggior successo oggi è il "Permission Marketing". Si tratta di ottenere da un potenziale cliente il suo indirizzo e-mail e quindi il permesso di fare marketing.

Avete bisogno di una piattaforma di marketing automation e di un servizio di email marketing. Queste aziende memorizzano e inviano le vostre e-mail.

Getresponse, MailChimp e Aweber sono alcune delle più popolari società di autoresponder per l'archiviazione delle e-mail.

Per creare una lista di e-mail, di solito si deve offrire un prodotto, un rapporto o un libro gratuito in cambio dell'indirizzo e-mail. Poi li si invia a una pagina web che cattura e memorizza l'indirizzo e-mail.

Capitolo 11
GUIDA ALLE RISORSE WEB PER L'ALLEVAMENTO DEI CANI

Rolodex di risorse all'ingrosso per il web

Al momento della stesura di questo libro, tutte le aziende sotto elencate hanno un sito web attivo. Di tanto in tanto le aziende cessano l'attività o cambiano l'indirizzo web. Quindi, invece di fornirvi una sola fonte, vi offro una vasta gamma di fonti tra cui scegliere.

Forniture per l'allevamento di cani

http://goo.gl/R9DDto

http://www.valleyvet.com/c/pet-supplies/dog-breeding-supplies.html

http://www.breederssupply.com/

http://www.atozvetsupply.com/Breeder-supplies-s/20.htm

https://www.exodusbreeders.com/

Organizzazioni

http://www.adbadogs.com/p_home.asp

http://www.arba.org/

http://www.iwdba.org/

Elenco completo delle razze canine riconosciute

http://www.akc.org/dog-breeds/

Forniture per l'addestramento dei cani

http://www.dog-training.com/

http://www.roverpet.com/

http://www.dogsupplies.com/

http://www.petwholesaler.com/index.php

http://www.happytailsspa.com/

http://www.futurepet.com/

http://www.petmanufacturers.com/

http://www.k9bytesgifts.com/

http://www.kingwholesale.com/

http://www.upco.com/

PROGRAMMI DI CERTIFICAZIONE

http://www.ccpdt.org/

https://apdt.com/join/certification/

Informazioni sui cani
www.rainbowridgekennels.com

TRASPORTI
Camion e autocarri usati online

http://gsaauctions.gov/gsaauctions/gsaauctions/

http://www.ebay.com/motors

http://www.uhaul.com/TruckSales/

http://www.usedtrucks.ryder.com/vehicle/VehicleSearch.aspx?VehicleTypeId=1&VehicleGroupId=3

http://www.penskeusedtrucks.com/truck-types/light-and-medium-duty/

Parti di ricambio

http://www.truckchamp.com/

http://www.autopartswarehouse.com/

Moto e biciclette

http://gsaauctions.gov/gsaauctions/aucindx/

http://www.bikesdirect.com/products/used-bikes/?gclid=CLCF0vaDm7kCFYtDMgodzW0AXQ

http://www.overstock.com/Sports-Toys/Cycling/450/cat.html

http://www.nashbar.com/bikes/TopCategories_10053_10052_-1

http://www.bti-usa.com/

http://evosales.com/

COMPUTER/attrezzature per ufficio

http://www.wtsmedia.com/

http://www.laptopplaza.com/

http://www.outletpc.com/

Kit di strumenti per computer

http://www.dhgate.com/wholesale/computer+strumenti+di+riparazione.html

http://www.aliexpress.com/wholesale/wholesale-repair-computer-tool.html

http://wholesalecomputercables.com/Computer-Kit di riparazione/M/B00006OXGZ.htm

http://www.amazon.com/Wholesale-Computer-Repair-Screwdriver-Insert/dp/B009KV1MM0

http://www.tigerdirect.com/applications/category/category_tlc.asp?CatId=47&name=Computer%20Tools

Parti di computer

http://www.laptopuniverse.com/

http://www.sabcal.com/

altro

http://www.nearbyexpress.com/

http://www.commercialbargains.co

http://www.getpaid2workfromhome.com

http://www.boyerblog.com/success-tools

liquidatori americani di merci

http://www.amlinc.com/

il club delle chiusure

http://www.thecloseoutclub.com/

Vendite scontate RJ

http://www.rjsks.com/

Ingrosso St louis

http://www.stlouiswholesale.com/

Elettronica all'ingrosso

http://www.weisd.com/

ana all'ingrosso

http://www.anawholesale.com/

vendita all'ingrosso di prodotti per l'ufficio

http://www.1-computerdesks.com/

1aaa merce all'ingrosso

http://www.1aaawholesalemerchandise.com/

grandi lotti all'ingrosso

http://www.biglotswholesale.com/

Altre risorse aziendali

1. http://www.sba.gov/content/starting-green-business

attività da casa

2. http://www.sba.gov/content/home-based-business

3. aziende online

http://www.sba.gov/content/setting-online-business

4. Lavoratori autonomi e indipendenti

http://www.sba.gov/content/self-employed-independent-contractors

5. imprese di minoranza

http://www.sba.gov/content/minority-owned-businesses

6. imprese di proprietà di veterani

http://www.sba.gov/content/veteran-service-disabled-veteran-owned

7. imprese a conduzione femminile

http://www.sba.gov/content/women-owned-businesses

8. persone con disabilità

http://www.sba.gov/content/people-with-disabilities

9. giovani imprenditori

http://www.sba.gov/content/young-entrepreneurs

Infine, se questo libro vi è piaciuto, vi preghiamo di condividere i vostri pensieri e di pubblicare una recensione su Amazon. Sarà molto apprezzato!

Molte grazie,

Brian Mahoney

Potresti essere interessato anche a:

Come ottenere denaro per l'avvio di una piccola impresa:
Come ottenere grandi somme di denaro con il crowdfunding, le sovvenzioni governative e i prestiti governativi

Di Ramsey Colwell

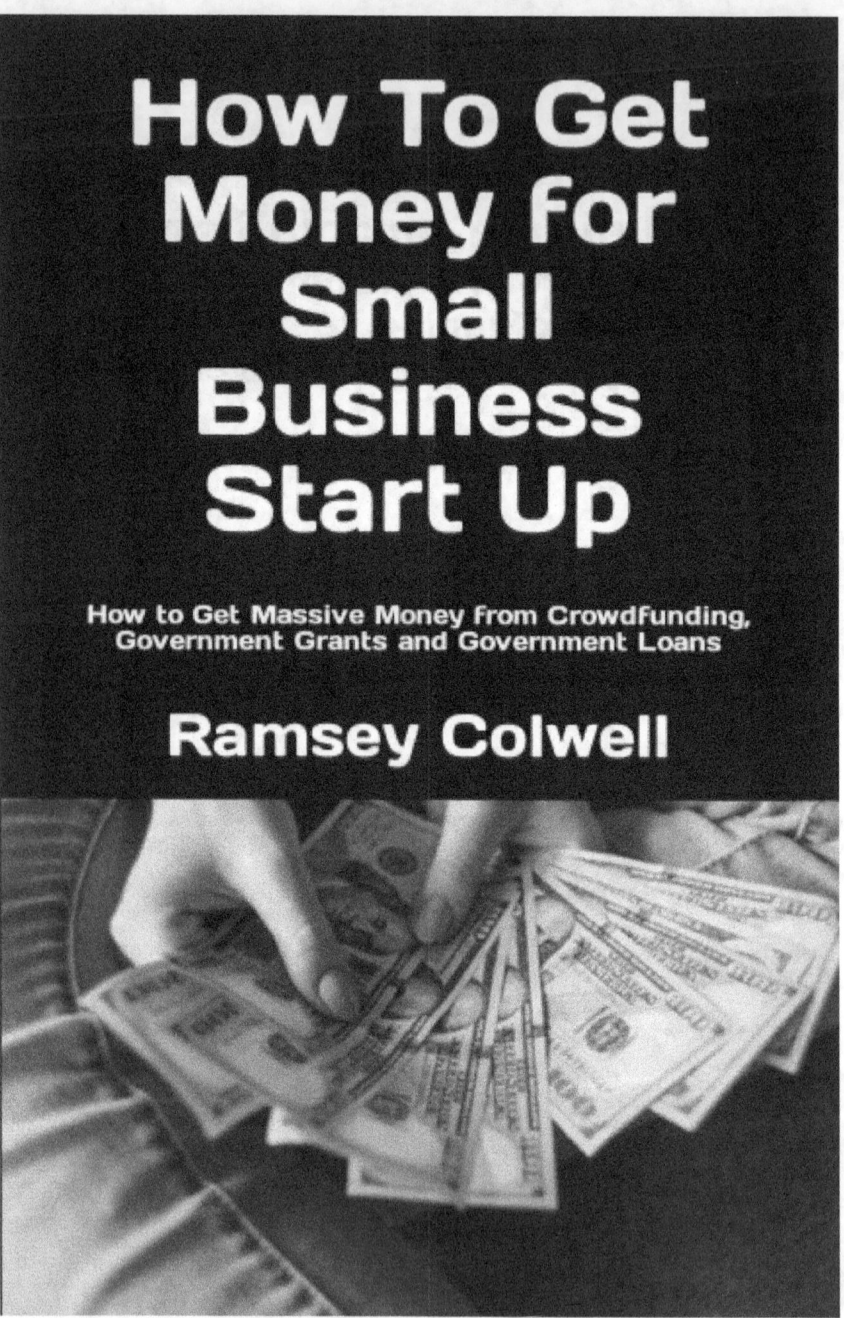

Di Ramsey Colwell

P.3

S'en approcher. De la main gauche, il saisit la poignée grise et ouvre la porte d'un meuble accroché au mur face à lui. Les meubles affichent un gris clair brillant. En ouvrant la porte, il cherche simplement un bol. Apercevant une légère touche de vert très clair, il referme la porte du haut, puis oriente son regard vers le tiroir du bas afin de trouver une petite cuillère. Après avoir fouillé dans le tiroir et l'avoir refermé, ses yeux se tournent vers les étagères du haut. Il saisit une boîte de céréales légèrement sucrées, ornée à l'avant d'une photo d'un adorable panda savourant les célèbres céréales mi-blé/mi-chocolat. Ensuite, il ouvre le réfrigérateur pour prendre du lait, qui arbore également le même petit panda sur son emballage. Il verse le lait frais dans son bol, où les céréales de couleur vert clair se mélangent aussitôt. Se rapprochant de la chaise sur laquelle repose sa veste, il constate que ses vêtements sont soigneusement posés à côté. Il s'assoit, adossé à la chaise en bois, prêt à déguster son petit-déjeuner. Tout en savourant ce moment, il jette un œil à sa montre au poignet, éclatante d'une teinte dorée remarquable. Brusquement, il réalise qu'il est juste **l'heure : 7 h 20**, le moment idéal pour partir travailler. Il termine son petit-déjeuner, se lève de sa chaise en bois massif, puis dépose son bol et sa cuillère dans le lavabo. En céramique, il prend soin de laver la vaisselle restante : quelques assiettes, des couteaux et une cuillère à soupe. Soudain, un souvenir lui revient : la savoureuse soupe veloutée qu'il a dégustée la veille au soir. Il se souvient de ses légumes aux champignons accompagnés de croûtons de pain et de beignets dans ce velouté. Il prenait sa cuillère à soupe pour bien immerger les

Croûtons dans l'assiette profonde et la tournait pour rafraîchir légèrement la soupe avant de la savourer. **À 7h23**, il revient à la réalité et poursuit le lavage de la vaisselle en utilisant un liquide aux fruits exotiques, diffusant une odeur agréable. Une fois la tâche accomplie, il se rince soigneusement les mains puis les essuie avec une serviette qu'il repose sur le rebord du lavabo. Il se dirige ensuite vers la porte d'entrée, se rappelant soudainement l'oubli de sa veste. Il opère un demi-tour, récupère rapidement soit sa chemise soit ses croquis, attrape sa veste, puis retourne vers la porte d'entrée de son appartement qu'il ferme à clé. Il sort et descend les escaliers, préférant cet exercice à l'utilisation de l'ascenseur pour ses bienfaits cardiovasculaires. Arrivé au rez-de-chaussée, il tourne à gauche et accélère le pas. Il se dirige ensuite rapidement vers l'arrière de l'immeuble pour rejoindre le parking. Sur place, il monte dans sa voiture, ferme soigneusement la porte et attache sa ceinture de sécurité. Le frein à main reste serré un instant… Les clés sont déjà sur le contact, situées à droite du volant, puis il met le contact. La voiture démarre, recule, puis braque à droite pour quitter le parking. Soudain, il actionne son clignotant gauche afin d'indiquer sa sortie. Jetant un œil à sa montre, il constate qu'il **est 7h45**. Il prend alors la route en direction de la fabrique. Le trajet dure environ 1 heure et 10 minutes, ce qui lui laisse suffisamment de temps pour arriver à l'heure ; son poste commence **à 9h00**. Comme à chaque fois, il gère parfaitement son emploi du temps, sans laisser paraître le moindre signe de stress ou de transpiration sur son visage. Soyez rassurés, chères lectrices et chers lecteurs, je vous le dis ! Je l'aperçois au loin. Il

CHAT-PIE-TRE-5

Est également utile de préciser que si Gabriel conduit, on peut se demander : sont-ils deux ou est-il seul ? Pour répondre à cette question, sachez que je suis le narrateur. Quelques kilomètres après, il parvient enfin à la fabrique de jouets. Arrivé devant l'entrée, il marque un arrêt, détache sa ceinture de sécurité, tandis que le moteur tourne encore et les clés restent sur le contact. Il coupe le moteur et retire les clés du contact. Ensuite, il ouvre la portière gauche de sa voiture bleu nuit, assortie à sa veste. Après avoir refermé la portière, il se dirige d'un pas rapide vers l'entrée. Le gardien de sécurité lui ouvre automatiquement les portes vitrées, épaisses de trois centimètres. Ces portes semblent lourdes à cause de leur épaisseur, mais peu importe ! À l'aide d'un simple bouton rouge à l'accueil, que Pascal actionne, les portes s'ouvrent pour lui permettre d'entrer dans la fabrique. Gabriel remarque le gardien de sécurité, Pascal, élégant dans son costume noir aux couleurs de l'établissement, accomplissant ses tâches comme chaque matin. Après avoir laissé passer Gabriel, directeur marketing, celui-ci monte, alors ses bureaux. Gabriel, directeur de la société, remarque que Pascal, l'agent de sécurité, l'observe sûrement par politesse et empathie. Pourtant, Gabriel poursuit sa montée des escaliers vers un bureau qu'il occupe depuis maintenant plusieurs années. Pendant ce temps, Pascal continue sa ronde : il vérifie les alarmes de sécurité puis inspecte les portes d'accès à l'arrière de la fabrique de jouets. Cet agent expérimenté a su évoluer au fil du temps. Il faut dire que Pascal et Gabriel se connaissent bien ; leur relation remonte à plusieurs années déjà. D'ailleurs, saviez-vous quand ils se sont

P.6

Rencontrés ? Je pourrais vous raconter cette histoire, même si elle n'est pas vraiment indispensable... Mais soit ! Après sa ronde habituelle, Pascal aperçoit Gabriel, le président-directeur marketing de la fabrique. Une fois arrivé à son bureau, Gabriel y dépose sa veste et quelques documents sur sa chaise, ressort ensuite et ferme la porte d'une main gauche assurée. Il avance de quelques pas, recroise alors Pascal, l'agent de sécurité, puis descend les escaliers ; ainsi, les deux hommes se croisent à ce moment précis. Il reste environ cinq à dix minutes avec le gardien pour échanger brièvement lors de leur déplacement, abordant quelques sujets du quotidien. Ensemble, ils effectuent les contrôles des portes coupe-feu. À la fin de cet-échanges, il remercie l'agent de sécurité pour l'échange. Au retour de la ronde, ils se retrouvent dans le hall d'entrée, là où ils s'étaient croisés au début, et échangent un regard. Gabriel indique alors qu'il doit rejoindre son bureau au troisième étage. L'agent de sécurité lui souhaite bonne continuation, ce à quoi Gabriel répond : « À toi aussi Pascal, à ce soir. » Chacun reprend ensuite ses activités habituelles. La journée se déroule sans interruption et vers **20h30**, le gardien effectue sa dernière ronde du soir, vérifiant les différents étages. C'est à ce moment-là qu'il aperçoit Gabriel au bout du couloir du troisième étage. Gabriel aperçoit Pascal près de son bureau et leurs regards se croisent. Ils échangent des salutations cordiales. Gabriel demande poliment à Pascal : « Terminez-vous également tard aujourd'hui, ou prévoyez-vous de rester plus longtemps ? » La conversation alterne entre tutoiement et vouvoiement, selon leurs habitudes respectives. Après une brève pause, Pascal,

L'agent de sécurité, répond : « Non, je ne termine pas maintenant, mes horaires sont précisément de **8 h 00 à 22 h 00.** » Gabriel conclut alors : « Dans ce cas, Pascal, je vous laisse. » Ma journée touche presque à sa fin. Il ne me reste que deux ou trois minutes avant de rejoindre ma voiture, garée devant l'entrée de l'usine. » L'agent de sécurité lui adresse alors poliment : « Bonne soirée, Monsieur Gabriel. » Mais Gabriel répond simplement : « Appelle-moi Gabriel, Pascal, pas besoin de formalisme entre nous ! » L'agent de sécurité s'avance alors vers Gabriel et lui parle avec respect. Tout en restant professionnel, il répond : « J'y penserai la prochaine fois. » Puis, soudain, l'agent Pascal lance une remarque du type : « Dans un autre temps ou un monde parallèle. » Gabriel entend ces mots, mais n'y prête pas attention sur le moment. Il esquisse un léger sourire et avance d'un pas décidé vers sa voiture. Jetant un regard à sa montre qui affiche précisément **20h48**, il poursuit sa marche jusqu'à son véhicule. Évidemment, je ne vous avais pas précisé que la teinte de cette voiture est d'un bleu nuit éclatante, capturant les lueurs du soir. Je m'adresse directement à vous, chères lectrices et lecteurs ! Alors, qu'en pensez-vous de ma voiture à la couleur bleu nuit étincelante ? J'insère la clé dans la serrure du conducteur et tire vers moi. La porte pour l'ouvrir. En entrant dans ma voiture, je pose d'abord le pied droit puis le gauche, m'installe sur le siège et referme la portière derrière moi. J'attache ma ceinture de sécurité, abaisse le frein à main, puis insère la clé dans le contact situé à droite du volant avant de démarrer le moteur. Depuis ma position, j'observe le rétroviseur intérieur, puis celui de gauche à l'extérieur, et

P.8

Constate qu'il y a plus d'un mètre d'espace devant moi, ce qui me permet de sortir en toute sécurité. J'allume le moteur du véhicule. D'un simple mouvement de la main droite, j'active le clignotant gauche à l'avant et à l'arrière, puis je vérifie deux fois l'angle mort. Je tourne la clé et appuie légèrement sur la pédale de frein avec mon pied droit pour démarrer cette boîte automatique, relâchant doucement le frein tout en tournant le volant. Je quitte ainsi ma place de stationnement en accélérant légèrement et sors du parking pour rejoindre la route menant à mon domicile. Alors que je conduis prudemment et respecte la limite des 100 kilomètres, quelque chose d'inattendu survient : mes paupières se ferment brièvement, mais je me ressaisis aussitôt. Étrangement, je me surprends à converser avec moi-même dans la voiture, répétant qu'il ne faut surtout pas s'endormir au volant, car il suffit d'un instant d'inattention pour provoquer un accident. Le temps défile sans que je m'en rende compte, et je poursuis ma route. Arrivé au troisième rond-point, je compte silencieusement dans ma tête (1… 2… 3) afin de ne pas me tromper. C'est là que je prends la troisième sortie sur la droite. Les mètres qui me séparent de chez moi diminuent à vue d'œil. Je ralentis, constatant que ma visibilité diminue et que la fatigue devient de plus en plus présente. Malgré cela, je garde mon attention sur la route et fournis un effort conscient pour ne pas fermer les yeux. J'aperçois l'intersection et tourne le volant vers la droite, parcourant les derniers mètres jusqu'à me garer sur le parking situé à droite, derrière l'immeuble. Une fois bien-arriver est fait un arrêt. Je quitte ma voiture, submergé soudain par une fatigue profonde

P.9

Qui s'étend dans tout mon corps. Je trouve juste assez d'énergie pour avancer de quelques pas. Pour atteindre mon appartement, il me faut seulement gravir les escaliers ou simplement emprunter l'ascenseur comme la plupart des résidents, car je n'habite pas très haut dans cet immeuble. Pour vous donner une idée, il a 4 à 6 étages. Alors, où suis-je ? À quel étage est mon appartement ? Alors, avez-vous trouvé la réponse ou pas encore ? D'accord, je vais vous révéler : l'ascenseur m'a déposé au cinquième étage. Maintenant, nouvelle énigme : où se trouve mon appartement ? J'ai trois choix : tout droit devant, sur ma gauche ou sur ma droite. Avez-vous deviné ? Pour vous aider, il est effectivement sur le palier de droite ; c'est donc la troisième porte, celle avec les fameux numéros "suspects" 555. Vous vous demandez sûrement pourquoi ce numéro paraît étrange. Eh bien… Je ne peux pas tout vous dévoiler maintenant ; vous l'apprendrez plus tard ! Ensuite, sans m'en rendre compte, mes paupières se sont closes. Tandis que je marchais lentement, une sensation étrange s'est emparée de moi, comme si des fourmis traversaient mon corps. J'ai inséré la clé dans chacune des trois serrures de la porte pour entrer chez moi, refermant soigneusement derrière moi. J'ai allumé, la lumière installée à droite sur le mur. Elle diffusait une lueur douce, idéale pour mes yeux fatigués. Heureux de retrouver ma maison, un large sourire illuminait mon visage, malgré la fatigue. Cette lassitude physique se fait sentir en fin de journée, même lorsque le sourire demeure, mêlant stress et contentement. Poussé par une impulsion soudaine, j'ai déposé ma veste sur le dossier d'une chaise en bois, tout comme ma chemise, où étaient rangés mes

CHAT-PIE-TRE-10

Dossiers et croquis. Soudain, l'écran de ma télévision capte toute mon attention. Tout en marchant vers le canapé, mes jambes se plient instinctivement lorsque j'y arrive. En m'asseyant, je reste absorbé par ce qui se passe à l'écran, même si je ne comprends pas vraiment ce que j'y vois. Une pensée surgit dans un coin de mon esprit : l'idée de me rationner. Pourtant, je sais qu'une fois mes yeux fermés, cette envie sera oubliée, alors je garde en tête qu'il faut rester vigilant, mais sans trop y réfléchir. Je me suis profondément endormi. Les minutes se sont transformées en heures et, après quelques heures, je me suis réveillé le lendemain. Il était **6 h 45** ; la télévision était restée allumée toute la nuit. Fatigué par les courbatures causées par le canapé, j'ai procédé à ma routine matinale habituelle : je me suis dirigé vers la salle de bains pour me laver le visage avec du savon traditionnel, posé sur le côté droit du lavabo, comme on en trouve dans les commerces de proximité. Après avoir lavé mon visage, je repose le savon sur son support, placé lui aussi sur le lavabo. Ensuite, sous la douche, j'utilise du shampoing pour nettoyer mes cheveux, tandis que la mousse glisse sur mon corps. J'en profite pour laver mes bras et mes jambes, comme chaque matin avant de partir travailler. Il est essentiel de bien laver et rincer. Quelques minutes plus tard, j'ai pris une serviette bleue pour sécher mon visage et mes cheveux. Soudain, en me regardant dans le miroir de la salle de bain, j'ai été complètement surpris. J'ai crié de peur, vraiment fort, comme si j'avais vu un monstre horrible, alors qu'il n'y avait rien de tel. Mon visage ressemblait à celui d'un enfant de 10 ou 12 ans. Lorsque j'ai crié, ma voix et mon corps avaient

P.11

Complètement changé ! Ma voix oscillait entre celle d'un homme et, petit à petit au fil des minutes, elle devenait de plus en plus aiguë et légère. J'étais tellement surpris que je n'ai pas su quoi dire, et je n'ai pas réalisé tout de suite la gravité de ce qui se passait. Je ne comprenais pas pourquoi cela m'arrivait. Après un instant de réflexion, je me suis demandé comment j'allais pouvoir continuer mon travail à la fabrique de jouets. J'ai mon bureau situé à côté de la chaîne d'assemblage des jouets, surtout avec l'approche des fêtes de Noël. Si je ressemble à un enfant, comment vais-je gérer cette situation ? Dois-je aller travailler dans cet état ? Les collègues risquent de se moquer, ou peut-être pas ! Qu'est-ce qu'ils vont penser ? Ils pourraient ne pas comprendre du tout. Comment vais-je expliquer ce qui m'arrive, surtout avec ma taille d'un mètre trente ? L'agent de sécurité Pascal ne laisserait jamais entrer un enfant comme moi, et on me demanderait sûrement trop de questions auxquelles je ne saurais répondre. Je préfère donc rester chez moi et essayer de comprendre la situation. En me dirigeant vers la table du salon, je remarque l'heure sur le miroir : **07 h 22**. Je me pose une question : hier soir, après être rentré du travail complètement fatigué, je me suis endormi sur le canapé entre **21 h 00 et 23 h 00**, la télévision étant restée allumée. Comment cela a-t-il pu arriver ? Les heures de la nuit passent. Avant, j'étais adulte et soudainement, je deviens enfant ? Cela me paraît incroyable. Qu'est-ce qui s'est réellement passé ? L'appartement serait-il magique ? Ou bien est-ce encore autre chose ? Étrangement, je me demande s'il existe un lien entre moi et la télévision. Non, ce serait trop simple comme

P.12

Explication. Je suis convaincu qu'il y a une histoire plus complexe derrière cette apparente simplicité. Pourtant, j'ai du mal à la saisir... Tant de questions restent pour l'instant sans réponse. Mais en fait, peut-être que l'enfant que j'étais n'est présent que pour un moment, ou alors… pour plus longtemps ? Je n'en sais rien. Tout à coup, une voix off/entité, résonne dans mon appartement ! Oui, elle s'adresse directement à moi, tournant autour de moi au fil des minutes qui passent. Que cherche-t-elle ? Pourquoi m'a-t-elle choisi ? Et surtout, pourquoi maintenant ? Attention, elle commence à me parler... Je ne parviens pas à entendre cette voix. Je pense essayer quelque chose... Stop ! Soudain, le silence s'installe et aucun bruit ne résonne autour de moi, pas même l'envie de régurgiter mon dîner de la veille. À cet instant précis, j'ai eu l'impression de sombrer dans la folie. Mais voilà que cette voix revient d'un coup, continue à m'encercler et à me parler, au point de me provoquer un terrible mal de tête... Oui, cette voix intérieure persiste et, cette fois-ci, elle me parle plus distinctement : "Tu dois partir en Égypte.« Qu'est-ce que c'est que cette histoire d'Égypte ? Je n'ai aucune famille là-bas. Ça n'a pas de sens ! Vous savez bien que je ne peux pas accepter cette mission. Avant de partir sans raison valable, il serait normal que vous me donniez des explications. Soudain, la voix off cesse aussi brusquement qu'elle est apparue, et étrangement, mes maux de tête disparaissent en même temps. Je dois donc reprendre le fil de mes questions là où je l'avais laissé. Juste avant l'arrivée de la voix, d'ailleurs, hier, j'avais passé une journée agréable au bureau à préparer des dossiers et à réaliser des croquis pour

P.13

Mes futurs clients, selon leurs désirs de jouets personnalisés pour divers événements. Ensuite, j'ai discuté avec le gardien de sécurité. Une phrase de Pascal m'est soudain revenue : il avait parlé d'un autre temps ou d'un monde parallèle. Je n'avais pas compris sur le moment, mais maintenant tout devient plus clair. Pascal pourrait être lié au problème ou à la solution ; j'y réfléchirai plus tard. Ce genre de questionnement est évidemment très perturbant émotionnellement. Chers lecteurs et lectrices, j'ai décidé de prendre les choses en main. Je vais essayer d'obtenir enfin une explication de la voix pour comprendre cette transformation physique. Préparez-vous : je vais crier de toutes mes forces afin que la voix m'entende !! 1… 2… 3… JE VOUS DEMANDE DE VENIR IMMÉDIATEMENT !! La situation demeure étrange ; la voix ne cesse de répéter la même instruction sans donner davantage d'informations. Le fait qu'elle n'ait pas de visage rend tout cela encore plus perturbant. Mais il se pourrait bien qu'il y ait une raison à tout cela. Le gardien de sécurité Pascal pourrait détenir certaines réponses, comme il l'a déjà laissé entendre. À mon avis, c'est une piste à considérer. Il serait judicieux de préparer mes bagages, surtout en cas de départ imminent pour l'Égypte. Soudain, le narrateur reprend le cours de l'histoire et annonce ce qui suit… Il semble que Gabriel n'ait pas vraiment d'autre option. Il convient de veiller à inclure tous les articles nécessaires dans ses bagages. Gabriel s'assure d'ajouter également les produits de toilette, les médicaments ainsi que tout autre élément essentiel. Une fois sa valise préparée, Gabriel est prêt à entreprendre son voyage en Égypte et à faire face aux

P.14

Nouvelles expériences qui l'y attendent. Nous lui souhaitons un excellent séjour. Il est compréhensible que Gabriel cherche à tout prix à éviter que cette voix d'homme ne le perturbe davantage. Ce voyage pourrait lui offrir l'occasion de se détendre, de se ressourcer et peut-être même de trouver des réponses à ses interrogations. L'Égypte, avec sa richesse historique, culturelle et la beauté de ses paysages, constitue un cadre idéal pour cela. Que Gabriel choisisse ce pays ou non, il a de grandes chances de faire des découvertes enrichissantes, et peut-être même de belles rencontres. Il profitera sans doute pleinement de cette aventure. Bon voyage, Gabriel, et bonne chance dans ta recherche de réponses ! Il est intriguant que Gabriel doive une fois de plus partir pour l'Égypte, même si ce choix n'était pas le sien à l'origine. Ce pays, riche en mystères et en beauté, pourrait lui offrir bien des surprises inattendues. Il est judicieux qu'il profite de sa voix d'adulte actuelle pour organiser les détails du voyage, avant de retrouver celle d'un enfant. Une fois sur place, il aura peut-être l'occasion d'explorer des aspects fascinants de l'Égypte. Bon courage pour la préparation et le voyage à venir. Comment réserver un aller si ma voix d'homme disparaît soudainement pendant l'appel ? Tant pis, je vais appeler. Pour le retour, je verrai sur place. Ma montre affiche **07h45**, comme toujours. Pourtant, ce n'est pas à l'usine de jouets que je dois me rendre cette fois, mais bien en Égypte. Cela me donne donc le temps de passer ce coup de fil. Je prends le téléphone fixe du salon, celui posé sur le meuble d'angle. Mais une question me vient : comment ai-je obtenu le numéro de l'agence de voyage ? Au départ, je n'avais même pas

CHAT-PIE-TRE-15

Prévu de faire ce fameux voyage. D'ailleurs, comment le numéro d'une agence s'est-il retrouvé ici, dans mon salon, plus précisément sur l'accoudoir du petit muret de ma cuisine, là où j'ai l'habitude de déjeuner ? Encore une énigme, sans doute insoluble. Mais passons ! Je reviens donc à mon intention d'appeler l'agence de voyage : je commence à composer le numéro et soudain, la sonnerie retentit… DING !! DRING !! DRING !! Génial ! Une voix féminine me demande : « Bonjour madame, puis-je réserver une place pour l'Égypte ? » L'hôtesse au téléphone me met alors en attente. Après quelques instants d'attentes de trois minutes, elle me donne les horaires et les jours disponibles. Contre toute attente, elle m'annonce qu'un départ vers l'Égypte est prévu aujourd'hui même. Je lui confirme que c'est bien là où je dois aller, sans toutefois savoir pourquoi – ne me demandez pas la raison, je ne sais pas moi-même. Encore une fois, elle me fait attendre seulement une ou deux minutes avant de me donner toutes les informations sur le vol prévu à **10 h 59** (parfait, j'accepte). Le paiement s'effectue par téléphone via des méthodes sécurisées. Je la remercie chaleureusement et elle me répond que c'est normal, en me souhaitant une bonne journée et du courage. Lorsque je raccroche avec l'hôtesse**,** il est **08 h 20**. Ma valise est déjà prête, mais je garde mes affaires secondaires pour m'habiller… Il faut que je me dépêche pour arriver à l'heure. Je prends vite mon pantalon, ma chemise et mes chaussettes. J'enfile mes chaussures, veillant à bien serrer les lacets. Il est **8 h 30** et je me demande si je dois prendre un petit-déjeuner. Après tout, qui se pose vraiment ce genre de question ? Suis-je le seul à me

P.16

Demander dans quel ordre verser le lait ou les céréales ? Finalement, je décide qu'un petit-déjeuner me ferait du bien, ne serait-ce que pour penser à autre chose quelques instants. Je prends un bol, y mets d'abord les céréales, puis le lait, comme à mon habitude. Assis sur ma chaise en bois, je mélange doucement ce petit déjeuner sucré tout en repensant à cette situation… Qui est désormais la mienne. Je reste perplexe, mais ma curiosité prend le dessus, peut-être même un peu trop. Rien que pour ça, je décide de suivre ses instructions. Maintenant, il est **08 h 56** quand j'avale tout rapidement. Avant de partir, je veille à ne rien laisser traîner : **à 09 h 10**, je lave soigneusement mon bol et ma cuillère dans la cuisine. Un petit détour me mène vers la douche. Je n'oublie pas non plus l'importance d'avoir les dents propres : brosse à dents, dentifrice, et c'est parti ! Dans la salle de bain, je fais mousser dans ma bouche, puis je me rince et m'essuie avec une serviette. Une fois celle-ci accrochée, je jette un coup d'œil à l'horloge : il est exactement **9 h 17**. Je peux enfin quitter mon logement. À **9 h 22**, je ferme soigneusement la porte de mon appartement à clé, vérifiant que toutes les serrures sont bien verrouillées. Il est **9 h 30** lorsque je descends les escaliers à un rythme relativement rapide, tout en restant attentif et prudent pour éviter une chute inutile. D'un pas assuré, je rejoins le parking où se trouve ma voiture bleu nuit, devant laquelle j'arrive à **9 h 43**. Je prends mes clés, ouvre la portière, m'installe au volant et attache ma ceinture, prêt à partir. J'insère les clés et mets le contact ; en ressentant les vibrations du moteur, je relâche le frein à main et commence une marche arrière tout en braquant à droite. Je tourne ensuite

P.17

Le volant pour quitter le parking, puis j'active le clignotant gauche afin d'indiquer ma sortie. Avant de m'engager, je vérifie l'angle mort à gauche pour garantir une sortie sécurisée, conscient de la fragilité de la vie. Une fois sur la route, j'accélère doucement en restant sous les 100 km/h. Il est **10 h 02** d'après cadran du tableau de bord. Je poursuis ma route en faisant attention aux autres conducteurs. Mon esprit s'évade dans des pensées : « Si j'étais déjà parti », je serais sans doute installé côté passager, près du hublot, peut-être entouré de bruits… J'apprécie le calme, même s'il n'est pas toujours présent dans la réalité. Enfin bref !! Je suis installé dans l'avion, contemplant le paysage depuis les hauteurs tout en profitant du calme ambiant. Pourtant, il est temps de revenir sur terre : je dois rester attentif à la route, car je me trouve toujours dans ma voiture. Il n'est pas prudent de laisser mon esprit s'évader alors que conduire exige toute ma vigilance ; la sécurité de chacun en dépend. Cela dit, mes pensées vagabondent entre hypothèses et interrogations. Au fil des kilomètres parcourus vers l'agence de voyage, je me surprends à rêver encore sur un possible départ depuis l'aéroport local, depuis à Kouimpersland. Je m'apprête à passer de longues heures en avion, attendant patiemment l'atterrissage sur le tarmac de l'aéroport égyptien. Comme il s'agit de mon premier voyage, je suppose que la chaleur sera intense, mais je découvrirai la réalité seulement une fois arrivé, que ce soit sur le tarmac ou à l'hôtel du Caire. Jamais auparavant je n'ai été là-bas — dans toute ma vie d'adulte, ou devrais-je plutôt dire, maintenant que j'ai mystérieusement retrouvé mon apparence d'enfant. En tout cas, je reviens

P.18

Soudain à la réalité, toujours au volant, en route. Je n'ai pas vraiment d'autre option. Je fais cap vers l'aéroport de Kuimepersland, la ville où j'habite, pour récupérer mes billets d'avion. Une question me traverse alors l'esprit : comment vais-je obtenir ces billets ? Au téléphone, tout semblait facile, mais désormais, à l'accueil, ils verront un garçon d'une dizaine d'années venir chercher son billet. Très bien, il me faut une tactique afin qu'ils me remettent les billets sans difficulté et que je puisse quitter cette agence de voyage. Je prends un moment pour réfléchir. D'abord, je commencerai avec une formule de politesse du type « **Bonjour, madame** », puis j'improviserai en fonction de la situation. Assez rêvé, il est temps de revenir à mon plan. Je continue donc ma route. Une fois devant l'agence, je stationne, retire ma ceinture, engage le frein à main, puis descends du véhicule et referme soigneusement la portière. Il est exactement **10h30**. Je marche lentement vers l'entrée, cible la porte vitrée, et en l'ouvrant de la main droite, je découvre soudain le billet posé là, comme s'il m'attendait. Malgré ma taille d'1m30 et mes 10 ou 12 ans, je m'approche du comptoir et parviens à obtenir les billets sans rencontrer le moindre problème. En possession de mon billet aller à **10 h 35**, je quitte l'agence de voyages de manière discrète. Je regagne mon véhicule, prends place à bord, referme la portière, attache ma ceinture de sécurité, puis mets le contact. À **10 h 40**, je quitte mon emplacement, le clignotant gauche activé. Après avoir vérifié l'angle mort, je sors prudemment du stationnement en restant attentif aux autres usagers circulant sur la voie de gauche. L'aéroport se trouve à proximité immédiate de l'agence.

P.19

À mon arrivée sur le parking de l'aéroport à **10 h 45**, j'immobilise le véhicule, coupe le moteur, actionne le frein à main et détache ma ceinture de sécurité. Après avoir fermé la portière du véhicule, je me dirige pas à pas vers le comptoir d'enregistrement afin de valider ma valise auprès des hôtesses d'accueil. Lorsque je m'approche de l'une d'entre elles, je lui adresse la parole : « Bonjour madame, je souhaiterais valider ma valise avant mon départ, s'il vous plaît. » Avec professionnalisme, l'hôtesse me demande si je suis accompagné d'un adulte. Je lui indique que mon père viendra me rejoindre une fois le billet enregistré. Ensuite, l'hôtesse me demande de placer ma valise sur la balance, ce que j'effectue immédiatement. Après confirmation que tout est en ordre, il m'est indiqué qu'il est temps de me rendre dans la salle d'attente pour patienter avant mon vol. J'exprime ma gratitude à l'hôtesse en la remerciant. Je poursuis mon chemin vers la zone d'embarquement, signalant ma présence à mon accompagnateur. L'hôtesse vérifie que je voyage bien accompagné d'un adulte. Avant l'embarquement, je dois effectuer une seconde procédure d'enregistrement lorsque les portes vitrées s'ouvrent à l'heure prévue. En me rapprochant de la salle d'attente, j'aborde la deuxième hôtesse de l'aéroport de Kuimepersland qui m'indique qu'il est **10h50** ; je lui présente alors mon billet aller simple. Elle me confirme que le vol est prévu pour **11 h 19**. Je remercie brièvement l'agent d'accueil puis me dirige sans tarder vers le couloir reliant la salle d'attente à l'avion, dont la porte vient d'être ouverte. Je rejoins les autres passagers, placés en file indienne devant et derrière moi. Le

CHAT-PIE-TRE-20

Billet a été dûment réglé par mes soins avant mon embarquement. En marchant sur la passerelle menant à l'avion, je présente mon billet aux hôtesses situées à l'entrée, avant de prendre place au siège numéro 65, situé au centre de la cabine. Selon l'annonce du pilote et de l'équipage, le vol couvrira une distance d'environ 3 466 km pour une durée estimée à 4 heures et 30 minutes, ce qui me permettra de me reposer pendant le trajet. À peine installé, je ressens les vibrations des roues sur le tarmac sous mon siège. D'ailleurs, il m'est revenu en mémoire que, très longtemps auparavant, j'avais complètement oublié avoir déjà voyagé enfant. Il m'est même arrivé d'avoir les oreilles qui sifflent ou de sentir une certaine pression dans mes poumons à cause des vibrations des roues sous le siège. J'ai une question : vous est-il déjà arrivé de ressentir une sensation de compression lors d'un vol ? Quoi qu'il en soit, l'avion ne va pas tarder à décoller. Comme en voiture, on attache sa ceinture de sécurité et l'équipage nous rappelle les consignes habituelles. Pendant le voyage, après ces instructions, le vol se déroule au milieu des conversations entre les passagers, auxquelles je ne comprenais rien. Je préférais regarder par le hublot et observer la mer, les champs et les maisons minuscules. Quelques minutes après, la fatigue commence à se faire sentir. Après une matinée particulièrement éprouvante, la fatigue m'a envahi à tel point que mes paupières se sont fermé sans que je puisse les retenir. Je savais que m'endormir pouvait représenter une nouvelle surprise, peut-être même un retour à la normale. Malgré tout, j'ai décidé de tenter ma chance et de sombrer dans le sommeil, espérant voir si quelque chose changerait au réveil. Autour de

P.21

Moi, les passagers de l'avion continuaient à bavarder, ce qui me surprenait car je n'aurais pas su quoi dire. Pour être honnête, Morphée m'attirait bien davantage et je me suis abandonné à ses bras. Une fois endormi, tout bruit s'est estompé. Puis, après deux heures et demie à quatre heures et demie de sommeil, vers **15 h 25**, une légère secousse de l'avion m'a doucement ramené à la réalité. Lors de l'atterrissage, les vibrations des pneus se font sentir au contact du sol, tandis que mes oreilles sont gênées par une légère perte d'audition. Pour soulager cette sensation, je me bouche le nez. Je perçois à nouveau les secousses de l'avion qui touche la piste. Le capitaine nous informe au micro que le vol s'est déroulé sans turbulence particulières. Il nous demande de garder nos ceintures attachées jusqu'à l'arrêt complet sur le tarmac de l'aéroport du Caire. Nous attendons tous avec impatience, toujours assis, que l'appareil s'immobilise enfin. Le soleil, éblouissant à travers le hublot, ne me dérange pas car j'ai l'accessoire idéal pour atténuer sa lumière naturelle. Je vous laisse deviner de quel article il s'agit. (Alors ?). Quoi qu'il en soit, j'ai finalement atteint ma destination, prêt à endosser mon rôle de touriste enthousiaste au pied des pyramides. Et je ne suis pas le seul à vouloir admirer ces monuments historiques qui semblent pourtant si éloignés depuis notre endroit. L'avion s'est immobilisé ; il est **15 h 30** hé, oui !! vous avez trouvez mes chères lectrices et lecteurs, mes lunettes de soleil sont bien installées sur mon nez. Trois minutes plus tard, le capitaine nous souhaite un excellent séjour dans notre pays d'Égypte. D'ailleurs, il faut savoir que ce "capitaine" est Égyptien, ce qui

P.22

Explique sa chaleureuse bienvenue. Tous les passagers forment une file indienne et patientent. À la surprise générale, le commandant de bord nous invite à débarquer. Nous avançons dans le couloir en direction des sorties latérales de l'avion. À **15 h 38**, la porte s'ouvre ; les voyageurs descendent prudemment l'escalier métallique, leurs pas résonnant sur les marches. Je garde la tête basse, suivant la file, tout en continuant d'avancer. Une fois dehors, je perçois la chaleur ambiante, toutefois supportable. Descendant moi aussi l'escalier, j'atteins la dernière marche. Alors que j'hésite à poursuivre, une hôtesse s'approche pour me demander si tout va bien. Je lui confirme que tout est en ordre. C'est une expérience toute nouvelle pour moi. À titre d'information, les hôtesses sont bilingues et s'adaptent à la langue du touriste. Dès que je pose le pied sur le sol égyptien, un frisson étrange m'envahit, remontant de mes pieds jusqu'à ma nuque, comme un souffle froid venu d'ailleurs. Avant tout, je dois retrouver mes valises ; mais nous devons d'abord prendre un bus depuis l'aéroport qui nous conduit à la salle d'attente ou d'embarquement, là où nos bagages nous attendent. Il est exactement **15 h 47**, une précision remarquable dans ce pays. Les dix-sept minutes suivantes correspondent au temps qu'il fallait pour descendre de l'escalier métallique puis faire le trajet en bus. Je parle de 'nous' car je ne suis pas seul dans cette aventure. Le bagagiste utilise une voiturette pour transporter les bagages jusqu'au tapis roulant afin qu'ils puissent être récupérés. À **15 h 59**, mes premiers bagages deviennent visibles. Mes valises, au nombre de deux, sont de couleurs différentes, principalement marron clair. Bien que discrètes et

P.23

Non voyantes, elles se distinguent par leur simplicité. À **16 h 10**, mes valises arrivent sur le tapis roulant. Je procède à leur récupération en toute efficacité. Après avoir quitté la zone de livraison des bagages, je me dirige rapidement vers le point de rencontre où un guide ou un représentant devrait m'attendre avec une pancarte à mon nom pour assurer le transfert vers l'hôtel. Actuellement, j'examine attentivement la foule afin d'identifier la personne chargée de m'accueillir. Visuellement, je ne vois toujours personne. Comme souvent, il semble que je doive me débrouiller par moi-même, cherchant... J'espère apercevoir, une dernière fois, quelqu'un brandissant une pancarte avec mon prénom. Mes yeux parcourent la foule à la recherche de cette personne, mais il n'y a rien en vue. Il est désormais **16 h 22**. Je décide donc de quitter le hall. Il est temps de sortir de l'aéroport. Je réalise que je nourrissais l'espoir qu'une escorte m'attend réellement. Malheureusement, le signal pour téléphoner ou capter quoi que ce soit est faible, et je ne sais pas comment appeler un taxi local. Comme les langues étrangères ne me réussissent pas vraiment, je dois absolument trouver quelqu'un qui a au moins quelques notions de français et peut me comprendre. Mais serai-je capable de rencontrer cette personne ? Je vais tenter ma chance, tout en essayant de ne pas perdre de temps. Il est **16 h 36** selon ma montre. Mon téléphone ne capte aucun signal ici, mais c'est compréhensible : en Égypte, je n'ai pas accès à mon réseau habituel. Dès que je sortirai de l'aéroport, je pourrai certainement me connecter au réseau local. Dans plusieurs quartiers de cette ville égyptienne, il est difficile, voire impossible, d'obtenir une bonne connexion

Réseau. Cependant, je tente ma chance en me dirigeant vers la sortie, espérant capter un signal. Je cherche à contacter un taxi qui pourrait m'emmener, avec mes bagages récupérés à l'aéroport international du Caire, jusqu'à un hôtel—n'importe lequel, car je ne connais absolument rien ici et, surtout, je suis épuisé. Le temps passe : il est **16 h 50**. Cinq minutes plus tard (**16 h 55**), un homme s'approche et m'interpelle dans un français régional hésitant : « Tu as besoin d'un taxi ? » Je le fixe, intrigué par son interruption soudaine. Après ce moment d'hésitation, je lui demande à mon tour : « Quel est votre prénom ? » Il répond : « Appelle-moi Gilles, ce sera plus simple pour toi. » **D'accord, Gilles ! L'ami des chauffeurs.** Savez-vous où je pourrais trouver un hôtel abordable pour me reposer ? Ici, il semble coutumier de tutoyer les gens. Après m'avoir regardé une seconde fois, mon interlocuteur me répond franchement qu'il connaît bien un hôtel bon marché. C'est celui du Caire, situé au centre-ville et offrant une vue sur les pyramides. Étonnamment, sa réponse était parfaitement adaptée à ma question : où dois-je aller ? Six minutes passent, puis Gilles fait un signe de la main droite afin d'appeler un taxi. Juste après son geste, nous voyons le taxi arriver devant nous à **17 h 01**. Le chauffeur descend, nous ouvre la porte côté passager et nous salue poliment. Une fois installés dans le véhicule, il se remet au volant et referme la portière du côté conducteur. Il me demande alors simplement : À quel hôtel souhaitez-vous que je vous dépose ? Gilles répond à la question à ma place en indiquant : « L'hôtel du Caire, situé au centre-ville. » Le chauffeur précise qu'il a l'habitude de transporter des

Touristes étrangers, notamment français. Gilles l'invite à démarrer le véhicule. Les regards s'échangent brièvement, puis dans un silence marqué, le chauffeur prononce : « Donc voilà. » Il commence alors à conduire, quittant l'aire de stationnement devant l'aéroport pour se diriger vers l'hôtel. Il est **17h20** lorsque nous entamons le trajet. En chemin, le chauffeur cherche à engager la conversation et pose des questions sur mon pays d'origine, typiques des échanges rencontrés lors de déplacements internationaux. Malgré ma réserve à lui répondre, je lui rappelle que ces questions m'avaient déjà été posées avant même le départ. Gilles me confie soudain quelque chose sur la mentalité locale. Curieux, je lui demande des précisions à ce sujet. Il m'explique alors que la plupart des habitants ont une mémoire assez courte. En le fixant dans les yeux, j'ai l'impression qu'il ne dit pas vraiment la vérité, seulement une sorte de… mensonge. Quelques instants plus tard, je lui communique les informations qu'il attendait, mais avec prudence. Je lui révèle simplement que je viens de France pour un séjour événementiel. Gilles me pose alors une nouvelle question : "**Sais-tu que tu n'es pas le seul à venir ici ?**" À cet instant, sans vraiment comprendre pourquoi, une voix forte surgit de ma bouche et fait sursauter Gilles, bien installé sur sa chaise. La discussion reprend normalement après la disparition soudaine de cette voix, sans que je ne donne l'impression d'avoir été perturbé. J'indique à mon interlocuteur que d'autres touristes français séjournent dans le même hôtel. Surpris par la conversation, il me demande s'il existe une invitation particulière pour venir en Égypte. Je lui réponds brièvement

P.26

Qu'il est possible de recevoir ce type d'invitation au cours de sa vie. Un silence notable s'installe alors. Nous arrivons à l'hôtel à **18 h 20**, où je remercie Gilles en lui remettant un pourboire, puis règle la course du taxi pour un montant équivalent à 300 billets. Après avoir ouvert la portière, je descends du véhicule, tandis que le chauffeur m'assiste pour récupérer mes valises. Bien que la couleur de la voiture ne m'ait pas marqué, j'observe que le chauffeur et Gilles repartent rapidement vers un nouveau client à **18 h 30**. Seul devant l'entrée de l'hôtel situé au centre-ville du Caire, je m'approche progressivement du portier, vêtu d'un uniforme bleu sombre et rouge, avec une casquette aux couleurs de l'établissement. Je salue poliment le portier et lui demande s'il peut m'aider. Pourtant, il ne comprend pas mon français. J'insiste sur ma demande d'assistance en m'approchant davantage, espérant capter son attention. Il me répond qu'il ne maîtrise pas bien la langue de mon pays. Je lui propose gentiment de me suivre, accompagnant mes paroles d'un geste de la main droite, facilement reconnaissable partout, pour montrer que j'ai vraiment besoin d'aide. Le portier s'approche de mes valises, énergique et solide, puis commence à les porter une par une. Comme mes deux valises sont lourdes, je tiens à le remercier sincèrement. Je lui ouvre la porte vitrée de l'hôtel et lui exprime ma gratitude. Il est exactement **18 h 35** lorsque nous avançons ensemble vers le comptoir de l'accueil. Face à moi se tient une femme vêtue d'un costume élégant, parfaitement en harmonie avec les couleurs de l'hôtel. L'hôtesse d'accueil s'adresse à moi avec courtoisie : « Puis-je vous aider ? » Le portier dépose mes valises sur le côté, et je le remercie

P.27

Pour son assistance par un geste de gratitude. Après m'avoir également remercié, il retourne à son poste. L'hôtesse me repose alors la question : « Puis-je vous aider, jeune homme ? » Il est **18 h 41** selon l'horloge de l'hôtel. Je m'excuse poliment d'avoir manqué sa première sollicitation et précise avoir effectué une réservation par téléphone ce matin. Elle me confirme qu'une réservation au nom de Gabriel a bien été enregistrée, puis m'invite à patienter quelques instants. Pendant ce temps, elle consulte son ordinateur afin de vérifier les informations relatives à ma réservation. Après quelques instants, elle retrouva la réservation et la confirma effectivement. Elle posa ses yeux sur moi, avec une expression qui semblait s'interroger sur ma présence sans accompagnateur adulte. Même si j'aurais voulu lui dire que je ne suis pas comme les autres enfants, ma conscience me poussa à rester discret. Mon seul désir était de rejoindre ma chambre pour me reposer. Brusquement, la même hôtesse revient vers moi trois minutes plus tard, à **18h45**. Elle m'appelle « Monsieur Gabriel », puis je la rejoints. Elle me demande : « Pourquoi portez-vous le même nom que M. Gabriel ? » Je lui expliquai que je suis Gabriel junior et que c'est mon père qui avait réglé la réservation ce jour-là. Son regard lourd et suspicieux mais, finalement, elle m'indique la chambre réservée au deuxième étage et place les clés numérotées 259 sur le comptoir d'accueil. Étrangement, ce nombre semble revêtir une importance particulière. Une fois de plus, l'hôtesse d'accueil m'interpelle pour me demander d'attendre devant l'ascenseur. Je lui assure que je peux m'occuper de mes valises sans problème, mais elle tient à

P.28

Préciser qu'une personne est spécialement chargée de cette tâche et viendra m'aider à les transporter sur un chariot. Je décide donc de patienter. Dix minutes passent (il est alors **18h55**), durant lesquelles l'hôtesse termine courtoisement ses explications. C'est à cet instant que l'employé arrive, poussant un chariot porte-bagages aux teintes sobres et dorées, caractéristiques de l'hôtel. D'habitude, je gère seul mes bagages ; ce n'est pas fréquent que quelqu'un m'apporte son aide. Pourtant, cette fois-ci, un autre employé s'occupe de déposer mes valises sur le chariot. J'essaie d'établir le contact avec le porteur en lui disant que je peux porter mes affaires moi-même, mais il insiste. Mes deux valises se trouvent désormais à ma gauche. Après avoir examiné la clé portant le numéro 259, j'en conclus qu'il s'agit probablement d'une indication. La chambre se situe au deuxième étage. Accompagné du bagagiste, nous nous dirigeons vers l'ascenseur et patientons devant la porte. Les minutes passent (**18h58**) et je constate que l'ascenseur se trouve actuellement au premier étage ; il ne tardera pas à arriver. Son arrivée se fait entendre et j'anticipe notre montée imminente. À **18h59**, l'ascenseur est enfin devant nous. Nous embarquons et montons jusqu'au deuxième étage. Une fois arrivé, la fatigue commence à se faire ressentir. Prenant mon courage à deux mains, je reste debout malgré la fatigue du voyage quelques heures plus tôt. Nous sommes dans l'ascenseur et atteignons enfin le deuxième étage. Les portes s'ouvrent comme toujours dans un bruit familier de « tine ». Face à nous, une pancarte détaille clairement les directions à suivre. Je m'arrête sept minutes, à **19h06**, accompagné de mon

P.29

Ami portier bagagiste, pour observer les panneaux qui indiquent où aller. Il faut choisir entre la gauche et la droite selon le chiffre inscrit sur la clé, afin de repérer les chambres aux numéros pairs ou impairs. Les numéros vont du 200 au 259, et il faut tenir compte des étages. Comme ma chambre porte le numéro **259**, je prends tout naturellement à droite. En marchant, les numéros défilent devant moi : 215, 217, 219, 221, 223, 225, 227, 229, et ainsi de suite. Nous poursuivons dans le couloir de droite, jusqu'au numéro 250, où la fatigue commence à se faire sentir au fil des pas. Enfin, nous arrivons devant la porte située à droite, dans le couloir qui mène à la chambre. En tournant la tête vers la gauche, j'aperçois la porte 259, ce qui me procure un certain soulagement. Par réflexe, je regarde ma montre pour calculer le temps qu'il nous a fallu pour trouver la chambre : vingt-quatre minutes se sont écoulées. Je glisse la clé dans la serrure avec la main droite et la porte s'ouvre doucement, libérant un petit grincement. Je me penche alors pour saisir mes bagages et, sans y penser, je jette un dernier regard à ma montre. Il est exactement **19h30**. J'entre lentement dans la chambre, suivi du portier bagages qui transporte mes valises, retirées du chariot. Je m'avance prudemment, scrutant chaque recoin à la recherche d'une anomalie visuelle — une habitude dont je ne peux me départir, désolé. Je place mes affaires sur le côté droit, près de l'armoire apparemment verrouillée. Discrètement, le portier bagages repart et referme la porte derrière moi avec sa main gauche. Dès lors, j'entame une inspection méticuleuse : je vérifie la cuisine, les toilettes, la salle de bains et même le réfrigérateur. Tout semble

CHAT-PIE-TRE-30

Parfaitement normal ; bien que mon apparence soit celle d'un enfant, mon esprit fonctionne différemment. Ensuite, j'allume la télévision et zappant les chaînes locales. Je pose la télécommande sur le lit, puis lance un dernier regard circulaire dans la pièce, n'y trouvant rien à signaler. La chambre est impeccable, et je me sens serein à **19 h 45**. Il est temps pour moi de m'installer confortablement sur le lit. À vrai dire, je ne suis pas ici pour faire le ménage, mais plutôt pour comprendre pourquoi ma taille a été réduite à celle d'un enfant de 12 ans. On s'en occupera demain. Comme le dit le dicton, la nuit porte conseil, mais il est seulement 20h00 et je n'ai pas l'intention de dormir tout de suite. Je commence par déballer mes bagages et déposer mes vêtements sur les étagères de l'armoire. En ouvrant une valise, je remarque que mes vêtements sont en vrac. Je n'ai pas eu le temps de bien plier mes affaires car je suis parti précipitamment de mon appartement, mais cela ne me dérange pas, étant seul ici. Je décide quand même de les plier correctement pour garder les étagères bien rangées. Je commence par les pantalons et jeans, puis la chemise, le t-shirt, les chaussettes et les sous-vêtements. Ensuite, dans la salle de bain, j'installe une serviette de bain et une autre pour le visage. Vous vous demandez sûrement pourquoi deux serviettes ? Simplement parce que je préfère utiliser une serviette distincte pour le corps et une autre pour le visage. Il me reste aussi quelques chaussures dites **"de ville"** et une paire pour les randonnées à venir… On ne sait jamais, elles pourraient servir ! J'ai une question à vous poser, à vous qui me lisez ! Mes chers lectrices et lecteurs, avez-vous déjà ressenti cette impression

P.31

Étrange que le temps passe très vite ? À peine installé sur mon lit, il est déjà **20 h 20** et je n'ai même pas terminé de ranger mes affaires… Entre l'armoire et les étagères, tout reste à faire. C'est incroyable, non ? D'être soudain allongé à côté de ce qu'il faut encore ranger ; mais bon, il est temps de se relever et de poursuivre le rangement, allez-hop ! Debout ! Je continue donc à faire des allers-retours entre mon lit et l'armoire. Après tant de va-et-vient, la fatigue commence à se faire sentir. Enfin, j'ajoute le dernier vêtement sur l'étagère : tout est rangé et plié. Il ne me reste plus qu'à m'occuper des serviettes et des savons dans la salle de bain, à ranger dans leurs armoires, qui sont d'ailleurs très jolies. Elles paraissent épaisses et robustes visuellement. J'ai envie de m'occuper, mais je ne suis pas très enthousiaste à l'idée de me coucher tôt. Alors, pourquoi ne pas réfléchir un peu ? Je suis sûr que je ne suis pas le seul à avoir reçu cette invitation. Tout en parcourant les différentes pièces, je cherche des indices qui pourraient m'apprendre quelque chose d'intéressant. Peut-être sur ma destination de demain ou je devrais me rendre, ou s'il y a d'autres personnes qui ont probablement aussi reçu une mystérieuse visite leur suggérant d'aller en Égypte. Après coup, toute cette réflexion m'a épuisé, il doit être près **de 21 h,00** mais inutile de donner l'heure précise, car je suis vraiment fatigué, désolé (à vous qui me lisez) mes chères lectrices et lecteurs, pour mon histoire. Mais bon passant. Pensons plus-tôt au petit déjeuner de demain matin : le menu prévoit des céréales classiques avec du lait et du sucre, plusieurs sortes de pain comme brioche ou demi, et du beurre. Déjà **21 h 05** ! Lorsque l'on s'évade dans la réflexion, le temps

P.32

Semble s'écouler rapidement. Je tiens à préciser que l'alimentation pendant mon séjour est variée et comprend des aliments nourrissants. Concernant la durée du séjour, aucune indication précise ne m'a été donnée ; même la voix qui m'a informé ce matin n'a pas fourni de détail, hormis une migraine conséquente. Après avoir tenté d'obtenir des indices, force est de constater qu'il est difficile de déterminer quoi que ce soit à ce sujet. Il est actuellement **21 h 20**, il se fait tard. Demain, je pourrai certainement obtenir davantage d'informations auprès, d'un guide. Oui je suppose qu'il va, surement avoir demain matin un guide touristique. Afin de comprendre les motifs exacts de ma présence ici. Sur le plan hypothétique, il serait envisageable que le séjour dure une semaine ou plus, bien que cela relève de la spéculation. Je m'interroge donc sur l'organisation et la logique derrière cette situation. En me déplaçant, j'observe soudainement un élément sous l'armoire qui attire mon attention. Prenez un instant avant de poursuivre votre lecture (...). En me penchant pour saisir enfin cet indice tant recherché depuis quelques minutes, je remarque que cette feuille a l'apparence d'un parchemin, presque ancien sans être véritablement vieux. Sa texture et son épaisseur laissent penser qu'elle n'a pas été produite récemment. De nombreuses personnes ont déjà visité cette chambre avant moi. Quoi qu'il en soit, je prendrai le temps de l'examiner tranquillement demain matin au petit-déjeuner, car il est déjà **21 h 30** et la fatigue se fait un peu plus sentir. Je vais pourvoir dormir, en m'approchant de mon lit, je soulever une légère couette est en rentrant sur mon lit. Puis je rentre dedans est m'allongent est

P.33

Me recouvre de ma couette légère. Une réflexion me vient subitement. Concernant mes questions sur le sentiment de déjà-vu, c'est une expérience vraiment intrigante. Certains avancent qu'il pourrait s'agir de souvenirs d'expériences antérieures ou même de vies passées, tandis que d'autres suggèrent que notre cerveau réagit simplement à des situations familières de manière inhabituelle. Quelle que soit l'explication, cela soulève toujours des questions fascinantes sur la nature de notre conscience et de notre réalité. En ce qui concerne mes doutes sur la voix entendues dans mon appartement ce matin, il est essentiel que je dois bien rester vigilant sur le plan moral. Et de chercher de l'aide si besoin. Le stress ou la fatigue peuvent parfois influencer notre esprit, mais il reste important de prêter attention à nos pensées et à nos émotions. En ce qui concerne les prochaines visites au musée, pyramides il est certain que l'expérience sera à la fois passionnante et enrichissante. Explorer ces monuments, dont l'histoire et la signification culturelle sont remarquables, promet de révéler bien des mystères et d'offrir des souvenirs inoubliables. Il sera à ce moment-là important de profiter pleinement de chaque instant et de s'imprégner de la grandeur de ces édifices historiques. Tout porte à croire que je m'apprêterais à vivre une aventure mémorable en Égypte, alors je dois rester ouvert à toutes les possibilités qui s'offrira à moi. Sans transition. À ma montre, il est exactement **21h50**. Je vous souhaite une bonne nuit, espérant que ma journée à venir soit riche en découvertes et en merveilles. Bonne nuit à toutes et à tous, chères lectrices et chers lecteurs. Quelques heures passent. La nuit cède

P.34

Doucement sa place à la lumière du soleil. Ce matin, le soleil se lève tout juste - il est **07h00**. Une nouvelle journée débute, j'ouvre les rideaux et je salue "tout le monde" ainsi que mes lectrices et lecteurs. Le soleil rayonne déjà. Je me prépare à relever les défis qui m'attendent. C'est alors que le narrateur débute son histoire… Gabriel, animé par la volonté de percer le mystère de sa présence en Égypte, partiras en quête de réponses. Il se lève et se rend à la douche pour se rafraîchir, se lave le visage puis, une fois terminé, quitte la salle de bain pour rejoindre l'armoire. Il choisit ses vêtements et commence à s'habiller avec sa nouvelle tenue. Prêt à contacter les hôtesses de l'hôtel pour passer commande, il hésite, car le frigo de la chambre semble déjà bien garni ce matin. Soudain, il se met à réfléchir… Même s'il est sceptique quant à la possibilité d'obtenir exactement ce dont il a besoin, la faim se fait sentir et il est déterminé à tout essayer pour satisfaire son appétit. La suite promet d'être pleine de surprises alors qu'il poursuit sa quête pour retrouver sa taille habituelle. En consultant les portions indiquées sur le menu, il envisag finalement de commander par téléphone auprès de l'hôtel. Cependant, il s'aperçoit rapidement que les provisions disponibles suffisent amplement à ses besoins pour toute la durée du séjour. Il décide alors finalement de ne pas passer cet appel et se dirige vers le réfrigérateur où sont rangées les rations, satisfait de cette solution. Il est maintenant **8h10**. L'envie de manger a soudainement disparu ou s'est atténuée, mais une boisson chaude, comme un thé apaisant, lui ferait du bien. Il prend la bouilloire, la remplit d'eau et la place sur sa résistance pour faire

CHAT-PIE-TRE-35

Chauffer l'eau, puis il dépose le sachet de thé vert dans son mug. Cinq minutes devraient suffire. Après avoir utilisé la bouillotte pour chauffer de l'eau, je me suis interrogé sur l'opportunité de consommer un bol de lait malgré l'absence d'appétit, considérant que cela pourrait contribuer à éviter une journée difficile. En vérifiant le réfrigérateur, j'ai constaté la présence de chocolat au lait. J'ai alors opté pour ce produit, accompagnant le lait chocolaté d'un thé afin de bénéficier de ses propriétés stimulantes et énergétiques, tout en profitant de la douceur du lait. Par la suite, j'ai allumé la télévision pour suivre les informations matinales et mis la casserole sur la plaque afin de chauffer le lait au chocolat, tout en surveillant également la préparation de l'eau pour le thé dans la bouillotte. Durant cette phase d'attente, j'ai veillé à rester attentif à la montée du lait dans la casserole, le retirant du feu avant qu'il ne déborde. Une fois terminé, j'ai versé le lait dans un mug et reposé la casserole sur une autre plaque encore chaude mais éteinte. Après avoir ajouté deux ou quatre morceaux de sucre, je verse doucement le thé dans mon mug. Je laisse reposer quelques minutes pour qu'il refroidisse légèrement, car le thé est meilleur tiède. Pendant ce temps, je continue à suivre les informations à la télévision sur le pays et la ville égyptienne. En haut à droite de l'écran, il est maintenant **08h25**. Entre deux actualités, je regarde mon mug rempli de thé chaud ou tiède, posé à portée de main. Je le saisis, souffle dessus avant de tenter une première gorgée, puis souffle encore pour accélérer le refroidissement. À chaque pause, les minutes s'écoulent. Après avoir fini mon thé bien tiède. Je reste debout devant l'écran,

P.36

Regardant les informations défiler. Quand j'ai terminé mon thé, je le pose dans l'évier, le rince soigneusement puis le laisse s'égoutter. Maintenant, c'est au tour de mon bol de lait au chocolat accompagné de céréales locales. Je m'assois pour le savourer tranquillement. Il est exactement comme je les aime : une douce fraîcheur vient apaiser ma langue réchauffée par le thé vert. En levant les yeux vers la pendule, je remarque qu'il est **8h50**. Puis, lorsque je touche le bol qui était encore chaud il y a peu, je constate qu'il est devenu tiède. Avec la cuillère à café je fais donc bouchée après bouchée, je termine mon bol jusqu'à la toute dernière goutte. Je me lève et avance doucement vers la douche pour... Me brosser les dents et éliminer l'odeur des deux boissons, afin d'avoir l'haleine fraîche. J'ouvre le robinet, l'eau coule ; pendant trois minutes, j'accorde toute mon attention au nettoyage de mes dents. En croisant mon reflet dans le miroir, je me félicite d'avoir bien nettoyé mes dents. Une fois sorti de la douche – après avoir soigneusement éteint la lumière, bien entendu –, je fais quelques pas en direction de mon lit. J'hésite un instant : m'asseoir simplement sur le lit ou choisir la chaise en bois ? Après quelques minutes de réflexion, je finis par opter pour la chaise. Il est maintenant **8h55**. Je préfère patienter ici, assis tranquillement, tout en me disant ces pensées. Je dois rester de bonne humeur pour accueillir le guide. Même ici, dans cet hôtel, il est essentiel d'être pleinement présent car l'imprévu peut survenir à tout moment. À présent, je me prépare à attendre que la voix réapparaisse, comme elle l'a fait hier matin, afin de m'indiquer la prochaine étape. Un calme profond s'installe autour de moi, et seuls les battements de mon

P.37

Cœur me tiennent compagnie. Soudain, un bruit de voiture perce le silence à travers la fenêtre de ma chambre, ou peut-être s'agit-il d'un autre son inattendu qui brise cette tranquillité. Mon intuition m'indique alors que la voix ne viendra probablement pas me parler aujourd'hui. À ce moment précis, je tourne la tête sur la gauche et me rends compte que j'ai oublié d'éteindre la télévision. Après l'avoir fait, je retourne m'asseoir sur mon lit, pensant patienter — mais finalement, je décide de ne pas attendre. Je me relève brusquement et me dirige vers la porte de ma chambre d'hôtel, traversé par la pensée que l'événement tant espéré va probablement débuter sans doute vers **9h00** ou plus tard. Soudain, des bruits de pas se font entendre dans le couloir, sans doute venant de l'ascenseur et se rapprochant de ma porte… Mon cœur s'accélère alors que je continue d'avancer. Au même instant, la poignée de la porte s'anime, pivotant de gauche à droite, puis la porte s'ouvre ! Je recule légèrement, laissant la porte béante, et découvre un homme devant moi, vêtu d'une tenue qui évoque celle d'un musée ou d'une pyramide. Il me fixe avec assurance et déclare : « Tu auras besoin de toutes tes forces pour cette excursion, Gabriel. » Je m'interroge intérieurement sur la façon dont il connaît mon nom. Avec la même assurance, il ajoute : « N'oublie pas de bien fermer la porte derrière toi, Gabriel. » Il se dirige alors vers le couloir menant à l'ascenseur, mais s'arrête soudain au milieu, se tourne vers moi et m'exhorte à me dépêcher car le temps nous manque. Encore une fois, il insiste pour que je ferme soigneusement la porte de ma chambre. Sans protester, j'obéis, je ferme la porte et le rejoins. Sur le chemin, il

P.38

M'indique qu'il va tout m'expliquer, précisant que ce matin, le temps ne joue pas en notre faveur. Par automatisme, je consulte ma montre : il est précisément **9h10**. Je marche d'un pas rapide vers l'ascenseur et, tout en m'en approchant, j'appuie sur le bouton de droite. Sa lumière jaune s'allume, mais l'attente devant la porte dure cinq longues minutes, l'hôtel étant immense. Soudain, le guide – qui ne s'est même pas présenté – m'adresse quelques mots sur les itinéraires proposés par les guides touristiques du Caire. Sur le moment, j'écoute distraitement : mon esprit est occupé par l'événement à venir. En jetant un œil à ma montre, il est **9h15**. Pour revenir à l'ascenseur, il est maintenant **9h18**. Enfin, il arrive : les portes s'ouvrent, je monte avec le guide, elles se referment dans leur tintement familier. J'appuie sur « zéro » pour descendre à l'accueil. L'ascenseur nous conduit au rez-de-chaussée. Le temps compte pour moi : il est **9h19**. Marchant ensemble vers l'accueil, nous tentons de voir si le guide pourra nous trouver un moyen de transport. Au passage, je salue les hôtesses de l'accueil. Elles nous adressent un salut, auquel le guide répond avec le sourire : « Merci, mesdames, je vais bien. Et vous, comment allez-vous ? » Les hôtesses répliquent poliment : « Nous allons bien également. » Alors que l'une d'elles s'apprête à mentionner le nom du guide, celui-ci pose un doigt sur sa bouche pour lui signaler de ne pas le faire à ce moment précis. J'ai préféré ouvrir la porte, puis nous sommes sortis ensemble de l'hôtel. Nous avons marqué une pause pour admirer la vue. Il était **09h25**. Le portier m'a aussi salué : « Bonjour, Mr. Gabriel ». J'ai répondu « Merci », puis je lui ai demandé

P.39

Comment il se portait ce matin. Il m'a assuré qu'il aller bien, et j'ai ajouté : « Bon courage, Mr. le portier ». Avant de partir, j'ai ressenti spontanément l'envie d'en apprendre davantage sur ces célèbres pyramides. J'ai lu que les horaires indiquaient que l'hôtel fermerait ses portes vers midi pour le repas des hôtes, puis rouvrirait de exactement de **14h00 à 20h,00** voire jusqu'à **22h00** pour les retardataires. J'ai voulu préciser au guide que je devais revenir après cette sortie précipitée, mais il m'a coupé pour dire que ce n'était pas nécessaire de le mentionner. Déconcerté, j'ai tenté de relancer la conversation, en vain : le guide ne semblait plus écouter, ou faisait mine de ne rien entendre. J'ai alors déclaré à haute voix que j'avais laissé des affaires dans ma chambre avant de partir. Sans hésiter, le guide m'a assuré que tout était en sécurité et qu'il n'y avait aucun souci. Nous continuons d'avancer dans les rues du centre-ville, admirant les boutiques de souvenirs, où l'on trouve de tout. Cela me rappelle les marchés français, mais celui-ci est nettement plus vaste. Mon envie d'explorer le souk grandit, surtout quand je réalise que le temps passe vite. En jetant un nouveau coup d'œil à ma montre, il est déjà **09h55**. Assis dans une voiture qui poursuit sa route, j'ignore toujours notre destination. Même en tant qu'enfant, je ressens le droit de la connaître. Pourtant, en observant le visage du guide, je devine qu'il pourrait y avoir un sérieux problème. Son empressement à atteindre son objectif semble évident. À ce moment-précis, une réflexion me vient en tête. D'après certains, l'espace-temps paraît différent de celui que nous connaissons, presque comme si nous étions dans un univers parallèle. Quoi qu'il en soit, il

CHAT-PIE-TRE-40

Semble que nous approchons de notre destination, ce que je perçois aussi dans l'attitude du guide. Je repère également les lieux : il s'agit bien d'un musée ou d'une pyramide. Un silence palpable règne, accompagné d'une légère tension semblable à celle ressentie ce matin en quittant ma chambre dans le couloir. Pour poursuivre l'histoire, je suis toujours accompagné du guide, à bord de ce fameux taxi. Le guide avait aperçu les pyramides et pensait sûrement avoir accompli quelque chose. Mais quelle réussite ? Je doute qu'il s'agisse uniquement de m'avoir conduit ici. Il doit y avoir autre chose, j'en suis convaincu. Et vous, chers lecteurs et lectrices, qu'en pensez-vous ? Voulez-vous connaître une vérité ? Eh bien, le mystère entourant le guide reste entier. Je pressens que, tôt ou tard, j'entendrai cette fameuse vérité de la bouche du guide. Mais pour l'instant, nous sommes encore dans le véhicule. Nous allons bientôt en sortir, puisque nous venons d'arriver sur le lieu du rendez-vous. Le chauffeur de Taxi se gare à droite du trottoir et coupe complètement le moteur ; ma montre indique qu'il est **10h50**. Après avoir terminé sa manœuvre, il sort par sa gauche et vient ouvrir les portières pour chacun de nous. À ce moment-là, nous quittons enfin le véhicule. Rassurez-vous, mes chers lectrices et lecteurs, le chauffeur s'est arrêté en toute sécurité. Je sens la chaleur de l'air sur ma peau, tandis que mes cheveux sont portés par la brise. Enfin, je peux détendre mes jambes… Je m'étire quelques instants, puis fais un pas ou deux en arrière pour refermer la portière du taxi, à droite du véhicule. Mon guide me suit et ferme aussi la portière, droite du côté passager du conducteur. Il s'arrête en fermant, puis il

P.41

Affichant un léger sourire. Nous commençons alors à marcher prudemment, nous savons ce qui vas nous attendre. Il est **11h00**. Une foule s'est rassemblée pour admirer la pyramide, et au fur et à mesure que nous avançons, nous remarquons des groupes de visiteurs de plus en plus nombreux. Bien que certaines personnes portent des masques sur le visage, cela n'a rien d'alarmant ; il arrive, sans doute sous l'effet du soleil, que certains individus tombent malades. Il ne s'agit cependant que d'un désagrément visuel mineur. En passant à proximité, j'ai clairement entendu qu'il était **11h20**. Pour information, l'hôtel se trouve désormais bien loin derrière nous, depuis plus d'une heure. Nous continuons à marcher d'un pas soutenu. J'ai douze ans et je poursuis la marche avec énergie. Finalement, nous arrivons devant le musée ou la pyramide, où des collègues du guide sont déjà présents. Soudain, l'un d'eux s'approche de moi. Un silence s'installe entre nous pendant qu'il avance lentement, réduisant l'espace qui nous sépare. J'entends alors sa voix qui prononce : « Bonjour Mr Gabriel... » Une multitude de questions envahissent mon esprit. Le guide principal, se tenant à proximité, me fixe avec insistance et finit par tendre la main droite pour saluer son collègue. D'un simple échange de regards, comme s'ils se comprenaient instinctivement, le guide — qui n'a pas souhaité révéler son prénom lors de sa venue à l'hôtel, soit dit en passant — semblait me sonder. À vous, mes chères lectrices et chers lecteurs, j'avoue avoir eu l'impression de m'évader brièvement dans mon esprit, tandis que mon corps demeurait immobile, entouré des guides réunis. La sensation était plutôt étrange. Mais revenons à nos moutons. Le guide,

P.42

Debout face à moi, pose à nouveau son regard sur ma personne. Puis l'un d'eux me lance : « Mon collègue vous a-t-il informé de l'événement prochain ? » Je réponds par la négative. Aussitôt, un léger sourire éclaire son visage, probablement pour me rassurer. Ensuite, il me pose une autre question à laquelle je ne m'attendais pas : « **Peux-tu me donner l'heure, jeune homme ?** » Un silence s'installe, puis, par réflexe, je lui indique qu'il est **11h40**. D'un simple geste de la main droite, il répond : « Okay. » Le guide placé devant nous commence alors à marcher vers son collègue et s'arrête précisément à sa droite, lançant une phrase du style : « N'oublie pas de l'informer. » Après que son collègue était parti, étrangement, nous restons tous immobiles quelques instants. Puis le guide qui m'accompagne revient à lui et me dit : « Allons-y maintenant, c'est le moment d'aller vers le musée/ pyramide. » Qui, d'ailleurs, n'est probablement pas très loin de nous maintenant que nous devons poursuivre à pied. À ce moment-là, je décide d'attendre que le guide lui-même me donne l'information. Soudain, le guide s'arrête et m'annonce que finalement, nous allons prendre un véhicule. Il affirme que ce serait préférable et ajoute qu'en marchant comme tout le monde, il risquerait de me perdre, Gabriel. Nous avançons encore un peu, mais de là où je suis, j'aperçois à peine le musée ou la pyramide, qui ne doit pas se trouver bien loin. Le guide me retient avec sa main droite, puis indique du doigt un groupe de véhicules militaires, verts et noirs, à quatre portes, qui semblent nous attendre. Spontanément, il demande à ses collègues ainsi qu'à moi Gabriel de monter dans les véhicules attribués à chacun. Ensuite, chaque guide devait prendre place

P.43

Dans un véhicule et emprunter la route menant aux pyramides. Pour vous, chers lectrices et lecteurs qui suivez le fil de cette histoire, ressentez-vous également cette atmosphère particulière ? J'ai l'impression qu'un vent de défis est en train de se lever, prêt à me mettre à l'épreuve. Je suis ravi d'être ici pour découvrir les pyramides accompagnées d'un guide touristique parlant une langue internationale, avec un Français remarquable. Ah, j'allais oublier : l'équipe de guides dispose de cinq véhicules. Une fois que chacun a pris place dans son véhicule respectif, le guide me détaille notre itinéraire afin que nous puissions nous rapprocher progressivement de ces monuments historiques. Avant tout, il faut tenir compte du nombre de personnes à emmener, et des règles précises qui doivent être respectées. Je lui demande alors : lesquelles ? Il me répond avec un Français impeccable, sans la moindre faute, qu'il est impossible que les visiteurs soient entassés les uns contre les autres. C'est essentiel pour eux afin de permettre à un maximum de personnes de découvrir la pyramide. Spontanément, je lui confirme qu'il est bien **12h05**, puis je lui dis : "**D'accord, guide…**" En profitant de l'instant, je remarque, au fil des secondes, que le vent s'intensifie, et tandis que nous avançons, une brise sablonneuse semble se faire sentir de plus en plus. Tout à coup, le guide m'informe qu'il est nécessaire de mettre des lunettes de protection afin d'éviter d'être ébloui. Je suis immédiatement son conseil. À cet instant, je ressens une irritation due au sable dans mes yeux. Rapidement, ma main droite ouvre la boîte à gants, tandis que la gauche la referme aussitôt. Je place les lunettes sur mon nez.

P.44

Continuant à rouler droit devant, j'aperçois au loin un petit triangle dressé. Je sais ce que c'est, même s'il semble minuscule. L'air chaud caresse mes joues, à droite comme à gauche, avec une sensation étrange de légèreté. Le guide me repose sa question habituelle : ai-je bien tout assimilé ? Je lui confirme une nouvelle fois ma compréhension totale. Ainsi, après avoir bien assimilé les règles, nous, les touristes, suivons-le ou les guides. Soudainement, je déclare à haute voix que je m'appelle Gabriel ! À ma grande surprise, le guide répond qu'il le savait déjà depuis un moment, bien avant mon arrivée en Égypte... Un silence s'installe, puis je lui demande depuis quand il le sait. Il me répond alors, avec assurance, que nous nous connaissions déjà à l'époque de mes parents, lorsque je n'étais encore qu'un enfant de 12 ans. À ce moment-là, je lui pose enfin cette question qui me brûlait les lèvres : « Saviez-vous qui j'étais ? » Le guide me rappelle que nous nous sommes croisés ce matin devant ma chambre d'hôtel. Il me répond, un peu dans le style : « Gabriel, je le savais », alors je poursuis avec une autre question : « Saviez-vous pourquoi je suis ici ? » De nouveau, il affirme qu'il était au courant, ajoutant même qu'il sait que j'ai été réduit à la taille d'un enfant de 12 ans depuis la veille, dans mon appartement. Je lui explique rapidement que, lorsque je me suis vu dans le miroir de la salle de bain, j'ai découvert que j'avais pris l'apparence d'un adolescent. Le guide m'a alors relaté l'histoire de ma famille, en commençant par leur première rencontre. À l'époque, ils étaient venus en Égypte dans le cadre d'un séjour touristique, comme tant d'autres visiteurs. Au cours de leur voyage, ils ont croisé une personne qualifiée de

Spirituelle, qui leur a révélé qu'ils possédaient certains pouvoirs particuliers. Cette révélation a suscité la curiosité de mes parents. Dans un premier temps, ils ont poursuivi leur visite, mais ont finalement décidé de revenir sur leurs pas afin de retrouver cet homme spirituel. Pour obtenir davantage d'informations sur le sujet, l'homme spirituel commence par expliquer qu'il connaissait une personne qui avait involontairement jeté une poudre dite magique, à la suite des jets subis au cours de leurs périples. L'homme pose alors des questions du type : « Avez-vous fait des cauchemars ces derniers jours ? » Un silence s'installe entre les trois personnes — vos parents et l'homme spirituel — puis l'un d'eux répond affirmativement, confirmant qu'ils ont effectivement eu des cauchemars récemment. L'homme spirituel poursuit son récit, expliquant que ceux qui sont exposés à un tel jet, qu'ils en soient victimes par erreur ou non, subissent une malédiction qui ne peut être facilement levée. Au moment des faits, vos parents ont eu du mal à croire à cette soi-disant "malédiction". Revenons à ces cauchemars. Le guide m'explique que mes parents, Gabriel, ont eu des rêves inquiétants, qui semblaient presque réels. D'après lui, leurs visions étaient de véritables projections de l'avenir. Malheureusement, ils n'ont jamais réussi à se libérer de cette fameuse malédiction. Quoi qu'il en soit, Monsieur Gabriel, vous portez cela en vous. Le guide me demande si je vais bien ; je lui réponds que oui et que j'ai surtout bien compris. Il semblait en savoir beaucoup sur nous, ce qui m'a surpris. J'essaie tant bien que mal de comprendre tout ce que le guide m'a révélé au sujet de cette histoire

P.46

Familiale. À mon avis, cela semble peu crédible. Pourtant, il faut bien accepter la situation pour l'instant, le guide avait terminé de me raconter l'histoire familiales. Un silence paisible se fait entre-nous puis je voie droit devant moi, que nous approchons désormais des pyramides. Nous parcourons les derniers mètres à bord des véhicules du site afin de nous rapprocher des monuments historiques. Durant le trajet, j'entrouvre la fenêtre de la portière droite pour m'aérer, mais conformément aux recommandations du guide concernant la présence de sable fin transporté par le vent, je la referme rapidement et me replace correctement sur mon siège. À travers la vitre, j'aperçois au loin les pyramides, les contemplant ainsi pour la première fois depuis l'enfance. Quelques minutes plus tard, à **12h15**, le chauffeur s'arrête sur le parking où tous les monospaces déposent les touristes venus de divers horizons. En descendant du véhicule au couleur "militaire", je recule d'un pas pour refermer la portière, imité par les guides qui ferment également de leur côté. L'un d'eux me conseille aussitôt de prendre mon sac à dos car il me sera utile durant toute la visite. À la suite de cette recommandation, je me dirige lentement vers l'arrière du véhicule et demande poliment au guide d'ouvrir le coffre. Il s'exécute d'un simple geste de la main droite, utilisant une télécommande, que le chauffeur venait de lui donner, à la main droite. San doute au moment où j'étais descendue, et un bip retentit. Le coffre s'ouvre, je m'avance pour prendre mon sac à dos. Dès que je l'ai récupéré, le coffre se referme automatiquement, accompagné d'un bip sonore. Je pose mon sac sur le trottoir, puis j'en sors des lunettes de soleil afin de

P.47

Protéger mes yeux du soleil et du sable. Je mets aussi une casquette pour préserver ma tête des rayons. Quelques minutes passent, il est **12h25** et nous sommes enfin au pied des pyramides, mais il reste juste quelques centimètres à franchir. Alors que je me prépare à entrer, le guide insiste pour que je porte des chaussures adaptées à la marche. J'évalue la situation et me demande si mes chaussures de ville suffisent ou s'il serait préférable de suivre son conseil et opter pour des chaussures de randonnée. Sans hésitation, j'attrape mes chaussures de randonnée, les place devant moi et retire soigneusement les lacets de mes chaussures de ville. J'enfile d'abord la chaussure droite de randonnée, puis la gauche, nouant méticuleusement chaque lacet pour éviter qu'ils ne se détachent en chemin. Une fois debout, je commence à marcher et ressens aussitôt la chaleur sur mes jambes, ce qui me rappelle à quel point il est judicieux de suivre les conseils du guide. Il m'avait averti que la chaleur égyptienne pouvait vite devenir difficile à supporter et maintenant, je comprends l'importance d'être bien équipé, surtout pour les pieds. Le guide nous invite alors tous à entrer dans le musée ou la pyramide, puis s'approche de moi, prêt à partager quelques confidences. Dans le calme ambiant, je profite de la distance pour vérifier l'heure : il est **12h35**. Le guide m'annonce qu'il possède davantage d'informations, mais précise qu'il détient également un secret qui, selon lui, mérite mon attention. Je sens que cela lui pèse. Pour être honnête avec vous, chers lectrices et lecteurs qui suivez mon histoire depuis le début, je doute de ce qu'il va m'annoncer. Sans transition, pourquoi est-ce que je regarde l'heure à chaque occasion ? Je

P.48

Pense simplement que l'heure pourrait jouer un rôle dans cette histoire. Voilà mon explication. Mais passons. Quel que soit le contexte, il me semble que le moment de la journée pourrait bien être déterminant dans le déroulement des événements à venir. Le guide est déjà retourné pour accueillir d'autres visiteurs. Malgré un environnement animé, je ressens soudainement une solitude marquée. J'avance prudemment afin d'observer pour la première fois, à distance rapprochée, les monuments miniatures exposés au musée. Devant moi se dressent de petites statues triangulaires. Je remarque l'écoulement du temps : il est **12h40**. Une réflexion s'impose : j'ai choisi cette excursion notamment pour m'intéresser à la notion "d'esprits", mais depuis mon arrivée en Égypte, la voix-off ne s'est plus manifestée. Il est probable que la vérité se révèle tôt ou tard. Avant de poursuivre, je vérifie soigneusement le contenu de mon sac à dos pour m'assurer de n'avoir rien oublié : des ouvrages historiques, plusieurs bouteilles d'eau, deux sandwichs aux légumes et à la viande pour l'après-midi, quelques pommes et une banane en cas de petite faim vers **14h00** ou **16h00**. Par ailleurs, le guide disposait également d'une seconde casquette rouge et noire ornée d'un caméléon. Mais je l'ai trouvée belle. Mais passant, une sensation de calme m'a envahi sur le moment. Je me sentais rassuré, prêt à poursuivre cette aventure, comme un rêve éphémère, si l'on peut dire. J'avançais dans la file de touristes, parmi lesquels se trouvaient des Français qui discutaient entre eux. Je me suis approché d'eux et leur ai lancé : « Excusez-moi. Excusez-moi ! Excusez-moi ! » Je ne comprenais pas pourquoi ils semblaient

P.49

Ignorer mes appels, volontairement ou non. Finalement, j'ai rassemblé mon courage et, d'un coup, j'ai crié... Dès que ma voix a éclaté, elle s'est imposée à tout le groupe, et chacun s'est tourné vers moi avec stupeur. Le monsieur devant moi m'a demandé : « C'est toi qui as fait cette voix grave ? » Sur le coup, je n'avais pas envie de révéler toute la vérité, mais après avoir retrouvé mes esprits, il fallait inventer une explication pour éviter d'être perçu comme le bouffon du groupe. Alors, j'ai expliqué que c'était quelqu'un d'autre qui avait fait ça, et curieusement, cette personne a disparu comme par enchantement. Oui, je reconnais qu'il ne faut pas mentir ! Je ne voulais pas qu'on se pose trop de questions sur moi. J'assurais que j'étais venu en Égypte en simple vacancier, comme tant de touristes. Pourtant, au fond de moi, je savais parfaitement que c'était bien mon geste. Si les choses continuent à évoluer dans cette situation étrange, franchement, je ne sais pas quoi faire à ce moment précis. C'est à la fois extraordinaire et déroutant. Je n'ai toujours pas compris la raison. D'ailleurs, pourquoi ai-je rétréci subitement ? Les réponses viendront plus tard. Pour le moment, il est **12h52**. Je vais donc suivre les recommandations des guides et me joindre au groupe de touristes. Devant moi, un couple marchait accompagné de deux enfants d'environ mon âge, entre 10 et 12 ans. J'entendais leur mère demander à l'un d'eux de ne pas faire de "bêtises" pendant la visite, tandis que les enfants suivaient leur père en silence, sûrement pour éviter de contrarier leur mère. Cette scène m'a donné un frisson, une impression familière, comme un souvenir de mon enfance. Pour éviter tout problème, j'ai détourné les yeux. Mon objectif

CHAT-PIE-TRE-50

Restait clair : atteindre mon but, tenter d'apercevoir une forme de vérité. Les gens autour voyaient sans doute un enfant seul au sein du groupe ; je sentais des regards pesants sur moi. Ils se demandaient sûrement pourquoi j'étais sans adulte, ignorant totalement que j'étais arrivé avec le guide bien avant eux. Pourtant, dans ma tête, je me considère toujours comme un adulte, même si mon apparence peut prêter à confusion. Peu importe, je devais avancer comme tout le monde pour découvrir le fin mot de cette histoire. Une fois entré dans l'une de ces pyramides, il était **13h02** selon ma montre, et je tombai sur des inscriptions étranges que je n'arrivais pas à déchiffrer. Les célèbres hiéroglyphes égyptiens m'intriguaient par leur étrangeté. Alors que je tentais de déchiffrer ces symboles, une sensation de sécheresse dans ma gorge me donnait envie de boire de l'eau ; je salivais à la simple pensée d'étancher ma soif, qui me tenaillait depuis quelques minutes. Il est **13h05**, et je poursuis le groupe de touristes avec lequel j'ai commencé cette excursion humaine. Une légère faim s'installe également, car l'observation de tous ces symboles stimule mon appétit de savoir. L'idée de faire une pause m'effleure, mais je reste absorbé par la fascination qu'exercent ces hiéroglyphes. J'avance malgré la faim et la soif, suivant le rythme de chacun. Cette curiosité semble partagée par tout le groupe, et à mesure que je progresse, j'ai le sentiment de mieux comprendre ces mystérieux signes égyptiens. Pourtant, cela ne m'explique toujours pas pourquoi je suis soudainement redevenu enfant. En même temps, les gens continuaient de me bousculer sans jamais s'excuser. Personne ne disait « désolé ». Je ne comprenais

P.51

Pas leur attitude, et eux ne pouvaient pas me comprendre non plus. Pour éviter tout malentendu, je prenais l'initiative de m'excuser à leur place. Quoi qu'il en soit, cela n'allait pas diminuer mon envie d'apprendre ces hiéroglyphes qui m'avaient fasciné autrefois et qui continuent de m'intriguer aujourd'hui. À chaque pas, dans ma tête d'enfant, pendant quelques instants, j'appréciais davantage la découverte de nouveaux savoirs. Une à deux minutes plus tard, vers **13h08**, j'ai remarqué un homme qui venait dans ma direction. J'ignorais ce qu'il cherchait, et une seule question me traversait l'esprit : pourquoi s'approchait-il de moi ? D'autant que je ne parle aucune langue étrangère. Je me trouvais dans l'incertitude lorsqu'il s'est soudain arrêté devant moi, m'assurant qu'il n'était pas aussi méchant qu'on le pensait. Il était très surpris de découvrir que nous parlions la même langue, le français. Cela me semblait incroyable : je n'étais plus seul parmi tous ces touristes rassemblés dans la pyramide. Ce moment m'a libéré de ma courte solitude. Être isolé était difficile pour moi, mais désormais, je savais que je ne serais plus seul durant cette excursion. J'ai accompagné cet homme du groupe de touristes pendant toute la visite, et nous avons échangé tout au long du parcours. Ensemble, nous avons exploré le schéma symbolique. Il tenait le schéma du monument entre ses mains. Quand je lui ai demandé pourquoi il avait ce plan, il n'a pas voulu me répondre, mais son visage et son regard exprimant une intense concentration parlaient pour lui. Malgré le silence qui nous enveloppait comme une bulle, j'ai reposé ma question : pourquoi ce plan était-il en sa possession ? Il m'a alors fixé, prêt à révéler quelque chose d'important à

P.52

Propos de ce document égyptien. Je comprends la reconnaissance du plan, mais ce n'est pas indifférent, car je connais aussi très bien ce schéma. Je l'avais vu adulte, avant de me retrouver rétréci à la taille d'un enfant dans mon appartement. Bref, concernant cet homme, j'avais le sentiment qu'il fallait éviter de le perturber dans sa quête du Graal. Je crois maintenant mieux comprendre sa démarche, même si je me fais probablement des illusions ; nos chemins ne se ressemblent pas. Sans transition, il est nécessaire que je me restaure, compte tenu de ma faim. Il est actuellement **13h23**. J'hésite sur la nature de mon repas : m'en tenir à de l'eau ou préparer un sandwich. Après vérification du contenu de mon sac à dos, j'y trouve du pain, des tranches de cachir, du fromage, quelques olives vertes, des rondelles de merguez, une salade accompagnée d'une vinaigrette, ainsi qu'un yaourt et une pomme pour le dessert, sans oublier une petite bouteille d'eau locale. Je dispose de moins de dix minutes pour consommer l'ensemble de ces aliments. Préférant ne pas m'asseoir par terre, je demeure debout afin d'admirer les statuettes pendant que je prends mon repas. À **13h45**, après avoir terminé mon sandwich et bu mon eau, il est temps de rejoindre le groupe de touristes et de poursuivre la visite. En regardant ma montre il est bien **14h08**. Les hiéroglyphes et les mystérieux messages codés laissés par les Égyptiens sur les parois de cette pyramide m'intriguent profondément. En fin de compte, il n'était pas là pour être avec moi. Son véritable objectif semblait être la quête d'une éventuelle vie éternelle, pour peut-être régner sur le monde ou pire encore. Je peux me tromper, mais je suis

P.53

Persuadé que toute personne cherchant l'immortalité en paiera un jour le prix, dans cette existence ou dans une autre. Ce que j'ai perçu sur son visage confirmait cette impression. Sa présence n'avait rien à voir avec l'envie d'apprendre ou d'approfondir ses connaissances ; il voulait seulement saisir les secrets de l'immortalité. À l'opposé, je n'avais aucun intérêt pour la vie éternelle. Ma curiosité se limitait à comprendre l'histoire des anciens Égyptiens et à décrypter leurs symboles, simplement pour apprendre et satisfaire ma soif de découverte. Quant à cet homme, il m'était complètement inconnu. D'ailleurs, je suis venu seul, sans proches ni amis. Je ne devrais donc pas m'inquiéter, pourtant mes impressions me poussent à penser le contraire. Cet individu semble potentiellement dangereux, tant sur le plan physique que mental, peut-être même prêt à tout, y compris tuer, pour obtenir ce qu'il veut réellement : la gloire de l'immortalité humaine. Bref... toutes mes théories sur cette personne resteront sans doute en suspens, prêtes à nourrir une nouvelle histoire à venir. Perdue dans mes pensées, je me replonge dans l'Égypte antique et j'observe attentivement les symboles et hiéroglyphes gravés sur les murs de la pyramide. Chacun d'eux paraît dévoiler un récit ancien, mystérieux et fascinant. Je m'applique à déchiffrer leur signification et à relier les indices pour comprendre le message caché derrière ces signes. Chaque découverte me permet de m'immerger plus profondément dans l'étude de cette civilisation millénaire. Malgré les distractions et les pensées diverses, mes yeux s'orientées comme à chaque fois vers ma montre qui indiquer maintenant **14h50**. Je reste concentré et

P.54

Déterminé à poursuivre mes recherches. Chaque moment passé au sein de ces vestiges historiques représente une opportunité d'acquérir de nouvelles connaissances sur l'histoire de l'Égypte antique. J'aborde l'exploration méthodique de ce site historique avec la volonté d'élargir ma compréhension de cette civilisation. Les hiéroglyphes contiennent des éléments essentiels à une analyse approfondie de l'évolution humaine, chaque inscription constituant une invitation à percer les secrets du passé. Je m'engage dans cette démarche scientifique avec rigueur, considérant chaque déchiffrement comme une étape vers une compréhension éclairée et fondée sur l'analyse des données disponibles. J'éprouvais une connexion profonde avec ces symboles anciens, comme s'il m'était destiné de les comprendre et surtout de les révéler au monde. Bien que la soif me tourmentait et que l'urgence de ma quête me pressait, mon attention restait fixée sur les hiéroglyphes ; j'étais déterminé à en percer les secrets. Chaque mot, chaque phrase gravée dans la pierre de la pyramide semblait m'inviter à plonger dans les mystères de l'histoire humaine et à réfléchir à notre place dans l'univers. Sans transition, je progressais lentement, me rapprochant peu à peu de la vérité, de la lumière qui pourrait illuminer ma propre vie. La voix entendue résonnait encore dans mon esprit, faisant naître des frissons déroutants. Une vague de peur montait en moi, mais malgré cela, je savais qu'il fallait continuer d'avancer. Les heures s'écoulaient lentement, me laissant seul et perdu dans les labyrinthes de la pyramide. Sur les pierres anciennes, chaque pas résonnait, tandis que mon esprit s'agitait sans relâche. J'essayais d'apaiser mes pensées,

CHAT-PIE-TRE-55

Luttant contre la peur grandissante qui menaçait de m'envahir. Bien que mes dents claquaient, je fournissais un effort conscient pour maîtriser mes émotions. **15h42** : le temps semblait interminable, et je me demandais combien de minutes encore j'allais devoir passer dans cette solitude étouffante. Pourtant, malgré l'angoisse persistante, je refusais d'abandonner. Il me fallait chercher la lumière au bout du tunnel, découvrir la vérité capable d'éclairer mon chemin et dissiper mes inquiétudes. Animé par une volonté tenace de surmonter ma peur, je continuais à avancer à travers les couloirs obscurs de la pyramide, prêt à révéler les secrets enfouis dans ses profondeurs. La beauté des objets anciens attire l'attention de nombreuses personnes dans le monde, mais je ne pouvais m'empêcher de réfléchir aux raisons pour lesquelles ces monuments historiques éveillent tant de passion. Après tout, ils resteraient là pendant des siècles, alors pourquoi tant d'agitation ? Mais je me ressaisissais vite, me souvenant de la raison de ma présence. En essayant de rejoindre le groupe de touristes, j'ai eu l'idée de masquer ma voix d'homme, tout-en regardant ma montre de mon poignet droit il était **16h15**, qui risquait de se faire entendre. Je couvrais ma bouche avec mes mains pour ne pas surprendre les autres avec mon timbre plus grave. Changeant de pensée, j'observais au loin ce qui ressemblait à des silhouettes humaines. Des momies, peut-être ? Pourtant, en m'approchant, je comprenais qu'il s'agissait simplement des touristes que j'étais venu retrouver. J'ai tenté d'attirer l'attention du guide, mais sans succès. Mes appels restaient ignorés, et je commençais à douter d'avoir réellement vu quelqu'un. La

P.56

Sensation de soif et de faim persistait, rendant chaque pas plus difficile. Il est courant que des peurs irrationnelles provoquent un besoin de manger afin d'apaiser temporairement l'angoisse. Cependant, il est important de ne pas céder à la tentation de manger excessivement, car cela n'apporte pas de solution durable. Pour un enfant de 10 ou 12 ans, la déshydratation peut s'avérer encore plus dangereuse et étouffante, notamment dans un environnement vaste et impressionnant. Il est fondamental d'identifier et de gérer ses émotions, en particulier lors de situations stressantes comme celle-ci. Prendre quelques instants pour se calmer et respirer profondément peut permettre de dépasser ces peurs irrationnelles et de retrouver plus de sérénité. Parfois, respirer ne suffit pas... Il est tout à fait compréhensible que dans une situation comme celle-ci, où je me sens ignoré ou même isolé, que ce soit par des personnes éloignées ou proches, je cherche désespérément une issue positive. Parfois, crier en courant lorsqu'on se retrouve seul dans une forêt peut sembler être la seule manière de se libérer du stress, même si cela ne fonctionne pas toujours comme on l'espère. Quoi qu'il en soit, j'ai trouvé une solution qui me convient, moi Gabriel : une pratique pour lutter contre les émotions négatives, c'est de se répéter que tout ira bien, qu'il n'y a rien à craindre et que tout va pour le mieux. Cela montre ma capacité à trouver des moyens concrets pour affronter le stress ; il s'agit simplement de l'ignorer et de continuer à avancer dans la vie, rester positives. Sans transition, je poursuis mon exploration de l'environnement qui m'entoure. Cela peut m'aider à rester concentré sur mes objectifs, même lorsque

P.57

J'affronte des difficultés émotionnelles. En gardant à l'esprit cette détermination et une attitude positive (reste positif - Gabriel), ma curiosité pourrait me guider vers les réponses que je recherche. Pour revenir à la visite, il arrive parfois que les guides préfèrent laisser les touristes découvrir le musée de façon autonome, tout en restant à proximité. Pouvoir me débrouiller seul est un avantage ; j'ai même envie de dire qu'être autonome comme les touristes me plaît, car après tout, je suis adulte. J'avais tout prévu pour cette visite. En me mêlant aux touristes dans le musée, où tous les couloirs se ressemblent, je me suis dit qu'il ne valait mieux pas aller plus loin. Pourtant, il est possible que mon absence finisse par inquiéter quelqu'un, qui pourrait alors partir à ma recherche est rajouter une inquiétude de plus, dans le musée. Et finir par me retrouver après de longues recherchent. Mais bon brefs, ce n'est qu'une réflexion parmi tant d'autres qui me traversent l'esprit. Finalement, je pense que le fait d'avoir anticipé en apportant des provisions et des ressources informatiques pour m'informer sur l'histoire de l'Égypte témoigne d'une véritable initiative et l'envie d'apprendre. C'est une excellente manière de profiter pleinement de la visite, même lorsque je me retrouve momentanément seul, comme cela arrive souvent. L'utilisation d'un livre électronique sur l'Égypte ancienne pour approfondir ma compréhension de l'histoire témoigne de mon engagement envers l'apprentissage chaque jour, même dans des situations inhabituelles. Cela montre très bien l'approche créative et ingénieuse pour tirer parti des ressources matériels qui s'offrent à moi. Soudain !! le narrateur reprend l'histoire et explique ce

P.58

Qui se passe. Gabriel semble vivre une expérience très immersive dans la pyramide, où son imagination et ses sens sont encouragés par l'environnement et ses propres pensées. La voix qu'il entend, celle d'une petite fille qui avait pour prénoms "Gabbie", ajoute une touche intrigante à son vécu. Cela pourrait faire écho à ses émotions ou être une simple manifestation de l'atmosphère mystérieuse du lieu. Grâce à son livre électronique, Gabriel s'immerge dans l'histoire et explore les symboles et inscriptions qu'il découvre, en bougeant le livre électronique vers les symboles ce qui lui permet de mieux les comprendre. Chères lectrices et chers lecteurs, cette situation témoigne de sa volonté à Gabriel de percer les secrets de ce lieu fascinant. Même si l'aventure peut paraître parfois troublante, il est important de rester curieux et ouvert à toutes les expériences qu'il s'apprête à vivre, aux quotidiens. Grâce à sa persévérance dans l'exploration et l'immersion au cœur de l'histoire, Gabriel pourrait non seulement trouver des réponses à ses interrogations, mais aussi faire des découvertes sur lui-même. L'ambiance mystérieuse de la pyramide se voit renforcée par l'apparition d'une silhouette énigmatique nommée « Gabbie ». Le narrateur laisse à Gabriel le soin de continuer son histoire en disant ceux-ci… Sa présence vient ajouter une nouvelle dimension à mon expérience déjà captivante à l'intérieur de la pyramide, au fil du temps où elle se manifeste. Depuis l'apparition de cette silhouette, un frisson me parcourt chaque fois que je ressens sa présence, mesurant l'intensité de cette rencontre et l'impact qu'elle avait sur moi. Il est fascinant de voir comment ce face-à-face ravive en moi des souvenirs et des

P.59

Émotions, liés à mon enfance. Peut-être que cette silhouette symbolise quelque chose de plus profond pour moi, quelque chose que j'avais oublié ou enfoui au fil des années. C'est d'ailleurs étrange et intriguant de réfléchir à ce que cette rencontre pourrait signifier pour moi, Gabriel. Je garde à l'esprit que les réponses pourront se révéler peu à peu, à mesure que je continue d'explorer la pyramide et d'échanger avec cette mystérieuse silhouette. Il semble que cette rencontre avec la silhouette de Gabbie ait une signification bien plus profonde que je ne l'imaginais. Sa capacité à disparaître puis à réapparaître, mais surtout le sentiment de tendresse fraternelle, voire d'amitié, qu'elle éveille en moi pourraient indiquer qu'elle incarne quelque chose d'important dans ma quête de vérité. Il est tout à fait naturel d'éprouver de la confusion ou de se demander si cette expérience est réelle ou seulement le fruit de mon imagination. Le narrateur cède la parole à Gabriel, qui prend en charge le récit et partage ses réflexions, avec vous mes chères lectrices et lecteurs lesquelles proviennent de mon imagination. Pour moi, Gabriel, il reste essentiel d'accueillir chaque possibilité et de poursuivre cette rencontre avec curiosité et ouverture. Il se pourrait que la jeune Gabbie possède des indices ou des explications sur le changement soudain de mon apparence en celle d'un enfant de douze ans. Je dois donc l'observer attentivement et continuer à dialoguer avec elle, en restant vigilant pour saisir tout message ou signe qu'elle pourrait me délivrer. Ces éléments pourraient m'aider à démêler cette énigme et à progresser dans ma recherche de vérité. Cette rencontre persistante avec la petite fille me pousse à

M'interroger, même lorsque j'essaie de lui tourner le dos. Peut-être porte-t-elle un message précieux ou joue-t-elle un rôle dans ma quête de compréhension sur la raison de ma transformation. Plutôt que de l'ignorer, je pourrais essayer d'engager la conversation avec elle. Je pourrais lui demander pourquoi elle est présente et ce qu'elle souhaite communiquer. Peut-être détient-elle des informations essentielles ou pourrait-elle me conduire vers des réponses tant recherchées. En ce qui concerne les règles du musée ou de la pyramide, il reste fondamental de les respecter pour assurer ma sécurité et celle des autres visiteurs. Pourtant, cela ne devrait pas freiner ma quête de réponses. Il me faudra peut-être adopter une approche plus discrète pour poursuivre mes recherches tout en respectant le groupe et les règles établies. Le narrateur reprend alors la main du récit. Gabriel s'interroge sur les événements passés. Il est naturel qu'il se sente dépassé par toutes ces questions sans réponses. Bien que la recherche de la vérité puisse parfois sembler décourageante, il est essentiel de faire preuve de persévérance. Peut-être que les réponses lui viendront d'elles-mêmes, comme ce fut le cas lors de sa rencontre avec la petite fille Gabbie. En ce qui concerne les aspects techniques liés au déplacement des pierres, cela pourrait sembler moins pertinent dans ta recherche personnelle, Gabriel. Il serait sans doute préférable que tu te concentres sur ce qui te paraît essentiel pour mieux comprendre ta situation actuelle et répondre à tes interrogations les plus urgentes. Les réponses se cachent parfois là où on ne s'y attend pas ; reste donc ouvert d'esprit et poursuis tes recherches. Une fois de plus, le narrateur laisse à

P.61

Gabriel le soin de suivre ses pensées et précise ceci : « Mais pour savoir s'il existe vraiment une solution pour moi, il faut rappeler que ma mission est de libérer Gabbie de son univers paradoxal. Je m'excuse de ramener constamment la conversation à mon cas, mais j'aimerais retrouver ma taille humaine, celle que j'avais avant d'être transformé. C'est pour cette raison que je suis ici ! » Et, il faut bien l'avouer, ce n'est pas de tout repos. Ah, chers lectrices et lecteurs, si vous ne voyez pas l'heure passer, c'est tout simplement parce que le temps file vite lorsqu'on se concentre sur ses recherches. Voilà, c'était la petite parenthèse du jour. Il m'arrive parfois de souhaiter être ailleurs, dans un lieu où je pourrais simplement songer aux projets des hommes et faire, de temps à autre, de paisibles promenades. J'aimerais découvrir ces monuments anciens. Un jour viendra où cela me sera possible. Pour l'instant, je dois avancer seul, fidèle à ce chemin qui est le mien. Autrement dit, il me faut trouver, quoi qu'il arrive, le sens de cette quête. Soudain, j'ai entendu de nouveau une voix féminine… Gabbie !! Gabbie !! Immédiatement, un frisson intense a parcouru tout mon corps, me paralysant complètement. Je ne pouvais pas bouger mes membres, tout comme au début de l'épreuve, ce qui ne m'a vraiment pas surpris. J'étais persuadé qu'une nouvelle épreuve m'attendait, sûrement pour résoudre une énigme. Soudain, une lumière blanche intense est apparue, révélant une silhouette : une jeune fille aux yeux bleus et aux cheveux bruns s'est approchée et a essayé de me parler, mais je n'ai rien compris à ses paroles. Il semblait qu'elle parlait égyptien ou une autre langue étrangère.

P.62

J'ai tenté de répondre en français, mais ma mâchoire était complètement bloquée, impossible d'articuler un mot. Pour infos que ça vaut, le prénom de Gabbie était un pour lui donner- un, simplement que son vrai prénom je ne le connaissais du tout. Mais bon passant. Pour moi, l'envie constante de parler et de fournir des efforts était insupportable ; cela m'épuisait autant que le froid glacial qui me saisissait et me paralysait à chaque fois. Ainsi, malgré toute mon énergie dépensée simplement à bouger, je parvenais à prononcer un seul mot : « bonjour » pour commencer. Il est vrai qu'à la première occasion, je ne l'ai pas dit, non pas par impolitesse, mais pour d'autres raisons. Soudain, je suis resté figé devant son apparition soudaine : Gabbie est arrivée, puis quelques minutes plus tard, elle avait totalement disparu trop tard pour le, (Bonjour). Elle ne répondait pas du tout, à croire qu'elle ne comprenait pas la langue utilisée, encore moins le français. Une fois de plus, elle s'est éclipsée de la même façon, laissant derrière elle un froid glacial. J'espère qu'à son retour, elle pourra comprendre le français, ou alors, qu'elle me parlera spontanément dans cette langue. Espérons qu'elle comprendra la prochaine fois. Sans transition. Je vous assure, chères lectrices et chers lecteurs, qu'elle apparaît et disparaît soudainement, laissant derrière elle un froid glacial. Je n'y suis pas encore habitué, ce qui me gêne beaucoup. J'aurais préféré qu'elle cesse de passer à travers moi comme ça. Quoi qu'il en soit, je ne sais toujours pas comment m'y prendre pour lui parler. D'ailleurs… Après m'avoir traversé, la jeune fille s'arrête d'une manière étrange au milieu du chemin où je me trouve. Je me demande si

P.63

Elle peut me comprendre. Sans vraiment savoir pourquoi, elle acquiesce de la tête, puis disparaît à nouveau, comme par enchantement. Est-ce étrange que je sois paralysé lorsqu'elle arrive, avant d'être libéré de mes mouvements dès qu'elle disparaît ? C'est une question qui me revient souvent. Et soudain, je réalise : c'était sûrement Gabbie la cause de mes blocages. Alors, je prends le temps de reprendre mon souffle et de bouger mes membres à mon rythme pour éviter d'être figé, comme cela arrive souvent lorsque Gabbie réapparaît. Je poursuis ma marche en remarquant de petites statuettes de momies nichées dans les creux des murs ; à force de les observer, elles fatiguent mes yeux. D'ailleurs, chers lectrices et lecteurs, au fil de la visite, la fatigue visuelle s'intensifie jusqu'à la fin du parcours guidé. Il faut reconnaître que les hiéroglyphes sont assez jolis et plutôt agréables à regarder. Ils ont aussi une fonction précieuse, transmettant des informations à tous ceux qui veulent approfondir leur culture ou explorer leur curiosité. Parmi le groupe de touristes, on trouvait de jeunes parents venus en famille, des frères et sœurs, des femmes mariées et des enfants accompagnés de leurs oncles. Certaines personnes, principalement des professionnels tels que des employeurs, offraient à leurs collaborateurs un voyage exceptionnel afin de les valoriser et de renforcer leur motivation après une année de travail. Pour ma part, j'ai entrepris ce déplacement seul. La passion que je porte aux hiéroglyphes m'incite constamment à approfondir la connaissance de leurs significations, héritées des civilisations anciennes. D'ailleurs, au sein de ces monuments historiques, des égyptologues reconnus, hommes et femmes,

P.64

Étaient présents. Ils ont développé au fil du temps une expertise et une autorité considérables dans leur domaine, lesquelles demeurent pertinentes aujourd'hui. Il est évident que la longévité humaine reste limitée, la plupart ne dépassant pas cent ans. Il y a toujours de nouvelles générations prêtes à prendre la relève, comme cela se produit dans ce monde. Sans transition, je voulais m'adresser à vous, chers lecteurs : au début de cette quête de vérité sur moi-même, j'ai rencontré ces fameux égyptologues, hommes et femmes d'horizons variés, qui m'ont raconté l'histoire qu'on qualifiait de surnaturelle et qui planait autour d'éventuels touristes. Sur le moment, je n'y ai pas vraiment prêté attention, mais ils n'étaient pas les premiers à me mettre explicitement en garde. Il est vrai que chaque pays possède ses propres phénomènes soi-disant paranormaux ; qu'ils soient fondés ou non, il faut garder à l'esprit que l'histoire, qu'elle soit authentique ou inventée, marque les esprits. Soudain, je suis sorti de mes pensées : aujourd'hui, à **15h18**, une voix féminine diffusée par les haut-parleurs annonçait la reprise de la visite, prévue à dos de chameau vers l'extérieur des pyramides. Pour revenir à ces fameuses histoires censées être authentiques et « surnaturelles », je continue de penser qu'il ne s'agit que de légendes urbaines, rien de plus. Mais passons. Ma réflexion me ramène toujours à ma quête principale : trouver une explication à ma situation physique. Jusqu'à maintenant, je n'ai pas trouvé de réponse, mais j'ai l'impression de m'en approcher, à savoir pourquoi je suis devenu un enfant de 10 ou 12 ans. Oui, je l'avoue, je ne donne jamais mon véritable âge, mais c'est volontaire. Cela pousse les

CHAT-PIE-TRE-65

Autres à poser davantage de questions. Désolé, mais je ne pourrais pas vous révéler ces réponses. L'imaginaire est infini et nous pouvons ensemble le préserver du temps qui passe. L'humanité est mortelle, contrairement à ce que certains aimeraient croire, tout comme ces petites statuettes ressemblant à des momies depuis des années, voire des siècles. Voilà la différence entre les Égyptiens d'autrefois et nous, les humains d'aujourd'hui et de demain. Sans plus tarder, je retourne à la lecture de mon livre fascinant. Quelques instants plus tard, j'ai de nouveau entendu la voix d'un annonceur masculin signaler que dehors, des touristes attendaient pour monter sur des chameaux. Or, ces animaux, des dromadaires, étaient accroupis, les jambes repliées sous eux, refusant de se lever. Simultanément, je me suis retrouvé à nouveau entièrement paralysé. Cela ne m'a pas étonné : la jeune fille est réapparue derrière moi et m'a traversé. De façon inattendue, même l'heure était figée, affichant **15h53**. Peut-être voulait-elle communiquer avec moi, ou peut-être pas du tout. Après qu'elle a traversé mon corps, j'ai soudain pu bouger à nouveau, et l'heure s'est débloquée, avançant de dix minutes, soit **16h03**. Je lui ai expliqué que je ne parlais pas sa langue, mais que le français était ma langue maternelle. Étonnamment, elle a acquiescé d'un mouvement de tête vertical. Étrangement, j'avais ce sentiment qu'elle saisissait parfaitement le sens de mes paroles. Pourtant, je lui répétais : « Je ne comprends pas ta langue, "ta langue maternelle". Et soudain, avec une voix délicate, elle me répondit : « Je parle aussi ta langue, le français, Gabriel. » Par la suite, il semblait que la jeune fille Gabbie souhaitait

P.66

Commençait une conversation avec moi. Elle me montrer, alors d'un simple geste de la main gauche pour attirer mon attention sur l'extérieur, où des touristes éprouvaient des difficultés à monter sur des chameaux ou dromadaires. Ces derniers étaient présents afin d'apprendre à monter ces animaux. La majorité des personnes présentes semblaient mal installées ou simplement peu à l'aise avec la présence d'animaux. Pour ma part, je commençais également à ressentir une forte sensation de soif et de faim, ce qui accentuait mon malaise, en particulier lorsque cette jeune femme nommée Gabbie passait à travers moi. Mais, bon passant. Pour revenir à mon estomac qui gargouille : j'ai très faim depuis déjà plusieurs heures. Mais en y repensant, était-il vraiment essentiel d'observer les chameaux et les dromadaires ? Je me pose la question. Cependant, mon odorat – je parle bien de moi, Gabriel – ne m'a pas trompé quant à une certaine odeur émise par ces animaux venus d'Égypte. Vous n'allez sûrement pas me croire, chers lecteurs et chères lectrices, que j'abuse, mais il faut reconnaître que les chameaux et les dromadaires dégagent une forte odeur. Avec mon nez sensible, impossible de rester indifférent. Peut-être que la faim influence ma perception de cette odeur tenace, mais même affamé, je la sens bel et bien. À cela s'ajoute le fait que ces animaux me paraissaient amaigris. Et surtout, leur peau collée sur les os, épluchée comme une tomate plongée dans l'eau bouillante d'une casserole (désolé pour l'image). Une pensée me traverse : si ma mère était encore là, elle me lancerait un regard interrogateur et demanderait : "Mais enfin, qu'est-ce qui te prend ?" Mais puisqu'elle n'est plus là, c'est mieux ainsi.

P.67

Maintenant, je fais mes propres choix, bons ou mauvais. Bref, il est temps de trouver quelque chose à grignoter pour le goûter… et à boire, afin d'améliorer mon humeur. Quoi qu'il arrive, je dois poursuivre mon chemin, mais pour l'instant, je vais faire une pause. Il est donc **16h30**. Jetons un œil à ce que contient mon sac à dos : il reste des gâteaux fourrés au chocolat et à la vanille, du jus d'orange, et une pomme verte ou rouge. J'aime vraiment ça : la pomme et les gâteaux fourrés avec ces deux saveurs… Après avoir terminé mon goûter, il est **16h35**. (Oui, je prends cinq minutes.) Je me relève après ma pause et poursuis l'exploration de ces monuments dans l'espoir de comprendre. Les symboles que j'observe, toujours uniques, sont incrustés au fond d'une cavité sur les célèbres murs de la pyramide ; il appartient aux visiteurs, selon leurs habitudes, de décider s'ils pensent vraiment qu'il s'agit de symboles anciens. Tandis que je réfléchis à ces questions, qu'ils soient authentiques ou non, je ressens nettement le froid traverser mon corps. D'ailleurs, j'ai aperçu à nouveau la même jeune fille, comme si elle revenait systématiquement. Je remarque qu'elle apparaît deux ou trois fois, si bien que je commence à m'habituer à ses venues glaçantes. Une fois encore, je reste immobile plusieurs minutes : lorsqu'elle me traverse, cette sensation glaciale fige tous mes membres. Mais ensuite, je reprends le contrôle et recommence à bouger, comme cela m'est arrivé récemment. À ce moment précis, avant que cela ne m'échappe — c'est parfois frustrant d'essayer de tout retenir d'un coup — je lui demande : « Comment tu t'appelles ? » Un silence plane un instant entre nous, puis elle répète son prénom

P.68

: « Je m'appelle Gabbie. » C'est alors mon tour : « Je m'appelle Gabriel. » Cette jeune fille venue d'ailleurs s'adresse soudain à moi dans une langue égyptienne ancienne, totalement incompréhensible pour moi. Pourtant, il y a quelque chose que je perçois clairement sur son visage : une inquiétude, sans doute liée à un problème imminent. Son expression évoque un souci qui la préoccupe. Son visage est vraiment beau, et sa peau pâle me rappelle la blancheur de la craie. En réalité, sans vouloir détailler chaque trait, elle était blanche de la tête aux pieds. Cela ne semblait poser aucune difficulté pour elle, ni susciter la moindre interrogation. Et, honnêtement, cela ne me dérangeait pas. Il est vrai qu'elle me traversait depuis le début, mais avec le temps, je m'étais fait à sa présence. Tout à coup, une brève question me traversa l'esprit : et si l'une de ces momies se réveillait soudainement ? On pourrait facilement imaginer les visiteurs fuyant précipitamment les pyramides à la suite d'un réveil aussi effrayant. Gabbie me fixait avec insistance, probablement pour me faire comprendre que les momies ne sont pas ainsi ; elles appartiennent à un autre temps, bien révolu. Il n'y avait donc vraiment aucune raison de s'inquiéter, mais malgré ses tentatives rassurantes, des frissons me parcouraient encore. D'ailleurs, sans rapport, je trouve que son prénom est vraiment joli. Chères lectrices, chers lecteurs, vous l'aviez peut-être deviné : le prénom « Gabbie » était bel et bien destiné à cette jeune fille mystérieuse et attachante. Aujourd'hui, je peux vous l'affirmer avec certitude, car je connais désormais son véritable prénom. C'est la raison pour laquelle je vous en ai parlé ainsi. En résumé, après toutes ces émotions, la faim s'est

P.69

Tellement installée que j'ai saisi l'occasion d'attendre le plus longtemps possible avant de manger. Cette fois-ci, ma montre indiquait **17h32**. Le jus de fruits était servi par les guides peu avant **18h00** à l'ensemble des touristes. Pendant mon enfance, j'accordais une attention particulière à leurs discours soulignant l'importance d'une alimentation respectueuse. À chaque occasion, les guides insistaient sur les bénéfices liés à une alimentation équilibrée. Après avoir pris ma ration de manière digne, je poursuivais mon chemin tout en gardant à l'esprit la raison de ma démarche. Je me questionnais encore sur le véritable objectif de cette pratique, notamment le fait d'être perçu comme un enfant de 12 ans ; cette interrogation reste encore dans ma tête afin de préserver le sens de ma quête. Après avoir affirmé cela, il est vrai que j'ai 12 ans. Je n'aurais jamais imaginé, quelques jours ou semaines plus tôt, que je me retrouverais dans les profondeurs des pyramides, des lieux qui fascinent tant de gens à travers le monde. C'est une aventure sur notre planète commune, mais j'espère ne pas rester coincé dans ce monument pour toujours. Je ne suis pas un dieu égyptien, juste un enfant vivant un court épisode de sa vie, me poussant à chercher une réponse. À ce propos, Gabbie, telle une brise glaciale, est venue me paralyser comme à son habitude, pour m'annoncer que le « probablement à jamais » était bel et bien réel. Ainsi, je savais que je ne quitterais la pyramide qu'en trouvant la solution par moi-même. J'avançais droit devant, attiré par certains hiéroglyphes, tout en me demandant pourquoi les mêmes symboles – trois têtes d'aigle tournées vers la gauche, là d'où je venais – revenaient aussi

CHAT-PIE-TRE-70

Souvent. Malgré la direction opposée des aigles, je suivais la flèche sur le mur ou au sol indiquant d'aller tout droit. Au bout d'un moment, j'ai ressenti une fraîcheur étrange, mêlée à une chaleur non brûlante, ce qui m'a laissé penser que j'approchais de la sortie. Je suis passé devant plusieurs chambres alignées, où reposaient des momies enveloppées d'anciens bandages. Qui étaient dans une sorte de cercueil en verre. D'après les guides, il existait des pièces secrètes qui fascinaient tous ceux passionnés par l'histoire de l'Égypte ancienne. Les chambres secrètes renfermaient des tombeaux, et selon les guides, ces lieux attisaient la folie des gens, avides de percer le mystère de l'immortalité ou simplement celui de la longévité des Égyptiens. Les égyptologues eux-mêmes voulaient comprendre ces secrets, mais le mystère demeure : ils ne peuvent révéler la vérité sur ces récits anciens. Cela avait été conçu pour préserver l'énigme à travers les siècles, y compris aujourd'hui, sans transition. Mon livre me servait de repère moral ; alors que je le lisais, mes yeux deviennent troubles, m'empêchant de déchiffrer les textes ou de voir les images de mon guide électronique. Je ne comprenais plus rien et ne savais pas quoi penser. Suis-je revenu transformé, ou s'agissait-il d'une sorte de trouble visuel lié à un décalage de personnalité d'adulte ? Suis-je l'enfant que je suis devenue au fil du temps, avant le début de ma transformation ? Ou bien est-ce l'adulte en moi qui souhaite retrouver le présent ? Tant de questions à me poser sur ces événements… Ma tête commençait à bouillonner, ce qui m'a provoqué une migraine foudroyante, comme si j'avais passé toute une soirée arrosée. Si vous ressentez déjà cette sensation, alors vous comprendrez ce

P.71

Que j'éprouve face à ce mal de tête. Tout en avançant vers la sortie, des vertiges de plus en plus intenses m'envahissaient, malgré mes efforts pour marcher droit, sans succès. Je heurtais les murs à chaque pas, et soudain, un souvenir de mon enfance m'est revenu : quand j'avais douze ans, il y a plus de quarante ans. Bien que ma passion commençât à peine sur l'Égypte ancienne, uniquement par les livres. Je n'avais alors aucun vrai lien avec l'histoire à cette époque hormis comme tout le monde. Comme je l'ai mentionné, une image me revenait à l'esprit : celle d'une grande affiche qui proposait un voyage en Égypte. Je me souviens aussi que, à l'époque, mes parents ne connaissaient que peu de façons de divertir les enfants. Ils se limitaient aux jeux de société, aux petites voitures ou aux jeux de billes qu'on faisait rouler avec le pouce, selon qu'on soit droitier ou gaucher. Aujourd'hui, nous avons tous ces jeux et bien d'autres encore, ou du moins presque tout ! En pensant à mes parents, je me rappelle que ma mère me demandait souvent de faire attention et de ne pas faire de bruit en jouant aux billes qui rebondissaient sur le sol. Je lui expliquais alors que ces billes étaient si petites qu'elles pouvaient se glisser dans la poche de mon pantalon, dans un sac à dos, voire dans une simple valise de voyage. Ma mère me regardait alors et me conseillait de lever les yeux au lieu de jouer aux billes. Bref... J'ai levé les yeux d'un air curieux et j'ai découvert un autre message sur le mur, du musée comme s'il m'était adressé, destiné à m'aider à comprendre enfin le "pourquoi". Ayant rétréci à la taille d'un enfant de 12 ans, je me suis plongé dans mes souvenirs. Je revois ce moment fugace où, tirant doucement le

P.72

Bras de ma mère pour attirer son attention, elle s'était tournée vers moi et m'avait demandé : « Qu'est-ce qu'il y a, mon enfant ? » D'un coup, je reviens à moi-même, les yeux levés vers le mur. Je lui avais alors répondu à voix haute qu'elle avait raison : il faut regarder en hauteur pour apercevoir les hiéroglyphes et mieux comprendre l'histoire des momies. À cet instant, une touriste m'a adressé un sourire bienveillant, comme pour m'indiquer que je ne devais pas ralentir le groupe. J'ai donc repris ma marche, veillant à préserver cette pensée soudaine. Lorsque, finalement, le guide avait fait un arrêt dans le couloir du musée, j'ai failli lâcher un « ouf » de soulagement. Ce moment était un immense soulagement pour moi. Comme nous étions à l'arrêt, mes pensées se sont tournées vers un souvenir : les journées, bien avant cette situation complexe, quand j'étais un homme d'un certain âge vivant seul dans mon appartement. Je pensais au réveil du lendemain matin, à devoir me lever tôt après avoir fini mon petit déjeuner. Est une fois avoir bien fermer ma porte d'entrée. Pour rejoindre la société de fabrication de jouets en bois, où je devais concevoir un nouveau modèle destiné aux enfants de tous âges. C'est ce souvenir particulier que je partage avec vous, chers lecteurs et lectrices, mais passant. Étrangement, je ressentais sur mon visage le vent tiède, une alliance de chaleur et d'un froid léger, une sensation dont j'ai oublié la dernière fois qu'elle m'avait traversé. La tranquillité était telle qu'elle me donnait presque l'impression de flotter, même si cet instant n'a duré qu'un court laps de temps. Quant au fameux "ailleurs", l'attente de cette réponse devenait insupportable. Je pensais encore qu'une

P.73

Pyramide n'était rien d'autre qu'une pyramide, destinée à demeurer en Égypte pendant de longues années, voire des siècles. Alors que je m'apprêtais à partir, incapable de rester plus longtemps, Gabbie, cette jeune fille intrigante, est soudainement apparue et a traversé mon corps, paralysant instantanément mes mouvements. Elle a avancé de quelques pas, juste devant moi, me faisant un signe discret de la main droite. Je savais maintenant que je ne devais pas quitter la pyramide à cause d'elle ; mon aventure n'était pas terminée. Sur son visage résolu, renforcé par le mouvement de son doigt, se lisait une expression qui, étrangement, me bouleversait profondément. C'était comme si j'étais un énorme glaçon fondant sous le soleil ardent de ce pays, et j'ai donc choisi de rester dans la pyramide, répondant au souhait silencieux de Gabbie. Les minutes puis les heures ont défilé ; il était déjà **18h26**. Mes émotions étaient un tumulte : entre colère et confusion. Pourtant, dès que Gabbie avait traversé mon corps, ma colère avait disparu comme par enchantement. En quelque sorte, elle avait agi comme une muse, apaisant mon esprit. Après mûre réflexion, j'ai décidé de poursuivre ma quête pour élucider mon histoire, avec Gabbie à mes côtés. Elle était toujours présente, et lui parler m'apportait un véritable soulagement. J'imagine qu'elle avait compris l'importance de rester à mes côtés pour m'accompagner durant cette période difficile. J'ai ramassé mon livre électronique (je sais, sous le coup de la colère j'ai tout fait tomber). Gabbie se trouvait encore près de moi après que je l'eus traversée ; soudain, une annonce retentit dans le musée : « Nous demandons aux

P.74

Visiteurs de se diriger vers la sortie, le musée va bientôt fermer. » D'ailleurs, il est **18h30**, mes chers lecteurs et lectrices, et il n'est certainement pas très sain d'être énervé. Mais que puis-je vous dire ? Un homme coincé dans le corps d'un enfant ne réagit pas comme un simple enfant non transformé. Oui, j'ai été un peu énervé, mais un enfant s'énerve aussi, je crois. Non ? Alors nous sommes tous pareils face à cette émotion, et rappelez-vous : c'est sûrement la deuxième épreuve. Le fait d'avoir senti l'air sur mon visage n'était pas un hasard, bien au contraire, à mon avis, cela était prévu (…). Il semblait que la prochaine étape serait de découvrir la source de cet air à l'intérieur de la pyramide, même si l'identité de celui qui organisait ces épreuves restait inconnue. Je suivais Gabbie sans poser de questions, et elle me conduisit vers la sortie. Soudain elle me disait qu'elle aurait voulus que je reste davantage dans le musée pour découvrir un peu plus, mais, je lui dis tu sais Gabbie demain est un autre jour. Lorsque j'ai levé les yeux vers le ciel, le soleil m'a momentanément ébloui, sans doute parce que j'avais passé de longues heures à l'intérieur de la pyramide. J'ai dû baisser les yeux et protéger mes yeux avec ma main droite pour retrouver la vue. Cependant, en descendant ma main, j'ai remarqué que Gabbie avait également disparu. Plus loin, j'ai aperçu divers animaux – chèvres, moutons, chameaux, dromadaires et ânes – qui semblaient défier la chaleur étouffante depuis près de trente minutes. Sans surprise, il est naturel de ressentir de la fatigue après avoir passé autant de temps debout sous un soleil accablant. D'ailleurs les animaux ressentent également la fatigue.

CHAT-PIE-TRE-75

Voilà pour l'aparté. Se diriger vers le guide paraît une bonne idée pour trouver un peu de repos ou de soulagement. Il est aussi essentiel de rester attentif… L'heure affiche **18h36**. On remarque que les hôtesses d'accueil commencent à fermer les portes de la pyramide. Mais, in extrémis, un dernier touriste sort derrière moi alors que le musée venait tout juste de fermer ses portes. Mes chères lectrices et lecteurs comme vous le savez, je vous laisse en bonne compagnie ceux-lui-du narrateur, disant ceux-ci. Le guide semble pressé, ce qui est vraiment très compréhensible après une longue journée passée à s'occuper des visiteurs. Mais Gabriel en repensant au fait que le guide soit " presser " lui fait poser des questions ? Pourquoi le guide veut-il faire vite, je sais qu'il est fatigué, je le comprends bien, mais je pense qu'il y'a san doute autre chose ? Mais bon bref !! il se fait tard pour tout le monde. Sa remarque concernant le fait de le suivre dans les prochains jours peut paraître ambiguë, mais il est possible qu'elle fasse référence à une forme de responsabilité ou à un lien particulier qui se développera entre vous au cours du voyage. Il souligne également l'importance d'arriver à l'hôtel avant la fermeture des portes pour la nuit, ce qui constitue une décision judicieuse afin de garantir la sécurité et le confort de chacun. Le guide semble posséder une capacité étonnante à lire dans les pensées de Gabriel, ce qui suscite la curiosité. Lorsqu'il révèle qu'il garde lui aussi un secret depuis longtemps, l'histoire gagne en mystère. Soudain, le guide dit à Gabriel : « Viens avec moi dans le monospace garé là-bas. Je vais te déposer à l'hôtel et je te conseille vivement de ne pas trop t'inquiéter des révélations ce soir. » Il ajoute alors : «

P.76

Demain est un autre jour. » Gabriel observe le guide et se demande pourquoi il utilise exactement la même phrase que lui-même répétait les jours précédents. Il est clair qu'il reste encore beaucoup à découvrir et à comprendre sur ce mystère. Gabriel pourrait se retrouver avec de nombreuses interrogations, mais pour l'instant, le guide semble vouloir lui laisser le temps d'assimiler ces nouvelles informations. La présence de Gabbie fait désormais partie intégrante de son expérience, même si son rôle ou sa véritable nature demeurent flous. L'apparition soudaine de Gabbie, tout comme les moments où elle traverse parfois le corps de Gabriel, peuvent être perturbants ; pourtant, avec le temps, il semble avoir appris à accepter cette situation étrange. Cela pourrait jouer un rôle crucial dans la révélation du mystère qui l'entoure, mais pour le moment, cela reste une énigme à approfondir. Le narrateur cède la parole au guide pour poursuivre l'histoire : « Je vais te ramener à l'hôtel. » Ensuite, Gabriel reprend son récit : « D'accord, je vous suis, Monsieur le guide. » Sur la distance qui nous sépare entre le musée et le véhicule, nous marchons ensemble ; je repense à la pyramide, qui m'a offert des souvenirs passés et présents, procurant une tranquillité particulière une fois à l'intérieur. Cependant, en sortant de la pyramide, une idée me traverse soudainement l'esprit : dans le musée ou la pyramide, le temps semble filer à une allure surprenante. Chères lectrices et lecteurs, cela peut sembler incroyable, mais c'est vrai ! J'ai passé une semaine là-bas sans m'en rendre compte, comme si seules trois heures s'étaient écoulées… Je restais absorbé par la contemplation des statuettes placées dans des niches, chacune

P.77

Éclairée d'une lumière derrière elle. Je ne sais pas pour vous, mais j'avais vraiment l'impression d'être plongé dans un monde parallèle. Faites-moi part de ce que vous pensez de cette théorie. C'était une pensée brève et unique dans ma tête. Une fois monté dans la voiture, après que le guide eut bien fermé la portière droite côté passager, je consultai ma montre qui affichait **19h10**. Le guide se diriger vers le côté gauche conducteur, s'assit, ferme-lui aussi sa porte, met sa ceinture de sécurité, démarre, puis quitta le stationnement avec prudence, prenant la route en direction de l'hôtel. À ce moment précis, installé confortablement dans le monospace, ayant attaché ma ceinture pour tout le trajet, une idée me traversais l'esprit : une fois arrivé à l'hôtel, je prendrais l'ascenseur jusqu'au deuxième étage, une fois les portes ouvertes, je tournerais à droite dans le couloir, arriverais devant ma chambre, ouvrirais la porte et irais directement à la douche. Bien entendu, cela n'est pour l'instant qu'imaginaire. En réalité, je suis encore dans le monospace avec le guide qui nous conduit à l'hôtel. Quelques minutes plus tard, nous arrivons sur la route menant à notre destination, le guide et moi-même, Gabriel. Ici, en Égypte, il fait nuit noire, alors qu'ailleurs la nuit tombe plus tard ; quoi qu'il en soit, il est bien **19h35** à ma montre. La seule chose qui nous permet de distinguer la route est la lumière de la ville. Heureusement qu'elle existe, sinon il serait difficile pour le guide de conduire correctement. Le soir, la circulation est vraiment paisible. Soudain, je vois le guide hocher la tête de haut en bas, comme s'il m'avait compris ? Mes chers lectrices et lecteurs, que se passerait-il si je faisais une minute de silence intérieure, pour

P.78

Voir si le guide continuerait à "m'écouter" ? Il est certain que le guide ne dira rien et continuera simplement à conduire. Ou bien il fera mine de fredonner une chanson dans sa tête, pour détourner l'attention. Quelques minutes plus tard, je fais le vide dans mon esprit et constate que ma théorie se confirme : effectivement, le guide commence tout simplement à chantonner, une chanson française des années 90, qu'il sifflote même parfois. Je me demande alors s'il peut lire ou entendre les pensées des autres, mais cela me paraît impossible : aucun être humain n'a la capacité de lire ou d'entendre les pensées des autres. Non, je pense que ce n'est qu'une coïncidence, rien de plus. Quoi qu'il en soit, il est **20h15**. Nous arrivons enfin devant l'hôtel. Il ne reste plus qu'à trouver une place de parking afin de pouvoir quitter le monospace. Le guide me dit : « Gabriel, j'ai trouvé un emplacement où garer le véhicule en toute sécurité. » Je le regarde et lui réponds : « D'accord. » Ensuite, le guide effectue une manœuvre pour se garer en marche arrière-face à l'hôtel, précisant qu'il est préférable d'être proche de l'entrée et de marcher jusqu'à l'hôtel. Un silence s'installe, puis j'observe le guide qui effectue calmement sa manœuvre. Une fois terminé, il me dit : « Gabriel, tu peux ouvrir toi-même la porte du monospace. » Je lui réponds : « Oui, Monsieur le guide, je peux le faire. » J'essaie d'ouvrir la portière depuis l'intérieur, mais n'y parvenant pas, je demande au guide s'il peut venir l'ouvrir de l'extérieur. Il me regarde et demande : « Pourquoi, jeune homme ? » Je lui explique que je n'arrive pas à ouvrir cette porte et que j'aurais besoin de son aide. À ce moment-là, il descend du véhicule, vient du côté droit pour ouvrir la portière,

P.79

Et grâce à son aide, je peux enfin sortir du monospace. Après être sorti du monospace, j'ai récupéré mon sac à dos. À cet instant, le guide m'a dit : « Gabriel, tu restes ici », le temps qu'il ferme toutes les portières côté passager et conducteur. J'ai acquiescé : « D'accord, Monsieur le guide, j'attends. » Pendant ce temps, j'ai consulté ma montre : il était **20h40**. Le guide est alors revenu vers moi et m'a lancé : « Gabriel, viens, je vais t'accompagner à l'hôtel. » Je l'ai suivi et, au fil de la marche, j'ai ressenti une grande fatigue dans tout mon corps. Le guide m'annonce que nous sommes arrivés et, devant l'hôtel, le portier du soir nous salue : « Bonsoir messieurs ». Nous lui répondons poliment : « Bonsoir à vous, Monsieur le portier », puis il ouvre la porte et nous entrons, le guide et moi. Après quelques pas à l'intérieur, le guide me dit : « Gabriel, dirige-toi vers l'ascenseur, je vais prendre les clés de la chambre respectives et je te rejoins ». J'accepte sa proposition puis je poursuis mon chemin vers l'ascenseur, où j'attends son arrivée. À ce moment-là, je me dis que je serai bientôt dans ma chambre moi aussi. Ce n'est qu'une question de temps. Tout en y pensant, le guide s'approche et se place à ma droite pour patienter également devant l'ascenseur. Après quelques minutes d'attente, celui-ci arrive enfin. Le guide appuie alors sur le bouton pour ouvrir les portes, qui finissent par s'écarter. Nous montons ensemble dans l'ascenseur et avançons jusqu'au fond. Les portes se ferment juste derrière nous, puis la sonnerie retentit au bon moment puis l'ascenseur démarre vers l'étage souhaité. Pendant ce court instant, je réalise qu'après une semaine sans me laver, c'est vraiment un exploit : c'est la

CHAT-PIE-TRE-80

Première fois que je reste autant de temps sans prendre de douche, et j'en mérite une très bonne à présent. Je regarde autour de moi pour voir s'il y aurait une entité comme celle que j'ai déjà rencontrée dans mon appartement, mais il n'y a finalement rien. Pendant ce temps, le guide m'observe avec un air interrogateur, comme s'il se demandait s'il y avait un problème… À cet-instant, je regarde ma montre. Il est exactement **21h00**. L'ascenseur nous conduit à l'étage souhaité (le 2ème). Lorsque les portes s'ouvrent avec la sonnerie, le guide sort en premier et je le suis. Je pars sur ma droite tandis que lui prend à gauche. Nous marchons ainsi quelques instants en nous tournant le dos. Soudain, il me rejoint, ce qui m'étonne, puis m'explique que les guides ont pour mission d'assurer la sécurité des touristes dans l'hôtel en les accompagnant. Épuisée, j'acquiesce simplement d'un signe de tête pour lui montrer mon accord afin qu'il m'accompagne jusqu'à la porte de ma chambre. Ensemble, nous parcourons quelques mètres jusqu'à la porte portant le numéro 259. Alors que le guide m'accompagnait, il a tenté de m'expliquer les choses à sa façon, me disant notamment : « Ne perds pas ton temps à te demander pourquoi tu es là, Gabriel. » Dès qu'il m'a déposé devant la porte de ma chambre, il est devenu silencieux puis est reparti vers sa propre chambre. (Je n'ai rien compris à ses explications.) Mais bon, bref. Cette réflexion m'est revenue par la suite. Retrouver ma taille physique normale est une priorité pour moi afin de libérer mon esprit, surtout si cela risque d'impacter fortement mon quotidien. En effet, des questions seront probablement posées par le groupe de la

P.81

Fabrique. Si j'avais réellement quitté le pays vers la France, ils auraient encore plus de questions à me poser, que de réponse de ma part. Dois-je vraiment quitter l'Égypte ? ou non ? J'envisage plusieurs options pour résoudre ce problème. Je pourrais chercher davantage de solutions ici, en Égypte, ou retourner en France pour solliciter l'aide de mes collègues dans ma société de fabrication de jouets. Il est évident que mon absence et ma transformation soudaine ne passeront pas inaperçues auprès de mes collègues et fournisseurs. Imaginez-vous à ma place, chères lectrices et chers lecteurs : expliquer à mes collaborateurs le problème de ma transformation d'adulte en enfant (??), espérer leur soutien (??), mais j'en doute franchement. Bref, passons. Pour l'instant, il serait peut-être sage de ne pas quitter l'Égypte — voilà ma décision. Donc, moi, Gabriel, il vaut mieux rester ici et me concentrer sur la résolution de cette énigme qui m'obsède depuis un moment, à savoir pourquoi je suis désormais sous la forme d'un enfant. Quoi qu'il en soit, à ce moment-là, alors que je pensais à autre chose, j'avais envisagé qu'une bonne douche me ferait le plus grand bien, notamment pour éliminer l'odeur accumulée depuis une semaine. Soudain, j'ai aperçu le guide qui s'apprêtait à regagner sa chambre ; d'une voix assurée, il m'a alors suggéré de prendre une douche bien méritée. J'ai acquiescé à sa proposition d'un signe de tête affirmatif et lui ai répondu : « Merci, Monsieur le guide. Je vous souhaite une excellente soirée ainsi qu'une bonne nuit. » Il m'a salué de la main droite avant d'entrer dans sa chambre. J'ai fait de même : j'ai ouvert ma porte avec ma clé, empoigner la porte vers le bas l'ai poussée,

P.82

Suis entré, puis je l'ai refermée derrière moi de la main gauche. Soudain, un silence s'installe, un moment que j'apprécie particulièrement. Je prends alors quelques instants pour en profiter pleinement, puis je me dirige vers la douche comme prévu afin de me débarrasser de toute la saleté accumulée au fil de la semaine. Avant de prendre ma douche, je me déshabille et j'observe ma montre qui affiche maintenant **21h20**. Chères lectrices, chers lecteurs, je préfère ne pas vous décrire comment je suis sous la douche ; je vous laisse donc imaginer la scène… ha ! Me voilà de retour ! Sortir de la douche et me sentir propre me fait un bien fou. Après m'être essuyée et avoir gardé ma serviette autour de la taille, je me suis dirigée vers le placard, comme à mon habitude, pour prendre un ensemble de pyjama blanc et bleu. Je l'ai enfilé puis, en me regardant dans le miroir du placard, je suis restée figée quelques minutes, tentant de comprendre le conseil du guide donné il y avait, à peine une heure. Tandis que je me coiffais avec un peigne noir dans la main droite, je réfléchissais soudainement à la raison pour laquelle il m'avait dit : « **Ne te pose pas trop de questions** » **au sujet de cette histoire de rétrécissement à la taille d'un enfant**. En ce qui me concerne, j'ai décidé de voir avec le guide demain matin. Quoi qu'il en soit, ce soir, je vais me prendre quelque chose à manger, puis je me coucherai comme les autres jours. Mais pour l'instant, je vais vers la salle de bain pour déposer mon peigne sur le côté gauche du lavabo. Une fois cela fait, je retourne au frigo pour choisir au hasard ce que je vais manger. Je ne compte pas faire le difficile : en ouvrant la porte, je regarde ce que l'hôtel propose aux touristes. Je prends un

P.83

Sandwich aux crudités accompagné d'un jus de pêche. C'est une valeur sûre… Facile à prendre, facile à digérer, et ça cale bien. Voilà donc mon programme repas de ce soir. Après avoir soigneusement fermé la porte du réfrigérateur, je vais m'asseoir sur ma chaise et me rapprocher de la table afin d'éviter de faire des miettes par terre. Il est temps pour moi de me rationner ; une fois installé, je remarque sur ma montre qu'il est **21h35**. Chères lectrices et chers lecteurs, je vous souhaite une bonne nuit et vous dis à demain… Les heures de la nuit ont filé rapidement. Bonjour à tous, avez-vous passé une bonne nuit ? Pour ma part, j'ai très bien dormi compte tenu de la semaine que je venais de traverser, même si les courbatures étaient présentes… Ce matin, à **07h00**, cette même réflexion continue de tourner dans ma tête. Au cours de la nuit, je me suis longuement interrogé sur les événements de la veille. Je me souviens avoir souhaité une bonne soirée, puis une bonne nuit. J'ai ensuite constaté que le guide avait également regagné sa chambre. Après avoir refermé la porte de ma chambre de la main gauche, j'ai laissé les clés dans la serrure et me suis assuré que la porte était bien verrouillée. Par la suite, je me suis allongé sur le lit pour m'endormir, après avoir terminé mon repas et pris soin de mon hygiène dentaire, un aspect important du bien-être quotidien. Ainsi se clôturent mes souvenirs de la soirée passée. Je vous laisse ave le Narrateur suite du récit concernant Gabriel : Il se dirige vers la table et s'installe sur une chaise en bois. Il commence son petit-déjeuner en prenant une cuillère à café, qu'il plonge dans le bol avant de porter à sa bouche une portion de céréales à la banane et au lait. Après

P.84

Avoir retiré la cuillère, il mastique les céréales en appréciant le contraste entre leur croquant et la douceur du lait, ce qui lui évoque des souvenirs positifs de son enfance. Tout en dégustant calmement son repas, Gabriel consulte son pense-bête où il constate qu'il a déjà prévu pour le lendemain une note rappelant la tenue choisie ainsi que le petit-déjeuner à préparer. Le Narrateur poursuit l'histoire de Gabriel. Il se souvient avoir pris un morceau de papier et un stylo sur la table la veille. Il écrivit les mots avec une écriture soignée : "Jean bleu, chemise à carreaux, chaussettes noires. Petit-déjeuner : céréales et banane. Demain promet d'être une belle journée." Cependant, il garde à l'esprit qu'il doit faire preuve de prudence afin de disposer de suffisamment de provisions pour les jours suivants. Il constate la facilité avec laquelle l'on peut céder à la gourmandise, puis termine son bol de céréales chocolatées jusqu'à la dernière goutte de lait. Il quitte ensuite sa chaise en chêne pour déposer son bol dans le lavabo. Après avoir lavé celui-ci et l'avoir placé sur l'égouttoir, il utilise une serviette pour s'essuyer les mains. Il se dirige vers le réfrigérateur pour réfléchir à sa prochaine collation. Finalement, il choisit un sandwich aux crudités, garni de salade fraîche, de poulet tendre, de tomates juteuses, de fromage savoureux et d'une touche de cachir épicé. Pour accompagner son repas, il opte pour un jus de raisin local, séduit par l'idée de découvrir les saveurs typiques de la région. Après avoir pris sa décision, il referme soigneusement la porte du réfrigérateur, conscient du temps qui passe : il est déjà **09h30** du matin. Un silence s'installe dans la chambre, puis soudain, il entend des portes s'ouvrir, celles

CHAT-PIE-TRE-85

Reconnaissables de l'ascenseur. Sans transition, il réfléchit à ses besoins alimentaires, que ce soit pour la journée ou la semaine à venir, mais décide de remettre cette réflexion à plus tard. Gabriel commence à rassembler ses affaires et ses provisions, qu'il range dans son sac à dos, tout en se préparant mentalement à affronter la journée. Gabriel s'engage à savourer chaque bouchée de son repas lors de ses recherches au musée. En attendant, il demeure assis calmement sur une chaise en bois, prêt à ce que le guide vienne le chercher. Pendant ce temps, l'arôme du sandwich éveille son désir d'apprécier pleinement les saveurs locales, tout en s'imprégnant de l'atmosphère paisible de la chambre d'hôtel. Ainsi résolu, Gabriel est déterminé à découvrir le fin mot de l'histoire. Soudain, Gabriel entend des pas s'approcher depuis l'ascenseur en direction de la porte de sa chambre. Il se dirige rapidement vers celle-ci, puis les bruits de pas s'arrêtent. En quelques instants, Gabriel reconnaît cette démarche ; il pense qu'il s'agit du guide. Lorsque quelqu'un frappe à la porte, Gabriel se lève avec la ferme intention de consacrer une nouvelle journée à la recherche des énigmes. La voix du guide se fait alors entendre derrière la porte et Gabriel répond : « J'arrive ! J'arrive !» Marchant droit devant lui, il attrape la poignée de la main droite et ouvre la porte, qu'il laisse grande ouverte. Puis, avec bienveillance, levant les yeux vers l'homme, il salue le guide : « Bonjour, comment allez-vous ce matin ? » Comme toujours, il regarde sa montre et y voit **09h40**. Le guide lui répond également avec bienveillance : « Merci Gabriel, je vais bien. » À cet instant, le guide propose à Gabriel de bien fermer la porte

P.86

De sa chambre. Une fois la porte bien fermée, ils avancent tous deux vers l'ascenseur. Arrivés juste devant, ils attendent. Quelques minutes plus tard, une légère vibration se fait sentir sous leurs pieds… À **09h45**, la cabine vient justement d'arriver à l'étage (2emes) une sonnerie retentit, les portes de l'ascenseur s'ouvrent tout juste et une lumière jaune clair s'illumine. Après être entrés dans l'ascenseur, le guide et Gabriel se retrouvent devant un miroir, tournant ainsi le dos aux portes qui se referment automatiquement derrière eux. Par réflexe, le guide appuie sur le bouton du rez-de-chaussée. L'ascenseur commence sa descente dans un léger bruit, rien d'inquiétant ; un silence s'installe entre les deux hommes jusqu'à leur arrivée. Un signal sonore retentit pour annoncer qu'ils sont arrivés au rez-de-chaussée. Lorsque les portes s'ouvrent, ils entendent des chuchotements provenant simplement des autres touristes qui discutent entre eux. Le guide invite alors Gabriel à le suivre vers l'accueil, afin d'informer le personnel de leur départ vers le musée/pyramide. Comme à son habitude, tout-en-marchant Gabriel regarde sa montre lui indique précisément **09h50**. Quelques pas supplémentaires en levant la tête, il aperçoit le portier sur sa droite et lui adresse poliment : « Bonjour Monsieur ». Le portier s'adresse avec bienveillance à Gabriel : « Bonjour, jeune homme. » Il poursuit ensuite : « Je vous souhaite une agréable journée, Monsieur Gabriel. » À ce moment-là, le guide reste figé, sans comprendre. Quelques secondes plus tard, il reprend ses esprits et regarde le portier, probablement pour lui adresser la même formule de politesse. Un silence s'installe alors que les deux hommes échangent un regard, comme s'ils

P.87

Venaient de communiquer par la pensée. Sans transition, le narrateur laisse Gabriel poursuivre son récit. À cet instant, une voiture s'arrête devant nous ; il s'agit du véhicule que nous utilisons habituellement. Le chauffeur est ensuite descendu du côté conducteur et a contourné le véhicule pour ouvrir la porte arrière droite, côté trottoir. Il m'a alors invité à prendre place à bord. Une fois installé, le chauffeur a refermé la portière derrière moi avec soin. Ensuite, il commence par ouvrir la porte avant droite du conducteur et demande au guide de monter. Une fois à bord du véhicule, le chauffeur prend la sécurité très au sérieux : lorsque tout est prêt, les portes arrière sont soigneusement fermées. Le chauffeur s'assure alors que chacun a bien attaché sa ceinture de sécurité. Le guide confirme d'un ton sérieux que tout le monde est bien attaché. Rassuré, le chauffeur boucle lui aussi sa ceinture, démarre le véhicule et veille à quitter correctement son emplacement. À ce moment-là, je consulte ma montre : il est **10h15**. Après être partis, le trajet vers le musée ou la pyramide se fait comme lors du premier jour, dans un silence non inquiétant. Pour briser ce calme, le chauffeur allume la radio diffusant des informations locales, que je ne comprends pas du tout. En attendant notre arrivée au musée, le chauffeur tente tant bien que mal d'engager la conversation avec moi en français. Puis, sans vraiment savoir pourquoi, le guide se met à parler dans leur langue maternelle. Un léger sourire gêné apparaît sur le visage du chauffeur, qui me dit : « Je suis désolé, messieurs. » Nous reprenons la route et, au loin, l'extrémité de la pyramide finit par émerger. Un sourire se dessine alors sur mon visage, et le guide le remarque

P.88

Aussitôt. Il m'a dit que la journée ne serait pas de tout repos ; c'est avec son sérieux habituel, dont lui seul a le secret, que le guide m'en avait informé dans son message. J'ai compris la valeur de chaque mot prononcé. Plus nous roulions, plus les pyramides se dévoilaient devant nous. Quoi qu'il en soit, je suis ravie d'y revenir. À cet instant, je repensais aux nombreux jours passés ici : une semaine entière, soit sept jours. Désormais, nous entamons le jour suivant, le huitième. Vous qui me lisez, chers lectrices et lecteurs, sans doute avec attention, sachez que nous venons d'arriver devant la pyramide. Il y a effectivement des touristes ; ils attendent tous près de l'entrée. Sans transition, lorsque le chauffeur aperçoit à son tour les pyramides, il ralentit et se rapproche du trottoir avec sa maîtrise habituelle. Une fois arrêté et le moteur coupé, il sort par la gauche, fait le tour du véhicule et se dirige vers le guide pour lui ouvrir la portière. Quelques minutes plus tard, il vient vers moi, ouvre la portière droite et me voit descendre. Au même moment, il me tend la main droite, probablement pour m'aider à sortir en toute sécurité. Même s'il n'y avait rien d'inquiétant, je prends sa main puis le remercie pour sa bienveillance. Alors que je descendais du véhicule, j'ai vu le chauffeur fermer les portières droites. Sans vraiment comprendre pourquoi, il venait également de remercier le guide. (Pourquoi ?). Soudain, le chauffeur nous dépose sur le trottoir avec nos affaires, puis quitte les lieux. Le guide s'approche de moi et m'indique de prendre mes effets personnels et de me diriger vers le musée, situé à proximité immédiate. Il est alors environ **10h30**. Je l'observe attentivement et lui réponds que je le suis. Les minutes

P. 89

S'écoulent tandis que nous avançons ensemble ; j'entends les murmures provenant tant de la population locale que des touristes se dirigeant dans la même direction que nous. Nous rejoignons un groupe de visiteurs et apercevons vaguement l'entrée du musée ou des pyramides. À ce moment-là, le guide cherche à me rassurer quant à la visibilité restreinte, précisant qu'il est normal, pour l'instant, de ne pas distinguer clairement les environs. J'acquiesce d'un signe de tête pour montrer que j'ai compris. Nous avançons, pas à pas, derrière le groupe de touristes qui marchent droit devant nous afin de se rapprocher de l'entrée. À vous qui me lisez, chères lectrices et chers lecteurs, sachez que l'entrée du musée avait déjà commencé à s'ouvrir aux visiteurs dès **10h35**. Il est désormais **10h55**, ce qui nous laisse largement le temps de suivre le groupe. Le guide et moi-même, Gabriel, prenons quelques instants de plus. Les minutes s'égrènent et nous voilà presque arrivés devant l'entrée ; je suis impatient de découvrir le musée (!!). Pendant ce court laps de temps, mes habitudes ressurgissent : je consulte ma montre, comme toujours. Chères lectrices et chers lecteurs, vous qui suivez mon récit, je ne vous ai pas oubliés. Sans transition, le guide et moi, Gabriel, poursuivons notre marche vers ce lieu historique. En parlant d'« heures », il est maintenant **11h01**. Nous avançons tous, pas à pas, et le temps s'est écoulé à une vitesse vraiment impressionnante. Les conversations entre les touristes contribuent à faire passer les minutes plus rapidement. Nous approchons désormais de l'entrée, avec seulement quatre personnes devant nous. Pour information, je compte le nombre de personnes dans la file d'attente afin de

CHAT-PIE-TRE-90

Pouvoir vous informer du nombre restant. Les portes du musée sont maintenant ouvertes ; il est **11h06** et c'est enfin à notre tour d'entrer. Chacun paie son entrée avant de profiter pleinement de chaque instant passé à écouter les guides des différents groupes, qui partagent les histoires et vestiges du passé. Ne faisant pas exception, je fais partie des touristes venus ici, en Égypte. Soudain, le guide m'informe qu'il est temps de passer à la vitesse supérieure… Je le regarde comme si je venais de comprendre et lui réponds "okay !". Pour être honnête avec vous, chères lectrices et chers lecteurs qui me suivez, je comprends à peine ce qu'il veut dire. Mais puisque nous sommes proches de l'endroit…Nous avançons tous les deux d'un pas rapide, visiblement pressés. Une fois que nous sommes vraiment entrés, le guide et moi-même, Gabriel, je réalise à quel point il souhaite connaître la suite des événements de la semaine dernière. Il est exactement **11h15**. Le guide me jette un nouveau regard insistant, me faisant comprendre l'urgence de la situation : je dois marcher deux fois plus vite dans le couloir pour atteindre le lieu prévu. J'accélère donc le pas, tout en demandant au guide pourquoi nous allons si vite. Après tout, ce n'est pas habituel d'être aussi pressés, et cela risquerait même de susciter la curiosité des autres touristes. Soudain, le guide m'explique que c'est pour « t'aider » à comprendre la raison pour laquelle tu as rajeuni en un jeune adulte de 12 ans. Je comprends son intention, mais il ne sert à rien de se précipiter ; aller trop vite pourrait nous attirer des ennuis… Mais bon quoiqu'il en soit, nous ne nous attardons pas sur les détails qui pourraient pourtant nous fournir des

P.91

Indices précieux. Alors, doucement les asticots ! Oui, je sais que je ne devrais pas dire cela aux professionnels du tourisme, mais la spontanéité l'emporte et ça sort de ma bouche. Pour ce qui est du nom de mon entreprise, moi, Gabriel, je sais parfaitement comment l'appeler. Certains la qualifient de société, d'autres parlent d'usine, mais en fin de compte, qui en est le créateur ? Est-ce ceux qui parlent sans raison, ou votre hôte Gabriel ? Quoi qu'il en soit, chers lecteurs et lectrices, je vais vous révéler le nom de ma boîte : elle s'appelle, **La Fabrique**. Ainsi, il n'y a plus de débat. Sans transition, continuons ; nous avançons ensemble, moi et les touristes. Pour reprendre notre marche tranquille, le guide m'annonce que nous allons emprunter un itinéraire différent de celui des jours précédents… Ainsi, il sera satisfait de voir nos progrès vers la bonne direction. Comme vous le savez, il existe des chemins très variés : certains sont largement foulés par les touristes lors de leurs visites quotidiennes, tandis que d'autres restent secrets. HA ! HA ! Oui, vous avez bien lu : il y a bel et bien des secrets, mais pour l'instant, je les découvre au fil des jours. Nous verrons bien ce qu'il en est — ou devrais-je dire… nous le découvrirons ensemble ! Qu'en pensez-vous, chers lectrices et lecteurs ? Êtes-vous prêts à poursuivre l'aventure ? Si oui, alors allons-y… Continuons ! Nous y sommes maintenant : il est **11h33** à ma montre. Le guide et moi nous trouvons devant cette porte qui semble être en bois vue de l'extérieur, mais ce n'est qu'une apparence. Pour être honnête, cette porte ne ressemble pas à celles que nous avons vues jusque-là. Comme je l'ai mentionné, elle est en bois, mais je sens qu'elle est lourde,

P.92

Probablement à cause du matériau. Je l'observe et m'interroge : comment cette porte va-t-elle s'ouvrir ? Sans saisir vraiment ce qui se passe, je vois le guide s'approcher et examiner minutieusement le pourtour de la porte, avec un soin qui lui est propre. Il finit par réaliser quelque chose de très intéressant... Mais quoi exactement ? Il pose son regard sur moi, avec une attention particulière ; je ressens presque le poids de ses yeux, comme pour me faire comprendre que je suis le seul capable d'ouvrir cette porte unique, si différente des autres. À vrai dire, vous qui lisez ces lignes, le regard du guide ne trompe pas. Je comprends alors que c'est à moi de m'avancer vers la porte. Je remarque immédiatement l'attention particulière que le guide lui porte en la découvrant, majestueuse et imposante. Elle est également composée d'un matériau ancien, bien connu des civilisations passées... J'avance sans crainte, animé par le désir de déchiffrer les symboles gravés sur et autour de cette porte. De nombreux animaux de toutes sortes sont représentés, ainsi que des figures égyptiennes (dessinées sur la porte). D'autres symboles mystérieux m'échappent encore, mais parmi cette diversité animale, l'empreinte d'une main d'enfant attire particulièrement mon attention. Autour, je distingue des formes de couteaux, de vagues, de verres, peut-être avec une anse en porcelaine, et des flèches semblant indiquer une direction. Pourtant, ce qui importe vraiment n'est pas de tout comprendre, mais bien cette trace de main enfantine. Une interrogation s'impose : quelle main utiliser pour poser sur la porte, la gauche ou la droite ? Un autre élément attire mon attention : la présence du gardien, chargé de surveiller cette

P.93

Porte. Dois-je le confronter pour la première fois ? Telle semble être la source d'inquiétude évoquée par le guide quelques minutes auparavant. Si je dois effectivement faire face à ce gardien, quelle forme prendrait l'affrontement : serait-il théorique ou physique ? Je retrouve soudain ma concentration et réalise qu'il me faudra affronter cette épreuve, quoi qu'il advienne. Au-dessus de la porte, sur la droite, une horloge affiche **11h56** ; à ses côtés, une minuterie indique un compte à rebours. J'en conclus que moins de trois minutes restent pour trouver la solution, en plus de devoir fournir une empreinte. Dans mes souvenirs, si je ne me trompe pas, il y avait un aigle, un loup, un taureau, un lion, une tortue, puis un œil et un scarabée, tous entourant l'empreinte à double sens d'un enfant placé au centre. Cependant, raconter toute mon histoire serait trop long, alors je vais faire court… Je dois poser une de mes mains : mais laquelle choisir ? Le guide m'indique qu'il ne reste que dix secondes pour réfléchir (tic-tac) et que je peux mettre celle que je souhaite. Je fais ce qu'il me demande. Allez, je tente la main gauche… C'est fait, j'ai posé la main gauche. Je ressens une secousse provenant de la porte, qui s'entrouvre légèrement, laissant apparaître un espace entre elle et son cadre. Une lumière s'allume à l'intérieur, mais il est temps d'ouvrir grand la porte pour découvrir réellement ce qui se passe dedans. Je regarde le guide, lui faisant clairement comprendre qu'il doit m'aider à agrandir l'ouverture afin que nous puissions pénétrer dans cette fameuse chambre de momies. Attention… une… deux… trois… Enfin, nous parvenons à ouvrir la porte. À **12h20**, je remarque sur le visage du guide une expression de

P.94

Soulagement : pour l'instant, le gardien redouté de cette chambre si particulière n'est pas présent. Je passe le premier, balayant l'horizon du regard, puis explorant à gauche et à droite. Le guide fait de même, scrutant chaque recoin, mais il n'y a rien à signaler. Il n'y a qu'une lumière chaleureuse, mais, chose étrange, cette pièce semble sans fond. Est-ce que l'épreuve commence réellement maintenant, depuis notre entrée ? Ou devons-nous continuer à avancer, jusqu'à peut-être croiser le gardien de la chambre ? C'est la question qui reste en suspens. Un autre aspect étrange est qu'il n'y a véritablement aucune inscription sur les murs, et encore moins de l'autre côté de la porte, qui semble faite de bois mais imite probablement la pierre, ce dont je doute cependant. Sans transition, pour revenir aux écritures sur les murs : il n'y a rien, mais les symboles sont bel et bien présents. On y trouve le scarabée, symbole de vie et de mort, l'œil représentant la protection ou la guérison, la croix évoquant la vie éternelle et la spiritualité, et enfin la tête de Néfertiti, symbole de beauté, puissance et intelligence. Il existe aussi d'autres symboles que j'ai du mal à décrire précisément. Tout à coup, des vibrations se font ressentir de tous côtés : à gauche, à droite, puis droit devant ! Oui, devant nous, car les murs sont si éloignés que nous ne pouvons même pas les toucher. Les secousses persistent, devenant de plus en plus pressantes, cette fois provenant véritablement de toutes parts. On ne sait vraiment plus où se placer. L'intensité des vibrations est telle que… Attention ! Une ombre se dirige vers nous ! D'une voix légèrement inquiétante, le guide m'indique que cela pourrait bien être le fameux gardien… Je lui réponds, stupéfié :

CHAT-PIE-TRE-95

Le gardien ! Le guide enthousiaste déclare : « Voici ce qui t'attend… Eh oui, Gabriel ! Tu vas te mesurer au célèbre gardien. » Mais comment vais-je réussir à l'affronter ? Devrai-je miser sur ma force physique ou résoudre des énigmes ? Selon le guide, étant donné ta taille d'enfant, cela ne devrait pas poser de souci : le gardien choisit des épreuves que seuls les enfants peuvent résoudre. Bon, s'il opte pour une épreuve théorique, je devrais m'en sortir sans encombre. Les vibrations s'intensifient, elles se rapprochent, et l'ombre aussi. Le guide me prévient : « Prépare-toi, il arrive… » D'accord, d'accord ! Chères lectrices et chers lecteurs, je vais vous raconter cette épreuve. Dès que je l'ai entendue, j'ai remarqué que l'ombre semblait prendre de l'ampleur, intensifiée par la lumière. Soudain, une question m'a traversé l'esprit : quelle est la taille du gardien ? Vous pourriez penser qu'il suffit de se fier à l'ombre, mais détrompez-vous, car elle ne révèle pas sa véritable taille. Un jeu de lumière change tout… Sans transition, revenons à cette énigme que je dois résoudre. Brusquement, les vibrations s'atténuent et le gardien apparaît dans toute sa hauteur… Sa ressemblance avec Toutankhamon est frappante. À ce moment-là, le guide me conseille de lever la main vers le gardien pour saisir l'énigme. Au vu du nombre de photos prises, il me semble qu'il y a probablement plusieurs énigmes à découvrir. Après avoir pris ces séries de photos et les avoir examinées attentivement, je pense avoir identifié leur sujet. J'ai également reconnu les autres clichés. Le guide m'interroge sur ces images : sont-elles difficiles à interpréter ? Un moment de silence s'installe, puis je lui présente un premier lot de photos, suivi des autres afin qu'il

P.96

Puisse comprendre l'énigme que je dois résoudre. Nous commençons par la première image, qui montre l'arrière-plan. Je présente ensuite la suivante, où l'on distingue un morceau d'oreille, puis d'autres photos dévoilant à nouveau l'arrière-plan sur fond noir. Je remarque la présence d'éléments dorés sur chaque cliché ; en les plaçant dans l'ordre, un visage se révèle, orné d'une sorte de coiffe dorée descendant jusqu'aux épaules. En poursuivant, j'observe sur son bras droit un brassard doré, ce qui me permet de supposer que le reste du corps présente une apparence similaire, avec un vêtement attaché autour de la taille. Je m'adresse soudainement au guide et lui explique que, pour être franc, il pourrait lui-même réaliser l'assemblage des photos. Concernant le second ensemble de clichés, je reconnais aisément qu'il s'agit d'un chien Anubis orné d'un collier doré. Le premier lot était complet, comprenant douze photos ; j'organise à présent celles du chien Anubis côte à côte et constate, sans surprise, qu'il-y-avait bien neuf images. Après avoir rassemblé chaque photo, le gardien observe leur enchaînement qui forme une représentation cohérente et me félicite en inclinant la tête. Étrangement, nous entendons alors la grande porte s'ouvrir automatiquement derrière nous. Je comprends ainsi que j'ai résolu l'énigme. Le guide me tapote l'épaule gauche pour me confirmer ma réussite et m'adresse ses félicitations, auxquelles je réponds par des remerciements. Il indique que nous devons désormais quitter les lieux ; je lui confirme mon accord avec plaisir. Une fois que nous sortons de la chambre, la porte se referme immédiatement derrière nous. Un sentiment de soulagement envahit généralement le

P.97

Guide et moi. Il me signale alors que l'heure du repas approche ; instinctivement, je regarde ma montre et lui confirme qu'il est bien **13h30 précises**. Je dois maintenant trouver un endroit où m'asseoir, il me semble avoir aperçu un banc non loin d'ici. Cependant, après avoir balayé l'horizon du regard, je réalise que tous les bancs sont occupés. Je décide donc d'adopter la méthode du système D, autrement dit de me débrouiller. En clair, je vais simplement m'asseoir par terre en repliant mes jambes, ce qui ne devrait gêner personne sur cette allée. En ouvrant mon sac à dos, je découvre les préparations de la veille que j'avais soigneusement faites. Avant même de sortir mon sandwich, je jette un regard attentif au guide et lui demande s'il voudrait partager le repas. Il me regarde quelques secondes avant de répondre : « Ça va aller, j'ai le mien, ne t'en fais pas Gabriel. On se retrouve ici dans une heure, au même endroit. » Je lui dis « D'accord, Monsieur le guide », sans vraiment savoir pourquoi. Il précise ensuite qu'à l'avenir, il n'y aura plus besoin de dire "Monsieur". Je le fixe droit dans les yeux, cherchant à comprendre, mais il ajoute simplement que bientôt, tu connaîtras mon prénom. Puis il s'éloigne, me faisant simplement un geste de la main : le poing fermé, pouce levé. Après cela, mon attention revient sur le sandwich et, voyant les couleurs des ingrédients à l'intérieur, je ressens une véritable envie de le savourer. Soudain, mon estomac crie famine ; sans attendre, je rapproche le sandwich de ma bouche et j'y croque, une fois, deux fois, trois fois… En fermant les yeux, tous mes sens sont éveillés par la saveur de chaque ingrédient, du pain au cachir, en passant par la salade, la mayonnaise, la tomate, puis

P.98

Enfin le cornichon qui enveloppe le tout de son acidité. Une explosion de saveurs éclate en bouche : c'est incroyablement bon, humm ! Je n'avais jamais goûté un tel sandwich de toute ma vie ! Lorsque je rouvre les yeux, je réalise soudain qu'il ne reste plus rien, le sandwich a bel et bien disparu. Alors que je parlais de "finir", ma montre m'indiquait **14h00** : il ne me restait plus qu'à prendre une pomme verte en dessert, suivie d'un bon jus d'orange ou de fruits. Avant que le guide ne revienne, puisqu'il m'avait donné rendez-vous dans une heure, il ne me restait qu'à l'attendre devant cette porte qui s'était refermée derrière nous quelques minutes plus tôt. Les minutes passent, le dessert et le jus terminés. Il me reste 25 minutes avant que le guide ne vienne vers moi, ce qui est largement suffisant pour faire une petite sieste de 10 minutes… comme ça, je me réveillerai juste à temps. À ma grande surprise, un autre guide venu d'un groupe de touristes différent s'est approché de moi et m'a expliqué qu'il est interdit de faire une sieste allongée au sol. Étonné, je lui ai répondu que j'étais fatigué et que j'avais besoin de me reposer avant **15h00**. Il a confirmé qu'il comprenait, mais m'a assuré que c'était strictement interdit. Il m'a conseillé de me relever, voire de m'asseoir, afin de ne pas compliquer la situation. Pour éviter tout problème, je me suis donc assis. Pendant ce temps, le guide m'a proposé d'attendre avec moi son collègue. Je lui ai dit que ce n'était pas nécessaire, qu'il pouvait partir sans inquiétude. Il a insisté, précisant que cela faisait partie du règlement du musée. En vérifiant l'heure sur ma montre, j'ai constaté qu'il était déjà **15h00**. Grâce à ce guide, je ne peux plus vraiment me reposer… À ma gauche, il

P.99

Se tient droit, presque comme un agent de sécurité. En parlant d'agents, je connais quelqu'un qui doit sûrement se demander où je suis — et il ne sera certainement pas le seul à se poser la question. Pour l'instant, me voilà ici, en Égypte. Sans transition, j'aimerais vous confier quelque chose de très sérieux… À vous, qui me lisez, mes lectrices et lecteurs : mon pays me manque énormément. Je comprends de mieux en mieux pourquoi il est nécessaire que je ralentisse le rythme de mon travail. Bref ! Maintenant qu'il ne reste plus que quelques minutes, le guide, toujours à ma gauche, jette un regard sur sa droite et aperçoit au loin son collègue qui s'approche de nous. Avec ma taille d'1m30, je n'ai pas une vue dégagée, mais dans le regard du guide, je comprends que son collègue arrive. Il reste quelques minutes du temps imparti ; précisément deux minutes avant l'arrivée prévue. Par souci de précision, je note **15h03**. Je dois accepter le temps perdu que j'avais envisagé d'utiliser. À présent, les minutes étant écoulées, il est **15h04**. Le guide restant se tient devant moi, puis demande à son collègue de lui céder sa place à mes côtés. Le guide qui était resté près de moi acquiesce discrètement avant de partir. Subitement, le guide me pose une question : « Est-ce que quelqu'un s'en est pris à vous ? » Je lui réponds calmement que non, la personne concernée a fait preuve de sérieux et de bienveillance envers moi. Un silence s'installe. Ensuite, le guide m'invite à prendre mon sac à dos, indiquant qu'il faut rejoindre le groupe de touristes rencontré ce matin avant la prochaine étape, qui s'annonce complexe. En observant le guide, je remarque son sérieux et prends pleinement conscience de la situation. Mon côté adulte ressort

CHAT-PIE-TRE-100

Probablement dans les moments difficiles. Quoi qu'il en soit, nous marchons dans ce long couloir qui nous conduit vers le groupe de touristes dont le guide m'a parlé quelques minutes auparavant. Au loin, nous distinguons justement ce fameux groupe ; il reste seulement quelques mètres, ou même quelques pas, pour s'en rapprocher. Je profite de cette distance pour observer les hiéroglyphes égyptiens. Certains me sont familiers, mais d'autres ne le sont pas, et ils possèdent une beauté incroyable. D'ailleurs, sous ces hiéroglyphes se trouvent des légendes ou des histoires historiques expliquant leur passé. Les minutes passent, et sans regarder ma montre, j'estime qu'il doit être environ **15h20**. En observant au loin, je vois le groupe de touristes apparaître de plus en plus près. Soudain, le guide me confirme que nous arrivons juste derrière eux. Nous venons tout juste d'arriver, positionnés derrière le groupe. Le guide indique que, pour l'instant, nous devons rester avec lui et le suivre. J'ai le sentiment qu'il y a quelque chose de particulier, bien que je ne puisse précisément le définir ; il semblerait que le guide détienne des informations qu'il préfère ne pas divulguer. Le mystère reste entier pour le moment. Quoi qu'il en soit, nous poursuivons notre progression en écoutant son collègue placé à la tête du groupe, qui présente l'histoire des symboles et évoque également la formation de l'Égypte. En l'espace de millénaires, entre 4000 et 3000 avant notre ère, l'Égypte est passée d'une organisation agricole hiérarchisée à l'État pharaonique. La palette aux taureaux illustre un roi représenté sous la forme d'un taureau renversant un ennemi. Depuis mon emplacement, je constate une atmosphère empreinte d'histoire.

P.101

Un silence remarquable règne, comparable à celui d'une cathédrale, enveloppant chaque visiteur venu écouter le récit des vestiges qui font de ce site un exemple de renouveau pour la civilisation égyptienne (Kemet) au fil du temps. J'ai entendu le guide expliquer que l'égyptien ancien était utilisé pendant l'Ancien Empire et la Première Période Intermédiaire, tandis que le moyen égyptien prédominait à l'époque du Moyen Empire et de la Deuxième Période Intermédiaire, période considérée comme l'apogée de la langue classique égyptienne. Ainsi, si vous souhaitez approfondir vos connaissances sur l'histoire de l'Égypte, je vous recommande vivement de visiter ce lieu emblématique. Il ne faut pas oublier la véritable raison de ma venue ici… Recentrons-nous : nous suivons toujours le groupe de touristes, tandis que le guide principal poursuit son récit. En avançant, nous passons devant des portes closes puis d'autres ouvertes qui défilent de chaque côté. Ces éléments m'intriguent. Pourquoi sont-ils parfois ouverts et parfois fermés ? J'ai eu envie de demander au guide, mais je ne sais pas pourquoi je ne l'ai pas fait. Je me suis stoppée dans mon élan… En y réfléchissant, je crois avoir compris pourquoi j'ai interrompu ma progression : il règne ici un silence studieux que je n'avais pas envie de troubler. Nous continuons à suivre le même groupe, avançant d'un pas léger. J'aurais aimé que le guide me propose de quitter le groupe pour relever un nouveau défi, mais en observant son attitude, je sais qu'il est temps pour moi, malgré ma patience, de rester avec eux. Le temps semble s'être arrêté dans ce couloir ! Je ne comprends pas vraiment pourquoi tout paraît figé. Soudain, une question me traverse

P.102

L'esprit : serait-ce justement cet arrêt du temps que je dois résoudre ? Fidèle à mes habitudes, je consulte ma montre : **15h30**. J'attends un peu pour vérifier si l'aiguille a bougé, car si elle change de position, ma théorie tomberait à l'eau… Je patiente donc, examinant ma montre afin de voir si elle indique une nouvelle heure ou reste immobile… Eh bien ! Pendant ce temps, j'aimerais poser une question à vous, mes chères lectrices et chers lecteurs : dois-je regarder ma montre maintenant ou attendre encore une minute ? Allez, c'est décidé ! Les minutes se sont écoulées… Attention, êtes-vous prêts ? Je vais commencer le décompte… 1…2…3, je lève mon bras droit… Et attention, je regarde l'heure sur mon poignet droit ; mes yeux sont rivés dessus, et je vous confirme que le temps s'est bel et bien arrêté. Ma montre est figée sur **15h40**. Ce n'est pas seulement ma montre qui est arrêtée, mais aussi tous les touristes et même le guide. La question suivante est : comment vais-je réussir à surmonter cette épreuve sans l'aide du guide ? Je scrute les environs, cherchant un indice pour remettre le temps en marche, mais rien ne semble intrigant ou utile. Je suis seul, observant attentivement dans toutes les directions… Il n'y a vraiment rien sur les murs ; soit je ne sais pas bien regarder, soit il y a autre chose à découvrir. Je réfléchis un peu (…) Si je reconstitue l'histoire dans mon esprit, elle commencerait par le moment où nous sommes sortis de la chambre, peu de temps avant **13h30**. Ou alors, c'est peut-être au moment où nous avons commencé à nous rapprocher du groupe ? Ma théorie est que c'est le second cas, c'est-à-dire lorsque nous nous sommes approchés du groupe. À ce moment précis, je n'y ai pas prêté

P.103

Attention, j'étais pressé d'arriver justement à l'épreuve suivante. Oui, il était bien **16h00**. Dois-je chercher les statues nichées dans les creux des murs ? Ou faut-il plutôt jeter un œil aux petits écriteaux situés en dessous ? Chaque détail a son importance. Voilà la véritable question. D'ailleurs, en parlant de détails, il y en a un qui est bien caché, peut-être sur les statues ou sur une seule, unique statue. C'est là que je trouverai la solution… Je crois que j'ai peut-être repéré ce(s) détail(s), mais une autre personne pourrait aussi m'aider à les découvrir. Oui, je parle bien de vous qui me lisez où me suivez, mes chères lectrices et lecteurs ! Ensemble, nous pourrions retrouver ces fameux détails ! Dans la première chambre, il y avait effectivement un gardien qui m'a montré des photos. Cependant, la seule chose à laquelle je n'ai pas prêté attention, c'est la photo elle-même. Oui, chaque photo dissimule-t-elle ces détails ? Je dois maintenant me concentrer sur ma mémoire… Sur le bras droit du gardien, il y avait un brassard orné d'or, assorti à sa tunique elle aussi décorée de dorures, sans oublier son bâton doré. Mais que puis-je distinguer de plus ? Vous qui me lisez, avez-vous trouvé ? Oui, c'est bien cela… Un serpent ! Sur sa coiffe. Je me demande comment extraire cet indice, et surtout où trouver son emplacement précis. Devrais-je déplacer la statuette au complet pour lui redonner sa vraie place et ainsi remettre le temps dans le bon sens ? Je pense qu'en rejoignant le guide en tête du groupe, je pourrais mieux observer la statue du gardien à la coiffe d'or, celle avec le serpent dessus. Allons-y… Je m'avance d'un pas décidé, persuadé d'avoir enfin déniché le détail crucial. Il ne me reste que quelques

P.104

Centimètres à parcourir pour rejoindre le guide en tête du groupe. J'arrive enfin à sa hauteur et j'aperçois clairement la statuette du gardien que nous avions déjà remarquée ensemble. La première chambre sur la droite du guide est ouverte ; j'y entre d'un pas assuré et récupère la statuette de la main droite. En ressortant, je me positionne à sa gauche et remarque une niche, située à droite du guide. Une statuette y est déjà placée, mais il serait préférable d'utiliser une autre niche vide. La statuette présente une forme humaine avec une tête de chien, agrémentée d'une coiffe, ce qui lui confère une esthétique remarquable. Il est nécessaire de retirer délicatement le serpent sans endommager la statuette. J'examine soigneusement la statuette sous tous ses angles et procède avec précaution à l'extraction du serpent. L'opération est réussie sans altérer ni la statuette ni le serpent. Je devais donc placer la statuette sur l'espace vide à droite de l'autre. Après l'avoir fait, je reprends ma place afin d'éviter d'avoir à fournir des explications au guide. Je fais marche arrière rapidement pour me rapprocher du guide, car je dois rester à sa droite. Vous qui me lisez, comptez les mouvements avec moi, cette fois dans l'ordre inverse… Prêt ? Attention, je commence : 3...2...1. J'attends quelques secondes… Me voilà bien positionné à côté du guide, donc à sa droite. Ensuite, je recommence à marcher avec lui comme si rien ne s'était passé. D'un dernier regard, du moins pour aujourd'hui, il est maintenant **17h00**. Ce moment était nécessaire pour découvrir l'indice et revenir à ma place. Il faut noter que le couloir de la pyramide paraît immense pour un jeune garçon de 12 ans mesurant 1m30.

CHAT-PIE-TRE-105

Une fois que la situation est revenue à la normale, le groupe de touristes s'est arrêté au même moment que le guide principal, tous perplexes quant au déplacement de la statue. Le guide m'a demandé de rester sur place, ce à quoi j'ai acquiescé, puis il est parti rejoindre son collègue afin d'élucider cette anomalie. Marchant rapidement, il atteint son collègue ; ils échangent dans une langue qui m'est inconnue. Restant à ma position, je les observe jusqu'à ce qu'ils reviennent vers moi avec la même rapidité. En consultant ma montre, je constate que l'heure progresse correctement : il est **17h40**, ce qui me rassure et me rappelle que le départ approche. Pour ceux qui lisent ou suivent ce récit, soyez rassurés : je vois toujours le guide revenir vers moi, cherchant à comprendre pourquoi la statuette a été déplacée. D'ailleurs, pensez-vous qu'il serait avisé que je lui explique pourquoi la statue a été déplacée ? Ou vaudrait-il mieux qu'il l'ignore ? (...) Bon, finalement, je vais lui dire : il est justement là, devant moi, et son visage exprime de la contrariété. Le guide me pose "la question" : suis-je impliqué de près ou de loin dans le déplacement de la statuette ? Je lui réponds avec bienveillance que j'ai dû relever une nouvelle épreuve pendant laquelle vous étiez figés. D'ailleurs, tout le monde était figé, donc j'ai... J'ai dû trouver seul la solution pour remettre les choses en ordre, car le temps s'était figé et il me fallait donc résoudre l'épreuve du temps. Soudain, le guide m'a adressé un regard compréhensif avant de m'expliquer qu'il lui restait quelques minutes avec le groupe de touristes, et que je devrais être à mon hôtel pour **18h00**. Il m'a ensuite demandé d'attendre, car il devait rejoindre son collègue afin de lui

P.106

Expliquer pourquoi la statuette avait été déplacée. Il m'a dit qu'il reviendrait, et je lui ai répondu que je l'attendrais. Chères lectrices et chers lecteurs, je vais vous faire le récit très brièvement. Je décris ce que j'ai observé : il marchait rapidement, puis s'est arrêté juste devant son collègue afin de lui fournir une explication logique, probablement pour éviter trop de questions. J'ai vu son collègue acquiescer d'un mouvement de tête, comme s'il avait saisi l'histoire concernant la statuette qui a été déplacée. Oui, je me répète, mais il est important de rappeler que les vols sont sanctionnés par la loi. Soudain, le guide revient vers moi et m'informe qu'il a expliqué la situation à son collègue. Il me suggère alors de quitter les lieux, indiquant que l'heure est avancée pour tous et qu'une nuit de repos serait bénéfique après une journée riche en émotions. J'accepte et le suis ; nous empruntons le couloir en direction de la sortie. Je consulte une dernière fois ma montre, qui indique **18h15.** Nous sommes alors sorties de la pyramide, quand le guide m'avertit, étrangement, qu'il ne voit plus le véhicule qui était garé devant l'entrée du musée ou de la pyramide depuis ce matin, comme à l'accoutumée. Il scrute l'horizon, balayant du regard de gauche à droite, mais il n'y a aucun signe du véhicule. Après avoir consulté sa montre qui affiche **18h22**, il me demande de patienter ici et retourne dans le musée pour questionner quelqu'un sur la dernière apparition du véhicule. Personne ne semble avoir remarqué quoi que ce soit. De nouveau dehors, le guide s'éloigne dans une autre direction et finit par apercevoir le véhicule, garé sur la droite de l'entrée. Soudain, il m'appelle : Gabriel ! Gabriel ! Rejoins-moi, j'ai enfin

P.107

Retrouvé le véhicule. Je vais pouvoir te ramener à l'hôtel. Soulagé, je lui réponds avec enthousiasme et marche d'un pas rapide et joyeux vers lui. Pendant ce temps, je consulte la montre du guide : il est **18h30**. Nous marchons calmement vers le véhicule, le guide ouvre la portière droite et nous prenons place chacun de notre côté. Nous fermons successivement les portes, attachons correctement nos ceintures de sécurité, puis le guide met le contact et quitte le stationnement, en respectant toujours les règles de sécurité. Il fait nuit noire lorsque nous prenons la direction de l'hôtel, le guide allume les feux de route pour une meilleure visibilité. La fatigue se fait ressentir et j'essaie de rester éveillé, sachant que l'arrivée est proche. Malgré mes efforts, je finis par fermer les yeux. Quelques minutes plus tard, le guide m'informe que nous sommes arrivés devant l'hôtel ; j'ouvre les yeux et constate effectivement notre arrivée. Il est exactement **19h00**. J'ouvre la portière côté trottoir avec la main gauche et je sors du véhicule, tandis que le guide tient la porte. Dès que j'ai quitté le véhicule, j'attends que le guide referme correctement la portière. Une fois cette étape terminée, il me rejoint et nous nous dirigeons ensemble vers le portier de l'hôtel en le saluant poliment : « Bonsoir, Monsieur le portier ». Ce dernier nous répond courtoisement avant de nous ouvrir la porte et nous pénétrons dans l'hôtel. Le guide m'informe qu'il va récupérer les clés des chambres ; nous rejoindrons ensuite nos chambres respectives. Je me rends devant l'ascenseur et appuie sur le bouton pour le faire venir. Dans mon champ de vision, j'aperçois le guide qui se rapproche et me remet la clé de ma chambre de la main gauche. Habituellement, je conserve la

P.108

Clé moi-même, mais aujourd'hui exceptionnellement, elle avait été laissée à l'accueil de l'hôtel. L'ascenseur arrive et nous montons ; les portes se ferment juste derrière nous. J'appuie sur le bouton de l'étage, en l'occurrence le deuxième, et l'ascenseur commence à monter. Quelques instants plus tard, nous atteignons le deuxième étage. Les portes s'ouvrent, je me dirige vers la droite et le guide me suit jusqu'à la porte de ma chambre, numéro 259. J'introduis la clé dans la serrure, la tourne vers la gauche, puis ouvre la porte d'un geste assuré de la main gauche. J'entre dans la chambre, et le guide me souhaite une bonne soirée et une bonne nuit, ajoutant « à demain ». Je lui réponds poliment : « À vous aussi ». Une fois la porte refermée, je me dirige vers le réfrigérateur et remarque que, durant mon absence, l'équipe de l'hôtel a veillé au ravitaillement nécessaire pour les jours à venir. Enfin, je m'installe avec précaution sur mon lit alors que le narrateur reprend le fil du récit à **19h20**. Il est dit ceux-ci, que ce sont les petites joies simples de la vie que Gabriel apprécie chaque jour. Il ressent de la satisfaction dans ses choix et se réjouit des autres plaisirs que l'hôtel lui réserve pour les jours à venir. Soudain, Gabriel se rappelle avoir vu quelque chose dans le frigo et commence à réfléchir aux options offertes par l'hôtel. Après avoir refermé le frigo, il se dirige vers son lit, s'y allonge les bras ouverts. Le lit absorbe le choc puis rebondit avant de se stabiliser. Gabriel passe quelques minutes à contempler le plafond, profitant d'un instant de calme pour repenser à sa journée. Subitement, un léger sourire apparaît sur son visage, heureux d'avoir accompli quelque chose d'extraordinaire. Après quelques minutes de réflexion, Gabriel

P.109

Se lève du lit et se tient debout, comme s'il venait de comprendre quelque chose d'important. Il garde cette idée en tête et se dirige vers le réfrigérateur afin de choisir son repas. Il apprécie le dîner préparé par l'hôtel pour la soirée. À **19h30**, il prend le téléphone et compose le numéro de la réception, « **9494** ». Il exprime sa gratitude, se sentant pleinement satisfait. À l'autre bout du fil, une hôtesse lui répond : « Bonsoir Monsieur, vous êtes à la réception de l'hôtel, que puis-je faire pour vous, Gabriel ? » Gabriel précise qu'il ne souhaite pas réserver, mais tient à féliciter l'équipe pour la gestion du rationnement alimentaire durant la journée. Un silence marque l'échange, puis l'hôtesse le remercie chaleureusement et lui souhaite une **excellente soirée.** Après que les deux interlocuteurs ont bien raccroché, le Narrateur reprend le fil de l'histoire en déclarant : Gabriel se dirige vers le canapé, s'y installe confortablement face à la télévision, prêt à profiter d'un moment de détente bien mérité après une journée remplie. Il observe l'écran imposant du téléviseur de l'hôtel, déjà allumé, qui affiche l'heure : **20h10**. Il est brièvement absorbé par les dimensions généreuses de l'appareil, bien qu'il sache que des modèles encore plus grands existent ; celui-ci répond néanmoins pleinement à ses besoins actuels. Alors que le téléviseur fonctionne, il augmente le volume à l'aide de la télécommande et est accueilli par la voix des présentateurs s'exprimant en arabe, une langue qu'il ne maîtrise pas. Constatant qu'il lui sera difficile de suivre les informations locales sans traducteur, il hésite à solliciter l'aide du personnel de l'hôtel, craignant de déranger. Par inadvertance, il appuie

CHAT-PIE-TRE-110

Alors sur l'un des boutons de la télécommande avec la paume de sa main droite ; la traduction est aussitôt activée via une bannière affichée à l'écran. Gabriel s'arrête quelques instants devant l'écran de télévision, mais décide rapidement de ne pas se laisser distraire. Il baisse le volume et se replonge dans les notes qu'il a prises plus tôt dans la journée. Toujours installer sur le canaper dans sa chambre d'hôtel, il examine méthodiquement ses mémoires malgré le bruit ambiant. Animé par une forte motivation, il fait abstraction de toute distraction afin d'accomplir efficacement la tâche qui lui incombe, conscient que cette démarche contribuera à l'avancée de ses projets personnels ainsi qu'au soutien de la jeune Gabbie, tout en lui procurant un sentiment d'accomplissement en fin de journée. Un silence plane sur toute la pièce. Gabriel se retrouve dans une position difficile : il est envahi par un sentiment de solitude et d'isolement dans un environnement inconnu, sans aucune connaissance sur place. Il n'a vraiment personne à qui parler ici en Égypte. Son voyage au Caire, d'abord motivé par le désir de résoudre un mystère personnel, prend peu à peu la forme d'une quête intérieure bien plus profonde. La disparition soudaine de Gabbie, ainsi que sa présence lors des aventures précédentes, bouleversent Gabriel profondément. Désorienté et incomplet sans son amie, il éprouve un manque sans ses conseils avisés et sa compagnie réconfortante. Bien qu'il ait l'occasion d'explorer des merveilles telles que les anciens écrits égyptiens, Gabriel est submergé par le vide et la solitude. Il prend conscience de sa situation : isolé dans un pays étranger, confronté à une langue qu'il ne maîtrise pas et à des coutumes

P.111

Qui lui échappe. Pourtant, malgré la solitude, Gabriel garde intacte sa curiosité et sa détermination à élucider le mystère qui l'entoure. Il sait également qu'il doit puiser dans ses ressources personnelles pour surmonter ces défis émotionnels et poursuivre sa quête avec persévérance et courage. Peut-être, au fil du temps, découvrira-t-il des réponses à ses interrogations et retrouvera le sentiment d'appartenance qui lui fait défaut. La capacité de Gabriel à rester calme malgré une situation délicate témoigne de sa maturité et de son aptitude à gérer des émotions complexes, ce qui n'est pas évident pour un jeune homme. Quoi qu'il en soit, pour se changer les idées, Gabriel s'est souvenu que dans le groupe de touristes, l'un d'eux avait entendu son nom, Gavial/Gabriel. Des murmures circulaient, trouvant étrange d'avoir de tels noms ou prénoms. Effectivement, c'est unique et cela suscite souvent la curiosité des autres. Pour lui, cela fait simplement partie de son identité et il le porte avec fierté. Un prénom est unique, que cela plaise ou non ; c'est Gabriel qui le porte depuis sa naissance. Désormais, le sujet est clos. Gabbie, qui apparaît puis disparaît mystérieusement, semble avoir un lien avec Gabriel. Il est fortement convaincu que la solution de l'énigme se trouve dans la pyramide égyptienne, ce qui rend la situation particulièrement troublante. Selon la théorie de Gabriel, plusieurs tentatives ont été faites par le passé pour libérer Gabbie, mais aucune n'a abouti. Cette histoire prend alors une dimension tragique, car Gabbie reste enfermée depuis des siècles. Gabriel ressent une profonde responsabilité envers elle, comme s'il était destiné à l'aider à retrouver sa liberté.

P.112

Gabriel est bien conscient des difficultés qui l'attendent, surtout après les nombreux échecs de ceux qui se sont lancés avant lui. Pourtant, sa volonté de percer ce mystère et d'aider Gabbie reste intacte. Malgré tous les obstacles et l'incertitude, Gabriel aborde cette quête avec bravoure et détermination. Il comprend que la vérité peut être complexe, voire inquiétante, mais il est résolu à surmonter chaque difficulté pour élucider ce mystère qui ne cesse de le tourmenter. Gabriel, assis sur son canapé, consulte l'heure : il est exactement **20h35**. Pour chasser les vieux souvenirs qui lui reviennent à cause de la solitude qui l'accable, il préfère parler à voix haute, seul dans sa chambre, disant ainsi… Les circonstances de mon abandon par mes soi-disant parents durant mon enfance ont laissé des traces profondes ; j'ai dû, avec le temps, apprendre à vivre sans eux. Ma solution face à leur existence physique serait simplement de les oublier. Au cœur d'une vie bien remplie, que j'ai façonnée dans un univers différent — le mien — je parviens ainsi à combler le manque affectif. Cependant, pour d'autres qui ne partagent pas mon point de vue, cela soulève des questions douloureuses concernant l'abandon partiel et le rejet d'un remplaçant, une réalité vécue par de nombreux enfants partout dans le monde. Lorsque Gabriel partage ses pensées personnelles avec vous, lectrices et lecteurs, cela révèle combien son parcours est complexe et chargé d'émotions. Malgré les épreuves et les blessures du passé, il parvient à puiser la force nécessaire pour avancer et donner un sens à sa vie. Gardant toujours l'objectif en tête de sauver Gabbie de son destin tragique. Le temps qui passe peut aider à guérir ou raviver les

P.113

Souffrances émotionnelles ; parfois, la raison nous rassure sur l'avenir alors que notre corps conserve les marques laissées par nos expériences passées, influençant notre santé. Néanmoins, votre optimisme face à l'avenir et votre confiance dans votre résilience sont vraiment incroyable. Avoir confiance en soi est essentiel pour progresser, même lorsque des souvenirs difficiles paraissent lourds à porter. « **Le plus important** », c'est de prendre le temps d'apprécier chaque instant de sa vie. Il arrive parfois qu'un déplacement soudain vers un pays étranger nous amène à séjourner dans un hôtel, où l'on peut profiter de petites attentions du quotidien. Ces gestes représentent souvent des actes d'autosoins essentiels pour les voyageurs déjà sur place ou non. Certains hôtels proposent ainsi des apéritifs salés aux saveurs variées, soit en chambre sur demande, soit déjà disponibles dans le placard de la cuisine. Ces petits plaisirs contribuent à améliorer le confort et le bien-être des clients pendant leur séjour. (Pour faire court) il est préférable de ne pas est en burn-out émotionnellement. Sans transitions. Gabriel tourner sa tête vers l'horloge qui lui indique l'heures, **21h00**. Le narrateur s'efface pour permettre à Gabriel de reprendre le fil de son récit. En me levant du canapé, je me dirige vers la cuisine, m'arrêtant devant le réfrigérateur afin de vérifier si j'ai suffisamment de provisions pour les prochains jours. J'hésite un instant à contacter le service d'étage afin de commander des chips aux épices variées, une demande que je peux facilement effectuer par téléphone depuis ma chambre en composant le numéro à quatre chiffres (9494). Je prends le combiné, compose le numéro et attends la tonalité. À ma satisfaction,

P.114

Une hôtesse répond : « Bonsoir Madame. » Elle me salue ensuite poliment : « Bonsoir Monsieur Gabriel, que puis-je faire pour vous ? » Je lui demande s'il serait possible de recevoir une sélection de chips épicées dans ma chambre. L'hôtesse me prie alors de patienter quelques instants. D'accord, je patiente... Quelques minutes plus tard, à **21h10**, l'hôtesse revient vers moi et m'informe simplement : « Monsieur Gabriel, mon collègue va vous apporter vos affaires. » Je la remercie en lui souhaitant une excellente soirée, ce à quoi elle répond avec plaisir, en me souhaitant également une bonne nuit. Je lui rends la pareille et nous raccrochons ensemble. Après avoir raccroché, je me dis que cela me fera plaisir tout au long de la soirée dans ma chambre d'hôtel. Quoi qu'il en soit, c'est toujours un aliment supplémentaire que je pourrai ajouter demain matin dans mon sac à dos. En plus des sandwichs, on trouve un large choix de boissons comme la fraise, la menthe, l'abricot et la grenadine, des options appréciées par les touristes. Quoi qu'il en soit, j'y réfléchirai demain. Pour l'instant, je suis épuisé : il est **21h30** lorsque je regarde, comme d'habitude, ma montre. Mes yeux se ferment d'eux-mêmes ; il est vraiment tard. À **21h40**, le narrateur fait soudainement son retour et reprend le fil de l'histoire en ces termes. Sans saisir pleinement la situation, Gabriel commence à parler seul, se convainquant qu'une bonne nuit de sommeil lui serait particulièrement bénéfique. Un silence studieux s'installe alors dans la chambre de Gabriel. À travers ce calme, on perçoit les mouvements discrets de Gabriel, probablement absorbé par le souvenir des événements vécus au cours de la semaine passée dans la pyramide.

CHAT-PIE-TRE-115

Quelques heures plus tard, la nuit s'achève et le jour se lève progressivement. Gabriel regarde sa montre il est bien **7h00 du matin**. Un rayon de soleil traverse les rideaux bleu nuit ornés d'or de sa chambre, accompagné des bruits provenant de l'extérieur, de l'hôtel au petit matin. Gêné par toute cette agitation qu'il trouve prématurée, il entend klaxons et voix fortes. Malgré son manque de sommeil, il tente de se rendormir. Jetant un coup d'œil à travers les rideaux entrouverts, la lumière le dérange mais il aperçoit le ciel. En se levant, il voit par la fenêtre une file indienne sur le trottoir. Rapidement, il comprend que ce matin-là, c'est jour de souk. La nourriture et les boissons sont simples mais adaptées aux goûts et besoins des clients, ainsi qu'à d'autres personnes. Gabriel ouvre les rideaux pour observer les habitants locaux vendre divers trésors, probablement dans l'espoir d'en tirer profit. Il prend un moment pour apprécier l'ambiance paisible, quand soudain une voix retentit dans la chambre : « C'est l'heure de partir. » Surpris, Gabriel se redresse et demande qui a parlé, réalisant peu à peu que cette voix lui est familière. Il tente alors de confirmer : « Est-ce toi qui étais venue la première fois dans mon appartement ? Un silence s'installe, puis soudain, la même entité réapparaît et, pour la première fois, elle parle. Oui, vous qui me lisez, chers lectrices et lecteurs, vous avez bien lu : « l'entité parle », c'est incroyable ! Gabriel, surpris par cette annonce, se demande : « Que vient-elle de dire ? » À nouveau, la phrase résonne dans son esprit. Il reste stupéfait, mais réalise rapidement que le temps lui manque et réfléchit à ce qu'il doit faire. Au même moment, la résonance de la phrase s'évanouit et

P.116

L'entité disparaît. Gabriel se questionne sur la demande reçue, tout en pensant qu'il doit aussi s'alimenter. Par réflexe, il regarde sa montre qui indique **8h30**. Il comprend alors que le temps a filé très vite, comme neige au soleil. Gabriel décide finalement d'aller à la douche pour se rafraîchir. Aussitôt dit, aussitôt fait : il ressort, choisit ses vêtements pour la journée et, une fois habillé, se dirige vers la cuisine. Il prépare son petit-déjeuner rapidement : il prend un bol, y verse des céréales avec du lait au chocolat, tout en se disant à voix haute qu'il n'a pas le temps de faire son choix habituel. Il marche d'un pas vif vers une chaise en chêne, s'assoit, pose son bol et sa cuillère sur la table, puis ajoute le lait et les céréales chocolatées. Il remue le lait à l'aide de sa cuillère dans le sens inverse des aiguilles d'une montre, observant la couleur qui change au contact des céréales. Quelques minutes plus tard, à **8h40**, il plonge sa cuillère dans le bol, porte les céréales à sa bouche, bouchée après bouchée, le bruit des céréales résonne non seulement dans sa bouche mais aussi dans toute la pièce, ce qui lui semble étrange. Quoi qu'il en soit, il termine son repas, se lève de sa chaise en bois couleur chêne, puis se dirige vers le lavabo. Comme à son habitude, il y dépose le bol et la cuillère à café, ouvre le robinet d'eau chaude et froide pour créer un mélange, dans lequel il plonge la vaisselle. Une fois cela fait, il place les ustensiles sur l'égouttoir. Le temps passe, Gabriel part ensuite vers la salle de bain pour sa routine d'hygiène dentaire, qui lui prend généralement une minute trente. En terminant, il attend un instant puis consulte sa montre : il est exactement **8h51**, juste le temps qu'il faut pour patienter avant l'arrivée du guide

P.117

Aklèf. Comme il reste **9 minutes**, Gabriel s'accorde un moment de détente, laissant son esprit vagabonder. Il fixe le réfrigérateur, réfléchissant à nouveau à ses futurs approvisionnements pour la semaine et à ce qu'il mangera dans les prochains jours. Tout à coup, il se rappelle qu'il connaît déjà les provisions dont il disposera. Effectivement, c'était plaisant à observer. En y repensant, toutes ces merveilles gastronomiques lui mettent l'eau à la bouche. Il a presque envie de tout dévorer d'un coup. Le temps s'écoule rapidement, alors il reprend ses esprits. Le narrateur comme d'habitude il laisse la place à Gabriel, qui poursuis, son récit. Soudain, la porte de l'ascenseur grince : c'est le signe que le guide Aklèf approche. Je reconnais, tout comme vous qui me lisez, mes chères lectrices et lecteurs, les pas caractéristiques du Guide, qui, lui aussi, semble pressé. Inutile de vérifier ma montre : il est bien **9h00**. C'est maintenant ! En quelques secondes seulement, dites-moi, vous qui me lisez ou me suivez, êtes-vous prêt(e)s à faire le décompte avec moi ? 5…4…3…2…1… tik-tok-tok ! Le narrateur revient, prend la suite de l'histoire et dit ceci… Ensuite, le guide Aklèf se présente et annonce : « C'est moi, Gabriel, es-tu prêt ? » Justement, Gabriel répond à son tour. À sa voix, on comprend qu'il est très heureux que le guide Aklèf soit venu le chercher. Puis il avance d'un pas assuré vers la porte de sa chambre, saisit la poignée et la tourne vers la droite. Lorsque la porte s'ouvre, Gabriel découvre avec surprise le guide Aklèf. Ce dernier, également ravi de le voir, pose avec bienveillance sa main droite sur l'épaule gauche de Gabriel et lui demande : « On y va ? » Gabriel, souriant et enthousiaste,

P.118

Répond : « Oui, Aklèf, allons-y. » Ensuite, ils quittent ensemble la chambre ; Gabriel ferme alors la porte à clé, vérifie qu'elle est bien verrouillée, puis glisse la clé dans sa poche. Les deux hommes avancent vers l'ascenseur, qui arrive justement à point nommé. Lorsque la porte s'ouvre, Aklèf et Gabriel montent à bord ; les portes se referment derrière eux et une sonnerie retentit, signalant le départ de l'ascenseur. La descente s'effectue dans un silence bénéfique. À gauche, l'affichage indique le nombre d'étages restants. Une fois arrivés au rez-de-chaussée, l'ascenseur émet à nouveau un signal sonore, indiquant l'arrivée. Chères lectrices et chers lecteurs, vous aurez du mal à me croire, mais cette fois, c'est au tour du guide Aklèf de consulter sa montre : il est **09h15**. Ils sortent tous deux de l'ascenseur et, comme chaque jour de la semaine, se dirigent vers l'accueil. Ils font des gestes de la main droite pour saluer. Les hôtesses d'accueil les regardent puis, à leur tour, répondent par un geste de la main droite ou gauche pour leur dire bonjour. Tous poursuivent leur chemin vers la sortie de l'hôtel. Le portier ouvre alors la porte vitrée au moment opportun ; il voit Gabriel et le guide Aklèf sortir de l'établissement. Il les salue également : « Bonjour, messieurs ! Quel beau temps, n'est-ce pas ? » Aklèf et Gabriel lèvent les yeux vers le ciel pour lui confirmer qu'il fait effectivement beau. Aklèf et Gabriel marchent ensemble lorsque le portier leur adresse un dernier message bienveillant : « Le tunnel est long. » Au même instant, Gabriel et Aklèf se retournent vers le portier. Leurs regards sont immobiles, puis Aklèf dit à Gabriel : « Allons-y. » Tous deux avancent vers le monospace garé devant le trottoir, où les

P.119

Chauffeurs les attendent. Soudain, l'un des chauffeurs reconnaît le guide, Aklèf. Il ouvre la portière du côté passager pour Gabriel, qui monte, puis referme la portière arrière droite et ouvre celle de l'avant droit pour Aklèf. Celui-ci s'installe ensuite à bord, suivi du chauffeur qui prend place côté conducteur. Une fois chacun installé dans son véhicule, le groupe est prêt à partir, mais doit patienter encore un moment. Aklèf consulte sa montre : il est **9h40**. Les conducteurs commencent par démarrer leurs véhicules, puis activent les clignotants à gauche ; le bruit du moteur me donne l'impression d'être moi-même au volant. Je ressens les vibrations sous mes pieds. En attendant de pouvoir quitter leur emplacement, les chauffeurs veillent à la sécurité avec une expertise qui leur est propre. **J'ai une question pour vous, chers lectrices et lecteurs : combien de voitures sont garées devant l'hôtel ?** Je vous invite à imaginer ce nombre précis. Quoi qu'il en soit, dix minutes plus tard, nous partons tous en file indienne, formant un cortège en route vers les musées ou les pyramides. Après avoir attendu que toutes les autres voitures passent, provenant de la ville mais n'étant pas des touristes, nous avons quitté notre place de stationnement. Quelques minutes plus tard, Aklèf a ouvert spontanément sa fenêtre afin de permettre l'entrée d'une brise. Celle-ci s'est avérée tiède, mais restait agréable. Pour ma part, j'observais le paysage à travers la vitre de ma portière. Absorbé dans mes pensées, je laisse simplement l'air caresser mon visage et j'apprécie chaque instant. Plus nous avançons, plus le paysage m'émerveille ! La route que nous empruntons tous n'est finalement pas si désagréable, surtout depuis qu'elle avait été

CHAT-PIE-TRE-120

Récemment refaite. Vous, qui me lisez chères lectrices et chers lecteurs, si vous étiez à ma place, vous profiteriez aussi de chaque moment de la journée comme je le fais. Petite mes chères lectrices et lecteurs, le nombres de monospaces, qui étaient devant l'hôtel du Caire, étaient au nombres (5) Voilà pour le petit aparté. Sans transitions. Aklèf m'annonce que nous approchons du musée et de la pyramide. Je lui réponds simplement que j'ai hâte d'y entrer pour découvrir les vestiges du passé. Soudain, Aklèf ajoute spontanément qu'il y a bien plus à voir. Un silence s'installe dans l'habitacle, non pas négatif, mais chargé d'un enthousiasme positif. Je sens une véritable impatience, tellement la semaine m'a donné l'énergie de partir de découverte en découverte. À travers la fenêtre de ma portière, j'aperçois les pyramides, toutefois elles sont encore loin ; il reste selon moi plusieurs kilomètres avant de pouvoir les admirer de près. Aklèf m'appelle alors par mon prénom : « Gabriel, regarde, nous pouvons déjà voir les pyramides. » Je lui confirme, ma joie de les voir et j'ai hâte d'y être pour découvrir ensemble les vestiges égyptiens. Pour mieux les comprendre, découvrir leur mode de vie, mais aussi percer le secret de mon histoire. Et vous, chers lecteurs et lectrices, qu'en pensez-vous ? Vais-je enfin découvrir la raison pour laquelle je suis redevenu enfant ? Je vous invite donc à poursuivre cette aventure avec moi, Gabriel, votre hôte. Pour faire le point sur la situation, nous approchons désormais des pyramides, visibles à travers les fenêtres et de plus en plus proches. Il est exactement **9h55** à ma montre. Aklèf me demande alors comment je me sens ; je lui confie que je reste particulièrement enthousiaste à l'idée de

P.121

Découvrir ces célèbres monuments. L'ambiance dans l'habitacle est empreinte d'une effervescence positive mais discrète. Nous arrivons finalement devant les emblématiques pyramides. Vous qui me lisez/suivez, mes chères lectrices et lecteurs, à travers mes yeux et mes pensées, je vois avec des larmes couler de mes yeux (de joie) combien les pyramides sont immenses, si hautes qu'on a du mal à les apercevoir entièrement. Elles sont incroyables ses monuments historiques, quoi qu'il en soit, tout le monde est bien là. Les véhicules sont tout juste stationner, est tour à tour les touristes descendes, est eux aussi sont émerveiller devant des splendeurs. D'ailleurs vous qui me liscz/suivcz sans doutc avcc attcntion, vous savez à quoi en reconnait, les touristes(?) En les reconnait part le nombre d'accessoires sur eux, appareils photos, chapeaux sur la tête, sac-à-dos, boussoles, ou cas-où ils se perdent dans la pyramide. Aussi des rangers, très important pour la visite. Sans transitions. Une fois que le groupes de touristes est nous avec, les guides nous informent qu'il est important, de rester grouper mais aussi d'être très attentifs, aux informations dites durant le parcours, à l'intérieur du musée/pyramide. Soudain Aklèf se met à sourire comme-ci, il avait une idée bien précise dans la tête (?) Quoi qu'il en soit ne nous rapprochant de l'entrée, à ma montre il est bien **10h10**, oui je sais l'ouverture de la pyramide c'était **10h00**, donc nous étions bien là, juste à temps pour voire l'ouverture du musée/pyramide. Nous suivons pas à pas les touristes ; évidemment, nous ne sommes pas les seuls à vouloir connaître l'histoire égyptienne. Quelques minutes plus tard, il est **10h23** à ma montre. Il y a beaucoup de monde, mais je reste patient :

P.122

D'ailleurs, Aklèf, qui m'accompagne, fait aussi preuve d'une patience remarquable. Toujours dans la file, nous approchons peu à peu de l'entrée du musée. Ah, super : nous arrivons bientôt, il ne reste que quelques minutes avant de pouvoir entrer. En avançant, nous marchons d'un pas vif mais sans précipitation. Le temps file aussi, il est déjà **10h36**. Ne vous inquiétez pas, vous qui me lisez ; comme chaque jour, j'entends des murmures autour de moi, venus du groupe de touristes qui s'expriment chacun dans leur langue maternelle. Soudain, je vois Aklèf sourire, comme s'il venait tout juste de comprendre ce que chuchotaient les touristes autour de nous. Quoi qu'il en soit, il est maintenant **10h43** à ma montre. Il ne reste plus qu'une dizaine de personnes devant nous, donc l'attente devrait être courte avant que nous puissions entrer au musée ou à la pyramide. Nos pas sont maintenant plus rapides qu'avant. **Les minutes filent** et nous voyons mieux l'entrée, il n'y a plus que six personnes avant nous. Nous avançons aussi d'un pas vif mais enthousiaste, sachant que nous devons reprendre là où nous nous étions arrêtés la veille. Ah, super ! C'est enfin notre tour, nous sommes arrivés devant l'entrée et je remarque avec surprise qu'Aklèf sourit vraiment. Oui, vous qui me lisez, vous avez bien lu. Nous entrons maintenant dans le musée ou la pyramide et l'atmosphère est légère, mais cela ne durera pas longtemps, car elle changera bientôt. Je voulais vous dire à vous qui me lisez, il se peut que je ne regarderais pas ma montre à chaque minute, pour tout vous dire, je sens comme un parcours qui sera difficile à surmonter. D'ailleurs par l'acquiescement du Guide Aklèf, il vient de me le confirmer.

P.123

Nous voilà à l'intérieur, est nous marchant cette fois-ci d'un pas léger nous regardons avec émotions, tous les statues hiéroglyphes. Ils sont posés à fond d'une niche comme d'habitude, il y'a une lumière tamiser, pour nous permettre de bien voir, les détails des statuettes. Il y'a de toutes sortes qui sont pour moi très familier, une fois de plus l'émotions est d'une grande immensité, étant donné leurs anciennetés mais aussi de leurs historiques. Ma fascination pour ce type d'objets me donne littéralement des frissons. Au fil de la visite, les guides enrichissent leurs récits, offrant aux touristes une multitude de détails afin qu'ils puissent vraiment s'imaginer plongés dans un contexte de labeur difficile. Bizarrement Aklèf lui reste très silencieux, c'est -à-croire, qu'il doute ou pense, à de nouvelles situations. Quand pourrait sans doute affronter, quoiqu'il soit nous marchant depuis quelques minutes maintenant. Après être entrée dans la pyramide/musée, il y'a toujours se vent léger qui fait bouger les cheveux, aléatoirement des têtes de chacun d'entre-nous. Oui je sais vous qui me lisez, il est difficile croire que dans les musées il y'a un brin de vents(?) est bien détrompez-vous, il y'a bien un léger vent qui donne un sens supplémentaire aux récits que chaque guide transmet aux touristes, venons de tous milieux internationaux. Avant que nous allions entrer dans l'une des chambres, je regarde pour la dernière fois, ma montre, il m'indique **11h20**. Subitement Aklèf me prends le bras droit pour me faire comprendre qu'il sera bientôt l'heure pour nous éclipser, à travers justement de l'une des chambres. Il a raison : je dois me préparer à affronter l'épreuve tant attendue.

P.124

Alors que la discussion porte sur les épreuves, Aklèf semble soudainement être absorbée par ses pensées. (?) Aklèf s'arrête tout juste à côtés de moi pour me dire que nous allons bientôt prendre l'une des fameuses portes, mais pour l'instant-T- il est préférable s'alimenter sachant qu'à ma montre il est l'heure de se rationner, il est bien **12h00** pile. Il me regarde avec une certaine attention, pour me faire comprendre que l'épreuve sera plus dure que le premier, donc prendre des forces serait plus judicieux. Je le regarde-moi aussi avec des yeux d'attentions en acquiesçant de la tête pour lui dire que j'ai compris, donc je dois me trouver une place assise, pour me rationner, sinon je risquerais d'être comme les jours passées, déranger par l'un des guides du musée. Alors ou je vais me placer (?) Voyons voir !! je cherche, je cherche encore en balayant avec mon champ de vision, pour l'instant il y'a rien je tente un déplacement timide, pas-à-pas, il est difficile pour moi de me trouver une place assise, sachant autour de moi il y'a que des adultes. En attendant de trouver une place, je constate que ma taille d'1m30 complique la tâche. Je décide alors de m'arrêter et j'observe attentivement autour de moi ; à ma grande surprise, une place se libère soudainement. Vous qui me lisez/suivez je peux vous le dire que la pose est de **12h00** à **13h00**, oui les repas journaliers est très important pour reprendre les recherches. Est surtout avoir la force physique de tenir le restant de journée. Donc une fois avoir trouver ma place, je peux avec sérénité me rationner. J'ouvre mon sac-à-dos je regarde à l'intérieur pour voir ce que j'avais comme sandwich, est aussi quelques fruits, et yaourt. Je vais commencer à manger ce que j'ai entre les mains,

CHAT-PIE-TRE-125

Sachant que l'heure tourne. Je voie autour de moi, je m'aperçois qu'il, Ya autant de monde qui marchent en mangeant, est d'autres bouquines. C'est justement là où résident la connaissance de chacun. Ils y'a des touristes qui viennent pour accroitre leurs connaissances, d'autres viennent sans doute pour se changer, les idées. **Mais il y'a d'autres qui eut malheureusement doivent résoudre des énigmes. (??)** À mon sens c'est du paranormal. D'ailleurs, vous qui me lisez et me suivez, dans cette aventure, j'ai une question pour vous : le paranormal existe-t-il vraiment ? Bref, mon temps touche presque à sa fin ; il me reste juste assez de temps pour me rapprocher du guide. Cela me permettra justement de digérer ce que je viens de manger, tout en allant vers le guide Aklèf. Je peux estimer qu'il est probablement **13h00**. En marchant tranquillement, j'aperçois des enfants qui courent dans tous les sens, alors que c'est interdit. Je dois justement rejoindre le guide rapidement, sinon je risque d'être confondu avec ce groupe d'enfants dispersés. D'ailleurs, en parlant du guide, où est-il ? Je viens à peine d'arriver au point de rendez-vous, mais en balayant la zone du regard de gauche à droite, je ne le vois pas(?) Je vais donc attendre patiemment est peut-être qu'il viendra de lui-même, donc à m'à droite je voie à ma grande surprise une seule place, pour justement l'attendre. Je me dirige vers cette place, est je m'assoie. En regardant, vers m'à droite je constate que les touristes se rapproche doucement de leurs guides. Je reste toujours, assis est peut-a-peut les touristes se mets, filets indiens pour justement poursuivre, leurs parcours avec leurs guides respectives. Quanta- moi je ne le voie toujours

P.126

Pas le guide(??) ça devient inquiétant, j'attends après en verra bien il sait que nous avons une longue journée qui nous attends. Je me lève de ma place et essaie de voir, d'abord sur la gauche puis sur la droite. Je tente aussi autre chose, même si ce n'est pas très orthodoxe : c'est la seule façon pour moi de bien vérifier si le guide approche du point de rendez-vous. Je monte alors debout sur mon siège et, en balayant la scène du regard, je parviens à peine à distinguer le guide, qui se trouve justement au bout du chemin avec son collègue. Rassuré de l'avoir aperçu, je redescends de mon siège et m'assieds pour attendre qu'il vienne vers moi. Est en parlant du temps d'attente, l'heures tourne je pourrais vous dire l'heure, vous qui me lisez/suivez mais je préfère n rien vous dire sachant que je vous ai prévenue. Oui c'est à vous de le deviner(?)Quoiqu'il en soit mon regard se tourne vers ma droite est enfin j'aperçois, le guide venons dans ma direction. Enfin ce n'est pas trop tôt nous allons donc poursuivre, **notre périple.** Le guide s'approche de plus en plus près de moi ; je le vois faire ses derniers pas, puis il me sourit à nouveau, comme s'il venait d'apprendre une nouvelle qui pourrait sans doute influencer notre parcours. Enfin, il s'approche de moi puis me dit : « **Lève-toi, Gabriel, nous allons maintenant poursuivre notre ascension.** » Je le vois alors me tendre sa main droite pour m'aider à me relever. J'attrape sa main droite, et il me tire vers lui afin que je puisse me tenir debout. Une fois debout, j'ai souri et déclaré : « Je vous suis, Aklèf. » Nous avancerons pas à pas afin d'explorer de nouvelles aventures, qui, à mon avis, pourraient s'avérer plus complexes que lors de notre toute première expérience. Je

P.127

Remarque soudainement un léger sourire, comme s'il venait de saisir le sens de mes pensées. Quoi qu'il en soit, nous poursuivons notre chemin, et j'aperçois depuis ma place une discrète ouverture de porte. Plus nous avançons, plus l'ambiance devient étrange et intrigante. Ce qui est surprenant, c'est que les autres touristes ne semblent rien remarquer du tout. C'est curieux, non ? Dites-moi, vous qui me lisez ou me suivez, donnez-moi votre avis : qu'y a-t-il dans cette fameuse chambre qui a éveillé ma curiosité ? Êtes-vous, comme moi, impatient de découvrir ce qu'il y a, à l'intérieur ? Aklèf et moi, Gabriel, sommes presque arrivés devant cette porte mystérieuse, située sur ma droite. Aklèf, intrigué comme moi, il me suggère d'ouvrir la mystérieuse porte pour découvrir la prochaine épreuve. Je l'ai poussé et nous entendant, un grincement venons de la porte, comme-ci, il n'était jamais ouvert(?) Le plus étonnant que cette fameuse porte devrait être dure à ouvrir(?) Oui très dure comme celle des autres portes précédentes. Heureusement, Aklèf m'aide à ouvrir cette porte mystérieuse, elle aussi décorée d'animaux étincelants d'or. Lorsque la porte s'entrouvre enfin, mais sans s'ouvrir complètement, nous apercevons tous les deux une lumière vive mais non éblouissante, à la fois chaleureuse et apaisante. Aklèf prend alors la décision de pousser la porte entièrement afin que nous puissions réellement découvrir ce qui se trouve à l'intérieur. Soudain, nous remarquons qu'il y a, aussi une autre lumière. Celle-ci n'est pas blanche, mais d'une couleur différente : un bleu clair rehaussé de jaune qui lui donne tout son éclat, brillant au premier coup de lumière blanche. Nous

P.128

Entrons timidement, quelque chose attire notre attention, mais je ne sais pas quoi (?) c'est curieux n'arrivant pas, à comprendre cette intrigue (?) Pour tout vous dire Aklèf pour la première fois je le voie totalement surpris, de la situation. En temps normal, il sait comment réagir, mais cette fois-ci, je perçois clairement l'expression de doute sur son visage. Je me retourne pour vérifier si les touristes nous observent également, mais il semble qu'ils demeurent absorbés par les explications fournies par leurs guides respectifs. Ainsi, Aklèf et moi avançons prudemment dans la chambre réputée mystérieuse. Soudain, la porte se referme brusquement derrière nous, provoquant un frisson qui parcourt notre dos. Puis le résonnement de cette porte, donne une certaines, attention de la chambre mystérieuse. C'est bizarre mais la situation l'est aussi, et pour rien vous cacher. Je ballais l'environnement avec mes yeux pour distinguer un quelconque objet, pourraient nous donner un indice concernant la marche à suivre. D'ailleurs je ne suis pas le seul, à balaies avec ses yeux toute la chambre, pour trouver de son **côté, un ou des indices.** À ce stade, je n'ai constaté aucune anomalie. J'effectue quelques pas afin de progresser dans cette chambre bien éclairée où j'observe distinctement une momie, sans pour autant relever d'élément significatif. Avançant avec prudence, je soulève un drap, puis examine minutieusement une pierre légère, la retournant dans tous les sens afin de déterminer s'il existe un indice susceptible de nous aider, Aklèf et moi. Pour rien vous cacher vous qui me lisez/suivez je me retrouve **dans une impasse de réflexion.** Il s'agit d'une réflexion nécessitant la recherche d'indices afin de

P.129

Quitter cette pièce ; autrement, Aklèf et moi-même, Gabriel, risquons d'y rester enfermés. En inspectant attentivement les murs, il est possible d'identifier des niches ou des renfoncements où sont effectivement déposés les masques de chaque défunt, placés à l'intérieur de chacune des chambres. Il s'agit sans doute ici de messages clés transmis par chaque épreuve. Soudain, Aklèf précise : « Les défunts reposaient dans chacune de ces chambres, accompagnés de vases appelés canopes, généralement au nombre de quatre, destinés à conserver les organes embaumés ainsi que des momies appartenant à différents niveaux sociaux. Les célèbres vases étaient fabriqués à partir de divers matériaux tels que l'albâtre, la terre cuite, la faïence et la céramique. Cette pratique, considérée comme ancestrale, permettait d'accompagner les défunts dans leur dernier voyage. Par ailleurs, l'eau du Nil était précieusement conservée par les anciens, probablement dans l'espoir d'améliorer la longévité, voire d'atteindre l'immortalité. Il existait également des urnes contenant des animaux, souvent déposées à proximité des sarcophages. Ce qui importe le plus dans cette histoire, c'est qu'en dehors de la tradition, il existe également des légendes urbaines affirmant que des pierres précieuses se trouvent autour des sarcophages, selon le statut social des momies. Après qu'Aklèf m'a transmis ces informations essentielles, je comprends désormais mieux les raisons pour lesquelles tant de gardiens sont postés à côté de la porte et même à l'intérieur, afin de résoudre des énigmes. À présent, je dois chercher autant d'indices que possible, tout comme Aklèf qui mène ses propres recherches. Soudain, Aklèf

Découvre un indice… Oui, un indice très important à conserver pour progresser justement dans l'épreuve. Puisque je parle d'épreuves, voici une question pour vous, lecteurs : selon vous, quelle est cette épreuve ? Aviez-vous trouvé l'indice dons je parlais(?) Si vous êtes comme moi à, l'avoir trouvé est bien le voilà, c'est ça justement le récit qu'Aklèf a dites, nous devons trouver l'une des quatre vases ou l'un des urnes d'animaux pour la remettre en place sur une des niches sans jeux de mots, bien sûr. Nous partons donc à la recherche... Ensemble, Aklèf et moi, Gabriel, nous scrutons attentivement les alentours, faisant de grands pas pour ne surtout pas manquer un indice. Soudain, je découvre un indice : oui, oui ! Super ! Mais dans l'histoire racontée par Aklèf, il n'était pas précisé que je trouverais non pas un, mais **deux colliers en pierres précieuses**. Juste après avoir découvert ces pierres précieuses, Aklèf a mis la main sur un objet qu'il juge encore plus fascinant : selon mes observations, il s'agit d'une couronne. Celle-ci semble décorée d'une effigie de reine égyptienne, mais nous ignorons pour l'instant de quelle reine il s'agit. Nous vous invitons mes lecteurs à nous aider à identifier ces deux trouvailles. Je rejoins Aklèf qui vient également vers moi. Ensemble, nous remarquons que la couronne comporte des emplacements destinés à accueillir des pierres précieuses. Aklèf me jette alors un regard, comme pour me dire « regarde, ça correspond ». Lorsque ces deux objets s'approchent l'un de l'autre, une lumière blanche apparaît tout autour. La couronne semble alors flotter devant nous, enveloppée d'une douce lueur constante. Mais soudain, la clarté diminue et la couronne redescend

P.131

Lentement entre nos mains. Aklèf propose de poursuivre la recherche dans la chambre pour trouver plus d'indices afin de sortir de l'épreuve ensemble. J'accepte, mais je me demande où placer la couronne. Aklèf suggère finalement de la garder en attendant de réunir **toutes les pièces nécessaires**. Aklèf et moi, Gabriel, marchons ensemble dans la chambre et soulevons chacun les draps de notre côté, sans rien trouver pour l'instant. La lumière blanche éclaire toujours la chambre, révélant des draps posés sur un banc en pierre beige. Nous nous dirigeons vers les vases pour chercher d'autres indices. Aklèf soulève prudemment le couvercle d'un vase devant lui et constate qu'il est vide. Je fais donc pareil, est moi aussi j'ouvre avec délicatesse le couvercle, je voie que le vase devant moi est partiellement vide, il y'a de toutes sorte d'objets dedans, comme des ustensiles, un petit panier, des pots sans doute pour mettre des cuillères est des couteux. En refermant le vase, nous constatons que malheureusement il y'a aucuns indices qui nous permettraient de continuer. Nous avançons, est je me dis qu'il y'a surement autre choses qu'une simple couronne ornée de pierres précieuses. Aklèf hoche la tête comme s'il venait de comprendre mes pensait. Cette réflexion je me la garde pour plus tard, nous devons recherches tous les indices nécessaires à l'épreuve, Vous qui me lisez/suivez pour rappel c'est de réunir tous les indices, qui corresponds justement à la reine de l'Égypte. Pour tout vous dire je ne connais pas le visage de la reine de cette chambre, mais en tout cas nous avons trouvé, les deux objets, **la couronne est aussi les pierres précieuses**. Dans mes souvenirs il y'a donc bel-et-bien 12 ans reines,

P.132

D'ailleurs leurs prénoms sont difficiles à prononcer. Mais Aklèf lui sait (?) Soudainement Aklèf se rappelle que l'une des reines portait justement des **bracelets autour des poigner,** du coup nous devons refaire marche arrière en direction du vase en question pour récupérer l'indice suivant. Je me rappelle que sur le bracelet il y'avait un vautour qui déployées ces ailes. Donc si ma mémoire, est bonne **il s'agit d'une des épouse royale lâhhotep.** Oui je m'en souviens parce qu'elle portait deux bracelets, ornée eut aussi de petites pierres précieuses, à une différence près celle-ci n'étaient pas comme des pierres normales, elle avait la possibilité d'une résurrection. Oui vous n'allez pas me croire vous qui me lisez/suivez mais dans l'histoire qui à mon sens est plus urbaine, que réelle. Il parait que celles/ceux qui détiendrait ces bracelets suivis de la couronne, décorée d'un griffon de style minoen. Mais pas qu'il y'avait justement des mouches aux nombre de trois, avec aussi des lames très aiguiser, également des haches sans doute pour des cérémonies, et puisse qu'en parlant justement des haches, les symboles sur la partie tranchante, si vous, voyez ce que je voie, vos yeux vont pleurer de joies. Sans transitions je voie Aklèf se diriger vers les autres vases, il y'a trois, non attendaient oui c'est ça quatre aux totales. Vous n'allez pas me croire mais Aklèf vient d'ouvrir une à une tous les couvercles de chaque vase toujours avec prudences, il a trouvé justement tous les objets que je viens de vous dire. C'est fabuleux !! nous avons trouvé les objets de la **reine L'ahhotep.** Donc la question est la suivante ou est là momie ? Parce-que je viens de comprendre l'épreuve aux détails, je dois remettre tous les objets de la reine

P.133

À sa place est enfin nous pourrions sortir de la chambre. Aklèf suggère de faire quelques pas de plus pour trouver la fameuse momie, elle doit-être dans cette chambre, allonger à l'intérieur d'un sarcophage/cercueil. Est pour ça il doit-être justement ouvert par un Ancient d'ici en Égypte. Oui ceux-lui qui connait toute l'histoire sur les bouts des doigts. Donc vous qui me suivez/lisez, vous avez bien compris je veux parler d'Aklèf. Soudain, Aklèf aperçoit au loin une forme qui évoque sans doute un sarcophage. Il me lance un regard pour m'indiquer de le suivre afin d'aller examiner cette silhouette ensemble. Nous faisons quelques pas dans la pièce et constatons qu'il s'agit effectivement, peut-être, d'un sarcophage ; à mesure que nous nous approchons, nos doutes s'estompent peu à peu. Arrivés juste devant l'objet, nous remarquons qu'un drap le recouvre et, en le touchant, Aklèf et moi, Gabriel, réalisons que le tissu est inhabituellement épais. Il y a clairement de l'épaisseur, c'est certain. Aklèf acquiesce d'un signe de tête, de haut en bas. Avec une extrême prudence, il soulève le drap posé dessus et le plie au fur et à mesure ; une fine pellicule de poussière s'élève alors que le tissu se soulève. Aklèf atteint enfin l'extrémité du sarcophage, puis recule d'un pas pour venir se placer à ma gauche. Soudain, il remarque des traces de mains sur le couvercle du sarcophage : l'une semble appartenir à un ancien, l'autre à un jeune enfant. Pris d'inquiétude, je m'approche lentement, pas après pas, tout en me demandant pourquoi il y a réellement des empreintes de mains d'enfants. Aklèf me demande simplement de suivre ses instructions afin de soulever prudemment le couvercle du sarcophage.

P.134

Soudain, l'atmosphère devient particulièrement lourde. Je me place face au sarcophage, et Aklèf m'indique de bien lire les instructions inscrites sur le couvercle, en insistant sur la nécessité d'être extrêmement vigilant. Après lui avoir confirmé mon accord, il me précise de positionner d'abord ma main droite, puis la gauche, et de pousser le couvercle avec les paumes des deux mains pour vérifier la présence présumée de la momie, la reine Ahhotep. Aklèf me prévient ensuite de me préparer à pousser, annonçant un compte à rebours : trois, deux, un… Nous exerçons une pression conjointe et, difficilement, le couvercle en pierre beige s'ouvre dans un bruit strident de frottement, libérant une odeur intense et indescriptible. Nos doutes se sont dissipés : il y a bel et bien une momie dans ce sarcophage. D'après l'observation qu'Aklèf et moi, Gabriel, avons faite, certains objets manquent au-dessus de la tête de la reine ainsi qu'autour de son cou, ce qui est une première pour moi. Selon Aklèf, un collier en argent ou en or aurait dû s'y trouver, différent des autres accessoires. De plus, rien n'orne ses poignets. Ainsi, nous avons pu identifier les accessoires manquants et Aklèf me demande si je peux les remettre à leur place. Un moment de silence s'installe entre nous, puis je lui réponds que cela ne pose aucun problème. Je commence par prendre la couronne, puis le collier retrouvé in extremis ; juste avant de m'approcher du couvercle, le tissu semble avoir balayé la poussière et la lumière les a fait légèrement briller, me permettant de les voir. Maintenant, il ne reste plus que les bracelets, et je dois redoubler d'attention car l'un d'eux ne se ferme pas comme les autres.

CHAT-PIE-TRE-135

Je prends un bracelet et essaie de le mettre à ma main gauche ; je parviens à le fermer facilement. En revanche, le second bracelet est destiné à la main droite. Il se ferme grâce à une petite tige verticale qu'il faut glisser délicatement entre les deux fermoirs pour éviter toute erreur. Il ne faudrait surtout pas rater l'emplacement de l'encoche, sans quoi je ne pourrais pas poursuivre. J'attrape donc le dernier bracelet, insère soigneusement la tige dorée, puis referme le fermoir. C'est fait ! À présent, il s'agit de disposer les deux lames à l'emplacement prévu, c'est-à-dire au-dessus des épaules de la reine, en gardant à l'esprit que sa couronne se trouve déjà au sommet de sa tête. J'attrape l'une des lames afin de la placer à gauche, en veillant à ce qu'elle soit correctement positionnée, puis je procède à la pose de la seconde sur le côté droit. Un moment de silence accompagne cette étape délicate, alors que la dernière lame est posée soigneusement à droite. Voilà, la situation est désormais posée. La reine est entourée de tous ses accessoires. Aklèf me propose alors de remettre le couvercle du sarcophage à sa place ; j'accepte, et ensemble nous reposons le couvercle. Une fois cette tâche accomplie, Aklèf me fixe intensément, comme pour m'avertir qu'il va se passer quelque chose. Je lui rends son regard, puis soudain, un bruit retentit, semblable à celui d'un verrou qui se débloque… Oui, c'est bien la porte ! La porte vient tout juste d'être ouverte, ce qui me fait comprendre que l'épreuve est terminée. Soudain, l'entité retentit à nouveau et m'ordonne avec insistance de quitter rapidement la chambre. Je lui demande pourquoi il faut se dépêcher, mais l'entité répète son ordre sur un ton ferme.

P.136

Je me tourne alors vers Aklèf pour lui demander pourquoi cette voix réapparaît soudainement. Il me répond qu'il n'en sait pas plus que moi, et ajoute qu'apparemment, cela s'adresse à toi, Gabriel. Je m'interroge alors : pourquoi maintenant ? Est-ce trop tôt ou déjà trop tard ? Je reprends mes esprits, me retourne vers la porte d'entrée de la chambre afin de nous diriger d'un pas rapide vers la sortie. C'est alors qu'Aklèf me lance : « Il faut faire vite avant que la porte ne se referme définitivement. » Sinon, on risque de rester coincés longtemps là-dedans, ajouta-t-il, puis il me dit : "Je n'ai pas envie d'être bloqué ici à nouveau !" Sur le moment, je lui réponds : "D'accord, allons aussi vite que possible vers la porte de la chambre pour en sortir." Justement, nous y sommes devant ; j'attrape la poignée, la tourne vers la droite et tire complètement la porte dans ce sens. Elle s'ouvre grand, nous permettant de sortir, comme la voix off me l'avait demandé. Une fois dehors, la porte se referme brusquement d'elle-même. Devant nous, les touristes poursuivent leur visite depuis ce matin. Oui, je vois son visage et son regard ; il n'affiche vraiment aucun sourire. Pour être honnête avec vous, Aklèf, qu'attend-on d'un gardien ? Simplement qu'il garde la porte, c'est le cœur de son métier, après tout. Quoi qu'il en soit, nous voici maintenant dans le couloir du musée, entourés de touristes. D'ailleurs, Aklèf me signale spontanément qu'il est presque l'heure de quitter le musée pour aujourd'hui. Je le regarde, épuisé, et cette fatigue se lit sans doute aussi sur son visage : nous sommes tous deux éprouvés par cette journée, ou devrais-je dire par les épreuves traversées ensemble.

P.137

Par réflexe, je jette un coup d'œil à ma montre. C'est vrai que la soirée approche, il est déjà **17h30** ; cela peut paraître fou, mais on ne voit pas le temps passer lorsqu'on s'attarde dans cette chambre. Ce passage met en évidence que le temps n'est pas sous le contrôle de l'être humain, mais bien de la nature elle-même. Aklèf me suggère également de rejoindre notre groupe de touristes pour la dernière étape de la visite avant la fermeture du site. J'acquiesce d'un signe de tête pour lui signifier mon accord, puis je poursuis la visite durant les minutes restantes. Comme à l'accoutumée, une annonce invitera prochainement les visiteurs à se diriger vers la sortie. À vous qui me lisez ou me suivez, je tenais à préciser que l'événement vécu dans la chambre était bien plus complexe qu'il n'y paraît ; j'ai décidé de le simplifier car il comportait des défis aussi éprouvants physiquement que mentalement. Je vous laisse donc toute liberté d'interpréter cette histoire vécue avec moi, Gabriel, et bien sûr Aklèf. Quelques minutes avant la fin de notre visite au musée/pyramide, comme mentionné, il est **17h45**, une nouvelle annonce se fait entendre, cette fois par un homme à la voix douce demandant à tous les touristes de se diriger vers la sortie. À ce moment-là, Aklèf reste à mes côtés, toujours intégré au groupe de visiteurs ; nous suivons les indications transmises par haut-parleur et avançons pas à pas avec les autres groupes vers la sortie... À noter que le musée ne ferme pas immédiatement, étant donné l'affluence. Pour être transparent avec vous qui me lisez/suivez, en général le musée ferme ses portes à **18h30.** Il y avait toujours les derniers touristes, ceux qui veulent profiter de chaque information sur le

P.138

Musée ou les pyramides. Quoi qu'il en soit, Aklèf et moi devons quitter le musée en suivant justement l'avant-dernier groupe devant nous, sachant qu'il restera sans doute un dernier groupe derrière. Nous avançons d'un pas vif vers la sortie avec le groupe. Il est maintenant **18h20** et nous sommes presque dehors, Aklèf et moi. Je ressens l'air frais venant de l'extérieur me caresser le visage ; ce petit vent du soir est toujours agréable. Ce qui m'étonne le plus, c'est qu'à une virgule près, Aklèf vient de dire exactement ce que je pensais. On dirait qu'il savait ce que je pensais, soit parce qu'il devinait que j'allais finir par le découvrir, soit parce qu'il comptait me le dire lui-même. Je me demande comment il réussit à comprendre mes pensées. Pour l'instant, tout ce que je souhaite, c'est rejoindre le véhicule et rentrer à l'hôtel du Caire. En parlant du véhicule, Aklèf marche rapidement vers la voiture ; je le vois s'approcher de la portière, mais il se dirige vers celle du côté passager droit, là où je dois monter. Enfin bref, pour ce soir, je ne vais pas m'attarder sur ce détail, sachant que je suis fatigué après la journée que je viens de passer. Je m'approche donc de la voiture, constate que la portière droite est ouverte, puis j'entre et m'assois. Aklèf me rappelle alors ne pas oublier de mettre ma ceinture de sécurité, précisant que c'est très important. Je hoche la tête pour lui montrer que je d'accord avec lui. Aklèf monte dans la voiture, s'assoit et ferme sa portière. Il vérifie que je suis bien installé via le rétroviseur intérieur. Je lui confirme : c'est okay pour moi, on peut démarrer. Il met le contact, le moteur démarre mais nous restons encore garés. Il m'annonce qu'il est **18h45**.

P.139

Je ressens les vibrations sous mes pieds tandis qu'Aklèf semble prêt à partir, même si quelque chose semble le préoccuper dans sa tête. Aklèf demeure immobile, le regard fixé vers l'horizon… Puis, sans vraiment comprendre, il me lance un nouveau regard à travers son rétroviseur et m'interpelle : « Gabriel, es-tu prêt ? As-tu mis ta ceinture de sécurité ? » Je lui réponds que oui, elle est bien attachée. Il acquiesce alors : « D'accord, on y va. » Je jette un coup d'œil à ma montre qui affiche maintenant **18h53**. Aklèf commence doucement à quitter le stationnement, s'assurant qu'aucun autre véhicule ne lui barre la route, car la sécurité reste primordiale. Il est maintenant **19h00**, je l'ai vu sur l'écran du tableau de bord ; nous sommes dans les temps pour s'approcher de l'hôtel du Caire. Soudaine, Aklèf me propose de dormir pendant le trajet ; j'accepte et mes yeux se ferment aussitôt. Quelques minutes après, un sursaut me réveille brusquement. Aklèf me demande si tout va bien, je réponds que oui, c'est juste ce sursaut qui m'a réveillé sans raison apparente. Il tente de me rassurer, précisant que cela ne vient pas de lui ; je le remercie et lui dis qu'il n'a pas à s'inquiéter. Cependant, le fait d'être réveillé de cette façon signifie probablement quelque chose. Quoi qu'il en soit, nous arrivons bientôt. D'ailleurs, lorsque je disais à l'instant que notre arrivée était proche, c'était exact, car nous sommes effectivement devant l'hôtel du Caire. Je remarque à l'expression d'Aklèf qu'il est heureux d'être enfin arrivé ; il sourit, ce qui est rare chez lui et semble spontané. Il m'indique l'heure, **19h40**. Avec assurance, il me rappelle que j'ai juste assez de temps pour monter dans ma chambre, prendre une douche et te restaurer.

CHAT-PIE-TRE-140

Nous sommes encore à bord du monospace lorsque le regard d'Aklèf se porte sur moi avec insistance. Sans attendre, Aklèf ouvre sa portière gauche, sort du véhicule, puis vient m'ouvrir la portière de mon côté. Alors que je me prépare à descendre, le portier de l'hôtel s'approche et me tend la main droite ; j'accepte son aide pour sortir du véhicule et, grâce à son appui, je me retrouve debout sur le trottoir. Aklèf referme soigneusement les portières, tant du passager que du conducteur. Je remercie cordialement le portier de nuit ainsi qu'Aklèf pour leur assistance. Le portier me sourit et me répond poliment. Enfin, Aklèf pose sa main gauche sur mon épaule droite et m'invite à entrer à l'hôtel : « Allons-y Gabriel, il est temps de rentrer. » Mes habitudes reviennent et je regarde ma montre qui indique **19h56**. Nous marchons ensemble vers la porte, suivis par le portier qui m'avait aidé à sortir du véhicule ; lui aussi marche avec nous et ouvre la porte avec son professionnalisme unique, puis reprend sa place. Une fois qu'Aklèf et moi sommes entrés dans l'hôtel, nous avons vu de nombreuses personnes rentrer également du musée/pyramide. Soudainement, deux hôtesses d'accueil nous interpellent en nous saluant par un « Bonsoir messieurs ». Je me tourne vers elles et leur réponds respectueusement « Bonsoir mesdames ». Aklèf ajoute à son tour : « Comment allez-vous, mesdames ? » Les hôtesses réagissent avec professionnalisme et courtoisie, souriant et nous affirmant qu'elles se portent bien. Par la suite, Aklèf me demande de m'avancer près de l'ascenseur et d'y patienter pendant qu'il s'entretient brièvement avec les deux hôtesses. J'accepte et l'attends devant l'ascenseur. L'horloge

P.141

Accrochée dans le hall d'accueil indique alors **20h10**. En tournant la tête vers l'accueil, j'aperçois Aklèf en pleine discussion avec les deux hôtesses ; à en juger par leurs expressions, il s'agit probablement d'une conversation difficile. Soudain, nos regards se croisent et Aklèf interrompt brusquement son échange, tapotant légèrement le comptoir avant de venir vers moi, un sourire aux lèvres — sans doute pour dissimuler son agacement. Il s'approche pour prendre l'ascenseur et me demande comment je vais ; je lui assure que tout va bien. Il se place alors à mes côtés et nous attendons ensemble quelques instants, jusqu'à ce que l'ascenseur arrive enfin. La sonnerie retentit, les portes s'ouvrent, et Aklèf m'invite à monter. Je le rejoins immédiatement. Ensuite, il procède de la même manière et monte également dans l'ascenseur. J'aimerais vous informer, chères lectrices et chers lecteurs, qu'il y a d'autres personnes présentes dans l'hôtel qui utilisent aussi l'ascenseur, s'arrêtant à chaque étage afin de rejoindre leurs chambres respectives. J'entends l'ascenseur ralentir progressivement pour permettre aux touristes de descendre ; il est maintenant temps pour nous de sortir, alors qu'il reste encore quelques personnes à bord. Avec courtoisie, je demande aux autres passagers de bien vouloir me laisser passer avant que les portes ne se referment. D'une voix polie, je m'adresse à eux : « Excusez-moi, je souhaiterais sortir s'il vous plaît. » L'un des passagers tient alors la porte afin qu'Aklèf et moi puissions quitter l'ascenseur en toute sécurité. Après avoir quitté l'ascenseur, j'ai remercié l'un des occupants qui avait maintenu la porte ouverte ; il m'a répondu poliment : « C'est

P.142

Avec plaisir. » Lorsque les portes se sont refermées, Aklèf et moi avons parcouru du regard le couloir menant aux chambres. J'ai remarqué, face à moi sur le mur, une petite pancarte d'environ 30 par 30 centimètres, comportant deux flèches indiquant la direction des numéros de chambre : à gauche pour les numéros décroissants, à droite pour les numéros croissants. Mon numéro étant le 259, je me suis dirigé vers la droite. Comme chaque soir, Aklèf m'a proposé de m'accompagner jusqu'à ma chambre ; je l'ai chaleureusement remercié pour sa sollicitude, et il m'a répondu que cela lui faisait plaisir. Nous avançons ensemble en observant les numéros de chaque porte, progressant de numéro en numéro jusqu'à atteindre le 259. Aklèf place sa main gauche sur mon épaule droite pour indiquer que nous sommes arrivés devant la porte de ma chambre. Un silence s'installe entre nous, puis je lui réponds : « Oui, nous y sommes » ... À nouveau, je le remercie chaleureusement. Je prends ensuite ma clé dans la poche droite et la glisse dans la serrure. Je la tourne deux fois, jusqu'à entendre un clic qui me confirme que la porte est bien ouverte. Soudain, Aklèf fait demi-tour ; sur le couloir avant qu'il ait regagné sa chambre et, il me lance : « Gabriel, passe une excellente soirée et ne veille pas trop tard. » Je le regarde attentivement et lui assure : « Ne t'inquiète pas, je ne resterai pas longtemps. Aklèf me répond "okay", puis il fait demi-tour et se dirige vers sa chambre, située à quelques portes de la mienne. J'attrape mon poignet droit et pousse la porte de ma chambre, qui s'ouvre complètement. Je remarque alors combien elle est spacieuse, et je reste quelques instants à savourer ce

P.143

Moment et le silence qui l'accompagne. J'entre lentement, referme la porte de la main gauche et j'entends le déclic au niveau du canon, confirmant qu'elle est bien fermée. Je me retourne pour verrouiller la porte à clé. En regardant ma montre, je vois qu'il est **20h30**. Je marche tranquillement vers le canapé, m'assois dessus, et je réalise qu'une pause est vraiment nécessaire, surtout avec la fatigue que je ressens dans tout mon corps. Je me dis que c'est une bonne chose, car ce n'est pas une fatigue habituelle. En repensant aux informations reçues ces derniers jours, j'ai compris que nous ne maîtrisons pas le temps, mais que nous devons en faire bon usage. Assis sur le canapé, je prends alors le temps d'apprécier chaque moment de ma vie. Soudain, j'entends mes voisins de droite discuter d'un sujet qui leur appartient. Je ne comprends pas la langue parlée, et il est difficile de traduire les conversations des autres. La traduction facile me fait penser qu'ils parlent simplement de leur journée. En attendant, je me repose sur mon canapé et réfléchis à d'autres informations que j'aurais pu découvrir aujourd'hui dans la chambre de la reine L'ahhôtep, fille de Tetisheri et du pharaon Senaktenrê Ahmôsis. Je ne vais pas raconter toute l'histoire, mais je me demande comment trouver une réponse pour mieux comprendre pourquoi je suis devenu un enfant de douze ans. Mon objectif est de dénicher un indice supplémentaire. Je ne suis pas en Égypte pour des vacances, mais afin de régler une question importante relative à ma présence dans ce pays. Sans transition, je me lève du canapé pour me diriger vers le réfrigérateur. J'ouvre la porte de la main droite et découvre des sandwichs aux crudités, garnis de salade,

P.144

De blanc de poulet, de tranches de tomates, de fromage, ainsi que de cachir de volaille nature ou épicé, accompagnés de jus de raisin, de pomme ou encore de fruits locaux – probablement réapprovisionnés par les employés de l'hôtel. Il y a également des yaourts aux fruits. Face à cette diversité, je reste impressionné devant ces mets disponibles pendant toute la semaine de mon absence, sachant que mon séjour se poursuit. Je choisis alors un sandwich au hasard et me sers un jus de fruits, terminant mon repas par un yaourt aux fruits locaux en guise de dessert. Sans transition, chers lecteurs et lectrices, je vous confie la suite au narrateur pendant que je m'accorde un petit plaisir : savourer lentement mon sandwich. En refermant la porte du frigo par habitude, il se souvient malgré tout qu'il doit rester raisonnable s'il veut garder suffisamment de provisions pour les prochains jours. Il ne peut s'empêcher de sourire en constatant combien il est facile de céder à la gourmandise. Il finit par choisir un seul sandwich aux crudités, garni de salade croquante, de poulet tendre, de tomates juteuses, de fromage goûteux et d'un cachir épicé local. Attiré par l'authenticité des produits, il opte aussi pour un jus de raisin de la région en accompagnement. Après avoir arrêté son choix, il garde à l'esprit l'heure qui file et l'importance de se préparer pour le lendemain. Il se fait la promesse de savourer ce repas, en profitant pleinement des saveurs locales tout en appréciant la sérénité de l'hôtel. Ayant pris sa décision, Gabriel s'approche de la table pour savourer son repas dans le calme et avec gratitude, appréciant ces petits bonheurs que la vie lui accorde chaque jour… Cette fois-ci, il remarque qu'il est **20h55**.

CHAT-PIE-TRE-145

Gabriel me lance alors, de façon spontanée : « Je te remercie, narrateur. » À cet instant, je cède le fil de l'histoire à Gabriel. Mon repas touche à sa fin ; j'ai eu largement le temps d'apprécier mon sandwich. Une fois terminé, je me rends à la salle de bain pour me brosser les dents ; après les avoir soigneusement nettoyées, je reviens vers le canapé et aperçois la télécommande posée sur l'accoudoir. Je m'installe et prends la télécommande dans la main gauche. J'allume la télévision pour regarder les chaînes locales, notamment les informations ; c'est mon petit moment de pause. Cependant, je garde l'esprit attentif puisque mes propres recherches ne sont pas encore terminées. Pour faire la transition vers les accessoires présents dans la chambre, mis à part le frigo, il y avait aussi une télévision avec un écran assez large — au moins 120 centimètres de longueur et 82 centimètres de hauteur, avec une profondeur de 3 centimètres, ce qui me convient parfaitement. Mais je pense qu'il existe quelque chose de plus grand encore. Quoi qu'il en soit, dès que la télévision était allumée, j'entendais les présentateurs parler la langue nationale. Ne comprenant pas un seul mot de cette langue étrangère (l'arabe), il m'était impossible de demander l'aide d'un traducteur. Pour essayer de comprendre, je ne voulais pas déranger tout le monde à l'hôtel, de peur qu'ils pensent qu'en tant qu'enfant de douze ans, je faisais des caprices. Enfin Bref. Spontanément à cet-instant je me rappeler qu'il y-a un bouton qui active la traduction, mais pour être franc avec vous, la télévision je vais l'éteindre. Une fois que la télévision est bien éteinte. Il est exactement **21h15** à ma montre.

P.146

À nouveau, chères lectrices et chers lecteurs, je vous quitte. Il se fait tard et je vais essayer de dormir ; bonne nuit et à demain matin. D'ailleurs, il est précisément **21h30** maintenant. Je me lève tôt, alors je vous laisse avec le narrateur, qui explique certainement mieux que moi. Gabriel est confortablement allongé sur le canapé, les yeux à moitié ouverts, prêt à profiter d'un moment de détente après une journée bien remplie. Il observe le grand écran de la télévision dans sa chambre, laissant son esprit vagabonder sur des questions légères concernant sa longueur et sa taille impressionnante. Il sait qu'il existe des modèles encore plus grands, mais celui-ci lui suffit. Cela lui convient parfaitement pour ses besoins. Soudain, la télévision se rallume toute seule. Les images diffusées à l'écran lui rappellent des journées passées, et il pense qu'il doit probablement y trouver une information clé pour mieux observer. Il doit donc rester concentré sur les détails qu'il pourra trouver dans les prochaines pièces du musée ou de la pyramide. Ces éléments peuvent être explorés avec Aklèf. Les minutes passent rapidement ; à **21h40**, il demeure particulièrement attentif aux détails qu'il estime pertinents en temps voulu. À sa grande surprise, il remarque qu'une des chambres n'a pas révélé toutes ses informations. Après avoir observé ce détail important à l'écran, Gabriel se redresse sur le canapé, choisit de ne plus se laisser distraire par la télévision, puis se lève pour l'éteindre. Il prend alors son bloc-notes, rangé dans son sac à dos accroché sur le côté droit de la chaise en bois, et plonge à nouveau dans ses souvenirs ou réflexions de la journée.

P.147

Il se concentre sur les accessoires qu'il a sortis : une torche, des chiffons microfibres, une boussole, un sifflet et une loupe, parmi d'autres objets. Dans sa chambre d'hôtel, assis sur la chaise en bois, Gabriel commence à réfléchir. Sa réflexion le mène à remarquer que les statuettes placées dans les niches étaient très différentes de celles qu'il avait déjà vues, ce qui l'étonne et lui semble improbable. Il conserve cette information avec détermination, puis plonge dans ses notes et ses observations, prenant soin de les consigner sur son bloc-notes pour ne rien oublier. Une question le hante : doit-il sortir immédiatement de sa chambre, traverser le couloir et aller voir le guide pour lui transmettre l'information ? Ou serait-il préférable de passer une bonne nuit et d'attendre le matin ? Tout cela fait suite à la découverte que Gabriel venait de faire. Il doit garder ce point à l'esprit. Ce détail lui permettra d'avancer dans son projet personnel, sa quête, tout en réfléchissant au chemin parcouru et aux résultats obtenus précédemment dans cette démarche. En somme, il parviendra probablement à élucider les raisons de sa transformation. Donc le but est de trouver des réponses et de poursuivre cette quête dans les jours à venir. Gabriel m'adresse la parole – à moi, le narrateur –, m'indique qu'il reprendra le contrôle du récit, puis me remercie. Comme à mon habitude, je laisse donc Gabriel continuer son histoire. Pour être honnête, chères lectrices et chers lecteurs, ma venue au Caire, en Égypte, n'est pas due au hasard ; bien au contraire, elle a pour objectif de résoudre un mystère personnel. Soudain, mon subconscient me pousse à réfléchir davantage et je réalise que, depuis ma sortie de la pyramide, je

P.148

N'ai plus croisé Gabbie. Ce fait m'intrigue à deux reprises : premièrement, il est très tard pour moi, il doit être presque **22h00**. Dans un second temps, j'ai constaté une certaine étrangeté dans le fait qu'elles ne viennent pas me voir ; j'avais pris l'habitude d'être bloqué dès son arrivée. Elles se présentaient généralement pour m'informer des événements à venir, mais soudainement, un sentiment de vide s'est installé en moi. Il me semble qu'il me manque quelque chose d'essentiel dans ma vie actuelle. De plus, il existait de nombreuses activités passionnantes à faire, comme explorer les anciens écrits égyptiens. Finalement, je prends conscience, assis sur ma chaise en bois dans ma chambre, que la solitude m'entoure dans ce monde où je ne me sens pas chez moi, n'étant qu'un étranger dans un pays dont la langue m'est étrangère. Oui à chaque fois j'ai des évidences, quand je me retrouve seul dans ma chambre. D'ailleurs, mes chères lectrices et lecteurs, que la solitude, détruit l'être humain qui veux juste aimer son partenaire, que ceux-lui-ci, le mets de côtés sans raisons. Quoiqu'il-en-soit. Je vous confie au narrateur pendant que je vais me reposer, car il se fait tard — il est certainement **22h20**. De cette situation, je comprends qu'il n'y a pas de problème, puisque l'avenir me le dira. Pourtant, la vraie raison est toute autre : même-ci le temps qui s'écoule favorise la guérison des blessures émotionnelles, que le corps subit, à travers les conséquences. Ainsi, un jour, la raison finira par triompher de cette pensée unique. Je suis convaincu que tout ira bien et j'ai une pleine confiance en moi. Je ne m'inquiète absolument pas. Chères lectrices et chers lecteurs, vous en savez désormais un peu plus sur moi.

P.149

Revenons donc à l'histoire. Ma quête est loin d'être terminée, comme vous le savez. J'avance petit à petit, cherchant le secret que je dois découvrir sur mon chemin. Pourquoi ai-je été choisi ? Pourquoi suis-je redevenu enfant à cet instant précis ? Oui, je le sais, je reste toujours préoccupé. Je dois trouver les solutions adéquates dans le musée ou la pyramide pour redevenir adulte. Quelques minutes plus tard, à **23H00**, en consultant ma montre, je constate qu'il est particulièrement tard et que le moment est venu de me coucher. Je me lève de ma chaise en bois et fais quelques pas, ressentant la fatigue s'intensifier. Tentant de garder les yeux ouverts, je me dirige vers mon lit. Tout-en-marchant devant moi, je voie mon lit, me rapproche de ceux-lui-ci, est de la main gauche, je soulève la couverture légère, est me glisse à l'intérieur, puis me recouvre avec la couverture légère pour la nuit. Une fois bien couvert est au chaud, une réflexion me vient en me disant qu'il faudrait arrêter d'avoir des questions types. Sinon, je pourrais passer une nuit blanche comme autrefois, préoccupé par des questions existentielles. D'ailleurs, en parlant de telles interrogations, il est vrai que résoudre mes recherches et découvrir le secret lié à mon enfance demande du temps et de la patience. Il arrive que les réponses que nous recherchons, Aklèf et moi, ne se manifestent pas tout de suite. Pourtant, persévérer dans nos efforts finit souvent par nous mener à la vérité tant désirée. Il est important d'avancer avec confiance sur le chemin de notre quête ; lorsque j'emploie "nous", j'inclus bien sûr Gabbie, qui doit sûrement être très impatiente… Je suis certain que nous finirons par obtenir les réponses que nous cherchons.

Sans transition, j'aperçois à l'horloge accrochée au mur de la cuisine qu'il est **00h05** du matin. Il est temps pour moi de dormir, il ne me reste plus que quelques heures avant de devoir me réveiller, sachant que je dois être debout demain matin avant **09h00**. Je m'approche lentement de mon lit, soulève la couette du bout de la main gauche, sa douceur m'accueille et je m'y glisse, prêt à m'envelopper. Ma tête se pose sur l'oreiller moelleux, et ainsi je vous souhaite bonne nuit, chers lecteurs et lectrices qui me suivez. **Le narrateur reprend le fil du récit**… On aperçoit alors Gabriel s'agiter dans son lit, tandis que les heures s'écoulent et que la nuit cède progressivement sa place aux premières lueurs du soleil local, comme à chaque nouveau jour. Gabriel essaie une fois de plus de dormir un peu plus longtemps, mais les bruits qu'il entend à travers les fenêtres bien fermées le dérangent. Derrière des rideaux bleu nuit, un mince rayon de lumière perce. Il murmure sous sa couverture qu'il y a déjà beaucoup de monde, même dès le matin. Gabriel reprend le fil de l'histoire. Tout en me remerciant spontanément, je le laisse poursuivre. Gabriel se demande alors : « Les gens se lèvent-ils tôt ici chaque jour ? Où simplement c'est aussi le cas en Égypte. Où se lever tôt est une habitude ? Moi aussi je dois me lever pour ne pas être en retard. » D'après la lumière du soleil que j'aperçois à travers mes rideaux, il doit être environ **6h00** ou **7h00** du matin. Ce matin, en sortant du lit, je ne ressens aucune courbature, ce qui est vraiment rare ces derniers temps. Je décide de ne pas regarder ma montre, ni la pendule accrochée dans la cuisine. Allez, je file sous la douche pour me réveiller doucement.

P.151

Je saisis mon savon de la main droite, puis de la gauche, j'actionne le robinet vers le haut. L'eau coule, tiède, juste comme j'aime. Je vais commencer la journée en douceur. Tout d'abord, je fais mousser le savon entre mes mains, puis je l'applique doucement sur mon visage en effectuant de légers mouvements. Je m'observe quelques instants dans le miroir, puis je rince toujours mon visage à l'eau tiède. Les gouttes glissent et tombent dans le lavabo. Ensuite, je regarde sur ma gauche pour attraper ma serviette avec la main gauche. Je la prends à deux mains, la rapproche lentement de mon visage et m'essuie délicatement. Quand j'ai terminé, j'accroche la serviette au crochet, toujours avec la main gauche. Après être sortie de la douche, je me dirige vers le placard et ouvre les portes pour choisir ma tenue. Comme à mon habitude, j'opte pour un jean accompagné de sa ceinture, ainsi qu'un pull-over léger noir à manches courtes avec des rayures. J'ajoute à cela des chaussettes noires et une paire de chaussures de randonnée adaptées à la marche. Ainsi, je me prépare convenablement pour affronter la journée qui m'attend. En retirant mon pyjama bleu clair, je consulte l'heure, il est **7h30**. J'enfile ensuite mon jean noir, que j'ajuste parfaitement à ma taille et ferme soigneusement avec une ceinture. Il ne me reste plus qu'à mettre mon pull-over noir, sans oublier de choisir une paire de chaussettes adaptée.   Les chaussures de randonnée attendront ; ce sera pour plus tard, avant l'arrivée du guide Aklèf, prévue avant **9h00**. Quelques minutes passent… Voilà, je suis prêt ! Maintenant que je suis bien habillé, je me dirige vers la cuisine pour prendre mon petit-déjeuner.

P.152

Je commence par choisir le bol blanc, orné d'un panda en relief qui mange du bambou avec des céréales à côté de lui. Je le repère tout en haut du meuble. À côté, j'aperçois différentes céréales de marques locales. Je prends le bol et un paquet de céréales, que je pose sur le plan de travail. Juste en dessous, il-y-a un tiroir ; je l'ouvre et, de la main droite, je prends une cuillère à café… Soudain ! Au moment où je m'apprêtais à m'asseoir, je me suis tourné vers la droite tout en refermant la porte supérieure de la main droite. À ce moment, la télévision s'est allumée, comme la veille. Je n'y ai pas prêté attention immédiatement. Une fois la porte du meuble bien fermée, j'ai avancé vers la table, tenant le bol et une cuillère à café dans la main gauche et le paquet de céréales dans la main droite. Arrivé devant la table, j'ai déposé l'ensemble, puis saisi la chaise en bois que j'ai rapprochée avant de m'asseoir. J'ai alors commencé mon petit-déjeuner. Ah oui, j'ai failli oublier ! Vous aussi, mes chères lectrices et chers lecteurs qui me suivez, c'est curieux de ne pas réagir face à une telle situation, non ? Pourtant, si je reste devant cette télévision qui, par magie, s'est allumée toute seule (?), je n'arriverai pas à prendre mon petit-déjeuner à cause du volume trop élevé. En regardant ma montre, il est bien **7h45** ; j'espère que ça ne va pas durer longtemps. Revenons donc à l'importance du petit-déjeuner : il est très important pour bien commencer la journée. Après avoir goûté mes céréales préférées au lait chocolaté, j'entends soudain le son devenir beaucoup plus fort. J'essaie de ne pas y prêter attention malgré la gêne sonore. Je poursuis avec une deuxième bouchée, puis une troisième, tandis que le bruit s'intensifie

P.153

Progressivement. On pourrait croire qu'il s'agit d'un esprit vengeur... ou peut-être d'un esprits joueur ? Qui sait ? Tout est donc possible. Quoi qu'il en soit, je continue de manger mon bol de céréales au chocolat. À vous qui me lisez ou me suivez, il se passe quelque chose d'étrange dans ma chambre : après le bruit sonore, c'est maintenant la télévision qui bouge toute seule. (??) On dirait vraiment qu'on cherche à me faire passer un message. Quoi qu'il en soit, ces événements me font comprendre que je dois quitter la table, sortir de ma chambre et aller au musée/pyramide. Mais pour l'instant, je ne peux pas m'y rendre seul : je dois attendre Aklèf. Alors, je termine tranquillement mon bol de céréales au chocolat, puis je me dirige vers la cuisine pour le rincer et le poser sur l'égouttoir. Au moment où je sors de la cuisine, la télévision semble me suivre, comme si elle voulait me montrer ce qui se passe à l'écran. D'ailleurs, en y jetant un œil, je remarque qu'il est bien **8h05**. Soudainement, je commence à parler à voix haute, affirmant qu'il n'est pas nécessaire de se presser : je dois attendre le guide Aklèf et il n'est pas encore temps de quitter l'hôtel. Ensuite, le son s'intensifie à nouveau, mais cette fois, je ne réponds pas ; je regarde simplement l'écran et je comprends qu'il se passe quelque chose dans le ou les musées. D'ailleurs, dans le coin gauche de l'écran, je remarque qu'il est **8h40**. J'aperçois également d'autres informations, notamment des mises en garde sur les événements locaux concernant une vague de chaleur particulièrement intense. C'est particulièrement important pour les touristes qui souhaitent visiter les pyramides.

P.154

Heureusement, grâce aux traductions diffusées à la télévision, je peux suivre les informations locales et prendre les précautions adaptées. Il est en effet conseillé d'emporter quelques bouteilles d'eau pour éviter de souffrir de la chaleur. Avec une journée très chaude annoncée, il faut organiser ses activités en conséquence, notamment si l'on prévoit de sortir. Je surveille régulièrement les mises à jour afin de m'assurer de prendre les mesures nécessaires pour rester en sécurité et confortable malgré les températures élevées. Selon la théorie d'Aklèf sur le climat, l'afflux de touristes est un phénomène fascinant qui semble particulièrement pertinent aujourd'hui. On observe que les semaines marquées par une forte fréquentation touristique coïncident également avec une intensification du soleil et des températures plus élevées. Pour être honnête avec vous, chères lectrices et chers lecteurs, la chaleur fait vraiment des ravages, surtout chez les personnes dites fragiles. Pour en revenir à mon éventuel départ, depuis ma chambre, j'ai remarqué que la télévision s'est bien installée à sa place ; étrangement, le son n'est plus aussi fort qu'au début mais elle reste allumée, affichant l'heure sur la partie droite : **8h50**. Il ne me reste plus qu'à enfiler mes chaussettes et mes chaussures de randonnée. Une fois certain de n'avoir rien oublié, je vérifie une dernière fois mon sac à dos, puis il ne me reste plus qu'à prendre un sandwich pour la journée, comme à mon habitude. Tous mes autres accessoires sont déjà au fond du sac. Il me reste encore quelques minutes avant l'arrivée du guide Aklèf. Alors que je parle justement de lui, j'entends les portes de l'ascenseur à mon étage s'ouvrir.

CHAT-PIE-TRE-155

Cette fois-ci, les pas sont moins pressés, mais rapides et déterminés. Aklèf arrive, ce n'est qu'une question de secondes… Ma montre indique **9h00** et soudain, le silence règne : je n'entends plus les pas d'Aklèf, sauf ceux des touristes. Distinguer les sons peut sembler étrange, mais à force de se concentrer sur les pas d'une personne, on finit par vraiment percevoir le moindre bruit. Une ombre apparaît sur le sol du couloir, juste sous la porte de ma chambre. Puis, j'entends toc, toc. Je reste immobile devant la porte. Lorsque j'entends mon prénom répété deux fois… « Gabriel, Gabriel », c'est moi Aklèf… Je demande par réflexe une confirmation afin de m'assurer que c'est bien lui. Un silence digne d'une cathédrale s'installe, puis, à ma grande surprise, il m'interpelle en utilisant mon second prénom. J'ai une question à vous poser me lisant ou me suivez, mes chers lectrices et lecteurs : pouvez-vous deviner quel est mon deuxième prénom ? Aklèf prononce correctement le second prénom, puis je m'approche de la porte de ma chambre. Je saisis la poignée avec ma main droite et ouvre la porte largement. J'aperçois alors le guide Aklèf que je salue cordialement : « Bonjour Aklèf, as-tu bien dormi ? » Il me répond positivement : « Oui Gabriel, j'ai bien dormi. » Il m'informe qu'il est temps de prendre mes affaires, de quitter la chambre sans rien laisser allumer du style lumière et la télévision, et de fermer à clé derrière toi. Je lui confirme mon accord, prends mon sac-à-dos. Je vérifie que tout est bien éteint, puis je quitte ma chambre, tirant la porte avec ma main droite. Une fois la porte fermée, je tourne la serrure vers la droite pour m'assurer qu'elle est bien verrouillée, retire la clé et

P.156

La glisse dans ma poche. Ensuite, je suis Aklèf en direction de l'ascenseur. Soudain, en le regardant, une question me vient à l'esprit : comment sait-il que la télévision était allumée alors que je ne lui ai rien dit du tout ? Soudain le guide Aklèf me regarde, comme si, il voulait sans doute me dire la réponse à ma question ? Aklèf change soudainement de sujet, probablement pour détourner l'attention, et commence à parler de la situation difficile des guides touristiques, qui doivent s'adapter à une journée particulièrement chaude annoncée aujourd'hui. Il ajoute que notre rôle principal est d'assurer la sécurité de toutes les visiteuses et tous les visiteurs, hommes et femmes qu'ils soient petits ou grands, même si nous devons composer avec le souhait légitime des touristes de profiter au maximum de leur séjour en explorant les pyramides et les musées. Puis Aklèf m'indique que l'ascenseur est prêt et qu'il faut le prendre pour descendre au rez-de-chaussée. Les portes s'ouvrent, nous entrons, puis elles se referment juste au moment où nous nous retournons. L'ascenseur descend, rempli de monde, et nous arrivons directement au rez-de-chaussée. Nous sortons tous de la cabine et, comme à l'habitude, nous faisons un signe de la main en guise de salut aux hôtesses et hôtes. Mais cette fois-ci, ils semblent ne pas faire attention à nous. Ensuite, Aklèf me précise simplement que les touristes, accoudés au comptoir, gênent leur vue et les empêchent de nous remarquer. Je fais un signe de tête pour lui montrer que j'ai compris. Au passage, j'ai vu l'heure affichée **: 09h15**. Nous quittons alors l'hôtel et prenons l'un des véhicules garés devant. Aklèf me demande d'attendre ici quelques minutes, le temps qu'un des monospaces

P.157

Soit entièrement libre. Je lui réponds que je l'attends, puis je repense à une réflexion que j'avais eue avant de descendre du deuxième étage, concernant le fait que les guides ne sont pas vraiment valorisés. Ce métier peut s'avérer exigeant tout au long d'une carrière, que ce soit en Égypte ou ailleurs dans le monde. Il est parfaitement compréhensible que les guides transmettent aux touristes des recommandations de sécurité, telles que retourner à l'hôtel le matin, afin d'éviter les périodes les plus chaudes de la journée. D'ailleurs, les touristes sont nombreux entre l'hôtel et les musées ou pyramides. Cependant, il se peut que certains visiteurs ne saisissent pas pleinement l'importance de ces mesures de précaution et choisissent de continuer leur exploration malgré la chaleur. Sans transition, je lève la tête et aperçois Aklèf qui s'approche de moi pour me demander : « Es-tu prêt ? » En le regardant, je lui réponds que oui, prêt à partir. Aklèf poursuit : « Viens avec moi, on va prendre ce monospace. » Nous marchons ensemble vers le véhicule, puis Aklèf m'ouvre la portière de la main droite. Celle-ci s'ouvre largement, je monte à bord et Aklèf referme la portière, toujours de la main droite. Juste au moment où je m'installe confortablement sur la banquette arrière, j'observe les autres guides qui se dirigent aussi vers leurs véhicules, reproduisant le même geste. Ensuite, Aklèf ouvre le sien du côté passager droit, ferme sa portière, et le conducteur effectue prudemment ses manœuvres pour quitter le stationnement. Une fois sorti, nous roulons vers les musées et les pyramides. Je me laisse alors emporter par mes pensées, me disant que lorsque ma situation sera réglée, je reviendrai ici en Égypte afin de chercher une

P.158

Solution pour les guides du Caire. Pour l'instant, je considère que la situation est complexe et qu'elle met bien en évidence les défis auxquels font face les professionnels du tourisme lors de conditions météorologiques extrêmes. Ces derniers doivent constamment équilibrer la satisfaction des visiteurs avec la nécessité d'assurer leur sécurité et leur bien-être. En y réfléchissant à travers mes yeux d'enfant, il me semble logique que tout le monde reste à l'hôtel pendant les périodes de forte chaleur. Écouter les recommandations des guides et choisir de rester à l'intérieur durant les heures les plus chaudes apparaît comme la décision la plus prudente, surtout quand une vague de chaleur intense est annoncée. Si tous les touristes restent à l'hôtel, les pyramides ne pourront pas bénéficier de leur présence. À douze ans, je réfléchis déjà à ces questions. Les touristes comprennent généralement que leur santé est primordiale. Quoi qu'il en soit, c'était juste un avis personnel. Pour revenir nous sommes toujours dans le monospace, l'heure affichée sur le tableau de bord du véhicule indique précisément **9h40**, ce qui laisse juste assez de temps pour se rendre au musée habituel. Il est vrai que le soleil peut être difficile pour les personnes plus jeunes ou plus âgées ; d'ailleurs, j'ai déjà évoqué ce point auparavant. Sans transition, l'inquiétude s'installe brusquement dans mon esprit, alimentée par la peur des épreuves que l'un des gardiens des chambres pourrait proposer. Vous, mes chers lecteurs et lectrices qui me suivez, connaissez bien ces possibles défis qui nous attendent. Peut-être devrais-je simplement dire que ce sont les épreuves qui m'attendent. Quoi qu'il en soit, il vaut mieux cesser de réfléchir

P.159

À des situations encore lointaines. J'écoute mon instinct de confiance — oui, vous avez bien lu, mon instinct ! Je m'efforce de garder confiance en moi pour avancer face à chaque épreuve qui se présentera. Parfois, je parle tout haut et je me rappelle que la peur ne me fait pas du tout frissonner. Je me rends compte que ma voix d'homme a surgi, et le conducteur, tout comme notre guide Aklèf, sont restés bouche bée. Le conducteur s'est alors mis à m'observer dans le rétroviseur intérieur. Soudain, il me demande : « C'est bien vous qui avez sorti cette grosse voix ? » Mais Aklèf lui répond à ma place, affirmant que ce n'était pas l'enfant qui avait pris cette voix d'homme. Il commence alors à meubler la conversation pour détourner l'attention du conducteur. Il invente même une histoire farfelue, expliquant au conducteur qu'il faisait un rêve sur le siège passager et qu'il s'est mis, en sursaut, à pousser une voix forte. Une voix d'homme résonne soudainement. Le conducteur reste méfiant, mais concentre son attention sur la route afin d'éviter tout accident. Je me dis alors qu'il est peut-être temps de redevenir adulte… Un élan d'espoir accompagne cette transformation de l'enfance à l'âge adulte, mais rien n'est certain ! Cette émotion fugace me laisse la gorge sèche, presque nouée. Peut-être que certains pourraient me trouver étrange. Imaginez : vous lisez ces lignes, et un jour, dans un pays lointain, vous croisez un enfant de douze ans qui, tout à coup, prend une voix d'adulte. Cela susciterait sûrement plus de questions que de réponses… Oui, je serais aussi surpris que vous face à une telle situation. En résumé, pour reprendre le fil de l'histoire, nous sommes presque arrivés devant le musée ;

Il ne nous reste que quelques mètres à parcourir. Depuis le monospace, nous apercevons déjà le sommet des pyramides, ce qui nous confirme notre proximité. Soudain, Aklèf me lance un regard par le rétroviseur et me dit : « Ne t'inquiète pas, Gabriel, je serai à tes côtés tout au long de ton voyage. » Je le remercie chaleureusement de me rassurer, même si j'avoue être nerveux à l'idée de ne pas pouvoir trouver la fin de… mon histoire, que vous connaissez bien maintenant. D'ailleurs, une pensée me traverse l'esprit : et s'il m'était impossible de retrouver ma taille et mon apparence normale ? Finalement, face à cette réflexion, il semble que deux options s'offrent à moi : **rester un enfant ou redevenir adulte.** Aklèf fait de son mieux pour m'apaiser et comprend ce qui me traverse l'esprit. Pour l'instant, je dois chasser ces pensées de mon esprit. Ensuite, Aklèf m'a conseillé de poursuivre l'excursion afin de comprendre ce qui se passe réellement. Quoi qu'il advienne, il est impératif que je quitte cet endroit. D'après Aklèf, cet objet aurait la capacité de protéger les individus des influences néfastes. Je trouve cette idée totalement absurde. Il semble me considérer comme un touriste extravagant ou comme quelqu'un qui adhère à des croyances dépassées, semblables à celles qui persistent aujourd'hui autour des légendes urbaines. Aklèf m'assure que ce n'est pas une histoire inventée, mais une véritable légende. Par exemple, je discute actuellement avec quelqu'un qui a la taille d'un enfant de 12 ans. Je reconnais que j'ai été rétréci, cependant, pour moi, les légendes urbaines restent des légendes. Aklèf reprend ensuite sa place et annonce que nous arriverons dans quelques minutes. En parlant de minutes, nous sommes enfin arrivés à

P.161

Destination. Il est tout juste **9h55**. Une fois garés à cinq minutes des musées/pyramides, le chauffeur, avec bienveillance, nous invite à descendre du véhicule. Après l'avoir fait et refermé les portières, Aklèf me regarde droit dans les yeux et lance : « Allez Gabriel, il ne reste qu'un mètre, on peut le faire ! » Nous finissons donc le trajet à pied pour atteindre l'entrée du musée. D'ailleurs, d'autres touristes descendent également de leurs véhicules et suivent leurs guides respectifs. Chères lectrices et chers lecteurs, je vous laisse avec le narrateur qui poursuivra le récit. Soyez attentifs… **La suite promet d'être incroyable**. Il est étonnant de constater à quel point la motivation peut se manifester soudainement, comme sur le visage d'un enfant. Gabriel paraît particulièrement impliqué dans cette expérience et souhaite sans doute revivre des instants aussi riches en émotions. Il imagine probablement que de nouveaux événements viendront rythmer cette histoire. Gabriel et le guide Aklèf se dirigent vers l'un des musées/pyramides ; bien qu'il ne leur reste qu'environ cinq minutes de marche, il est probable qu'Aklèf choisisse également ce musée ou cette pyramide. Ils continuent leur trajet à pied et arrivent ensemble devant l'un des musées. D'une voix basse, Aklèf demande alors à Gabriel de vérifier discrètement si quelqu'un les suit. Gabriel balaie la zone du regard à droite puis à gauche, n'apercevant rien d'anormal, et informe Aklèf qu'il ne voit personne derrière eux. À son tour, Aklèf examine les environs, tournant la tête de chaque côté. Gabriel lui demande alors pourquoi il lui a suggéré cette précaution. Dans un silence lourd, Aklèf ne répond pas directement et se contente de signaler à Gabriel qu'ils sont

P.162

Arrivés devant le musée et qu'ils doivent, eux aussi, rejoindre la file d'attente. Gabriel, sans vraiment comprendre pourquoi, suit la demande d'Aklèf et lui indique l'heure exacte, après avoir vérifié sa montre. Il est donc, bien **10h00**. Aklèf remercie Gabriel pour sa précision, puis reprend la parole : « Tu dois garder en tête que tu as un rôle à jouer ici. » Intrigué, le cœur battant plus vite, Gabriel accompagne Aklèf à l'entrée du musée. Même s'il arbore un sourire léger qui trahit à la fois son enthousiasme et une certaine appréhension, Gabriel reste maître de lui et parvient à contenir ses émotions. L'excitation et l'appréhension sont évidentes, laissant présager qu'un événement marquant est imminent. Gabriel demeure optimiste et exprime son intérêt quant à la suite de l'histoire. Soudain, dans la file de touristes devant eux, une personne — dont le genre ne peut être déterminé par Gabriel — semble se diriger vers lui, ce qui suscite sa curiosité. Gabriel interroge alors Aklèf sur la présence de cette personne ; Aklèf, impassible, le rassure en affirmant qu'il ne pense pas que la personne vient à leur rencontre. Malgré cette assurance, Gabriel reste vigilant. Alors qu'ils arrivent près de l'entrée du musée, Gabriel vérifie l'heure comme à son habitude : il est **10h15**. Ils s'arrêtent tous les deux quand, soudain, une personne s'approche vraiment. Il s'agit visiblement d'une femme vêtue d'une tenue locale. Elle sort quelque chose de sa poche droite et la pose sur mon épaule gauche, puis me regarde avec bienveillance, même si je ressens quelque chose d'étrange. Je garde mon calme, faisant semblant de comprendre ce qu'elle disait. Ensuite, elle soulève sa main gauche et la pose sur mon épaule droite, puis murmure à mon

P.163

Oreille : « Ne t'inquiète pas, ce collier porte bonheur mais il protège. » Soudain, Aklèf intervient et se place juste devant nous, entre moi et cette dame, puis dit : « Partez d'ici. » Sans un mot, la dame reprend sa place dans notre groupe. Aklèf tente de me rassurer sur ce que je viens de vivre en expliquant que les locaux ont parfois du mal à se retenir face à un étranger venant d'un autre pays. Il explique à Gabriel que le collier portant un œil gravé en son centre est considéré comme un talisman protecteur, appelé le « mauvais œil ». Nous avançons, suivant le groupe de touristes devant nous, tandis qu'Aklèf poursuit en précisant, même si Gabriel tu n'y croit pas du tout. Forcément, qu'en Égypte, les légendes urbaines font partie du quotidien. C'est une façon intéressante d'adopter des précautions, même si cela relève simplement de l'habitude ou du respect des croyances locales. Gabriel explique pour Aklèf qu'il comprend, reste attentif à son environnement et veille à sa propre sécurité, ce qui s'avère essentiel dans un lieu animé comme celui-ci. Un silence profond s'installe alors que tous marchent au même rythme que le groupe de touristes. Il est fascinant d'observer comment vous manipulez le bouclier contre le mauvais œil autour de votre cou, ressentant sa texture sous vos doigts, probablement pour vous rappeler sa présence et son rôle protecteur. Gabriel garde le regard perdu vers l'horizon, tout en veillant à ne pas attacher trop d'importance à ces croyances. Soudain, Gabriel s'adresse à moi, le narrateur, ce qui est également surprenant. Il me dit qu'il va reprendre le fil de son récit. J'accepte donc, à sa demande, de lui laisser la continuité de l'histoire.

P.164

Gabriel déclare alors ceci, même si je prends tout de même certaines précautions, notamment au sujet des phénomènes paranormaux que j'avais entendus lors de notre passage devant l'accueil. Depuis l'hôtel du Caire, ma curiosité sur ce sujet s'est vraiment intensifiée. Dans de nombreuses cultures, orientales ou occidentales, on accorde une grande importance aux objets censés protéger du mauvais œil, car ils servent à repousser les influences négatives. Aklèf m'a averti de ne pas réduire ces objets au rang de simples jouets ; ils sont perçus comme de véritables protections contre les énergies néfastes. Il faut donc les manipuler avec précaution et reconnaître leur signification selon les différentes traditions. Chers lecteurs et lectrices, je vous laisse maintenant entre les mains du narrateur qui poursuit le fil de mon récit. Les croyances et légendes urbaines liées à ces objets protecteurs et aux phénomènes paranormaux ont de quoi captiver, mais peuvent aussi susciter de l'inquiétude chez certains. Gabriel adopte une approche pragmatique à l'égard de ces sujets, reconnaissant leur importance dans certaines cultures tout en doutant de leur véritable efficacité. Les récits sur la magie noire et les esprits malveillants peuvent inquiéter et effrayer. Soudain, Gabriel interrompt le narrateur : **Oui, j'ai bien compris qu'il faut veiller à ce que les colliers ne soient pas considérés comme des jouets**. Le narrateur poursuit alors son récit après cette prise de conscience de Gabriel, qui reste lucide et refuse de se laisser influencer par les rumeurs ou les superstitions. Gabriel garde en tête qu'il est venu en Égypte pour profiter de son séjour, pour trouver des réponses.

CHAT-PIE-TRE-165

Et non pour se laisser distraire par des histoires mystérieuses ou magiques. Il est donc judicieux de prendre du recul face à ces légendes urbaines afin qu'elles n'interfèrent pas avec l'expérience vécue. Après tout, l'essentiel est de profiter pleinement du moment présent et de s'émerveiller devant la beauté des pyramides ainsi que la richesse culturelle qui nous entoure. Soudain, le narrateur disparaît, laissant place à Aklèf qui m'annonce que nous approchons de l'entrée du musée ; il ne reste plus qu'une poignée de visiteurs. Aklèf me confie alors qu'il m'avait imaginé plus grand avant mon arrivée en Égypte. Surpris de voir un homme si jeune, je lui explique qu'avant de venir ici, j'étais très pris par la **fabrication de jouets pour enfants** pendant les fêtes. Aklèf répond qu'il connaît cette histoire et que c'est précisément la raison de ma présence à ses côtés. Soudain, nous rentrons tous dans le musée à **11h00** précises. Le silence se poursuivies dès qu'ont rentrent dans le musée. Je me prépare à découvrir de nouvelles expériences. Quelques minutes après avoir rejoint entièrement le groupe de touristes, ma voix se transforme soudainement et prend celle d'un homme âgé d'au moins quarante-cinq ans. Ce phénomène constitue un événement inattendu et vraiment incroyable. Aklèf me regarde, stupéfait, son visage révélant toute sa surprise, car il entend cette voix d'homme pour la seconde fois. Brusquement, il me demande pourquoi ce changement est survenu. Vous aussi, chères lectrices et chers lecteurs qui suivez mon récit, vous vous posez bien sûr la même question. Vous vous demandez tous s'il s'agit d'un acte volontaire, d'un sortilège ou d'une punition.

P.166

Ma voix d'homme apparaît spontanément surtout aléatoirement et je ne la contrôle pas du tout. Au début, j'étais un homme ; après ma « transformation » ayant réduit ma taille à celle d'un enfant de 12 ans, tout avait changé. Le narrateur souligne que cette situation apporte une dimension mystérieuse à l'histoire, de Gabriel. Des forces dépassant l'entendement semblent être à l'œuvre, ce qui crée une tension perceptible alors que Gabriel demeure vigilant pour explorer le musée/pyramide. Il s'interroge sur le fait que sa situation actuelle pourrait être liée à une forme de régression vers l'enfance ou à l'influence d'une force extérieure sur son esprit. Toutefois, Gabriel comprend que s'abandonner à ces propres pensées. Sombres risquerait de l'entraîner dans une paranoïa grandissante, et de le faire obséder par des idées de manipulation mentale ou d'envoûtement. Le narrateur comme à chaque fois laisse le récit, à Gabriel. Je suis pleinement conscient de la complexité de mes émotions et de mes réflexions, ce qui n'est pas surprenant à l'âge de 12 ans. Il est essentiel d'accepter ces ressentis et de rester fidèle à soi-même, sans se sentir obligé de se justifier. Sans transition, poursuivre mes recherches de vérité reste très crucial pour mon parcours. Dans ce couloir du musée, ou simplement ailleurs. Je reste déterminé à trouver les réponses que je cherche, même si cela implique de relever des défis ou surmonter des obstacles. Mon histoire s'annonce passionnante, riche en découvertes et en rebondissements. Je souhaite effectuer une transition pour rappeler brièvement certains événements de l'histoire. Mes chères lectrices et lecteurs. Lorsque je suis rentrée tard dans

P.167

Mon appartement après une journée éprouvante, j'ai ressenti le besoin de me détendre sur le canapé afin de récupérer. Quelques heures plus tard donc. Au petit matin, entre la nuit et le lever du soleil très tôt, j'ai constaté que j'avais rétréci à la taille d'un enfant de douze ans. C'est alors que j'étais choquer de me voir dans le miroir de ma douche, une minute plus tard des yeux rouge vif sont apparus de manière inattendue. Avant cet événement, j'avais crié dans ma douche, effrayée par cette nouvelle situation. Après être sortie de la douche, je me suis dirigée vers le canapé afin d'analyser la situation et tenter de comprendre ce qui m'était arrivé. Toutefois, aucune explication rationnelle ne s'est imposée à moi, et j'ai constaté que je ne me reconnaissais pas. Pour revenir à ces fameux yeux d'un rouge vif, il en commencé par tourner autour de moi. Soudain, ils avaient bien disparu sans m'expliquer ce qu'il voulait. Après quelques minutes d'attente, ils étaient réapparus brièvement pour me dire, en quelques mots, de me rapprocher de l'Égypte. Voilà pour la petite histoire, chers lecteurs. À **11h10**. Le narrateur reprend alors son récit et précise ceci : la situation que décrit Gabriel est très intense et semble liée à sa précédente rencontre avec **l'entité diabolique** dans son appartement. Malgré le fait que Gabriel ait changé d'apparence, passant de celle d'un adulte à celle d'un enfant, l'entité vient aujourd'hui de réapparaître au musée/pyramide en Égypte. Gabriel éprouve à nouveau des difficultés à respirer, à crier et à reprendre son souffle. La présence de cette entité inquiétante, le confronte à ses peurs profondes. Sa démarche lourde accentue la gravité de la situation, et Gabriel s'interroge sur la possibilité que cette

P.168

Entité soit réelle, ou non ? Sachant que celle-ci flotte dans les airs. C'est une situation très troublante : Gabriel est confronté à la possibilité que les événements étranges qu'il a vécus ne soient pas simplement le fruit de son imagination. Il ne comprend pas cette réalité où le surnaturel semble bien exister, ce qui ajoute une nouvelle dimension, de mystère et de danger à sa quête de vérité. Il est naturel que Gabriel reste sceptique **face à l'existence de la silhouette/entité diabolique.** Même après l'avoir croisée dans son appartement. Gabriel préfère rester dans le déni tant qu'il ne dispose pas d'une preuve tangible de l'existence du phénomène. Cette attitude est très naturelle, dans les pays orientaux, notamment face à des événements mystérieux ou difficiles à expliquer. Toutefois, la situation vécue par Gabriel dans le couloir de la pyramide semble appuyer les soupçons d'Aklèf concernant l'existence de phénomènes inexpliqués. Dans son passé, Gabriel avait déjà fait face à une expérience très éprouvante sur le plan émotionnel. Ce qui renforce l'idée qu'il existe peut-être davantage de choses entre ciel et terre que l'on ne saurait imaginer. Sa réaction face à cette nouvelle épreuve met en lumière sa résilience et sa capacité à affronter l'inconnu. Gabriel reste attentif aux difficultés, prêt à relever les défis qui se présentent à lui au cours de cette nouvelle journée, qui débute justement sous de bons auspices. Gabriel se demande pourquoi tout cela arrive. Des yeux rouges surgissent, perturbants et inquiétants. L'atmosphère devient de plus en plus étrange à mesure qu'Aklèf exprime ses réflexions sur la mystérieuse entité présente. Gabriel, d'abord intrigué par l'affirmation que l'entité serait venue de France, mais réfléchit

P.169

Soudainement et pense avoir élaboré une théorie sur son arrivée. Pourquoi les yeux rouge vif l'ont-ils suivi depuis le début ? Peut-être voulaient-ils ensorceler les hôtels du Caire, ou simplement l'envoûter lui-même ? Mais Gabriel rejette complètement cette idée. Que l'entité puisse faire un tel voyage, soudain Gabriel reprends courtement le récit en disant ceux-ci, et puis mes chères lectrices et lecteurs, croyez-vous pas, que si "l'entité voulait voyager il aurait pris sans doute le corps d'une personne " (?) Donc oui moi Gabriel je considère que cette théorie comme du simple folklore, refusant de croire aux légendes urbaines. Le narrateur reprend spontanément le récit. Cependant, lorsque l'entité surgit soudainement devant Gabriel, ses certitudes vacillent. Pris soudainement de frissons, Gabriel reste figé face à l'apparition ; puis Aklèf lui propose de garder son calme et d'engager le dialogue avec l'entité. Gabriel reste surpris de la demande du guide ? "Commença il faut lui parler" Selon Aklèf, il existerait une forme de connexion avec elle. Bien que seul son organe visuel soit visible d'un rouge vif. La vive couleur écarlate des "yeux" provoque chez Gabriel une sensation de déséquilibre physique, l'empêchant de rester debout. (La peur), incroyable pour la deuxième fois est ceux devant tout le monde l'entité me parle à moi Gabriel ? Soudain Aklèf surenchérie en lui disant une nouvelle de dialoguer avec l'entité. Puis au moment où Gabriel tenté le dialogue avec cette "entité" ceux-lui-ci, L'entité me rappelle qu'il a une mission à accomplir. Le narrateur poursuit le récit, en disant…Gabriel reste au sol, tremblant de peur face à un sentiment du déjà-vu ou de souvenir persistant. Aklèf s'approche de Gabriel est tente

Tant bien que mal de relever Gabriel. Alors que son cœur bat la chamade. Gabriel pense à voix-haute, que l'entité lui est probablement hostile. Est redoute d'être à l'aube de quelque chose d'important, voire de menaçant—craignant même que sa vie soit en danger. L'incertitude de la situation l'envahit. C'est une scène intense et pleine de suspense, où la frontière entre réalité et surnaturel devient de plus en plus floue pour Gabriel. Il se retrouve confronté à la possibilité qu'un danger plus vaste et sinistre soit à l'œuvre, ce qui ajoute une nouvelle dimension à la peur et à la tension de l'histoire. Le narrateur une nouvelle fois poursuit : il n'est pas surprenant que Gabriel ressente une profonde détresse émotionnelle après ce qu'il vient de vivre. Gabriel tente de se relever seul, ou avec l'aide du guide Aklèf, mais il éprouve encore quelques difficultés à reprendre son souffle et à retrouver un rythme cardiaque normal. Une fois qu'il réussit à se mettre, complètement debout et prêt. **Aklèf s'exprime soudainement à voix haute : "Tu as raison de te concentrer sur ton bien-être physique et émotionnel, surtout dans des moments aussi intenses."** Gabriel s'efforce d'adopter une attitude naturelle, en maintenant sa force mentale et physique. Après avoir fermé les yeux dans le but de reprendre le contrôle sur ses émotions, bien qu'encore tremblant, il tend son bras par réflexe. Il remarque alors qu'il est **11h20**. À cet instant, le guide Aklèf lui demande : « Que fais-tu donc ? » Gabriel répond qu'il tend ses bras afin d'évaluer l'intensité de ses émotions. Le guide semble perplexe, ce qui amène Gabriel à préciser que tendre les bras devant soi permet de mesurer la force des tremblements. Gabriel reste debout ; il

P.171

Sent que l'émotion, bien que légère, demeure intense pour un garçon de douze ans. Il abaisse alors les bras et repense aux propos du guide concernant un éventuel dialogue avec l'entité. Chères lectrices et chers lecteurs, c'est comme si vous voyiez à travers ma tête et mes yeux. Que pensez-vous de cette idée d'engager un dialogue avec l'entité ? (…) Oui, j'imagine que, comme moi, vous trouvez cela étrange, presque irréel, de suivre la proposition du guide Aklèf. Quoi qu'il en soit, je vous laisse entre les mains du narrateur pour la suite de l'histoire, car moi, Gabriel, je ne peux pas vous décrire ce que je vois. Le narrateur reprend alors le fil et poursuit ainsi... En ce qui concerne le nom du collègue d'Aklèf, Gabriel pourrait envisager de demander plus tard, lorsque ses émotions seront apaisées. S'il se sent suffisamment à l'aise ? Il est essentiel que Gabriel prenne le temps de retrouver son calme avant de s'engager dans des échanges plus légers. La mystérieuse créature semble désormais liée à la fois au guide Aklèf et à Gabriel, d'après les propos d'Aklèf. Ce lien ajoute une dimension supplémentaire au mystère qui entoure votre aventure, commencée en France et poursuivie jusqu'en Égypte, et pose de nouvelles questions sur la véritable place de Gabriel dans cette histoire. Tandis que Gabriel progresse prudemment dans les couloirs du musée ou de la pyramide, il réalise que sa quête de vérité risque de le mener vers des lieux inattendus et des rencontres singulières. Il reste donc vigilant, prêt à affronter tout ce qui se présentera, même si cela l'oblige à explorer des territoires de plus en plus étranges et parfois effrayants au cœur du musée/pyramide. À **11h35**, la voix du narrateur s'évanouit soudainement, laissant

P.172

Place au guide Aklèf qui poursuit l'histoire. Du bout des doigts, il me montre sur la droite une porte très étrange. Je regarde Aklèf et lui dis : « Oui, d'où nous sommes, je sais, c'est étrange, mais on ne peut rien changer à ça. » Toujours debout, Aklèf me demande si je vais bien ; je lui réponds que oui, tout va bien. À cet instant, il me dit simplement : « Suis-moi Gabriel », puis se dirige directement vers cette mystérieuse porte. Je demande alors à Aklèf s'il a déjà vu une porte de ce genre dans le passé. Un silence s'installe entre nous. Le guide, Aklèf, me répond calmement qu'il n'a jamais vécu cette expérience auparavant. Lorsque je le regarde, son visage exprime une réelle surprise. Nous poursuivons alors notre marche sur quelques pas supplémentaires, avant de nous arrêter tous deux devant cette porte. Il paraît qu'Aklèf est captivé par les anciens écrits qui décorent le cadre de la porte, ce qui est plutôt étrange… sans transition. **En jetant un œil à ma montre, je remarque que le temps semble s'être arrêté juste devant cette porte insolite à 11h35.** Tout à coup, j'aperçois des hiéroglyphes qui me paraissent familiers, mais pas tous ; je pense qu'Aklèf doit vraiment connaître leur signification. Spontanément, notre guide Aklèf commence à parler seul, disant : ici, en Égypte, il est difficile d'affirmer que… le musée ou la pyramide. C'est comme tu l'imaginais, Gabriel. Cette porte bizarre, avec ses symboles, me laisse croire que tu es probablement sous l'emprise d'un esprit venu du passé. Sur le moment, je ne me rends pas compte qu'Aklèf vient de me parler. Je lui demande alors : « Aklèf, peux-tu me répéter ce que tu viens de dire, s'il te plaît ? » En attendant sa réponse, je remarque cette étrange

P.173

Porte dont la couleur n'est semblable à aucune autre. Elle évoque le grenat, mais ce n'est pas exactement ça ; c'est sûrement une nuance différente. Je demande à Aklèf s'il pense que cette couleur peut avoir un lien avec mon histoire. Soudain, il me regarde et affirme qu'il y a probablement une connexion, mais que c'est à moi, Gabriel, de le découvrir. Puis Aklèf me regarde une nouvelle fois, est me dit "écoute Gabriel" je t'avais dit que tu es surement envouté, par un esprit du passer. Je le regarde est lui dis, Aklèf c'est une blague, tu dois surement te tromper, les symboles qui sont inscrit sur le gabarit de cette porte étrange, sans doute ne veulent pas dire ça ? Ils doivent surement dire autres choses ? Aklèf continue d'avancer son raisonnement au sujet de l'envoûtement. Selon lui, je serais « envoûté par un esprit du passé ». Mais personnellement, je refuse d'y croire ; cela me paraît complètement invraisemblable. Aklèf insiste alors et me dit : « Gabriel, tu dois vraiment m'écouter ! Les anciens ne montent pas du tout, les symboles sont là, sur le gabarit qui entoure cette étrange porte. » Je le regarde avec une grande attention, je voie dans son expression, sur son visage est aussi son regard qu'il connait sans doute l'histoire dons-t-il est imprégniez. Alors ma question est la suivante, comment sa ce fait que les autres portes qu'on avaient ouvertes, n'était pas comme celle-ci ? Alors Aklèf j'attends ta réponse (?) C'est en attendant ta réponse, certainement réfléchie, que je prends le temps de me remémorer chaque instant passé. Durant ces jours révolus, j'ai cherché à comprendre, au fil des événements, ce que nous avons vécu ensemble dans cette période.

P.174

Les émotions ressemblaient vraiment à des montagnes russes pour chacun d'entre nous, tant elles étaient intenses et présentes à chaque moment. En repassant mentalement toutes les images, toutes les portes que nous avons ouvertes — toi, Aklèf, et moi, Gabriel — je réalise qu'en repensant à chaque porte franchie, je n'ai ressenti aucune atmosphère négative. Je me souviens qu'elles étaient dorées. Aklèf me dit qu'il se rappelle aussi les situations vécues. Il m'assure avec conviction que toutes les portes, ouvertes ou entrouvertes, étaient bien dorées, il n'y a aucun doute. Aklèf ajoute : « Gabriel, je sais qu'il n'y avait pas d'envoûtement, mais encore une fois, c'est uniquement cette porte aux couleurs étranges. » C'est une scène totalement immersive, mais aussi très étrange, presque irréelle. Sachant que cette porte arbore une teinte grenat juste autour d'elle, il est facile de ressentir l'atmosphère négative qui s'en dégage ; deux émotions se mêlent alors : la tension et l'excitation. Cela me fait sourire doucement, car rien qu'en y pensant, j'ai envie de l'ouvrir. Soudain, je croise le regard d'Aklèf, qui insiste sur le fait que "je sois ensorcelé". Pour apaiser la situation, je lui dis : "Aklèf, tu as raison." Nous verrons bien, une fois que nous pourrons franchir cette porte étrange, si elle me repousse vraiment. Tout à coup, une nouvelle motivation m'envahit et me donne envie de retrouver cet état d'esprit, de « revivre cela ». Ne vous inquiétez pas, vous qui me lisez, mes chères lectrices et lecteurs, si, il aurait un empêchement à travers cette porte. De plus, cela rappelle le commencement de cette histoire. Celle-ci ne s'arrête pas ici ; au contraire, elle poursuit son évolution, et vous y jouez également

CHAT-PIE-TRE-175

Un rôle clé. Je ne vous en dis pas davantage pour l'instant, mais au fil de l'histoire, je suis certain que tout deviendra clair pour vous. Nous sommes toujours devant cette porte énigmatique. Aklèf et moi-même nous interrogeons sur l'opportunité de l'ouvrir. Soudain, Aklèf tend son bras droit afin de toucher le cadre qui entoure cette porte, probablement dans le but de déterminer s'il est possible de l'ouvrir à l'aide d'une clé ou si, à l'instar des autres portes, l'accès nécessite la résolution d'éventuelles énigmes. Je vois Aklèf continuer à faire glisser sa main sur le gabarit de la porte, étrangement fasciné par la chaleur qu'il ressent. Cherche-t-il à en savoir davantage ? Pendant qu'il vérifie, je me demande simplement. Peut-être veut-il se remémorer les sensations connues autrefois, sans doute lorsqu'il était encore jeune apprenti. Quoi qu'il en soit, ma montre affiche toujours **11h35**. De plus, si elle s'est arrêtée depuis notre arrivée devant cette porte étrange, cela suggère que la clé consiste probablement à rassembler d'autres symboles. Soit les symboles que nous connaissances, soit il y-a-d'autres que je ne connais pas du tout. Pour l'instant la seule chose que je voie, c'est Aklèf est remplie de souvenir. Il semble effectivement que ce soit le cas. J'observe distinctement dans ses yeux une lueur éclatante, comparable à celle des étoiles dans le ciel. Soudain, **Aklèf me dit : « Gabriel, cette porte qui n'est pas comme les autres ;** elle est extrêmement dangereuse pour quiconque la touche. » Je lui réponds d'une voix rassurante : « Ne vous inquiétez pas, Aklèf, j'en prends l'entière responsabilité, car dans ma tête, je suis un adulte. » Une fois de plus, le Narrateur fait son apparition et affirme : C'est étonnant

P.176

De constater que la motivation peut naître après chaque difficulté traversée. N'est-ce pas ? Gabriel paraît très impliqué dans cette aventure, animé par le désir de découvrir ce qui se cache derrière cette porte mystérieuse. Le guide Aklèf explique à Gabriel qu'il doit s'attendre à de nouveaux rebondissements dans cette chambre néfaste. Aklèf ajoute qu'il pourrait y jouer un rôle encore plus important que d'ordinaire, ce qui intrigue vivement Gabriel. Son cœur recommence à battre la chamade. Quand Gabriel réalise toute la portée des événements, un léger sourire enthousiaste apparaît sur son visage, signalant l'imminence d'un moment captivant.   Je me demande avec impatience ce qui nous attend derrière cette porte. Moi aussi, je sens cette chaleur oppressante sur mon visage. Pour être franc avec vous, chers lecteurs et lectrices, cette chaleur évoque celle du soleil d'été, mais ici, elle émane de l'intérieur du musée, juste de l'autre côté de cette fichue porte. Devant cette porte fermée, nous ne pouvons entrer tant qu'Aklèf n'a pas trouvé la clé. Par précaution, j'ai mis autour de mon cou le bouclier contre le mauvais œil. Je vous laisse désormais entre les mains du Narrateur pour la suite, tandis que je reste auprès d'Aklèf en attendant la décision concernant l'ouverture de la porte… Pour éclaircir un peu le mystère entourant le « bouclier », c'est-à-dire le mauvais œil que je porte actuellement autour du cou : souvenez-vous, c'est la dame que nous avons rencontrée juste avant d'entrer au musée qui me l'a donné. Maintenant, chères lectrices et chers lecteurs, je tiens à préciser un point important sur la situation : nous sommes toujours devant cette porte, le temps semble s'être figé, et le même phénomène touche tout le

P.177

Couloir. Il est donc impossible de savoir l'heure exacte. En claire nous sommes bloquées dans ce couloir Aklèf et moi Gabriel devant cette porte. **Aklèf m'adresse calmement : " Gabriel, il vaudrait mieux que ce soit moi qui serve de guide et ouvre cette porte.** De sa main droite, Aklèf me fait reculer de trois pas. Le silence s'installe tandis qu'il jette un dernier regard vers le cadre grenat qui entoure la porte. Il se place ensuite entre moi et la porte, levant son bras gauche vers le haut où une empreinte de main, dessinée ressemblant à celle d'un guide, est visible. Aklèf pose sa main gauche sur cette empreinte, puis utilise sa main droite pour tenter d'ouvrir la porte en abaissant le poignet noir. Soudain, une vapeur s'échappe sous cette porte considérée comme néfaste et, en même temps, de la poussière apparaît. Il recule lui aussi de quelques pas lorsque, brusquement, un grésillement retentit. En entendant le bruit d'une porte restée bloquée depuis des siècles, il n'est pas étonnant, comme vous le savez en tant que lecteurs attentifs, qu'ouvrir une porte aussi ancienne puisse être difficile. Aklèf a remarqué que la porte s'est partiellement ouverte sans nécessiter d'énigmes. Étrangement, elle s'est ouverte d'un seul coup. Quoi qu'il en soit, le guide Aklèf s'est avancé devant cette porte pour continuer à l'ouvrir petit à petit. Aklèf me demande de faire bien attention et de ne pas m'approcher de l'entrée ; il doit attendre que l'air confiné à l'intérieur s'échappe. Je lui réponds d'accord, Aklèf (…). Le silence s'installe entre nous, mais depuis ma position, j'aperçois une lumière jaune éclatante. Au même moment, Aklèf me demande à nouveau de bien reculer cette fois-ci et de ne pas rester sur la droite de

P.178

L'ouverture. Il explique que dans une pièce comme celle-ci, autrefois, un enfant n'a visiblement pas suivi les consignes et s'est trop approché lorsque l'aire quittait la chambre ; un des guides avait alors ouvert la porte, et étrangement, l'enfant a été changé en une personne néfaste. Peu après, Gabbie est restée coincée jusqu'à ton arrivée, Gabriel. Soudain, je comprends mieux pourquoi Gabbie venait sans cesse vers moi, traversant mon corps à chaque fois. J'observe qu'Aklèf continue d'ouvrir la porte ; à mesure que celle-ci s'ouvre davantage, je prends soin de renforcer ma vigilance en reculant progressivement. J'entends toujours ce grésillement provenant de la porte grenat, ornée d'un encadrement doré. La lumière en provenance de l'intérieur devient progressivement plus intense à mesure qu'Aklèf ouvre grand la porte. Il est important de préciser que, mesurant 1m30, je ne serais pas en mesure d'ouvrir, cette impressionnante porte. Particulièrement large. C'est précisément cette porte massive qu'Aklèf vient d'achever l'ouverture. Le guide m'informe soudainement qu'il est impératif de rester à distance et d'attendre que l'espace soit correctement aéré. Aklèf précise également qu'il me signalera lorsque je pourrai m'approcher en toute sécurité ; j'apprécie pleinement la rigueur de ces mesures de précaution. Spontanément une toute petite vibration ces fait sur mon poignet droit, est bizarrement, l'heures refonctionne, donc il est **12h30**. Étant donné le temps d'attente, il est pertinent d'occuper son esprit à des réflexions constructives. Récemment, j'ai repensé aux récits de phénomènes paranormaux évoqués lors de notre passage à l'accueil de

P.179

L'hôtel, ce qui a éveillé chez moi une certaine curiosité pour ces sujets. Il est établi que, dans de nombreuses cultures tant orientales qu'occidentales, les objets de protection contre le mauvais œil jouent un rôle essentiel pour se prémunir contre les influences négatives. Soudain, **Aklèf m'informe qu'il est désormais possible d'entrer dans la chambre.** Je m'approche progressivement, rassuré par sa bienveillance : "Gabriel, tu peux entrer sans problème." En avançant, je ne ressens aucune inquiétude ; la porte s'ouvre et nous entrons ensemble, espérant trouver des réponses comme dans les précédentes chambres. Aklèf pose sa main droite sur mon épaule gauche pour me rassurer. Une fois à l'intérieur, la porte se referme brusquement. La chose la plus étonnante, c'est qu'on n'a rien entendu, pas même un grésillement. Dans la foulée, Aklèf m'interroge sur le collier que la dame m'a donné. Je lui réponds que je l'ai toujours, alors il me rappelle son rôle de protection. « Gabriel, tu sais que ce collier n'est pas un jouet », dis-je. Aklèf, vous ne devriez pas vous inquiéter. Je comprends désormais l'importance du collier, alors je ferai très attention afin de me protéger des énergies négatives. Il est essentiel d'aborder ces objets avec respect et de reconnaître leur importance dans diverses cultures. Historiquement, ils ont été employés non seulement aujourd'hui, mais aussi par le passé, notamment pour invoquer des esprits — parfois un en particulier, bien que, malheureusement, il s'agisse dans certains récits de « mauvais esprits » ou d'autres entités similaires. Cependant, leur signification va bien au-delà de ces interprétations. J'ai compris l'ampleur de ce phénomène sans

<u>*CHAT-PIE-TRE-160*</u>

Pour autant m'en inquiéter outre mesure, car il ne relève pas du réel. Mon séjour en Égypte n'a pas pour but de prêter attention aux rumeurs concernant la soi-disant « magie noire ». Je suis conscient de l'impact psychologique et moral que peut avoir le mystère entourant les objets dits de protection. Qui alimente les croyances à travers le monde, voir aussi des siècles avenirs ; **il convient toutefois de rappeler qu'il s'agit surtout d'une légende**. À mon avis, les légendes urbaines doivent justement rester ce qu'elles sont : des légendes. Il est vrai que les croyances et récits qui entourent les objets de protection ou les phénomènes paranormaux suscitent souvent la curiosité, mais ils peuvent également inquiéter certaines personnes. Je dois donc garder mon sang-froid et ne pas me laisser influencer par les rumeurs ou les superstitions. Encore une fois, je suis ici en Égypte pour affronter les épreuves, et si un jour l'envie me prend de profiter du temps, ce sera bénéfique pour moi. Mais pour l'instant, revenons à cette chambre où Aklèf et moi sommes entrés il y a quelques minutes ; nous devons simplement patienter. Pendant cette attente, je me dis que je ne vais pas me laisser distraire une fois de plus par des histoires de mystère et de magie. Même si j'accorde de l'importance à la protection contre le « mauvais sort », il est prudent pour moi de garder une certaine distance avec ces célèbres légendes urbaines et de veiller à ce qu'elles n'affectent pas mon expérience. Bien que le guide Aklèf m'ait fortement informé de cette protection morale, je reprends rapidement mes esprits et me concentre sur ce qui va se passer dans cette chambre. Cette fois, il n'y a qu'une seule lumière blanche ; au départ très intense, elle s'est

P.181

Atténuée, presque tamisée, lorsque Aklèf a ouvert la porte. Quoi qu'il en soit, nous constatons tous les deux qu'il n'y a pas d'ombres spécifiques, aucun indice particulier… Pour rester dans les détails, la porte s'est refermée normalement, sans bruit supplémentaire, juste une fermeture classique. Par habitude, je regarde l'heure sur ma montre : il est exactement **13h00**. Oui, vous avez bien lu : ce que je ne vous ai pas encore révélé, chères lectrices et chers lecteurs, c'est que dans d'autres chambres, ma montre s'était soudainement mise à tourner ses aiguilles toute seule. Je me rappelle ce moment comme si c'était hier : soudain, Aklèf m'adresse un sourire pour montrer à quel point le temps a filé et que j'ai changé. En d'autres termes, il estime que j'ai mûri sur le plan moral. Ma jeunesse intrigue souvent les habitants locaux, suscitant curiosité et parfois confusion. **Cependant, je dois rester serein et garder le contrôle de la situation.** Pour ce que cela vaut, il semble qu'Aklèf soit là non seulement pour me protéger, mais aussi pour éviter que mon apparence physique ne change, comme cela s'est produit avec les autres enfants avant mon arrivée. Toutefois, à mes yeux, il est bien plus qu'un simple protecteur ; son rôle de guide dépasse cette fonction. Sa présence a été déterminante depuis le début, tout au long de l'histoire. Sans transition. La scène est particulièrement intrigante, pleine de mystère et d'inconnu. Un silence plane autour de nous, Aklèf et moi, mais il n'a rien d'inquiétant : c'est simplement le moment propice avant de se lancer dans une nouvelle aventure qui nous attend. J'avais envie de vous parler de cette chambre, probablement pour marquer un événement.

P.182

Quoi qu'il en soit, j'ai ma torche avec moi, ce qui nous permettra d'explorer avec encore plus de clarté. Soudain, le guide Aklèf me propose d'entrer totalement dans la chambre pour voir ce qui pourrait se passer. J'accepte et nous avançons de quelques pas lorsque, tout à coup, ma voix d'homme réapparaît spontanément. Elle résonne dans toute la pièce. Ce moment me surprend et me déstabilise légèrement, car je ne m'y attendais absolument pas : je pensais simplement hausser ma voix d'enfant, mais c'est finalement ma voix d'homme qui **s'est imposée**. Cette situation apporte une dimension supplémentaire de mystère à mon récit. Ma voix d'homme continue de résonner, et il est probablement temps pour Aklèf et moi de partir à la recherche d'indices sur cette fameuse épreuve. Cependant, une question me hante — sans mauvais jeu de mots : **en quoi consiste réellement cette épreuve ?** Tout à coup, Aklèf me suggère de procéder comme d'habitude : chercher nous-mêmes des photos à accrocher aux murs, ou simplement vérifier partout s'il n'y a pas des jarres cachées sous les draps. Ou tout autre élément susceptible de provoquer un événement. Vous avez raison Aklèf, allons-y, hop ! Nous avançons prudemment dans la chambre mystérieuse, pas-à-pas sans rien remarquer d'étonnant pour l'instant, mise à part les gravures anciennes sur les murs. Je demande pour le guide Aklèf, de m'expliquer (?) qu'il s'agit simplement d'une langue très ancienne évoquant une forme de bravoure entre les dieux. Puis, sans raison particulière et d'un ton très sérieux, il me demande de poursuivre la recherche d'indices. Précisant que **nous ne sommes pas là pour faire du tourisme**.

P.183

Je le regarde, stupéfait, et je m'interroge : pourquoi m'a-t-il parlé ainsi alors qu'il n'agit pas comme ça d'habitude ? Ce n'est vraiment pas son genre, Aklèf. Pour l'instant, je ne lui en veux pas, j'acquiesce simplement d'un signe de tête pour qu'il comprenne ce que cela implique… En avançant dans cette chambre, j'aperçois, un peu sur la droite, une ombre. Je dis à Aklèf : « Regarde là-bas, légèrement à droite, il y a une ombre. » Aklèf observe l'ombre et propose que nous allions voir. Nous marchons vers l'ombre et découvrons, sous un tas de draps ou de quelque chose du genre, une véritable montagne de fragments de jarres, toutes réduites en miettes. Aklèf me dit alors que c'est sûrement l'épreuve dont il est question. Je lui demande ce qu'il veut dire par là, et il m'explique qu'il faut reconstituer chaque jarre pièce par pièce ! C'est alors que je réalise enfin qu'il s'agit d'un puzzle… Soudain, la lumière commence à vaciller dans la chambre, comme si celle-ci était vivante. En regardant Aklèf, je remarque sur son visage l'expression de la joie, car il vient de trouver la solution. J'ai sollicité l'aide du guide Aklèf pour progresser sur le puzzle d'une des jarres. Il m'a regardé avec une certaine hésitation avant de m'avouer qu'il n'avait pas ma patience… Ce qui signifie, si je comprends bien, que c'est à moi seule de reconstituer les jarres pièce par pièce. Chères lectrices, chers lecteurs, vous comprenez sans doute à présent pourquoi ma montre s'est brusquement arrêtée, avant qu'on rentre, ensuite, elle s'est remise à fonctionner lorsque nous sommes entrés dans cette chambre. Même si je suis à l'aise avec ce puzzle, il y a la question du temps : je crains vraiment de passer plus d'une

P.184

Journée simplement à chercher les jarres enfouies sous cette montagne. Est-ce là toute l'épreuve ? Ou bien faut-il vraiment la trouver comme Aklèf l'a fait ? D'ailleurs, en parlant de lui, il vient justement de me confirmer qu'il s'agit bien de l'épreuve et que je ne dois pas en douter. Soudain, une question me traverse l'esprit : **comment parvient-il à me répondre à travers mes pensées ?** Quoi qu'il en soit, il est inévitable que la question soit éventuellement posée, et le guide finira un jour par me révéler son secret concernant sa capacité à lire et comprendre tout ce que je pense. Mais bon, maintenant je dois continuer à faire ce puzzle, de jarre je sens que j'arrive sans doute à un début de vérité, mais la question est ? **Laquelle soit de Gabbie, ou alors soit de ma vérité ?** … Vous savez !! Mes chères lectrices et chers lecteurs, il est important de reconnaître que l'avenir reste très incertain et qu'il nous est impossible de prédire ce qui nous attend. C'est une réflexion sage et lucide sur la nature humaine, et cela souligne la nécessité de rester ancré dans la réalité face aux imprévus qui peuvent surgir. Chaque nouveau jour nous apporte davantage d'informations alors que nous poursuivons, chacun **à notre manière, notre quête pour comprendre la véritable vie sur cette terre**. Sans transition. C'était pour moi une penser, personnel. Revenons à cet-instant maintenant. Au fond, je connais la véritable raison de ma présence ici. Comme Aklèf l'a justement précisé, si je suis en Égypte, c'est pour permettre à Gabbie de sortir définitivement du périple qui la retient. Une autre idée me traverse alors l'esprit : tout en cherchant les morceaux des jarres brisées. Est-ce que d'autres sont également en morceaux ? En réunissant les pièces

CHAT-PIE-TRE-185

Une à une, je me demandais quelle serait la prochaine étape, surtout en ce qui concerne la prochaine porte à ouvrir dans l'une des chambres à explorer. Quoi qu'il en soit, je commence à distinguer progressivement, pièce après pièce, le fond d'une jarre dont un tiers est brisé ; rassembler tout cela prendra beaucoup de temps. Il reste à poursuivre, et à cet instant Aklèf essaie de m'encourager selon sa méthode, mais je perçois clairement l'effort émotionnel qu'il fournit. Après avoir remercié Aklèf pour ses encouragements, il m'a simplement répondu « de rien, Gabriel ». J'ai alors poursuivi mes efforts afin que l'une des jarres soit presque terminée. Toutefois, je tiens à préciser à mes lecteurs que la tâche n'est pas aisée : toutes les jarres ne sont pas conçues de la même manière. " petite aparté le temps ici dans cette chambre néfaste est bloqué". Donc voilà pour le petit aparté. Je poursuis en précisant que certains sont plus fins, d'autres plus épais. En ce qui concerne les couleurs, il existe des tons beiges, d'autres bruns, ainsi que des beiges clairs, mais ce qui surprend le plus, ce sont les jarres foncées. D'ailleurs, il est probable qu'il y en ait encore d'autres une fois le tri effectué. De mon œil gauche, j'aperçois Aklèf qui acquiesce de haut en bas pour m'indiquer que le temps ne s'est vraiment pas arrêté sans raison. En clair, pour Aklèf, je dois me dépêcher, mais tout en faisant preuve d'une grande habileté. D'ailleurs, j'ai une question pour mes chers lecteurs et lectrices : n'y a-t-il pas un détail qui vous interpelle dans la façon dont je rassemble les pièces ? Soudain j'ai une autre question pour le guide Aklèf ? Pourquoi me mettre la pression ? Sachant que ma montre depuis notre

P.186

Entrées l'heure s'est arrêter. Aklèf s'est mis à me répondre, sur le temps dans cette chambre, il me dit qu'il est vrai, il s'est arrêté pour que tu puisses faire le puzzle, mais moi Aklèf, je suis pressé, voilà pourquoi je veux que tu termines vite Gabriel. Je lui dis d'accord Aklèf pas de soucis. Mais passant. Revenons à nous mes chères lectrices, et lecteurs. Alors, avez-vous deviné ? Eh oui, il s'agissait bien de la colle pour la porcelaine ou la céramique. À aucun moment je n'ai pas mentionné que j'avais pris mon sac à dos ! Je suis sûr que tôt ou tard vous auriez trouvé la réponse. Bref, heureusement qu'au fond de ma poche arrière droite, j'avais gardé secrètement de côtés, pour l'occasion. Je poursuis mon travail : pièce après pièce, je recolle la seconde partie de cette jarre. J'en suis à la moitié maintenant. En effleurant la surface, je sens la délicatesse de la céramique, mais il y a aussi autre chose... Pouvez-vous deviner ce que c'est ? Vous, qui me suivez et qui semblez me regarder à travers mon regard, observez de loin comment je termine le puzzle de cette jarre. Alors ? Avez-vous trouvé ? Oui, c'est Aklèf. Il m'observe attentivement pendant que j'assemble toutes les pièces. J'ai une question pour vous, chers lecteurs : souhaitez-vous, par mon intermédiaire, poser une question à Aklèf ? Oui ? Non ? D'accord, d'accord, je vais lui demander pourquoi il me regarde avec une telle intensité. Aklèf ! Pourquoi me fixes-tu ainsi ? Soudain, Aklèf s'approche de moi, et j'aperçois sur son visage une expression fermée et dure ; manifestement, il ne veut pas que je perde mon temps. Il m'observe depuis ma position, puis recule jusqu'à s'adosser au mur et me lance : "Allez Gabriel, tu as presque terminé..." Un silence s'installe entre Aklèf et moi.

P.187

Tout en continuant d'assembler les morceaux l'une des jarres, pièce par pièce, Aklèf me répond cette fois-ci d'une voix apaisante ; il explique qu'il préfère s'assurer que je termine dans les délais impartis. J'évoque alors la question du "temps" pour Aklèf, affirmant qu'il est coincé. Il me répond que même si le temps semble arrêté ici, dans cette pièce, il n'est pas illimité une fois qu'on en sort. Ainsi, vous qui me lisez ou me suivez à travers mon récit, sachez qu'Aklèf vous a désormais donné sa réponse. À présent, l'une des jarres que je tenais entre mes doigts vient d'être achevée. Elle reste très belle malgré ses fissures, avec des morceaux soigneusement réunis. Maintenant je dois passer à la seconde étape. Aklèf continue de m'encourager… Une fois de plus je m'évade dans mon esprit. C'est dans cet état d'esprit personnel que je me disais : une fois l'épreuve du temps traversée avec succès et sorti de cette chambre dite mystérieuse, Aklèf et moi emprunterions le couloir. Sans doute nous attendraient alors des défis encore plus difficiles, de grandes surprises. Mais je n'en dirai pas davantage, car l'histoire ne s'arrête pas là. Bref, tout cela pour vous dire qu'il m'arrive de repenser à Gabbie dans cette chambre : cette petite fille que je trouvais vraiment adorable. À vrai dire, j'espère qu'un jour, si je redeviens adulte, j'aurai simplement l'occasion de la rencontrer réellement. Quoi qu'il en soit, Gabbie, je sais qu'il s'agit d'un esprit ou d'un fantôme qui me guide tout au long de mon parcours. Après avoir compris comment reconstruire chaque pièce, la seconde jarre devient facile à réaliser. Je vous laisse avec le Narrateur : chaque jour dans ce musée-pyramide, Gabriel se rapproche de sa quête,

P.188

Conscient des surprises qui l'attendent dans les couloirs menant à des chambres au nombre indéterminé. En évoquant Gabbie, il apparaît que Gabriel conserve une dimension humaine et un désir de lien, même au sein de sa recherche de vérité. L'histoire se distingue par sa richesse en mystères et émotions. **Le narrateur poursuit : "J'attends avec intérêt l'évolution des événements alors que Gabriel et Aklèf progressent dans le musée ou la pyramide."** Gabriel reprend alors le fil du récit et déclare : "À qui appartient cette voix ? Résonne-t-elle également dans la pièce où nous nous trouvons ? Aklèf me dit que c'est étrange, mais que je ne dois pas prêter attention aux voix entendues. Il conseille de continuer à rassembler des pièces pour la seconde jarre et de rester concentré. Je termine rapidement d'assembler les dernières pièces. Aklèf vérifie les jarres collées, me félicite, puis m'indique qu'il reste une dernière jarre. Pour finir, **voici sans doute l'épreuve**. Une fois de plus, je rassemble mon courage et je m'y mets, sans mauvais jeu de mots. Je fouille parmi les miettes restantes de jarres et je les distingue grâce à leur couleur mais aussi à leurs formes, qui sont géométriquement aléatoires. En observant partout, rien ne me donne d'indice sur le point de départ de la troisième jarre à assembler. Tout en continuant mes recherches, je me perds dans mes pensées à propos de Gabbie, réalisant que l'âge que je lui attribue n'est probablement pas le sien. Cependant, je garde à l'esprit que Gabbie est temporairement coincé, quelque part dans des années ou des siècles passés. Mais encore une fois, ce ne sont que mes réflexions, celles d'un enfant de 12 ans. Désolé, il m'arrive parfois de me perdre entre les pensées de

P.189

L'homme que j'étais autrefois. Pourtant, dans mon esprit, au cœur de cette histoire, ce sont vraiment celles d'un enfant qui prédominent. Pour revenir à mon dernier assemblage des pièces sous forme de puzzle concernant la jarre… Quoi qu'il en soit, je vous confie au Narrateur. Pour ma part, je poursuis l'assemblage minutieux des derniers fragments de cette jarre, une tâche qui me prendra beaucoup de temps, tout cela sous l'œil attentif d'Aklèf. : le Narrateur poursuit en disant. Cette histoire fascinante annonce de nombreuses révélations et de nouveaux tournants passionnants à découvrir prochainement. Mon intuition ne me trompe jamais ; quelque chose me dit que Gabriel aurait sans doute accès à un autre monde. D'ailleurs, vous qui suivez les aventures de Gabriel à travers toutes ses épreuves rencontrerez sûrement des situations similaires. Quoi qu'il en soit, cette fois-ci, chères lectrices et chers lecteurs, ce petit élément pourrait bien vous aider à mieux saisir l'histoire, que **Gabriel vies dans le musée/pyramide**. Pour être honnête, il s'agit peut-être du calme avant la tempête. Peut-être Gabriel devrait-il commencer à se préparer mentalement, mais aussi je pense physiquement, à ce qui l'attend une fois la dernière jarre terminée. D'ailleurs, en parlant de la jarre, Gabriel vient tout juste de placer la dernière pièce du puzzle sur la tranchée… En clair, mesdames et messieurs, Gabriel a achevé son œuvre. Soudain, Aklèf s'approche de Gabriel pour la dernière fois et voit que toutes les jarres sont dressées, alignées une à une… Il regarde à nouveau Gabriel et lui dit : « Bravo Gabriel, tu viens de finir d'assembler toutes les jarres. » Alors, Gabriel inspire profondément et laisse éclater une joie

Immense, soulagé de tout le stress qu'il avait enduré. Mais alors qu'il essaie de se relever, il perd l'équilibre et tombe en arrière—bien entendu, Aklèf le rattrape in extrémis. Soudain, un tremblement de terre se fait ressentir sous les pieds de Gabriel et d'Aklèf. Subitement, une voix totalement inconnue vient de prononcer « M.E.R.C.I ». Gabriel et Aklèf échangent un regard pour tenter de déterminer l'origine de cette voix. Reprenant le fil de l'histoire, Aklèf déclare : « Allez Gabriel, relève-toi, tu viens de terminer l'épreuve. Nous devons à présent quitter cette chambre rapidement. » À peine a-t-il fini sa phrase que la porte s'ouvre et laisse entrevoir une lumière. Gabriel remarque alors qu'il y a du monde dans le couloir. Aklèf explique que c'est normal, car ils sont restés enfermés toute une journée. Grâce à Gabriel, les trois jarres sont désormais rassemblées ; si l'on observe attentivement, chacune d'elles semble comme neuve et leur éclat est remarquable. Une fois que Gabriel et Aklef, voies la porte s'ouvrir ils se dépêchent, pour se rapprocher de la sortie de cette mystérieuse **chambre au couleurs grenat/dorée**. Gabriel entend des murmures dans le couloir, venant de touristes. Soudain, une idée lui traverse l'esprit : il la partage avec Aklèf en lui demandant si les touristes connaissent vraiment l'histoire des chambres. Aklèf reste silencieux une ou deux minutes ; je me dis justement en parlant de minutes (?) Il doit-être je pense **17h30** ou peut-être un peu plus je ne le sais. Au moment où nous quittons ensemble la chambre, celle-ci — comme toutes les portes précédentes — se referme toute seule, cette fois sans le moindre grésillement. Gabriel se rappelle alors qu'à chaque

P.191

Question posée, Aklèf aime toujours faire durer le suspense avant de répondre. Puis Gabriel reste à coller au mur droit, demande à Aklèf ou vas-tu ? Aklèf réponds d'une voie sereins écoute Gabriel reste là je vais revenir, j'ai quelque chose à faire… D'accord je reste donc ici, je t'attendrais, est revient avant l'annonce de la fermeture du musée/pyramide. Aklèf, dit Okay ne temps fait pas Gabriel. Aklèf surenchérie en disant, je connais encore la pyramide. Une fois que le guide avait terminer de parler, il part dans la direction souhaiter. Gabriel reste lui bien adosser contre le mur est attends sagement le guide Aklèf. Alors que l'heure du départ approche, le narrateur réapparaît et s'exprime. Gabriel observe le groupe de touristes qui, jusqu'à la dernière minute du temps supplémentaire imparti, continue à satisfaire leurs curiosités dans le musée. Les minutes passent rapidement et, bientôt, il sera enfin temps de quitter le musée pour aujourd'hui. Gabriel reprend le fil de l'histoire. Pour l'instant, chers lectrices et lecteurs, je n'ai pas le courage de regarder l'heure sur ma montre. La seule chose que je souhaite, c'est quitter la pyramide avec Aklèf. Et comme on le dit si souvent… **Demain est un autre jour.** Tiens, c'est curieux : pendant que je disais cette phrase dans ma tête, j'ai vu Aklèf approcher dans ma direction, l'air déterminé — sans doute prêt à m'informer de la prochaine étape, ou peut-être tout simplement désireux, comme moi, de rentrer à l'hôtel du Caire. Depuis ma position à droite, nos regards se croisent ; il ne me quitte pas des yeux un seul instant. D'ailleurs, en parlant de minutes, à **18h15**, l'annonceur/haut-parleur : à l'instant même, il vient d'annoncer la fermeture imminente du musée et

P.192

Il faut se dépêcher de rejoindre la sortie. À ce moment précis, Aklèf s'approche encore davantage, de moi est me tapote l'épaule droite et me dit : **« Allez Gabriel, on s'en va, demain sera un autre jour. »** Ce constat est également intrigant. Comme-ci, Aklèf avait eu, une information importante. Mais passant. À une virgule près, c'est ce que j'ai pensé dans ma tête, qu'on doit partir. Mes chères lectrices et lecteur, qui me lisez probablement avec attention. Aklèf et moi, Gabriel, avançons vers la sortie du musée. L'annonce/haut-parleur venant tout juste de se terminer, après une journée passée dans cette chambre aux tons grenat et dorés, je pressens que les prochains jours pourraient être encore plus difficiles. Toutefois, la motivation reste présente pour découvrir ce que le musée/pyramide nous réservera à Aklèf et moi. Nous faisons quelques pas de plus, et nous retrouvons devant la sortie du musée ; à **18h30**, je constate alors que la nuit est tombée. Alors qu'habituellement, lorsque nous sortons tous ensemble du musée, il faisait encore jour. Soudainement, la nuit tombe sans que je comprenne pourquoi, juste après que l'annonce de la fermeture est dite, oui je trouve ça très curieux (?) Mais bref, pour ce détail naturel. En regardant vers ma gauche tout à coup, un homme reste planté là, à nous observer, comme si nous étions des étrangers. Certes, je suis effectivement étranger, mais de là à nous dévisager ainsi, à ça non alors, je ne suis pas d'accord. Brusquement, Aklèf prend la parole et me rassure : « Gabriel, ne t'inquiète pas, je vais te présenter un ami qui travaille aussi avec moi. Soudain, sans vraiment comprendre, je reste immobile devant la sortie du musée.

P.193

Incapable de respirer ou d'appeler à l'aide. Je n'arrive pas à reprendre mon souffle. J'entends Aklèf me présenter son collègue et ami, mais je suis dans l'incapacité de bouger. Aklèf et son collègue semblent étonnés par la situation. Aklèf me demande ce qu'il se passe. Un silence s'installe entre nous ; je finis par lui expliquer que je viens d'avoir une vision du passé. Aklèf et son collègue paraissent surpris par ma réponse. Aklèf me dit alors : « Gabriel, raconte-moi ce que tu as vu. » Je finis par lui raconter ce que je venais de revoir dans mon esprit : l'expérience vécue dans mon appartement, qui m'avait bouleversé du jour au lendemain à mon réveil. Cette silhouette inquiétante, aperçue avant même d'arriver ici… En Égypte, elle n'était pas là sans raison. C'est la même silhouette/entité qui est apparue le matin suivant ma transformation… D'adulte vers l'enfant. Je me souviens aussi d'autre chose : sa manière étrange et pesante de se déplacer ou de flotter dans l'appartement. Soudain, Aklèf tente de me rassurer en me disant qu'il n'est pas là pour l'instant, et qu'il vaudrait mieux que nous entrions tous les trois à l'hôtel, sinon il risquerait de fermer pour la nuit et tu ne pourrais **malheureusement pas te reposer, après une dure journée que nous avons eue.** Je le regarde dans les yeux et réponds : « D'accord Aklèf, je vais vous suivre tous les deux. » Son collègue me dit alors : « C'est un choix judicieux. » Puis Aklèf reprend : « Viens Gabriel, allons vers le monospace et quittons cet endroit pour la nuit avant que l'hôtel ne ferme définitivement. » Alors que nous marchons, une question me traverse soudain l'esprit : et si une entité existait vraiment ? À ce moment, Aklèf me lance un regard par-dessus son épaule

P.194

Droite et déclare : « **On abordera ces questions plus tard.** Nous arrivons tous les trois devant la voiture mentionnée par Aklèf. Je m'approche de la portière arrière gauche, et le collègue du guide, Aklèf, s'approche de moi et me dit : « Attends, jeune homme, je vais t'ouvrir… » J'acquiesce, il saisit la poignée de la portière gauche, l'ouvre puis m'invite à monter : « Après toi, je t'en prie. » Je le regarde un instant puis j'aperçois Aklèf qui me fait un signe de tête, de haut en bas, pour m'indiquer que je peux lui faire confiance. Je monte donc dans la voiture ; son collègue referme soigneusement la portière arrière gauche, dont la vitre est entrouverte, tout en me demandant si je suis bien installé. Un court silence se fait entre nous, le temps que je m'installe correctement, et après avoir attaché ma ceinture de sécurité — c'est important — **je lui réponds que oui, je suis bien installé**. Aklèf s'installe du côté conducteur, ce qui est logique, puis ferme sa portière gauche. Quelques minutes plus tard, son collègue le rejoint et prend place côté passager droit, fermant également sa portière. Aklèf s'assure ensuite que chacun est correctement installé : la sécurité étant primordiale, tous les trois attachent leur ceinture. Il met alors le contact, quitte prudemment le stationnement et se dirige en toute sécurité vers l'hôtel du Caire. Soudain, Aklèf me regarde à travers le rétroviseur et me dit : « Gabriel, si tu veux, tu peux dormir pendant le trajet. » Je le regarde, et à peine a-t-il prononcé ces mots que, curieusement, mes paupières se ferment d'elles-mêmes… Le narrateur reprend alors le fil de l'histoire : Gabriel se retrouve dans une situation où le surnaturel semble devenir réalité, ce qui confère une nouvelle

CHAT-PIE-TRE-195

Dimension de mystère et de danger à sa quête de vérité. Le doute est, étrangement, presque palpable. Il semble impensable à Gabriel de saisir ces phénomènes surnaturels, surtout à un si jeune âge. Les questions qu'il se pose actuellement : quelle est l'apparence de cette mystérieuse silhouette, si toutefois elle en a une ? D'ailleurs, personne ne saurait vraiment dire si Gabriel possède cette croyance profonde. Cependant, il sait qu'à cet instant précis, **le surnaturel existe**. Même si dans l'imaginaire collectif on fait vivre ce genre d'expériences, ce n'est pas son cas. Je sais que vous, qui suivez Gabriel dans cette aventure, penserez sûrement qu'il a seulement vu cela dans son appartement... Pourtant, il lui arrive d'avoir des flashs de cette épreuve vécue, des souvenirs dont il se passerait volontiers. Donc, si l'on reste dans le domaine du surnaturel, je disais comme tout le monde que cela existe. Mais Gabriel continue de nier… Eh bien, il restera dans le déni tant qu'il n'aura pas de preuve du contraire. Pour revenir à cette situation, Gabriel avait perdu, juste au moment où il franchissait la porte du musée en sortant, son souffle ainsi que sa voix. **Comme vous le savez, il est resté immobile** pendant quelques minutes, dans l'attente d'une récupération émotionnelle. Après avoir terminé ensemble la visite du musée, mais assez tardivement, je suis sorti avec Aklèf, rejoint devant l'entrée à 18h25 par son ami et collègue. Une fois mes émotions retrouvées, ils ont pris la voiture, et Aklèf a démarré – petit rappel : Gabriel est toujours assis à l'arrière du véhicule, conduit par notre guide Aklèf et accompagné de son collègue. Ils se dirigent vers l'hôtel du Caire, il ne leur reste que quelques mètres avant d'arriver. À ce

P.196

Moment, le collègue propose à Aklèf : « Mon cher ami, ne crois-tu pas qu'il serait temps de réveiller le jeune homme qui dort paisiblement sur la banquette arrière ? Un moment de silence s'installe avant qu'Aklèf dise à son collègue que Gabriel doit se réveiller avant leur arrivée. Il appelle Gabriel une première fois, puis une deuxième : **Gabriel réveille-toi, nous sommes presque là.** Son ami remarque que Gabriel a un sommeil profond, ce qui paraît normal après la journée passée dans la chambre mystérieuse. Aklèf décide d'attendre un peu puis tente encore une fois : Gabriel, réveille-toi, nous arrivons. Au fil des minutes, Gabriel se réveille soudainement. L'ami du guide Aklèf remarque son réveil et l'en informe. Aklèf le voit alors et lui dit : « Bonsoir Gabriel, as-tu bien récupéré ? » Gabriel se redresse lentement, s'assied sur le siège arrière du véhicule, étire ses bras vers le ciel et allonge ses pieds. Il regarde Aklèf et son ami, puis déclare : « Oui, je viens de faire une sieste réparatrice, mais je me sens encore fatigué. » Aklèf tente de le rassurer, affirmant qu'il aura tout le temps de se reposer car ils sont presque arrivés. Juste au moment où il finit sa phrase, Gabriel aperçoit au loin le portier de l'hôtel du Caire. Aklèf confirme alors : « Oui Gabriel, nous sommes bien arrivés, il ne reste plus qu'à trouver une place pour stationner. » Gabriel, quant à lui, s'interroge toujours sur le fait qu'Aklèf semble comprendre ses pensées. Enfin bref ! Pour le moment, Gabriel n'a qu'une envie c'est de quitter le monospace et à monter dans sa chambre d'hôtel. Pendant ce temps, Aklèf cherche à se garer le plus près possible ; cependant, Gabriel pense qu'Aklèf devra sûrement faire un tour supplémentaire

P.197

Avant de trouver une place. La voix du Narrateur s'efface pour laisser Gabriel continuer l'histoire... Oui, ma montre indique bien **19h15**. Soudain, Aklèf repasse par la même rue et, juste à ce moment-là, une place se libère : il se gare prudemment. Une fois garé, Aklèf aperçoit Gabriel dans le rétroviseur et lui signale qu'il peut détacher sa ceinture de sécurité. Gabriel acquiesce d'un mouvement de tête pour montrer qu'il l'a bien enlevée. Quand tout est prêt, Aklèf lui demande d'attendre qu'il sorte du véhicule pour venir ouvrir la portière en toute sécurité. Gabriel attend calmement à l'arrière du véhicule, comme le guide le lui avait demandé, et voit Aklèf sortir en ouvrant à peine sa portière avant de se diriger vers moi pour ouvrir la mienne, côté gauche. Aklèf me voit alors descendre de la voiture et me demande de patienter sur le trottoir, par mesure de sécurité. Ensuite, le guide referme la portière et son collègue/ami fait de même, puis ils rejoignent Aklèf pour venir ensemble sur le trottoir. En s'approchant de moi, Aklèf me propose de le suivre. Nous avançons ensemble de quelques mètres et au loin, nous apercevons le portier. Nos regards se croisent, mais rien de plus ne se passe. Arrivés tous les trois devant le portier, celui-ci nous adresse une formule de politesse du genre : « Bonjour messieurs, votre journée s'est-elle bien passée ? » Le collègue et ami d'Aklèf répond d'une voix sereine : oui, une journée comme on les aime. J'ai eu envie de répondre aussi, mais j'ai senti une main, celle d'Aklèf, exercer une pression sur mon épaule droite : il me fait comprendre qu'il vaut mieux laisser tomber pour ce soir. Pas d'histoire. Le portier nous ouvre les portes de l'hôtel, nous accompagne de

P.198

Quelques pas à l'intérieur, puis les referme derrière nous. Dès notre entrée, Aklèf me fixe du regard comme pour exprimer autre chose que : « Alors Gabriel, tu vois, j'avais raison, il existe effectivement des phénomènes inexpliqués. » Par cette remarque, il tente de détourner mon attention du fait que son ami venait de répondre au portier comme s'il avait lui aussi partagé notre expérience dans cette chambre mystérieuse. Comme à son habitude, Aklèf salue les hôtesses d'accueil ; toutefois, celles-ci ne semblent pas remarquer son geste de la main droite. Je ne lui fais pas la remarque, sachant que nous sommes tous deux fatigués de la journée écoulée. Nous marchons en direction de l'ascenseur et, sur le chemin qui va nous y mener, je repense à l'existence de cette silhouette diabolique, même après l'avoir aperçue des semaines plus tôt dans mon appartement. À vous qui me lisez, pensez-vous que ce genre de phénomènes existe vraiment ? Ou bien, êtes-vous comme moi, préférant rester dans le déni tant qu'aucune preuve concrète ne se présente à vous ? Je vais être sincère : nous sommes semblables, et d'ailleurs, c'est une réaction parfaitement naturelle, surtout face à des événements mystérieux et inexplicables. Pourtant, vivre une aventure pareille à douze ans n'a rien d'anodin ! Le plus difficile, c'est la pression ressentie par les enfants qui ont déjà vécu, par le passé, **des situations similaires à la mienne**. Sans transition, j'aborde une autre question qui me semble très importante. Vous qui me lisez, selon vous, quelle est la question que je prévois de poser à Aklèf ? Je pense que vous avez déjà deviné, mais je préfère garder ma réponse pour plus tard.

P.199

Nous arrivons juste devant l'ascenseur lorsqu'Aklèf me regarde, comme s'il venait de réaliser que moi, Gabriel, je connaissais son secret. Je lui rends son regard pour lui signifier que ce n'est qu'une coïncidence, rien de plus. Pour détourner la conversation, Aklèf revient alors sur la façon dont la mystérieuse silhouette est arrivée en Égypte. Il poursuit en m'expliquant qu'il est venu jusqu'ici… **Depuis la France, en même temps que toi, Gabriel** (?) Je lui réponds que non, cette histoire est vraiment trop tirée par les cheveux. Aklèf poursuit son récit, affirmant qu'il est venu « envoûter les hôtels du Caire en Égypte ». Je le regarde avec étonnement et lui dis que ce n'est absolument pas possible. À la fin de ma phrase, l'ascenseur arrive au rez-de-chaussée. J'insiste en expliquant que cela n'existe pas, c'est du folklore, comme je l'ai dit précédemment. Il s'agit simplement d'une légende urbaine, une histoire inventée et rien de plus. Les portes de l'ascenseur s'ouvrent, nous montons à l'intérieur puis elles se referment derrière nous. Face aux portes, Aklèf appuie sur le bouton de l'étage où nous souhaitons aller. Soudain, cette « chose » réapparaît comme par enchantement dans l'ascenseur qui nous mène à l'étage ; elle est là… Oui, là, nos regards se croisent. Puis Aklèf prononce ces mots, cachant une certaine inquiétude sur son visage : **« J'ai l'impression qu'elle me regardait, moi. »** Immédiatement, je dis à Aklèf qu'elle nous observe tous les deux, avec ses fameux yeux rouges si intenses. Je l'ai très bien reconnue. À cet instant précis, je commence vraiment à comprendre qu'il s'agit bien d'une entité. Mais la question est : pourquoi cet hôtel ?

Il y-en-avait tant d'autres autour. Alors pourquoi celui-ci ? Est-ce notre présence ici qui l'a attirée ? Ou alors cette mystérieuse entité aux yeux rouges fait-elle partie de l'histoire du lieu ? Pourtant, l'éclat intrigant de cette couleur rouge écarlate me rappelle étrangement quelque chose de déjà-vu. Oui, c'est quelque chose de familier !! dans le sens où je dois admettre que cela existe réellement. Alors qu'elle flotte au-dessus de nous et que l'ascenseur continue de monter, mon cœur bat si fort que je pense que mon dernier jour est finalement arrivé. J'ai cru que ma fin sur cette terre était proche. La situation devient de plus en plus étrange lorsque Aklèf partage ses pensées à propos de la présence de cette mystérieuse entité. Ce qui est le plus marquant, c'est que c'est une première expérience pour le collègue et ami d'Aklèf. Soudain, je pose la question à l'entité : **Quelles sont tes intentions ? Pourquoi es-tu ici ?** Un silence s'installe entre moi et l'entité qui flotte toujours devant nous. Je me souviens qu'elle m'avait déjà parlé quand j'étais en France, dans mon appartement, ce jour-là. Subitement, l'entité cesse de bouger dans tous les sens ; elle est maintenant immobile, juste devant moi. De façon inhabituelle, le collègue et ami d'Aklèf estime qu'il existe une forme de connexion avec elle. La lueur rouge écarlate de ses yeux semble transmettre un message indéfini. Mon rythme cardiaque s'est stabilisé depuis notre première rencontre. L'ascenseur nous amène exactement au deuxième étage ; les portes s'ouvrent et, étrangement, l'entité disparaît aux yeux des touristes présents à cet étage. Soudainement, Aklèf prend la parole et m'indique qu'il est étonnant que cette entité disparaisse, puisqu'en temps normal

P.201

Elle accompagne l'enfant jusqu'à sa chambre d'hôtel. Après avoir quitté l'ascenseur, Aklèf poursuit son récit sur l'entité censée suivre l'enfant concerné. Tandis que nous progressons dans le couloir vers ma chambre, un silence s'installe entre nous avant que je ne sursaute à la suite du bruit des portes de l'ascenseur. Aklèf et son collègue essaient de me calmer après mon sursaut. Soudain, une pensée traverse mon esprit : je commence à redouter que ce jour ne soit le dernier de ma vie, l'incertitude m'envahit complètement. Je réalise que la situation est particulièrement intense, pleine de suspense, et que la frontière entre le réel et le surnaturel devient de plus en plus incertaine. Je ne sais plus quoi penser ; être confronté à la possibilité qu'un élément beaucoup plus sombre et mystérieux soit impliqué apporte une nouvelle dose de peur et de tension à mon récit. Mon cœur se remet à battre si vite et si fort que j'ai l'impression qu'il pourrait sortir de ma poitrine. Soudain, Aklèf me dit : **« Gabriel, nous sommes arrivés juste devant ta chambre d'hôtel (259). »** Il ajoute : **« Tu devrais te calmer, respirer profondément et reprendre tes esprits. »** Je lui réponds « D'accord », puis je reste quelques minutes pour retrouver mon calme avant d'entrer. Quelques minutes plus tard, le stress retombe et je comprends qu'il faut à nouveau me reposer pour assimiler ce qu'Aklèf vient de m'apprendre. Il me conseille d'oublier cette information et de penser à quelque chose de positif, puis me demande si ça va aller. Je lui réponds que oui. Il conclut alors : « Je vais te laisser, Gabriel, moi aussi j'ai besoin de me reposer après cette journée. » Je lui réponds "ok, pas de problème Aklèf, passe une excellente soirée et une

P.202

Bonne nuit." Ensuite, les deux guides me saluent également d'un « bonne nuit » avant de s'éloigner, me laissant seul. Je reste alors devant la porte de ma chambre, repensant à ce qu'Aklèf vient de me confier : c'est vrai que cette histoire est à la fois fascinante et inquiétante. Mais je ne peux m'empêcher de me demander : est-ce que l'entité va revenir dans ma chambre une fois que j'y serai entré ? Allez Gabriel, un peu de courage, respire profondément, glisse ta main droite dans la poche de ton pantalon, saisis la clé et ouvre cette porte pour en avoir le cœur net. J'insère avec précaution la clé dans la serrure et la tourne deux fois vers la gauche, déverrouillant ainsi la porte. Je range ensuite la clé dans ma poche, puis saisis fermement la poignée de la main gauche, la fais descendre d'un mouvement assuré jusqu'à entendre un déclic qui confirme l'ouverture. J'ouvre alors grand la porte et, dans cet élan, je lance à voix haute : « Y a-t-il quelqu'un ? » Un silence profond envahit la pièce. J'entre et referme la porte derrière moi d'un geste de la main droite. Sans transition. Je réalise qu'à ce jour, bien que l'ami et collègue d'Aklèf soit présent, je ne connais toujours pas son nom ou son prénom. Dois-je demander à Aklèf comment il s'appelle, ou devrais-je simplement laisser le temps faire les choses ? D'ailleurs, compte tenu de la situation émotionnelle du moment... enfin, bref, allons, continuons à marcher pour reprendre mes émotions, mais aussi pour éviter ce genre de situations. Pour être honnête avec vous qui me suivez dans cette aventure, la peur fait partie intégrante de la nature humaine. Mais là, j'ai le sentiment que c'était encore plus intense, en tout cas, c'est ainsi que je l'ai ressenti. À titre

P.203

D'information, on peut mesurer ses pulsations par minute grâce à sa montre ; d'ailleurs, il est maintenant **20h00**. À mesure que je marche, je retrouve peu à peu mon souffle et mon rythme cardiaque se stabilise. Il est tout à fait normal d'éprouver une profonde détresse émotionnelle après ce que j'ai vécu quelques heures auparavant. Petit à petit, je me concentre de nouveau afin de recentrer mon attention sur mon bien-être physique et mental, surtout dans des moments aussi intenses. En ce qui concerne le nom du collègue et ami d'Aklèf, je pourrai toujours le lui demander ultérieurement, comme je l'avais déjà indiqué. Quant à la mystérieuse créature, selon Aklèf, il semblerait qu'elle soit maintenant liée à moi d'une façon ou d'une autre. Cela ajoute encore au mystère et suscite davantage d'interrogations que de réponses sur le rôle que je joue dans toute cette histoire... Quoi qu'il en soit, l'envie de poursuivre mon exploration dans les couloirs du musée ou de la pyramide devrait certainement m'amener à découvrir de nouvelles énigmes dans ces fameuses chambres. Sans transition, une question me traverse l'esprit : est-ce que vous, qui lisez ces lignes, diriez comme moi que la pyramide ressemble à un hôtel désert visité par des curieux ? Quoi qu'il en soit, revenons à ma chambre. Je réalise que cette quête de vérité pourrait m'emmener vers des endroits inattendus et provoquer des rencontres étranges. Il faut rester attentif et prêt à affronter ce qui m'attend, même si cela implique d'explorer des lieux inconnus et parfois effrayants. Par ailleurs, Aklèf connaît vraiment mon identité, et il n'est pas le seul enfant unique venu depuis des années pour tenter de sauver Gabbie. Voilà ce qu'il

P.204

Faut faire maintenant, la raison de ma présence ici depuis plusieurs semaines. Et là encore, sans transition. Il est **20h20.** Je dois me rationner, mais avant cela, il faut que je prenne une douche pour être propre. Direction la cabine de douche, chers lectrices et lecteurs, et je vous épargne les détails des accessoires ; à vous d'imaginer la scène. Je vous laisse donc en compagnie du Narrateur, qui saura enrichir l'histoire… Pendant qu'il se douche, Gabriel repense à sa journée, revisitant chaque mot prononcé par le guide Aklèf à propos des épreuves que tous les enfants avant lui ont dû traverser. Il constate que, malgré de nombreux efforts pour sauver Gabbie, toutes les tentatives ont jusqu'ici échoué. Mais **Gabriel se demande inlassablement : pourquoi tout finit-il toujours mal ?** Gabriel vient tout juste de terminer sa douche et sort de sa cabine. Sa pendule numérique indique **20h35**. Il se dirige vers son placard, ouvre les portes et choisit un nouveau pyjama : un ensemble bleu à rayures blanches. Après avoir enfilé d'abord le bas puis le haut, il s'admire dans le miroir et se complimente, se disant « que je suis beau dedans ». Ensuite, il va vers le réfrigérateur pour voir s'il reste autre chose à manger que les sandwichs du midi. Par hasard, il remarque une empreinte dessinée sur le côté gauche de la petite porte intérieure du frigo, détail qu'il n'avait jamais remarqué auparavant. Intrigué, il place sa propre main sur le dessin, qui coïncide parfaitement avec son empreinte. À sa grande surprise, la porte s'ouvre. Gabriel reste bouche bée en découvrant une nouvelle ouverture cachée dans le frigo où sont rangés d'autres aliments. Avec enthousiasme, il s'exclame « Ah, super ! » et, de la main droite, attrape l'une des boîtes

CHAT-PIE-TRE-205

Hermétiques, contenant, pour changer des habitudes, une tranche de pizza parfaitement adaptée à la forme de la boîte. Avec autant de couleurs pour les yeux que pour le palais, il demeure surpris par sa découverte. Après avoir refermé d'abord la porte intérieure, puis celle du frigo, il avance, tenant la boîte hermétique à deux mains, vers la table de la cuisine. Ses yeux pétillent au point qu'il est tenté de manger debout, mais il préfère finalement s'asseoir tranquillement pour savourer son repas. Gabriel, tout en dégustant sa pizza, jette un œil à la pendule qui indique **20h41**. Il envisage de se détendre devant la télévision, mais sa conscience lui rappelle qu'il est tard et que demain sera certainement riche en émotions. Il choisit donc sagement de laisser la télévision éteinte. Dans un calme absolu, Gabriel savoure pour la première fois sa pizza, conscient que les jours précédents il se contentait plutôt de sandwiches. Il déguste chaque bouchée tout en se désaltérant avec une boisson différente, un jus exotique. Une fois son repas terminé, Gabriel se lève, prend une serviette en papier, s'essuie les mains puis range soigneusement sa chaise en bois. Il se dirige vers la poubelle de la cuisine pour jeter la serviette, avant d'aller à la salle de bain pour se brosser les dents. Je vous épargne ici les détails du brossage – votre imagination saura les compléter. Gabriel sort ensuite de la douche, se glisse tranquillement sur son lit, se couvre d'un drap léger et s'endort paisiblement alors qu'il est à peine **21h00**. La nuit est tombée et Gabriel dort enfin d'un sommeil paisible. Il se retourne dans son lit, probablement en train de revivre les événements de sa journée, ce qui paraît tout à fait compréhensible. Soudain, une entité réapparaît, flotte

P.206

Et se déplace dans la chambre tandis que Gabriel demeure profondément endormi. L'entité s'approche lentement de lui et ses yeux rouge écarlate brillent intensément, laissant penser qu'elle l'observe ou l'analyse. Elle reste immobile au-dessus de Gabriel ; il est **21h40** selon la pendule numérique. Plusieurs interrogations surviennent alors : qui va réveiller Gabriel ? Une intervention extérieure est-elle possible ? Or, personne ne circule dans le couloir de l'hôtel, et encore moins au deuxième étage. Tout l'hôtel semble plongé dans le sommeil. Cependant, une question plus cruciale émerge : comment Gabriel pourrait-il se réveiller et apercevoir l'entité au-dessus de lui ? Les heures passent sans changement, Gabriel demeure dans un sommeil si profond qu'il paraît impossible de l'éveiller. Pendant ce temps, l'entité poursuit ses déplacements dans la chambre, revenant par moments vers Gabriel. En tant que narrateur, je m'interroge sur chacune de ces questions soulevées. Soudain, par un concours de circonstances, Gabriel sursaute sur son lit et ouvre les yeux. Un léger voile l'empêche de distinguer nettement sa chambre. Pris de panique, il crie : « Y'a quelqu'un ? » Il tente d'observer autour de lui, mais ne parvient pas encore à bien discerner les couleurs. En se frottant les yeux, il remarque alors qu'une forme étrange flotte au-dessus de lui. Sur ses draps, une ombre apparaît, le laissant perplexe, mais il préfère ne pas lever les yeux vers le plafond, de peur que ses craintes ne se confirment. Une nouvelle fois, Gabriel s'écrie : « Y'a quelqu'un ? » Un silence semblable à celui des cathédrales règne (...). À part l'entité flottant dans la pièce, Gabriel rouvre les yeux après les avoir soigneusement essuyés, puis il lève son

P.207

Regard vers le plafond, une peur visible sur son visage. Incapable de trouver les mots ou d'agir, il est paralysé face à ces yeux d'un rouge écarlate, presque hypnotisé. Toujours assis sur son lit, Gabriel ne parvient plus à réfléchir ; son esprit s'égare **dans des pensées confuses**, il tremble de frayeur et son imagination lui joue des tours. Il s'imagine qu'Aklèf lui demande « Que veux-tu faire maintenant ? » dans sa chambre, alors que la nuit ne tombe pas encore. Soudain, Gabriel essaie de se ressaisir et de penser à autre chose pour ne pas perdre complètement pied. Puis, dans un moment de lucidité, Gabriel comprend que la réponse ne se trouve pas simplement dans une action immédiate, mais bien dans une compréhension plus profonde de sa propre histoire et de sa mission. Soudainement, l'entité disparaît à nouveau, laissant Gabriel seul avec sa peur. Pourtant, il entend toujours cette voix, qui étrangement ressemble à celle d'Aklèf, lui demandant de fermer les yeux, sans réellement expliquer pourquoi. Gabriel obéit... Un silence feutré s'installe dans la chambre. Gabriel, toujours assis sur son lit, garde les yeux fermés pendant une minute avant de les rouvrir, l'air étonné de se retrouver seul, exactement comme au début. Là, Gabriel ne comprend pas ce qui se passe. Il se demande pourquoi : qu'est-il arrivé ? Il avait entendu la voix d'Aklèf puis, soudainement, celui-ci disparaît. Rêve ou réalité ? La pendule affiche **3h30** du matin. Il est frustré de savoir qu'il lui reste peu d'heures avant le lever du soleil. Une fois débarrassé de sa peur, Gabriel comprend pourquoi il est là et sait qu'il doit absolument sauver Gabbie, comme tant d'autres enfants avant lui. Plein d'espoir, il doit profiter des dernières

P.208

Heures avant le lever du soleil. Gabriel décide alors de se recoucher, espérant ainsi récupérer le sommeil qu'il vient de perdre. Une heure s'écoule, et il ressent une gêne sur son visage, comme si quelque chose perturbait la douceur de sa peau. En tentant de se tourner pour trouver une position plus confortable, il n'arrive pourtant pas à retrouver le sommeil : il comprend que les premiers rayons du soleil viennent d'apparaître. À propos de l'aube, chaque matin je me réveille et m'assois sur le bord droit du lit, répétant inlassablement ce même rituel. Je regarde par la grande fenêtre pour observer les premiers habitants traverser les trottoirs entre **4h00 et 6h30** du matin. Oui, c'est simplement un instant de pause pour Gabriel. Ce qui est étrange, c'est que même en dehors de la pyramide, le temps du matin semble lui aussi avoir une certaine influence sur les humains. Sans transition, dès qu'il se lève, Gabriel se dirige machinalement vers la salle de bain pour se débarbouiller. Après quelques minutes, il en sort et va dans la cuisine. Il ouvre les portes supérieures du meuble, prend un bol, puis saisit une cuillère à café dans le tiroir inférieur. En levant la tête, il remarque que l'horloge indique bien **7h20** du matin. Soudain, Gabriel me demande à moi, le Narrateur, de lui confier le récit, ce que j'accepte volontiers. Gabriel, toujours bienveillant, me remercie chaleureusement. Bonjour à vous qui prenez le temps de me lire, comment allez-vous aujourd'hui ? Je sais, c'est un peu étrange de poser la question à mes chers lecteurs et lectrices alors que je suis seul dans ma chambre, mais j'aime imaginer que votre présence m'accompagne dans cette aventure. Est-ce que vous appréciez ce moment ? Quoi qu'il en

P.209

Soit, je me régale avec mes céréales accompagnées de rondelles de banane, croustillantes à souhait. Cette fois-ci, il y a davantage à manger : j'ai le temps de savourer le calme et de me servir une tranche de pain grillé ainsi que des tranches de brioche bien moelleuses. Il y a aussi des petits gâteaux, comme des petits-beurre, et trois sortes de confiture : abricot, fraise, et orange — cette dernière est légèrement amère, mais pas trop, ce qui la rend délicieuse. Je dois toutefois veiller à ne pas perdre la notion du temps, sachant que le guide Aklèf viendra, comme chaque matin, me chercher ; désormais, il ne sera plus seul, mais passons. Pour l'instant, il me faut finir mon petit-déjeuner. À propos, chers lectrices et lecteurs, j'apprécie particulièrement le bol que l'hôtel met à disposition des touristes : il est simple, blanc et noir, décoré d'un dessin représentant un panda tranquillement assis en train de manger du bambou. Le temps file : il est déjà **7h50**. Soudain, j'entends à travers les fenêtres des voix, probablement celles de marchands locaux venus proposer vêtements, chaussures, baskets, robes, mais aussi divers articles du quotidien comme de la vaisselle ou d'autres accessoires. Les échanges sont animés, mais demeurent courtois entre vendeurs et acheteurs. Bref, je ne vais pas m'attarder car les minutes passent vite et je n'ai pas encore terminé mon petit déjeuner. Ne vous inquiétez pas, il ne reste plus grand-chose au fond de mon bol. Maintenant, il est 8h10 et les guides ne vont pas tarder à venir me chercher. Je dois passer à la douche, me laver les dents puis me préparer pour partir cette fois-ci avant 9h00. De façon étrange, j'ai soudain eu envie de faire un peu de shopping. Juste avant d'aller au musée, c'est une sensation

CHAT-PIE-TRE-210

Curieuse de vouloir autre chose, non ? Enfin bref. Après avoir fini de me brosser les dents et être sorti de la douche, je suis allé vers le placard pour choisir des vêtements propres, puisque ceux d'hier étaient sales... Voyons voir ? Un jean, ça ira très bien, mais cette fois je laisse tomber le polo. Je préfère enfiler un pull léger, il paraît qu'il va faire chaud aujourd'hui. Pour éviter d'avoir trop chaud, je choisis un pull coloré, un détail qui compte surtout dans les musées, où des annonces sont régulièrement faites au micro à l'attention des touristes. Une fois mes vêtements sélectionnés, je prends quelques minutes pour enfiler mon jean et mon pull coloré. À propos du temps dont je dispose, il est actuellement **8h35**. J'ai encore largement le temps de vérifier mon sac à dos. En plus de mes affaires de recherche, comme d'habitude, je dois aussi prendre des sandwichs au frigo pour le déjeuner de midi. Dans mon sac à dos, il y a un livre d'histoire, une loupe, une lampe torche, une pendule ainsi qu'un bloc-notes pour noter des informations supplémentaires—le bloc-notes est vraiment utile ! Après avoir soigneusement vérifié que rien ne manque, je me dirige vers le frigo pour attraper un sandwich au hasard et ajouter un jus d'orange, afin de changer un peu. Après avoir rangé mon repas dans mon sac à dos et refermé celui-ci, j'observe la pendule accrochée au mur de la cuisine indiquant **8h46**. Ce timing me laisse suffisamment de marge pour attendre Aklèf, ainsi que son collègue et ami. Par ailleurs, il semble que je ne sois pas le seul à patienter : des murmures de touristes résonnent déjà dans le couloir, témoignant de leur attente du guide. Vous qui me lisez, vous vous demandez comment je le sais ? Eh bien, pour tout

P.211

Vous dire, j'entends depuis quelques minutes des personnes – probablement des touristes – venant d'en bas, qui ont pris l'ascenseur pour rejoindre leurs familles au deuxième étage, là où nous nous trouvons. Et justement, en parlant de bruit, je reconnais certains sons : je sais non seulement qui arrive de mon côté, mais aussi qui vient tout juste de s'arrêter en face de ma porte. Je reconnais également le son des pas qui s'approchent de ma porte. Chaque pas possède ses propres résonances : certains individus marchent doucement, tandis que d'autres font grincer le parquet, perceptible même sous la moquette. Concernant les bruits ambiants, je remarque aussi l'arrêt de l'ascenseur et l'ouverture de ses portes, accompagnés d'un son bien distinct, entendu pour la dernière fois ce matin. Les pas sur la moquette restent discrets et ne révèlent rien. J'identifie facilement ceux d'Aklèf, mais il m'est impossible de distinguer ceux du collègue et ami du guide d'Aklèf. Quoi qu'il en soit, ils se dirigent vers moi ; dans quelques secondes à peine, j'aperçois au sol une ombre familière, qui ne suscite en moi aucune inquiétude. Vous l'aurez deviné, c'est bien Aklèf. Il frappe à la porte de ma chambre (toc-toc), je réponds : « Oui, j'arrive ! » En avançant lentement vers la porte, je l'ouvre grand et découvre non seulement les deux guides, Aklèf mais aussi son ami. Ma montre indique précisément **9h05**. Aklèf me regarde d'un air préoccupé et me demande s'il peut entrer dans la chambre. Je lui réponds que cela ne pose aucun problème. Soudain, je l'interroge : « Est-ce que tout va bien ? » Il m'invite alors à m'asseoir également. Un profond silence s'installe ; Aklèf prend place juste à côté de moi, tandis que son collègue

P.212

Et ami s'empare de la chaise en bois. Le collègue et ami d'Aklèf semble également comprendre l'importance de cette quête pour Gabriel, tout en sachant qu'il existe peut-être une solution pour empêcher la répétition des événements. Soudainement, Aklèf prend la parole et déclare : « Aujourd'hui, Gabriel, cette journée sera très différente. Il faudra faire preuve de vigilance face à chaque découverte, car chaque chambre recèle des mystères incroyables. » Au même instant, le collègue d'Aklèf me regarde sérieusement et me conseille d'être extrêmement attentif, car les indices ne seront pas faciles à trouver, bien au contraire. Cette perspective m'intrigue et me donne envie de réussir cette épreuve à tout prix. Soudain, ma voix d'homme réapparaît pour poser une question à l'un des guides : « Après mon départ, que va-t-il se passer ? » Les deux guides échangent un regard, un silence s'installe entre eux. Puis Aklèf me demande à nouveau de rester vigilant, ajoutant que chaque énigme se cache dans les détails que l'oreille ne perçoit pas toujours. (Belle expression, Aklèf.) Je le fixe encore plus attentivement et leur dis : « Messieurs, j'ai pleinement conscience que je dois tout faire pour libérer enfin Gabbie. » Aklèf répond qu'il est heureux que j'aie cette pleine conscience, puis ajoute : « Allez Gabriel, il ne te reste plus qu'à explorer le musée, une fois qu'ont quittera l'hôtel. » Oui, Aklèf, je vais explorer toutes les options pour découvrir comment mettre un terme aujourd'hui à cette série d'événements inquiétants. Je suis déterminé à trouver une solution qui assurera la sécurité de Gabbie ainsi que celle de tous ceux qui pourraient être concernés par ces phénomènes mystérieux. Aklèf poursuit et m'annonce : « Allons Gabriel, il

P.213

Est temps de partir au musée, il est presque **9h30**. » Ensuite, Aklèf et son collègue, également un ami, avancent l'un derrière l'autre ; il se dirige vers la porte de ma chambre, Aklèf la saisit fermement et l'ouvre grand avec sa main droite. Alors que je m'apprête à les suivre, j'entends soudain un étrange murmure derrière moi : « tu dois aller ! » Je me retourne, mais ne voyant rien dans l'air, je me dis que c'est sans doute le fruit du hasard. J'attrape alors mon sac à dos et marche juste derrière les deux guides, prêt à sortir de ma chambre d'hôtel. Je referme soigneusement la porte avec ma main droite, puis je sors ma clé pour la verrouiller. Alors que je vérifie si la porte est bien fermée à clé, une pensée me traverse : devrais-je demander à Aklèf le nom de son collègue ? Je remarque qu'il hésite à répondre, jusqu'à ce qu'il affirme soudainement que ce n'est pas le bon moment. Cette réaction m'intrigue, elle montre qu'Aklèf comprend mes interrogations. Il m'interpelle alors : « Gabriel, viens près de nous. Tes questions auront leurs réponses en temps voulu. » Après avoir verrouillé la porte de ma chambre, je me hâte de rejoindre les autres vers l'ascenseur. Nous attendons tous les trois devant celui-ci, et pendant cet instant, alors que l'ascenseur arrive, je me fais la promesse de ne pas permettre à une entité mystérieuse de m'intimider. Je décide de transformer ma peur en colère et en détermination, conscient désormais de ma force et du courage qu'il me faudra pour affronter les défis à venir. Prêt à poursuivre ma quête de vérité avec une résolution renouvelée, j'assiste soudain à l'arrivée de l'ascenseur à notre étage. Je regarde ma montre : il est **9h40**. Au même moment, les portes s'ouvrent et Aklèf me donne enfin le

P.214

Nom de son collègue, Guyzen. Nous entrons dans l'ascenseur, les portes se referment derrière nous et nous descendons vers l'accueil. En repensant à tout cela, il me semble que le guide Guysen est également déterminé à m'accompagner dans ma quête. Il partage mon envie de découvrir la vérité derrière les événements étranges auxquels j'ai été confronté. Quoi qu'il en soit, nous sommes tous les trois au rez-de-chaussée. Lorsque les portes de l'ascenseur s'ouvrent, tout le monde sort ; il y avait plus de quatre personnes à l'intérieur. Une fois dehors, nous marchons vers l'accueil. Comme à son habitude, nous Aklèf, moi Gabriel, et Guysen, saluons de la main gauche, mais cette fois, les hôtesses sont occupées avec d'autres touristes nouvellement arrivés. Nous poursuivons notre marche vers la sortie de l'hôtel lorsqu'un jour, le portier nous ouvre soudainement les portes. Il nous salue en disant : « Bonjour messieurs ». Nous lui répondons simplement : « Bonjour Monsieur le portier, comment allez-vous ? » Il dit qu'il va bien et nous remercie, puis nous lui souhaitons une excellente journée. À ce moment précis, il nous appelle un véhicule, ce qui n'est pas dans ses habitudes et suscite notre curiosité. Presque aussitôt, la voiture arrive devant nous ; le chauffeur sort et vient ouvrir nos portes respectives. Aklèf prend place du côté passager à droite, son collègue et ami monte à l'arrière gauche, puis c'est à mon tour de m'installer à droite. Le chauffeur s'adresse aux guides pour demander la destination. Le guide Guysen lui indique alors de nous conduire au musée, précisant que nous sommes en retard. Un silence s'installe brièvement entre nous, puis le chauffeur reprend sa place, referme

CHAT-PIE-TRE-215

Soigneusement la portière gauche, attache sa ceinture de sécurité et met la clé sur le contact. Nous vérifions tous que nos ceintures sont bien attachées avant le départ. Avant de quitter son stationnement, le chauffeur s'assure que tout le monde est bien attaché, démarre prudemment, puis part. Gabriel remarque sur sa montre qu'il est **10h15** ; il lève les yeux et constate que le silence persiste entre nous. Préférant s'évader dans ses pensées, il se souvient que les guides sont prêts à l'aider dans ses recherches. Maintenant que l'équipe est réunie et déterminée, Gabriel reprend le récit : nous sommes prêts à percer les mystères de l'Égypte ancienne et à dévoiler la vérité sur mon histoire ainsi que celle de Gabbie. Rien ne pourra freiner notre quête de justice et de réponses. La voix qui a soudainement émergé dans ma chambre s'est révélée être celle de Gabbie, à la fois familière et rassurante, ajoutant une dimension supplémentaire à cette aventure déjà énigmatique. Je ressens progressivement une attirance vers sa voix, puis vers sa présence. Sans aucune transition, je m'adresse à vous, chères lectrices et chers lecteurs, et vous laisse entre les mains du Narrateur. Le Narrateur reprend donc le fil de l'histoire et déclare ceci : Malgré les circonstances étranges qui planent autour d'eux, le fait que Gabriel ait développé des sentiments pour Gabbie, en dépit des barrières temporelles qui les séparent, révèle la profondeur de leur lien. Il est difficile de résister à l'attrait de quelqu'un avec qui vous partagez une connexion aussi forte, même si celle-ci traverse les siècles. Cette situation soulève des interrogations passionnantes sur la nature de l'amour et des relations, ainsi que sur l'influence du temps et

P.216

De l'espace sur nos émotions. Confronté à un dilemme émotionnel complexe, Gabriel demeure pourtant résolu à trouver des réponses et à surmonter tous les obstacles qui se présenteront à lui. Alors que Gabriel se trouve dans le véhicule du chauffeur, accompagné des guides Aklèf et Guysen, tous trois roulent en direction des pyramides. Gabriel comprend qu'il devra résoudre des énigmes, mais aussi surmonter toutes les épreuves qui l'attendent. Chers lectrices et lecteurs, laissez-moi vous confier ceci : en réalité, les guides Aklèf et Guysen font partie intégrante de l'aventure. Puisque Gabriel n'est pas autorisé à explorer seul l'une des futures chambres, il est important de rappeler — et je suis sûr que vous me rejoindrez là-dessus — que, selon les règles du musée, les enfants doivent être accompagnés d'un ou deux adultes. Sa détermination et son courage, remarquables pour un jeune-homme de douze ans, l'aideront à surmonter les épreuves qui l'attendent. Aklèf, Guysen et Gabriel poursuivent leur chemin à bord du véhicule du chauffeur, se dirigeant vers le musée/pyramide. Gabriel sait qu'il devra se surpasser, non seulement face aux révélations à venir concernant sa propre identité, mais aussi à propos de celle de Gabbie. Il est tout à fait compréhensible que Gabriel s'interroge sur ses sentiments pour Gabbie, surtout dans un contexte aussi inhabituel et chargé émotionnellement. Les expériences récentes, comme l'apparition de l'ombre maléfique au cours de leur confrontation nocturne dans sa chambre, peuvent avoir un impact sur son état émotionnel et sa manière de percevoir les choses. De plus, Gabriel se souvient qu'il voulait parler à Aklèf de la nuit blanche qu'il a passée

P.217

Récemment. En ce qui concerne le trajet, le chauffeur annonce à Aklèf et Guysen, les guides, que nous sommes maintenant arrivés devant la pyramide, où les visiteurs attendent en file devant l'entrée. Il cherche actuellement une place pour garer le véhicule. Après avoir trouvé une place par hasard, le chauffeur effectue sa manœuvre et se gare. Une fois le véhicule stationné et le moteur coupé, le narrateur disparaît mystérieusement, laissant Gabriel reprendre le récit. Le conducteur nous demande de sortir du côté du trottoir. Il est exactement **10h40** à ma montre. Nous obéissons tous et descendons par le trottoir. Aklèf nous invite alors à le suivre afin de rejoindre l'arrière de la file d'attente devant le musée. Sans rien ajouter, nous marchons vers le groupe de touristes qui attendent à l'entrée. Nous suivons, Aklèf, Guysen et moi-même, Gabriel, le groupe de touristes de près. Le Narrateur reprend alors l'histoire. Pendant cette période d'attente, Gabriel réfléchit à l'idée de raconter son expérience à Gabbie, notamment l'incident de l'apparition soudaine de l'entité. Celle-ci flottait au-dessus de lui, mais ce n'était pas tout : après sa disparition, Gabriel a également distingué une silhouette qui, pendant un bref instant, ressemblait à Aklèf cette fameuse nuit et lui demandait de fermer les yeux. Lorsque Gabriel les a rouverts, la forme avait disparu. Il réalise que cet événement marque une avancée clé dans sa compréhension du phénomène. Alors qu'il suit le groupe de touristes, Gabriel jette un œil à sa montre, tout en gardant l'attention sur la file devant lui. Il constate qu'il est exactement **11h00**, et il pense que prêter attention à son amie Gabbie pourrait l'aider à prendre du recul et à mieux

P.218

Comprendre l'ensemble de la situation. Cette situation justement particulière souligne l'importance de garder l'esprit ouvert et de continuer à chercher des solutions. Les émotions que ressent Gabriel, qu'elles soient liées à Gabbie ou à d'autres aspects de sa vie, sont valides et doivent être considérées avec attention. Par la suite, Gabriel demande au Narrateur de lui permettre de poursuivre le récit de son expérience. Puis Gabriel exprime ce qui suit. Alors que nous nous trouvions devant l'entrée de la pyramide/musée, à **11h10**, j'ai eu une réaction incontrôlée, manifestée par un rire nerveux, face à la situation. Au moment où je m'apprêtais à poursuivre mon récit, le Narrateur réapparaît et déclare ce qui suit. Ce comportement pourrait être interprété comme une forme de mécanisme de défense face à l'inconnu et à la peur. Il est avéré que le rire constitue parfois une réponse instinctive dans des contextes stressants ou angoissants. La tentative d'une entité de contrôler Gabriel par télékinésie s'avère préoccupante ; cependant, la résistance et la volonté de Gabriel à ne pas se laisser influencer témoignent de sa force intérieure et de sa détermination à conserver la maîtrise de lui-même. La file d'attente avançait lentement. Certains regards échangés dans le groupe de touristes en disaient long sur Gabriel… Il était évident que Gabriel n'était pas originaire d'ici, qu'il ne faisait pas partie de ce monde égyptien. Conscient de sa propre nature et de ses origines, il semblait protégé des influences extérieures. Gabriel paraissait fort et déterminé. On comprend que la présence de cette entité ait suscité la peur et la nervosité parmi les autres personnes présentes dans la pyramide ou au musée, la veille. Le

P.219

Narrateur poursuit en expliquant que le comportement étrange de Gabriel, ainsi que sa confrontation avec l'entité, ont probablement éveillé la curiosité de la touriste. Cela s'est produit la veille, au musée, juste après qu'ils sont sortis de cette fameuse chambre mystérieuse. Plus tard dans la soirée, peu avant de quitter le musée avec le guide Aklèf, Gabriel était accompagné de son ami et collègue Guysen. Il est vrai que la nuit précédente, Gabriel n'a pas réussi à dormir correctement... Changement de sujet. Gabriel ne parvient toujours pas à comprendre un élément. Il était absolument certain que personne ne l'avait vu quitter cette chambre. Alors, qui a remarqué son agitation ? Gabriel avait pourtant scruté les environs à gauche et à droite avant de sortir. Sa rencontre du regard avec la touriste pourrait s'expliquer par différents facteurs, comme le stress ou l'anxiété générés par la situation avec l'entité, ainsi qu'une réaction instinctive à sa présence ou à son regard. Dans ce genre de circonstances, il reste essentiel de garder son calme et de maîtriser ses émotions, surtout lorsque d'autres personnes sont impliquées. Par habitude le Narrateur disparait pour laisser place au récit de Gabriel. Je m'efforce de me concentrer sur mon bien-être et de gérer la situation de la manière la plus paisible possible. Quoi qu'il en soit, avec Aklèf, Guysen et moi-même, Gabriel, nous progressons cette fois plus rapidement afin de nous rapprocher de l'entrée du musée. Alors que nous avançons pas à pas derrière le groupe de touristes, je réfléchis au fait que la rencontre avec l'entité a pu être troublante ; il est cependant primordial de ne pas laisser la peur m'envahir et de continuer ma quête de vérité et de

<u>**CHAT-PIE-TRE-220**</u>

Compréhension avec courage et détermination. Ce qui surprend avant tout, c'est la réaction de la touriste ; elle paraît elle aussi troublée par la présence de l'entité, ce qui se comprend parfaitement face à une telle situation anxiogène. Ma capacité à rester serein et à tenter de la rassurer dans un tel contexte met en valeur une forme de force et de maturité, surtout compte tenu de mon jeune âge. Sans transition, nous voilà devant l'entrée du musée. Nous commençons à y entrer : Aklèf, Guysen et moi-même, Gabriel. Je consulte une dernière fois ma montre ce matin, il est **11h25.** Tout en marchant, je me dis qu'il est possible que la touriste ait perçu ou ressenti la présence de l'entité d'une façon qui m'a échappé, ce qui expliquerait sa panique. Les manifestations de cette entité sont souvent subtiles et varient selon les individus ; il est donc crucial de prendre au sérieux les réactions des autres face à de tels phénomènes. Dans ce genre de situation, il faut rester attentif aux indices et aux émotions exprimées par ceux qui nous entourent, tout en conservant calme et discernement. Chercher un lieu sûr et tenter, si possible, d'éloigner l'entité ou de s'en protéger peut également s'avérer utile. Enfin, il demeure essentiel de faire preuve de compassion et d'empathie envers les personnes affectées par ces manifestations paranormales, tout en recherchant des solutions respectueuses et sécurisées pour gérer la situation. Il est naturel que je me demande comment les autres réagissent à cette expérience. Pour l'instant, Aklèf, Guysen et moi, Gabriel, nous trouvons dans le musée et avançons calmement en suivant le groupe de touristes. Toutefois, rien ne m'empêche de continuer à réfléchir une fois

P.221

Sortis du musée. Plus tard, je pourrai me renseigner sur les phénomènes paranormaux qui, à mon avis, restent souvent difficiles à croire, car je suis quelqu'un de rationnel. Même ceux qui n'ont pas vécu ces expériences eux-mêmes sont souvent surpris d'entendre de tels récits. Demander aux hôtes ou hôtesses de l'hôtel des informations sur les légendes urbaines entourant les pyramides et la région est un excellent moyen d'en apprendre davantage sur les croyances locales et les histoires populaires. Bien entendu, cela pourrait également m'aider à savoir si d'autres personnes ont vécu des expériences similaires ou possèdent des connaissances sur les phénomènes auxquels j'ai été confronté ces derniers jours. Bref, nous sommes toujours tous les trois — Aklèf, Guysen et moi-même, Gabriel — dans le musée. Nous suivons le groupe de touristes pour une visite classique. Sans transition, il est naturel de se demander d'où provient le bruit sourd qui résonne dans le couloir du musée ou de la pyramide. Le fait que ce son soit perçu par les touristes indique un manque de concentration de leur part lors de la visite. Blague à part, ce bruit vient de mon estomac qui gargouille ! Revenons à la touriste : on peut supposer qu'elle tente de donner une explication rationnelle et familière à la situation. Toutefois, dans un contexte où des phénomènes paranormaux peuvent survenir, il reste prudent d'envisager toutes les hypothèses. Quoi qu'il en soit, Aklèf, Guysen et moi-même, Gabriel, marchions avec le groupe de touristes et j'imagine que pour cette journée, nous ferons comme tout le monde. En résumé, il semble qu'adopter une démarche réfléchie, tout en restant curieux face à ces

P.222

Événements mystérieux, pourrait nous permettre de distinguer le vrai du faux et d'apporter des réponses à nos interrogations. Il peut être utile de chercher à comprendre l'origine de cette énergie négative. Peut-être trouve-t-elle sa source dans l'environnement immédiat, ou alors résulte-t-elle de phénomènes plus complexes et difficiles à expliquer. Quoi qu'il en soit, il est essentiel de garder son calme et de rester attentif. Voici une prise de réflexion le temps de la visite qui dure depuis notre venue que je vous livre, à vous qui me suivez dans l'histoire. Bien sûr, je continue à observer attentivement mon environnement, faisant confiance à mon instinct, tout en restant conscient que des forces ou des phénomènes paranormaux pourraient être à l'œuvre. La situation devient chaque jour plus étrange et complexe. Alors que je partage mes réflexions avec vous, chers lecteurs et lectrices, il s'est produit un événement troublant dans le groupe de touristes que nous suivons : la touriste qui, précédemment, avait été surprise par une entité surgie de la fameuse chambre dite mystérieuse, adopte désormais un comportement bizarre, sans toutefois se montrer dangereuse. Apparemment, l'entité qui m'a autrefois tourmenté a maintenant pris possession du corps de cette touriste. **Je préviens alors le guide Aklèf, lui signalant que la dame, dans le groupe devant nous, marche étrangement.** Aklèf observe la situation tandis que, simultanément, Guysen perçoit mon inquiétude et comprend qu'il se passe quelque chose d'anormal. Cette situation est délicate et potentiellement dangereuse ; personne ne connaît les intentions de cette entité ni son niveau de dangerosité. Il est

P.223

Essentiel de rester calme et de prendre les mesures nécessaires pour assurer ma sécurité ainsi que celle de la touriste et du groupe. Si l'entité possède effectivement la touriste, celle-ci pourrait être vulnérable et nécessiter une assistance pour se libérer de cette emprise. La question demeure : comment pourrais-je, en tant que Gabriel, envisager une tentative de communication avec l'entité ? Si cela peut être fait en toute sécurité, il s'agirait alors de comprendre ses motivations et de déterminer comment nous pourrions lui venir en aide. Tout à coup, une idée me traverse l'esprit : je comprends enfin pourquoi les guides Aklèf et Guysen m'avaient mis en garde dans la chambre d'hôtel avant notre départ, d'être attentif est à prêter une grande attention aux moindres détails. Je ne m'attendais pourtant pas à celui-ci. Toutefois, il faut garder à l'esprit que nous risquons également d'affronter certains dangers en cas de contact direct avec l'entité malveillante. Il serait sans doute judicieux de solliciter le soutien de personnes expérimentées dans ce domaine, comme des spécialistes du paranormal ou des praticiens en spiritualité. Certaines personnes possèdent des connaissances spécialisées ou des compétences qui pourraient être utiles pour aborder cette situation de façon sûre et efficace. Quelle que soit la décision prise, il est essentiel de rester attentif et d'adopter les mesures nécessaires pour garantir ma sécurité et celle des autres concernés. Garder son calme et sa concentration : Dans des moments de tension comme celui-ci, préserver un esprit serein et focalisé nous permet de faire des choix judicieux et de gérer la situation au mieux. Élaborer un plan d'action :

P.224

Il serait utile de discuter avec nos compagnons actuels des différentes façons dont nous pourrions soutenir la touriste et me protéger de l'entité. Sans un plan solide, il est probable que l'entité m'empêche de poursuivre ma mission, celle de sauver Gabbie de son cycle sans fin. Il est essentiel de construire une stratégie claire et de définir les responsabilités de chacun. Si besoin, pour contrôler cette entité, il pourrait s'avérer nécessaire de faire appel à des experts : par exemple, face à des phénomènes paranormaux, faire intervenir des spécialistes du domaine comme des médiums, chasseurs de fantômes ou prêtres pourrait nous apporter aide et conseils. Mettre en place des protections : Expérimentez différentes formes de protection spirituelle comme les prières, les talismans ou encore les rituels de purification afin de limiter l'influence négative de l'entité. Rechercher les origines : Tentez d'identifier la source de l'entité ainsi que ses éventuelles motivations, car mieux comprendre ses intentions pourrait nous donner des pistes efficaces pour la neutraliser. Est aussi comprendre, peut-être qui a bloqué Gabbie dans un cycle infernal…Qui nous permettraient de renforcer les liens… avec Gabbie : Engagez un échange régulier avec elle afin de profiter de ses conseils et d'obtenir des informations pertinentes concernant l'épreuve. D'ailleurs les guides Aklèf et Guysen, par chance, en croiser dans le groupe de touristes, des personnes dites compétentes, ils sont venus aussitôt pour tenter une maitrise de l'entité. Du haut de mes 1,30 mètre, j'ai du mal à apercevoir ce qui se passe ; l'agitation dans le groupe est trop forte. Tout ce que j'entends, ce sont des incantations, sûrement prononcées dans une langue

CHAT-PIE-TRE-225

Ancienne. Aklèf et Guysen me conseillent vivement de rester à l'écart de la manifestation. La situation est si dangereuse qu'un enfant de douze ans n'aurait malheureusement aucune chance de s'en sortir. Je prends du recul en considérant la pertinence du point de vue de Gabbie, qui pourrait nous aider à trouver une solution. Heureusement, j'ai un bloc-notes où je consigne toutes les observations et interactions paranormales, ce qui facilitera l'identification de schémas pour résoudre le mystère dans les prochaines chambres. Vous qui me lisez, plongés dans votre propre imaginaire pour saisir la situation actuelle. Tout ce que je peux vous dire, à travers mes pensées, c'est que l'agitation continue et des cris stridents s'échappent de la bouche de la touriste. Vous vous demandez sûrement comment j'arrive à entendre ce qui se passe alors que je suis loin de la manifestation. C'est très facile à expliquer : le cri strident me transmet une impression de lourdeur à l'oreille, révélant que la personne possédée par cette entité suscite l'intervention de toutes les expertes et tous les experts présents, qui tentent d'aider la touriste à se libérer. Les vibrations vocales me permettent de percevoir la puissance et la gravité de la situation. J'entends également les prêtres et les chasseurs d'esprits communiquer dans cette fameuse langue. Ensemble, ils s'efforcent de libérer l'entité qui utilise la touriste comme bouclier. La manifestation se révèle particulièrement éprouvante, tant sur le plan physique que moral, ce qui constitue certainement pour eux un défi considérable. Vous qui me lisez, vous manquez quelque chose d'extraordinaire, vraiment incroyable…

P.226

Toutes les expertes et tous les experts continuent de se disputer sans relâche, tandis que la touriste, debout malgré sa fatigue, garde la bouche grande ouverte. Les cris stridents accentuent encore les vibrations, et le groupe, lui aussi, garde ses distances pour ne rien perdre de la scène. Soudain, une silhouette apparaît — à vous de deviner de qui il s'agit. Après réflexion, il est évident que Gabbie fait son entrée devant moi, alors que les touristes observent attentivement la scène, captivés par ce moment. Je la vois comme en suspension au-dessus du sol ; d'un geste de la main gauche, elle m'indique qu'il est temps d'avancer. Je lui réponds que pour l'instant Aklèf et Guysen doivent venir se rapprocher de moi. Je n'ai pas le droit de rester seul dans l'une des chambres situées sur les côtés. Au même instant, j'aperçois Aklèf et Guysen qui se dirigent rapidement vers moi. Nous nous mettons tous ensemble en route pour poursuivre nos recherches. Sans prévenir, nous avons laissé la touriste plantée là, immobile, fixant l'horizon aux côtés des experts. Apparemment, les sons perçants de la touriste sont moins fréquents qu'au début, ce qui signifie qu'ils touchent bientôt à la fin de leurs manifestations. Nous espérons que l'entité quittera enfin le corps de la touriste. Quant au reste du groupe, ils ne perdent rien de ce qu'il se passe. Aklèf me transmet par la pensée qu'il n'y a pas de souci pour l'instant à propos de la touriste : elle va se réveiller d'elle-même et retrouver son groupe. À vrai dire, nous ne connaissons pas cette touriste ensorcelée. **Chères lectrices, chers lecteurs qui suivez cette histoire, que penseriez-vous si je lui donnais un prénom provisoire ?** Que dites-vous de Vanessa ? En

P.227

Réalité, j'ignore comment elle est apparue — ou peut-être que, du haut de mes 1,30 mètre, je ne l'ai pas remarquée, alors que nous étions juste derrière le groupe de touristes… Bref. Nous avancions tranquillement dans ce couloir. Je me suis souvenu que Vanessa m'avait dit, avant d'être ensorcelée, qu'« à mon âge », j'étais particulièrement mature. Intérieurement, je souriais en pensant : « ma belle, si tu savais… Je suis en réalité un adulte transformé avant d'arriver ici, en Égypte. » J'ai été réduit à la taille d'un enfant, ce qui fait qu'extérieurement tu me perçois comme tel. Pourtant, intérieurement, je suis un homme probablement de ton âge, en quête de sa propre vérité malgré une apparence juvénile. En somme, j'ai aussi la capacité de bien comprendre. Passons à un autre sujet : j'ai totalement perdu la notion du temps ! Spontanément, à vue de nez, je vous dirais qu'il est environ **14h30**. Certes, ce n'est pas très précis, mais parfois, cela fait du bien de laisser place à la spontanéité, de se sentir libre sans tout "contrôler", ou alors, est-ce le temps qui nous contrôle ? Telle est la question. Quoi qu'il en soit, nous arrivons au bout du couloir. Les touristes semblent bien loin derrière, donc j'en conclus que la manifestation a été menée fermement par les experts du paranormal. Tout est finalement rentré dans l'ordre. Aklèf, Guyzen et moi-même, Gabriel, étions là alors que Gabbie nous attendait patiemment devant. En repensant à l'ami d'Aklèf, je dois admettre qu'ils se connaissent depuis longtemps. Cette pensée me traverse sans lien direct — c'est juste une réflexion émotionnelle surgie spontanément. Nous arrivons tous devant l'une des chambres, où un écriteau placé sur les portes égyptiennes retrace

P.228

Brièvement un passé historique. Pour être franc, cette écriture m'est inconnue ; peut-être qu'Aklèf pourrait m'en dire plus sur cette histoire. Soudain… un silence s'installe, probablement en attendant qu'il nous en parle. Aklèf et Guyzen expliquent tour à tour que tout a commencé vers 3150 avant J.C., à l'époque des premiers hiéroglyphes, ces écritures faites d'images. À cette période, un roi appelé Narmer a choisi d'unifier le nord et le sud de l'Égypte pour former un royaume unique placé sous son autorité. Voilà donc l'histoire résumée à propos de l'écriteau. Pour revenir à l'une des portes situées sur notre gauche, la question demeure : devons-nous l'ouvrir ou simplement suivre les indications inscrites sur le parchemin posé sur un présentoir fixé au mur à côté de la porte ? Je jette un coup d'œil à Aklèf, puis à son ami et collègue Guyzen, avant de croiser le regard de Gabbie qui, sans s'attarder, me dit simplement d'y aller. Il faut vraiment se décider ! Soudain, je m'interroge au sujet de Gabbie : ce n'est pas dans ses habitudes d'être aussi pressée… Je remarque aussi que son visage m'apparaît sous un jour nouveau, mais après tout, ce n'est qu'un détail. Je préfère faire comme si de rien n'était. Revenant à cette fameuse porte de gauche, intrigante à souhait, Aklèf me conseille d'y saisir un code. Un code ? Je ne saisis pas bien… Il y a un code à entrer pour ouvrir cette porte de gauche ? Aklèf m'assure que oui, Gabriel, il existe bel et bien un code d'ouverture pour cette porte. Je remarque qu'il est difficile à déchiffrer, car les hiéroglyphes sont anciens et différents de ceux que j'ai connus auparavant, comme les Aklèf. Soudain, Guyzen intervient et explique qu'en 1822, il y a deux siècles, un Français du nom de

P.229

François Champollion a découvert les premières écritures. Je lui demande alors quelles sont les différences entre les anciennes et les récentes inscriptions. Il me répond qu'il s'agissait d'une véritable énigme, révélant une civilisation à l'origine de tout cela. Bien que l'écriture hiéroglyphe soit la plus célèbre, elle n'était pas la seule utilisée par les Égyptiens de l'Antiquité, qui ont aussi développé d'autres systèmes d'écriture. C'est précisément ce qui a permis aux experts français de déchiffrer les énigmatiques symboles après la découverte de la pierre de Rosette à la fin du XVIIIe siècle. Les différents fragments contiennent en réalité le même décret royal, rédigé en trois écritures : les hiéroglyphes, le démotique (une autre écriture égyptienne) et le grec ancien. À ce moment-là, j'adresse donc à Guyzen cette question : comment procède-t-on pour décoder ce langage ? Je parviens à comprendre les symboles. Ça, c'est compris, mais qu'en est-il du reste ? Guyzen me regarde et me dit : Tu connais l'histoire maintenant, mais tu ignores totalement la signification des symboles, Gabriel ? Soudain, Aklèf reprend le fil de l'histoire et précise que ne pas connaître toute l'histoire ne veut pas dire que Gabriel ne sait rien. Il est simplement étonné par le changement et les méthodes utilisées auparavant. Puis Gabriel dit alors, j'ai une autre question : comment accède-t-on à cette chambre devant laquelle nous sommes ? Brusquement, Gabbie intervient dans la conversation et nous explique que les symboles représentent probablement la nature, ou alors des produits, des figures divines, humaines, mais aussi animales, etc. Les signes-mots ou idéogrammes désignent un objet précis ou, parfois par extension, une action.

CHAT-PIE-TRE-230

Les signes phonétiques, aussi appelés phonogrammes, servent à représenter un son, une consonne, un groupe de consonnes ou des voyelles. Il existe également les déterminatifs, des signes qui ne se prononcent pas mais qui indiquent le champ lexical du mot. Si j'ai bien compris, il faut connaître la position de chaque symbole afin que nous puissions tous accéder à la chambre. Ensuite, Gabbie me confirme que c'est effectivement le cas. Cela signifie qu'il est nécessaire de découvrir le sens des symboles ainsi que leur emplacement. J'ai le sentiment que l'enjeu porte sur l'identification des éléments naturels. Gabbie, Aklèf et Guyzen observaient la scène avec stupéfaction. Progressivement, nous identifions les symboles, qui renvoient visiblement aux éléments de l'eau, de la terre, de l'air et du feu. Isis est une figure emblématique de la mythologie égyptienne, reconnue à la fois comme reine légendaire et déesse funéraire de l'Égypte antique. Elle est généralement représentée sous les traits d'une jeune femme portant une coiffe en forme de trône. À l'image d'Hathor, dont la représentation inclut une perruque surmontée d'un disque solaire — symbole de l'ancienne demeure d'Horus et du soleil — les cornes de vache prennent la forme d'une lyre entourant ce disque. Osiris est quant à lui associé aux quatre éléments : l'eau, la terre, l'air et le feu. Ces éléments sont également représentés à travers divers animaux, servant de symboles dans l'imagerie égyptienne : le scorpion, les serpents, les aigles, le lion, l'homme, la tortue et le bœuf illustrent la diversité des mixtes entre animaux, plantes, métaux et pierres. Certains marchent, d'autres volent, nagent ou rampent, incarnant ainsi la nécessité de réunir ces quatre

P.231

Éléments pour franchir ensemble cette porte symbolique. — Oui, Gabriel, tu as trouvé la solution, me dit Gabbie. Par quoi devrions-nous commencer ? Un silence s'installe soudainement, puis je réfléchis à la façon de disposer les symboles. Il ne faut surtout pas mélanger les éléments, car cela risquerait d'entraîner des conséquences sur le temps et l'espace : en associant des éléments incompatibles parmi les quatre, on pourrait provoquer un paradoxe. Par exemple, si l'on choisit un symbole comme l'eau ou la tortue, il doit être associé à la loutre et au demiurge Atoum. L'air, lui, est symbolisé par l'aigle royal ou le paon, représentant le dieu Tefnout/Nout. Pour la terre, ce sont la tortue et le chat, liés au dieu Geb. Enfin, le feu est incarné par le phénix flamboyant, associé à Ptah. Nous devons tous nous mobiliser afin de percer le secret caché derrière cette porte, même si... Ouvrir chaque chambre était pour nous une véritable aventure ! Oui, chaque aventure est différente. Comme d'habitude, avant de commencer, je vérifie l'heure car le musée ou la pyramide va bientôt fermer. Il est **15h33**. Au moment où je regarde ma montre, Aklèf insiste sur l'importance d'ouvrir cette porte. Je lui réponds que je ne suis pas le seul capable de déchiffrer le code : Gabbie peut aussi le faire, tout comme ton collègue Guysen. Puis, sans raison apparente, Guyzen intervient et affirme qu'il ne connaît pas la solution. Je le fixe, dubitatif, pensant qu'il cache quelque chose puisqu'il prétend ignorer l'histoire. Alors je leur dis simplement : « Okay, okay ». Je recommence donc à essayer de décrypter ce fameux code avant la fermeture du musée ou de la pyramide. D'allernt, une question me taraude : la première personne à m'avoir demandé

P.232

D'aller vite était Gabbie, et maintenant c'est au tour d'Aklèf. Pourquoi ? Soudain, sans prévenir, j'entends dans mon esprit une voix, encore celle d'Aklèf, qui me presse d'accélérer. En général, je ne suis pas habitué à ce qu'on me presse de la sorte. Je me demande donc : pourquoi dois-je soudainement me dépêcher ? J'explique alors à tout le monde, haut et fort, que décrypter un code ne se fait pas en quelques secondes. Sur le moment, je propose à Aklèf, s'il veut vraiment aller vite, de venir lui-même décoder le message afin que nous puissions avancer. Simultanément, Guyzen me répond simplement : « Écoutez, Monsieur Gabriel... Désolé, notre intention n'était pas de vous mettre la pression, mais comme vous l'avez dit, le musée – ou la pyramide – doit fermer, alors oui, il faut faire vite. » Bon, d'accord, il me faut alors me rappeler du passé et des informations entendues lors de mon précédent séjour ici, en Égypte, avec mes parents. Dorénavant, après avoir perdu un peu de temps, ma montre affiche **16h10**. En observant les symboles, je distingue l'eau, la terre, l'air et le feu — rien de surprenant jusque-là. Chaque pièce comporte un ensemble de symboles qui pourraient nous permettre d'ouvrir cette fameuse porte tant attendue : il suffirait, simplement de les remettre dans le bon ordre pour espérer y parvenir. Autour de nous, les touristes semblent marcher comme si de rien n'était, malgré l'événement auquel ils ont assisté. J'irais même jusqu'à dire qu'ils ne nous remarquent pas du tout. Mais revenons à notre sujet ! C'est un peu comme un cube où il faut replacer correctement les images pour qu'elles racontent une histoire, suivant le même principe. À noter que parmi ces quatre

P.233

Éléments principaux se trouve aussi un cinquième élément, destiné à faire le lien final. Ainsi, pour reconstituer la vie sur Terre, l'eau est représentée par un animal (une tortue de mer) accompagnée d'un dieu, le démiurge Atoum. Ensuite vient l'air, symbolisé lui aussi par un animal (aigle ou paon) et son dieu, Tefnout ou Nout. La tortue représente la terre, associée au dieu Geb. L'avant-dernier élément, selon moi essentiel, est le feu, qui prend la forme de l'oiseau phénix avec le dieu Ptah. Comme je l'ai mentionné dès le début, il s'agit ici de fragments de ma mémoire. J'ai maintenant fini de mettre tous les symboles en place. Mais, afin d'ouvrir la porte, il faut ajouter encore un élément : l'éther, qui apporte harmonie et équilibre dynamique. Dès que j'avais terminé de le dire, Aklèf et son collègue Guyzen m'interpellent ensemble... Alors ! Je vous informe que les symboles sont maintenant partiellement réunis. Gabbie a été surprise par l'annonce spontanée des guides Aklèf et Guysen concernant leurs réponses. Elle m'a interrogé : « Que signifie Gabriel partiellement réunis ? En résumé, il manque encore un élément qui, selon moi, doit être placé à l'endroit indiqué sur le parchemin. Quoi qu'il en soit, il est maintenant **16h28**. La porte de la fameuse chambre de gauche est entrouverte ; il ne reste plus qu'à trouver le dernier élément. Il s'agit donc de l'éther, qu'il serait préférable de disposer au centre des autres symboles déjà trouvés afin que la porte s'ouvre complètement. Soudain, **Gabbie, toujours pressée, me demande de ramasser le dernier élément et de le déposer au centre.** Je la regarde droit dans les yeux, bien décidé à lui montrer que la pression ne m'atteint pas. Il faut rester concentrés pour placer le dernier

P.234

Symbole. Le silence se fait autour de moi ; je prends alors l'éther et le pose exactement au centre, comme indiqué sur le parchemin. Petit rappel à vous tous, Aklèf, Guysen, Gabbie : la porte entrouverte devrait normalement vous apporter de la satisfaction. Au lieu de cela, vous mettez la pression sur un jeune de douze ans ; moi aussi, j'aimerais que Gabbie puisse sortir de l'enfer ancestral qu'elle subit. Il ne faut pas oublier non plus que, moi, Gabriel, je pourrais quitter l'Égypte et vous laisser avec vos problèmes. Aklèf prend la parole et me dit qu'il est désolé de l'ampleur de la situation que je vis ; soudain, Guysen poursuit en disant que le temps presse mais qu'il est lui aussi désolé. Je leur réponds que, malgré mon âge, je gère bien la situation. La réaction de peur est compréhensible, surtout venant de vous trois lorsqu'on se sent piégé. Bref, Aklèf, Guysen, Gabbie, je viens d'installer le dernier symbole (l'éther). Il faudra patienter quelques minutes pour que la porte s'ouvre complètement… Quelques instants plus tard, on entend la porte grincer au sol en s'ouvrant entièrement depuis l'intérieur. C'est incroyable ! Le guide reste surpris, non pas à cause de l'ouverture de la porte, mais parce que ce sont ses souvenirs passés qui déclenchent cette réaction. Il vient d'ailleurs de révéler spontanément une information essentielle sur cette fameuse chambre. D'après Aklèf, il existerait d'autres portes dissimulées. Gabbie, quant à elle, passe devant nous et entre pour la première fois dans cette pièce, sans être gênée par la lumière éclatante. Les guides, Aklèf et Guysen, se sont retrouvés parfaitement synchronisés lorsqu'ils ont déclaré d'une seule voix : « **Gabriel, il est temps pour nous aussi d'entrer.**

CHAT-PIE-TRE-235

» À cet instant, nos regards se sont croisés et un silence complice s'est installé. J'ai finalement acquiescé, soulignant que le moment était venu d'entrée dans cette chambre et d'en découvrir les portes secrètes. Chers lectrices et lecteurs, vous suivez cette histoire avec beaucoup d'enthousiasme. Je cède donc la parole au Narrateur, qui poursuivra le récit... Comme vous pouvez le constater, cette situation vous offre un aperçu et vous soulage quelque peu, en montrant que même dans les livres d'histoire, les querelles existent aussi. Sans transition. Gabriel se pose de nombreuses questions sur la nature énigmatique du lieu où ils se trouvent. Leur curiosité face à ce mystère les pousse à explorer l'endroit et à percer ses secrets, ce qui semble être essentiel pour découvrir d'autres énigmes dans cette chambre fascinante. Les guides Aklèf, Guysen et Gabriel restant calmes, observant attentivement leur environnement afin d'éviter toute surprise, tout en poursuivant leur exploration. Qui sait ce qu'ils découvriront dans cette chambre énigmatique aux portes dissimulées ? L'atmosphère semble particulièrement mystérieuse, voire légèrement inquiétante. Gabriel est surpris d'apercevoir Gabbie, qui paraît flotter au-dessus du sol. D'un coup, la tension et la peur s'évanouissent, même si, parfois, la pression peut être intense dans ce genre de circonstances – ce que Gabriel comprend bien – mais, encore une fois, elle n'est pas notre alliée. Quoiqu'il en soit Gabriel et les guides Aklèf, Guysen sont tous à l'intérieur, regardant ensemble s'il y'a bien un indice, qui sans doute pourraient soit aider, Gabriel soit, les aider ? Le narrateur poursuit en précisant que Gabbie cherche à rassurer Gabriel en lui disant :

P.236

« N'aie pas peur, tu es entouré d'adultes, je te l'assure. » Gabbie ajoute ensuite : « Pour le moment, tu n'es pas confronté à une situation réellement dangereuse, mais plutôt à un défi ou une épreuve qui requiert ton courage, Gabriel. Conserve ta détermination afin de le surmonter. Comme à son habitude, le Narrateur laisse la parole à Gabriel pour poursuivre le récit : Je comprends ce que demande Gabbie, à savoir garder mon calme, ce que j'accepte volontiers. J'essaie donc de faire preuve d'humilité et je souhaite avancer malgré le mystère qui règne dans cette chambre. Tout en restant serein, j'observe Aklèf et Guysen qui poursuivent leur recherche d'indices. Ils me rappellent également de prêter une attention particulière à chaque détail susceptible de m'échapper. À vous, mes chères lectrices et chers lecteurs qui me suivez, j'acquiesce de la tête pour leur montrer que j'apprécie leurs conseils. Pour l'instant, nous avançons lentement afin de ne rien manquer et d'être sûrs de repérer le premier indice. Est justement ne parlant d'indices, Aklèf lui vient de trouver un…En espérant que celle-ci va nous amener à explorer les passages secrets avec prudence. Qui sait ce que nous pourrions découvrir ? Soudain, Aklèf appelle son collègue et ami Guysen afin qu'il le rejoigne pour s'assurer qu'ils sont bien d'accord sur l'indice trouvé. Au même instant, Gabbie survole le sol à une vitesse inhabituelle ; en approchant des guides, elle paraît, elle aussi, étonnée par la découverte d'Aklèf. Puis Guysen m'appelle : « Gabriel, viens voir ce qu'Aklèf vient de trouver comme indice. » Je lui réponds « ok », et en m'approchant d'eux – Aklèf, Guysen, mais aussi Gabbie – ils me montrent un indice plutôt particulier ! Vous n'allez pas

P.237

Me croire, mais il y a bel et bien un indice absolument incroyable. Pour être honnête, moi, Gabriel, c'est la première fois que je vois cela. D'ailleurs, une question me vient à l'esprit : pourquoi y a-t-il ici une porte aussi grande, qui mesure visuellement près de 1,50 m de haut ? Pour la première fois, nous nous retrouvons tous les quatre – Aklèf, Guysen, Gabbie et moi, Gabriel – face à cette porte, et la surprise est totale. J'en profite pour jeter un coup d'œil autour de nous, à la recherche d'indices éventuels. Il est toujours important d'observer chaque recoin de la pièce, surtout que nous n'avons pas vraiment la clé. Permettez-moi une petite parenthèse : souvenez-vous du moment dans le couloir ? À ce moment-là, je croyais que l'épreuve commençait. Mais finalement, je réalise que c'est ici, devant cette porte, que tout débute réellement. D'où l'importance du détail. Je me souviens parfaitement des paroles d'Aklèf et de Guysen lorsque nous étions dans la chambre d'hôtel. D'ailleurs, une autre question me traverse l'esprit : cette porte est-elle authentique ou s'agit-il simplement d'une illusion d'optique ? Je vais cesser de me tourmenter un instant, car de toute façon, je ne comprends pas pourquoi cette porte se trouve ici. Tout à coup, Aklèf se demande s'il ne fait pas face à une énigme. Si tel est le cas, il y a de fortes chances que la pièce renferme divers indices liés à cette porte. Il pourrait alors découvrir une photographie ou un ancien objet facile à reconnaître, qui jouerait un rôle essentiel dans la résolution du mystère entourant ce lieu. Avant d'entrer dans la pièce, j'hésite un instant. Soudain, une idée me traverse l'esprit. Guysen et Aklèf me regardent avec surprise, curieux de connaître cette

P.238

Fameuse pensée. À ce moment-là, Gabbie me demande justement de partager mon idée. Je leur explique alors que, selon moi, l'indice ne se trouve ni dans une partie visible sur une photo, ni dans un accessoire appartenant à une reine égyptienne, mais qu'il s'agit plutôt d'une clé particulière. Aklèf insiste et me demande d'être plus claire. En supposant que la fameuse clé ait la forme de la porte, au niveau de l'ouverture, il est possible qu'elle se trouve près de nous, mais nous sommes trop concentrés sur cette porte d'un mètre cinquante de haut. Le plus surprenant dans cette histoire, c'est que la porte soit en réalité dessinée sur le mur de gauche dès l'entrée de la chambre, et que nous ne l'ayons pas remarquée sur le moment. En observant attentivement la porte au niveau de la poignée, en dessous on remarque qu'elle est différente des autres : elle semble étrange, car il faut y placer un objet manquant, à la forme particulière, pour pouvoir justement l'ouvrir. Soudain, les guides Aklèf et Guysen comprennent qu'il faut fouiller toute la pièce ou bien revenir plus tard pour y placer la clé… D'ailleurs, je la cherche moi aussi, sachant que je viens d'apercevoir la forme de cette clé sur la porte. En continuant mes recherches, je constate qu'il n'y a rien de creux sur les murs. Oui, car s'il y avait une niche, je penserais que l'objet que nous recherchons — Aklèf, Guysen et moi-même, Gabriel — il ressemblerait à une clé, s'y trouverait probablement. Aklèf et Guysen soulèvent les draps poussiéreux et découvrent qu'il y avait encore d'anciens vases, mais cette fois, il n'y a pas de momies. Il ne s'agit que d'objets variés : des bracelets, de la vaisselle en porcelaine ou en terre cuite, ainsi que des colliers dépourvus de

P.239

Pierres précieuses. Les recherches continuent : les guides d'un côté, moi, Gabriel, de l'autre. Je soulève également des draps placés le long du mur, sur un banc aussi long que le mur de béton. En les soulevant, j'ai soudain reçu de la poussière dans les yeux. Presque aveuglé, je commence à tâtonner toute la longueur du banc, tout en essayant d'ouvrir les yeux qui me brûlent atrocement. Au même instant où j'essaie d'ouvrir les yeux, j'aperçois vaguement une silhouette au fond du mur. Je continue à tâtonner sur le banc afin de m'approcher de cette forme que je distingue à peine. À ce moment-là, Aklèf me voit peiner à marcher et me demande : « Gabriel, est-ce que tout va bien ? » (…) Un long silence s'installe entre nous, puis je lui réponds simplement que j'ai un peu de poussière dans les yeux. Le guide Guysen accentue l'importance de porter des lunettes qui protègent les yeux. J'attends un moment pour observer par moi-même et, alors que je m'apprête à lui répondre, j'aperçois enfin la fameuse clé. Dans un élan spontané, **j'appelle Aklèf et Guysen pour leur annoncer que je viens de trouver la clé**. Aussitôt, les guides s'approchent de moi, visiblement surpris. Chères lectrices et lecteurs, je vous pose la question : D'après vous ? Quelle est ce mystérieux, objet que je viens de découvrir ? Avez-vous trouvé l'objet en question ? Mes chers lectrices et lecteurs, il s'agit bel et bien du fameux éther, plus petit que l'autre. Oui, vous avez bien lu, c'est exactement cela… Les guides Aklèf et Guysen m'ont demandé de me dépêcher afin de placer l'objet découvert ; étrangement, il me rappelle une dimension spirituelle ou ésotérique. Je dois le mettre sous le poignet de la porte, qui mesure précisément 1 mètre 50 de

Haut. D'ailleurs, cela était clairement indiqué sur le parchemin que j'avais consulté juste avant que nous entrions tous ensemble dans cette chambre mystérieuse. Le parchemin précisait qu'il existait bien deux portes jumelles : l'une dans le couloir et, bien sûr, l'autre à l'intérieur. Je me dirige rapidement vers la petite porte, accompagné d'Aklèf et Guysen. Gabbie apparaît soudainement, flottant au-dessus du sol, et nous rejoint. Devant la porte, elle me demande de manipuler prudemment cette clé à la signification spirituelle. Nous sommes maintenant tous rassemblés devant cette porte. Je m'approche avec précaution et dirige ma main droite, tenant la clé (l'éther), sous le poignet de la porte ; sa forme correspond parfaitement, alors je la place et attends un instant : elle s'insère sans difficulté. Quelques minutes passent pendant lesquelles nous espérons qu'un événement se produise, comme si la porte pouvait s'ouvrir d'elle-même. Aklèf me demande si j'ai bien mis la clé au bon endroit. En le regardant droit dans les yeux, je lui réponds qu'ils m'ont tous vu placer la clé spirituelle, donc oui, je l'ai insérée correctement. Désolé de vous dire cela, mais une fois de plus, vous êtes trop pressés. Vous devriez tous garder votre calme. Juste au moment où je terminais ma phrase, la porte s'est finalement ouverte, et les guides, Aklèf et Guysen, ont soudain affiché des humeurs changeantes. Pour faire simple, ils étaient contents que cette petite porte se soit ouverte… Sans hésiter, j'ai vu Gabbie essayer d'entrer dans cette pièce minuscule ; elle est entrée, puis étrangement, la porte s'est refermée juste derrière elle. Un silence s'est installé entre moi et les guides.

P.241

Je me suis alors tourné vers eux pour leur demander : est-ce que tout est fini, ou bien est-ce seulement le commencement ? Soudain, Aklèf me retourne la question : « Pourquoi, selon toi, Gabriel, la porte de la chambre où nous sommes ne s'est-elle pas ouverte ? » Un silence s'installe entre nous... Je dois reconnaître que la question est pertinente. C'est bien là toute l'affaire. J'ai sans doute une petite idée en tête à ce sujet, Aklèf. D'ailleurs, lorsque la petite porte s'est ouverte, il m'a semblé apercevoir une sorte de vortex. Il semble y avoir une sorte de distorsion de l'espace qui rend la perception des distances incertaine... Le guide Guysen paraît vraiment surpris par la réponse que je viens de donner à Akèf. Il s'attendait à une explication plus simple. Ainsi, nous sommes tous les trois coincés dans cette fameuse pièce, dont le mystère est bien réel. Aklèf me fixe avec une expression presque anxieuse, il s'approche davantage pour plonger son regard dans le mien, me faisant clairement comprendre qu'il ne souhaite pas rester ici. Je perçois son inquiétude dans ses yeux et, alors que j'allais tenter de le rassurer, le guide Guysen me répète la question : que comptes-tu faire ? Ce que je dois faire, c'est comprendre pourquoi Gabbie s'est empressée de rentrer dans cette petite chambre. Malheureusement, ni vous, Aklèf, ni vous, Guysen, n'avez la réponse à cette question. Pour l'instant, je ne peux donc pas vous répondre. La seule chose à faire est de rester vigilant et de continuer à observer attentivement l'environnement. Qui sait ce que nous pourrions découvrir en explorant à nouveau cette pièce mystérieuse ? J'aimerais poser une question aux guides Aklèf et Guysen :

P.242

Est-ce la première fois que vous vivez une telle expérience avec moi, ou bien l'avez-vous déjà vécue auparavant ? Aklèf observe son collègue et ami Guysen ; leurs regards en disent long sur la réponse qu'ils pourraient me donner. À travers leur attitude, je devine qu'ils ont déjà vécu cette expérience. Quoi qu'il en soit, il me semble que les guides ne sont pas en mesure de m'apporter immédiatement la réponse que j'attends. Je prends donc le temps de réfléchir… En ce moment, il paraît que je fais face à des situations de plus en plus étranges et potentiellement préoccupantes. La soudaine précipitation de Gabbie à travers cette étrange porte accentue le mystère qui enveloppe déjà cette expérience fascinante. Sans même m'en rendre compte, je vérifie à nouveau ma montre pour m'assurer que l'heure n'a pas changé. Cela me rassure : le temps demeure dans le même espace-temps, et c'est plutôt réconfortant. Si ma montre indique l'heure actuelle, cela renforcerait l'idée que personne n'est bloqué dans un autre espace-temps, et que nous restons dans le même cadre temporel qu'au début de l'exploration. En revanche, si elle affiche une heure différente ou semble ne pas fonctionner correctement, cela confirmerait mes craintes d'une distorsion du temps ou d'une réalité alternative. Le suspense s'intensifie alors que l'incertitude et l'anticipation grandissent face à ce que nous pourrions découvrir. Je dois rester calme et concentré face à cette épreuve ; c'est sans doute la meilleure décision à prendre pour l'instant. Je suis véritablement confronté à une situation déroutante et complexe, où les repères temporels semblent devenir étranges. Plus j'y pense, plus je ressens un certain malaise.

P.243

Nous sommes toujours dans cette chambre, avec les guides Aklèf et Guysen qui attendent que je leur donne une vraie réponse sur le moment où nous pourrons sortir d'ici, au moins pour ce soir. Cependant, notre amie Gabbie n'est toujours pas revenue de cet espace-temps où elle s'était rendue quelques minutes auparavant quand la porte s'est ouverte toute seule. Par ailleurs, les guides, eux non plus, ne m'ont pas encore donné les réponses que j'attendais. Ma montre affiche **16h30**, alors qu'elle ne fonctionnait pas correctement, dans les pièces précédentes voire, même s'était arrêtée. Cela confirme mes soupçons : il existe une perturbation temporelle dans cette pièce étrange. Plutôt que de me demander pourquoi ce phénomène se produit, il serait plus judicieux de chercher qui en est responsable. Cette piste pourrait nous fournir des indices essentiels pour résoudre l'énigme et trouver un moyen de sortir de cette situation. Pourtant, le fait de marcher sans fin dans cette chambre accroît encore l'angoisse. À ce moment précis, le Narrateur revient comme à son habitude et déclare : Il est primordial de rester attentif et de conserver l'espoir. Il faut poursuivre sans relâche, stimuler la réflexion collective et examiner avec soin chaque détail autour de soi afin de trouver des indices qui pourraient aider Aklèf, Guysen et bien entendu Gabriel à résoudre la situation. Ensuite, Gabriel reprend la parole et s'adresse directement à vous, chers lecteurs et chères lectrices, partageant sa pensée : Alors que je réfléchis à cette fameuse clé éther, une interrogation me traverse : serait-il possible qu'il en existe une autre ? Soudain, Aklèf m'appelle Gabriel. Un silence s'installe entre nous ;

P.244

Il me regarde, puis secoue la tête de gauche à droite. À ce moment-là, je réalise une fois de plus qu'il avait deviné mes pensées. Nous poursuivons notre exploration dans cette pièce mystérieuse, gardant espoir et courage devant la possibilité de découvrir un ou plusieurs objets. J'ai la nette impression qu'ils pourraient être simplement cachés juste devant nous. Soudain, quelque chose attire mon attention. J'appelle les guides, Aklèf et Guizen, pour leur demander si c'est eux qui envoient des signaux lumineux dans la chambre. Ils me regardent tous les deux et secouent la tête, affirmant que non. Puis Aklèf me demande pourquoi je pose cette question. Je lui explique qu'il-y-avait d'étonnants signaux lumineux qui vacillent dans la pièce. L'idée de suivre le rayon lumineux pour découvrir où il nous conduit. En avançant vers ce faisceau de lumière, j'aperçois une main ressemblant à une poignée de petite porte. Aklèf me dit qu'il s'agit probablement de la fameuse clé de secours qui pourrait nous permettre de partir d'ici, au moins pour aujourd'hui. Je lui réponds que, pour en avoir le cœur net, il faudrait s'approcher ensemble afin d'observer précisément la main et déterminer si elle est gauche ou droite. Il s'agit aussi de comprendre si elle correspond à celle d'une porte classique, auquel cas on pourrait l'ouvrir et enfin quitter cette mystérieuse chambre dont l'énigme reste entière. Ou bien s'agit-il de la petite porte ? Étant donné que nous n'avons pas trouvé la solution à cette épreuve, rien n'est certain. Quoi qu'il en soit, il faut s'approcher encore un peu plus pour être fixés. Et justement, en parlant de certitude, cela permettra de faire d'une pierre deux coups.

CHAT-PIE-TRE-245

Ce moment est crucial dans notre esprit, car il est vrai que la perception du temps est très différente pour chacun dans cette pièce. D'ailleurs, je ne vois pas pourquoi le temps serait aléatoirement au cours de notre exploration. Cela pourrait bien être l'étape suivante pour sortir de cette étrange pièce où le temps s'écoule lentement. Nous sommes désormais tous les trois – Aklèf, Guyzen et moi-même, Gabriel – devant cette main. Je la soulève sous nos regards et nous découvrons qu'elle est recouverte d'or à l'extérieur. Soudain, je fais le lien entre la lumière et cette main : je comprends alors que si la lumière a vacillé, c'était probablement pour m'indiquer sa présence. Ce qui est encore plus étrange, en la retournant, j'aperçois une tige ronde et solide, ce qui me laisse penser qu'on peut visser l'extrémité en tournant la main sur elle-même, peut-être sur la petite porte, juste au-dessus de la fameuse clé. Il est possible qu'ensuite on puisse la déplacer de gauche à droite pour ouvrir. Nous saurons alors, tous les trois, si cette manœuvre permet d'ouvrir de nouveau la petite porte ou si cela déverrouille simplement la porte de la chambre. Comme chaque fois, Aklèf me propose soudainement de la faire tourner dans le sens des aiguilles d'une montre, en partant de la droite pour effectuer un tour complet. Cette fois, je m'approche avec beaucoup d'attention et, délicatement, je la saisis à deux mains. D'abord par la droite, j'effectue un tour entier, puis à gauche, elle se laisse guider. Les Guides Aklèf et Guyzen m'observent attentivement, veillant à ce que je ne commette aucune erreur. Le suspense est palpable. Un silence immense est présent dans toute la chambre (…)

P.246

Je continue est visser la main dorée, en faisant un tour complet, comme Aklèf me l'avait proposé est je la voie se visser un peu plus dans le fond, est maintenant que je viens de finir le tour complet, de la main, c'est la quand va savoir si elle est de gauche ou de droite ? Je retiens mon souffle quelques secondes, et nous saurons alors à quoi nous attendre... À vous qui me lisez, chères lectrices et chers lecteurs, le suspense est bien réel, car rien n'est encore joué. Cette situation me rappelle d'ailleurs celle de la fameuse clé précédente, dont vous vous souvenez sûrement. Quoi qu'il en soit, il y a toujours ce suspense qui persiste. On attend qu'un événement comme un bruit, une lumière ou même un léger tremblement puisse ouvrir la porte, ou alors peut-être que c'est la porte de la mystérieuse chambre qui s'ouvrira cette fois-ci. Une autre question se pose : pourrions-nous, Aklèf, Guyzen et moi-même, Gabriel, être amenés à entrer dans une autre dimension, débuter une nouvelle aventure ? C'est ce qui est arrivé à Gabbie lorsqu'elle est entrée spontanément après avoir vu la petite porte s'ouvrir toute seule. Voici toutes les questions qui me traversent l'esprit... Tout à coup, une réflexion surgit. Je repensais au moment où j'avais tourné la main dorée : elle était restée orientée vers la droite. À ce moment-là, je n'y ai pas prêté attention... Pourtant, il aurait peut-être fallu procéder différemment. Par ailleurs, le parchemin indiquait que si rien ne se produisait près de la petite porte, dans la chambre mystérieuse. Il valait sans doute mieux essayer dans l'autre sens, comme on tourne une aiguille d'une montre. Justement, pour dissiper le doute, il suffirait de refaire le geste, cette fois dans le

P.247

Bon sens. Faisant un tour complet en restant à gauche, soudain !! les vibrations s'accentues. Directement sous nos pieds. Aklèf, Guyzen et moi-même, Gabriel, nous comprenons qu'il s'agit bien de la sortie par laquelle nous étions venus quelques heures plus tôt. C'est cette porte qui s'était ouverte. Les vibrations provenaient simplement de la gauche, ce qui nous a permis de déterminer facilement leur origine. Une fois que les vibrations se sont totalement arrêtées, ni Aklèf, ni Guyzen, ni moi-même n'avons ressenti de tremblements au sol ; tout était redevenu parfaitement stable. Nous avons ensuite entendu un léger grincement, un son qui m'était familier. Oui, mes chères lectrices et lecteurs, il s'agissait bel et bien de la porte de la chambre, dite mystérieuse, qui avait grincé. Cette épreuve était sans doute destinée à moi, Gabriel, dès notre arrivée au musée ce matin. Je ne m'attendais pas à ce qu'elle soit compliquée sur le plan, morale mais aussi physiquement. Quoiqu'il-en-soit, Aklèf, Guyzen eue aussi garderons en mémoire l'épreuve qu'on avait durement réussi. Après cela, le guide Aklèf nous a demandé, à Guyzen – son collègue et ami – et moi-même, de quitter la pièce. Son regard laissait clairement entendre qu'il ne voulait pas rester une minute de plus dans cette chambre. Tout s'est déroulé soudainement, sans aucune transition. J'aimerais vous poser une autre question : selon vous, combien de temps avons-nous passé, moi, Gabriel, Aklèf et Guyzen, dans cette fameuse chambre ? Sachant qu'il est déjà **17h30**, comme chaque soir, nous devons quitter la chambre mystérieuse à la demande du guide Aklèf, ce qui me semble tout à fait compréhensible.

P.248

Il s'agit ensuite de retrouver le groupe de touristes. Ainsi, Guyzen et moi, Gabriel, sortons de la pièce et remarquons, comme toujours, que les touristes restent cette fois particulièrement attentifs à leurs guides respectifs, qui partagent avec eux des informations essentielles sur l'histoire égyptienne. Pour faire une parenthèse, je dirais qu'il est toujours important de s'informer, non seulement sur le passé, mais aussi de respecter ceux qui l'ont vécu. En somme : les laisser en paix. Si chacun réalisait simplement que les anciens aspirent à la tranquillité... Mais ce n'est là que mon point de vue d'adulte. Quoi qu'il en soit, cette fameuse porte de chambre reste bien fermée ; je m'attends d'ailleurs à voir débarquer un gardien, comme cela avait été le cas pour la dernière chambre. Le seul « gardien » que j'aperçois, c'est Aklèf, qui se trouve cette fois à ma droite. Comme à mon habitude, je jette un œil à ma montre, qui fonctionne normalement et indique **17h45**. Cela suffit largement pour s'intégrer au groupe et terminer le parcours avec eux. Je pense que cette expérience me permettra de me détendre quelque peu, car chercher une solution en faisant les cents pas dans une pièce n'est pas toujours aisé pour un jeune de douze ans. Par ailleurs, une réflexion me vient à l'esprit puisque nous disposons de temps : serait-il judicieux de poser enfin à Aklèf la question suivante, **à** savoir comment parvient-il à lire et à répondre à toutes mes réflexions ? Ce qui m'étonne le plus... c'est qu'Aklèf acquiesce systématiquement à chacune de mes réflexions. Dois-je alors lui poser la question directement ou attendre le moment idéal pour la lui soumettre de nouveau ? Une fois de plus, voilà une question qui, selon moi, reste sans

P.249

Réponse. Soudain, j'aperçois Aklèf debout, toujours à mes côtés ; il fait un pas en avant et m'appelle spontanément : « Gabriel, viens, il faut qu'on rejoigne le groupe, reste dans cette file, Gabriel… » Ensuite, mon guide Aklèf s'éloigne, précisant qu'il doit voir un collègue au bout de la file. Je le regarde et lui réponds que, de toute façon, je dois moi aussi marcher pour me dégourdir les jambes, donc d'accord, je reste avec le groupe en attendant ton retour. Puis, à la fin de ma phrase, je le vois Aklèf partir loin devant… Ce moment me permet justement de faire le point sur tous les événements que j'ai vécus ces derniers jours. Tandis que je suivais le groupe de touristes, une image s'est imposée à mon esprit, une évidence qui ne cesse de me tourmenter. Je repense à ces apparitions soudaines de cette mystérieuse entité, parfois même à la silhouette qui semble prendre la forme du guide. Mais ce qui m'intrigue le plus, c'est qu'à chaque manifestation, le guide Aklèf n'est jamais bien loin de moi. Est-ce que vous, chers lecteurs et lectrices, commencez à cerner la situation ? J'ai vraiment l'impression qu'il y a là trop de coïncidences, ça paraît louche, non ? En fermant un instant les yeux, je me remémore des souvenirs : ces instants où la silhouette aux yeux rouges me semblait étrangement familière, ressemblant à l'un des guides. Cette observation provoque chez moi un véritable dilemme, mêlant méfiance et confusion, car il m'est impossible d'être réellement certain des intentions de cette silhouette. Décider de garder cette information pour moi apparaît alors comme une réaction compréhensible, surtout dans un contexte aussi délicat et mystérieux. Il est essentiel de rester calme et d'éviter toute réaction précipitée tant que je…

CHAT-PIE-TRE-250

Ne sais pas davantage sur la situation. Quoi qu'il en soit, je dois poursuivre ma marche derrière le groupe de touristes avec prudence, tout en surveillant la présence énigmatique qui pourrait surgir à tout moment. Cependant, j'ai remarqué que la silhouette ne se manifeste jamais lorsqu'il y a du monde ; elle semble choisir soigneusement le meilleur moment pour apparaître. Je reste attentif au moindre indice pouvant m'aider à percer la vérité derrière ces apparitions insolites. En avançant, je ne remarque rien de particulier, si ce n'est le murmure des conversations entre touristes à proximité. Bien que j'entende distinctement leurs échanges, mon subconscient m'empêche de m'y immiscer ; ces discussions ne me concernent pas et je n'y suis pas convié. Je poursuis donc ma marche dans le couloir et, comme à mon habitude, je consulte ma montre : il est précisément **18h15**. Une annonce sera diffusée sous peu par les haut-parleurs du musée. Par ailleurs, je constate l'absence d'Aklèf, qui avait pourtant indiqué revenir vers moi. De plus, je réalise seulement maintenant que Guyzen n'est pas là non plus. Il semble qu'il ne soit pas sorti de la chambre, contrairement à la demande d'Aklèf. Où peut-il bien se trouver ? Peut-être que le guide Guyzen est passé derrière moi sans que je m'en rende compte, mais il y a un détail à noter : je mesure 1m30, donc il est peu probable que ce soit moi, Gabriel, qui puisse cacher un adulte. Cette évidence, qui me surprend toujours, soulève de nombreuses questions concernant la nature de mon expérience dans cette chambre du temps. À plusieurs reprises, j'ai remarqué que ma montre s'arrêtait, mais à chaque étape, accompagné du guide Aklèf, rien ne semblait pouvoir me

P.251

Déranger. Bref, je me tourmente inutilement au sujet du guide Guyzen : il était sans doute parti, ce qui expliquerait pourquoi je ne l'avais pas vu. Par ailleurs, en repensant au comportement d'Aklèf, quelque chose me paraît étrange. Habituellement, il me regarde droit dans les yeux pour me dire qu'il doit aller voir un collègue, au bout de couloir droit devant. Soudain, il revient quelques minutes plus tard. Mais cette fois-là, il ne revient pas. Pourquoi ? Quoi qu'il en soit, je continue à marcher avec le groupe de touristes devant moi. En avançant, je suis soudainement arrêtée par ce même groupe, qui s'immobilise complètement. Je me demande ce qui se passe, car autour de moi, rien ne semble inhabituel. Qui va me faire comprendre qu'il y a une manifestation ? C'est étrange. Je me dis finalement que les touristes s'arrêtent sans doute simplement pour lire les petits panneaux près d'une statue. Je décide donc d'attendre aussi, pensant que l'annonce au micro va avoir lieu et que nous pourrons avancer ensuite. Je regarde ma montre ; les aiguilles tournent normalement. Je reste tranquillement adossée au mur, attendant que les touristes reprennent leur marche… Quelques minutes s'écoulent, mais toujours rien ne se passe. Même le guide Aklèf ne revient pas vers moi. D'ailleurs, en parlant de lui, il avait également disparu, tout comme « Guyzen ». Bref, le temps continue de passer sans que quoi que ce soit ne change ; visiblement, les touristes restent totalement figés. Alors là ! Il se passe quelque chose, mais je n'arrive pas à savoir exactement quoi. Le plus surprenant, c'est que je me retrouve désormais vraiment seule, du haut de mes 1m30. Je rappelle que dans un musée — qu'il soit national ou international —

P.252

Les règles sont identiques pour tous : un enfant de douze ans doit être accompagné du début à la fin de la visite… Visiblement, ce n'est pas le cas ici ; le guide Aklèf ne revient toujours pas, pas plus que Guyzen. Et pour ajouter à mon inquiétude, Gabbie est toujours coincée, prisonnière du temps, depuis qu'elle est entrée dans la fameuse chambre mystérieuse. Finalement, je prends la décision de quitter le groupe de touristes et je me place à sa droite pour voir ce qui se passe vraiment. Devant moi, il n'y a rien. Tout le monde reste sur la gauche, personne ne bouge. La chose la plus surprenante, c'est cet objet accroché au-dessus du mur : en levant la tête bien haut, je découvre qu'il s'agit d'une horloge numérique que je n'avais pas remarquée auparavant. Je reste figé. Pourtant, logiquement, ma montre aurait dû rester immobile aussi. Mes chères lectrices et chers lecteurs, vous serez sûrement d'accord avec moi : tous les objets devraient être figés, non ? Alors pourquoi ma montre ne l'est-elle pas ? Mais une autre question me traverse l'esprit dans la foulée… Suis-je réellement sorti de cette fameuse chambre mystérieuse ? Ou est-ce l'inverse qui vient de se produire ? Peut-être étais-je physiquement absent pour les autres guides, Aklèf et Guyzen. D'ailleurs, concernant mon absence, les touristes ne voient même pas la différence, que je sois là ou non. Bref, j'en suis persuadé : je suis bel et bien sorti de la chambre, avec Aklèf et Guyzen. D'ailleurs, je vais le démontrer en marchant droit devant, exactement comme le guide Aklèf, afin de comprendre réellement ce qui s'est passé. Je prends donc mon courage à deux mains et avance avec courage. Pendant ce temps, chers lectrices et lecteurs, je vous

P.253

Confie au Narrateur, qui va désormais vous raconter la suite pour mieux vous plonger dans l'aventure… Êtes-vous prêts, mes amis ? Alors allons-y ! La situation que vit Gabriel est à la fois intrigante et mystérieuse. Il semble qu'une sorte de rupture se soit produite, voire une altération de la perception de la réalité. En clair, il y a probablement un autre passage secret dans ce musée, peut-être même un vortex. La grande question demeure : que s'est-il réellement passé dans la chambre du temps ? Gabriel poursuit sa marche, et soudain, un phénomène incompréhensible survient : il découvre la présence physique d'un couloir totalement différent, qui l'isole nettement du reste. Soudain, Gabriel s'arrête brusquement, comme s'il venait d'apercevoir quelque chose. Il prend alors conscience de la réalité qui l'entoure : il se trouve effectivement dans le musée, accompagné du Narrateur, mais également de vous, lectrices et lecteurs. Gabriel se voit alors, tel dans un miroir, courir en sens inverse, ce qui le surprend profondément. Du haut de ses 1m30, il s'interroge sur la possibilité d'un tel phénomène. Réfléchi et lucide, Gabriel cherche une explication logique à cette situation singulière et tente d'en comprendre la cause. La question essentielle demeure : qui appartient au monde réel ? Gabriel d'ici, présent dans ce musée, ou celui qui, de l'autre côté, court en sens inverse ? Soudain, le narrateur laisse Gabriel prendre la parole. Celui-ci déclare : « Quoi qu'il en soit, je suis là, moi, Gabriel, dans cette époque dans ce musée, au centre du couloir. Sur ma gauche, des touristes restent figés. Tandis que j'avance, je me répète dans ma tête, que je ferai tout pour m'en sortir. Peut-être existe-t-il une issue ?

P.254

Une porte qui ne ressemblerait en rien à celles que j'ai déjà croisées. En y songeant, je pense à mon alter ego, de ce paradoxe parti dans l'autre direction, vers l'extrémité opposée du couloir. Si j'accélère le pas, je pourrai atteindre le début du couloir, là où la file a démarré… Je marche rapidement, si vite que j'aperçois l'autre bout de la file, ce qui me laisse le temps justement de réfléchir à la façon dont je me suis retrouvé coincé — si c'est bien le cas — dans un tel paradoxe. Ou alors, c'est tout l'inverse : je suis sorti de cette fameuse chambre avec Aklèf, sans même m'en rendre compte une nouvelle fois ? En arrivant tout juste au début de la file, je ne vois rien de particulier : aucune porte différente, ni rien d'autre qui pourrait me donner cette impression. Lorsque j'observe attentivement autour de moi, tout semble identique, aucun détail n'attire l'œil. Dans un musée comme celui du Caire, je me demande justement : quel est ce détail que je ne perçois pas ? Vous, mes chères lectrices et chers lecteurs, qu'est-ce que vous pourriez remarquer ici qui échappe à la vue ? En observant les touristes, je remarque qu'ils n'ont ni appareils photo capables de produire des flashs, ni caméras pour enregistrer des vidéos-souvenirs. Aucun indice supplémentaire ne semble se présenter. Ou peut-être que, moi aussi, je ne regarde pas du bon côté. Il me faut trouver un objet qui pourrait m'aider à comprendre s'il existe une éventuelle sortie. Cette fois, je porte mon attention sur les niches creusées dans les murs : il y a là une statuette représentant une chineuse agenouillée, tenant deux vases — un posé sur sa main gauche, l'autre sur sa main droite. Quelques mètres plus loin, une autre statuette Thot représente

CHAT-PIE-TRE-255

Cette fois-ci la chineuse debout. Plus loin encore, dans une niche creusée dans le mur, se trouve également une statuette dont la tête prend la forme d'un ibis-oiseau. En continuant ma marche, j'aperçois sur une autre niche du même mur une statuette similaire ; celle-ci possède une tête d'aigle ornée d'une sorte de couronne composée de serpents, au centre de laquelle brille ce qui semble être une émeraude ou une pierre précieuse. Un peu plus loin, dans une autre niche, se trouve un chat portant plusieurs colliers de différentes couleurs. Pour finir, il y a ces statuettes représentant un gardien : dans sa main gauche, il tient une sorte de longue lance dont l'extrémité est ornée d'une petite tête de serpent dorée. Dans sa main droite, il porte un objet qui ressemble à une croix arrondie, évoquant la forme d'une clé destinée à ouvrir une porte. Une idée me vient à l'esprit : est-ce que cette fameuse « objet » que je dois prendre ? La statuette va certainement m'aider à découvrir ce nouveau passage. Qu'en pensez-vous, chères lectrices et chers lecteurs ? Je me sens un peu perdu… Je vais tenter une chose : soit je prends uniquement l'objet, soit j'emporte la statuette entière avec moi pour la placer devant moi et voir si elle réagit. Cette fois-ci, je marche droit vers l'endroit où je me trouvais avant. Je tiens la statuette devant moi, curieux d'observer si elle provoque une réaction en passant juste devant les touristes immobiles, figés sur la file de gauche. J'avance prudemment, sans me presser. Cela risque de prendre du temps, mais c'est sans doute la meilleure stratégie, car mon but est de trouver cette fameuse porte qui me permettra de retourner dans mon couloir et de rejoindre enfin les guides, Aklèf et Guyzen. Pour

P.256

L'instant, il me reste à repérer un emplacement qui ressemblerait à une serrure. Je progresse lentement dans le couloir, percevant de légères vibrations près de la statuette, surtout du côté gauche. À mesure que j'avance, ces vibrations deviennent plus fortes. Ma main gauche, qui tient la statuette, se met à bouger également, comme si elle recevait des ondes, ce qui m'encourage à avancer avec précaution, en évitant tout mouvement brusque. Oui, j'avance progressivement et je ressens des vibrations de plus en plus fortes ; ma main gauche tremble violemment, ce qui me laisse penser que je m'approche de quelque chose, mais de quoi exactement ? J'ai une idée de ce que cela pourrait être. Je me retrouve au milieu des touristes, les vibrations persistent, et je me dis que s'il existait un moyen de voir comme une lumière, cela aurait été appréciable. Ma mains gauche tremble puis elle est guidée, par les vibrations, est me font tomber sachant l'intensité mes genoux au sol. Bizarrement l'un des touristes à fait en sorte de me laisser un petit passage, pour que je puisse m'approcher de la vibration. Est justement en parlant d'elle, elle m'attire complètement en me trainant par terre. Soudain !! ma main gauche touche le point de départs de la vibration, j'aperçois à ma grande surprise, qu'il y'a bel-et-bien une forme de petite serrure sur le mur. Chères lectrices, chers lecteurs, vous serez sans doute étonnés d'apprendre que la fameuse clé s'insère presque magiquement dans la serrure du mur. Je me relève alors du sol, ressens une vibration, et remarque enfin que les touristes se mettent à bouger, aussi bien dans la file de gauche que partout ailleurs ; même l'horloge numérique semble fonctionner normalement.

P.257

J'en conclus, une fois de plus, que j'ai surmonté cette épreuve par moi-même. À présent, alors que je me trouve dans le couloir du musée, il me semble important de prendre un instant pour réfléchir à ce qui vient de se produire et d'en parler avec les guides Aklèf et Guyzen afin d'éclaircir cette étrange expérience. Leur aide et leurs perspectives pourraient m'aider à percer les secrets de cette mystérieuse chambre du temps et à trouver des réponses plus précises à mes interrogations, comme la raison de ma présence ici ou encore pourquoi rien n'a été visible pour moi. Désormais, puisque tous les visiteurs ne sont plus immobiles, je décide de reprendre ma marche et d'observer si le guide Aklèf viendra à ma rencontre ou s'il m'attend toujours devant l'entrée de la chambre. Dans tous les cas, je vais rester à l'endroit où le guide Aklèf m'avait demandé d'attendre avant l'épreuve que je viens de réussir. Ainsi, il pourra me voir, puis quitter le musée pour ce soir. En parlant du temps… Super ! Ma montre fonctionne parfaitement et indique **18h55**. Le narrateur reprend ensuite le fil de l'histoire après Gabriel, affirmant que son absence avait inquiété le guide Aklèf dans ce monde-là, et qu'il avait pris des mesures pour essayer de retrouver Gabriel. Un silence s'installe entre le guide et Gabriel. Soudain, Gabriel demande à son guide Aklèf : « Où étiez-vous quand vous m'aviez dit de rester derrière le groupe de touristes ? » Face à cette question, le guide Aklèf se penche vers Gabriel et lui explique qu'il était parti rejoindre comme d'habitude son collègue au bout de la file d'attente du groupe de touristes. Il précise qu'il est revenu quelques minutes plus tard au même endroit mais que toi Gabriel tu n'étais plus là.

P.258

C'est alors qu'il a utilisé son talkie-walkie pour faire une annonce aux collègues hôtesses. Quelques minutes plus tard, les hôtesses ont compris et ont diffusé un message au micro à l'accueil du musée/pyramide, demandant à Gabriel de se rapprocher. N'ayant reçu aucune réponse de Gabriel à l'annonce faite par les hôtesses concernant sa disparition, le musée réagit rapidement. Le guide Aklèf poursuit au sujet de l'absence de Gabriel, et celui-ci acquiesce d'un signe de tête pour montrer qu'il comprend les propos du guide. Au même instant, Gabriel pose une autre question : « Où était votre collègue Guyzen ? Lui non plus n'était plus là lorsque nous sommes tous les trois sortis de la fameuse chambre mystérieuse. » Aklèf reste sans voix quelques instants, cherchant une explication rationnelle à donner à Gabriel au sujet de son collègue Guyzen. Après quelques minutes, le guide Aklèf apporte des explications à propos de son collègue Guyzen, expliquant qu'il était lui aussi parti voir un autre collègue, qui se trouvait loin. Il rassure alors Gabriel : c'est tout à fait normal que tu n'aies pas vu mon collègue passer juste derrière toi une fois être sortie lui aussi de la chambre mystérieuse, car tu avais la tête tournée vers moi au moment où je t'ai demandé de rester avec le groupe de touristes. Gabriel répond alors qu'il comprend. Au même instant où Aklèf termine ses explications, Guyzen réapparaît derrière Gabriel comme par hasard, posant sa main droite sur son épaule droite pour montrer qu'il s'était lui aussi inquiété de son absence et de son bien-être, même si Gabriel n'était pas physiquement avec eux. Après l'intervention du guide Aklèf.

P.259

Le narrateur poursuit l'histoire. La réaction du musée face à la disparition retient particulièrement l'attention : il est rassurant de voir que des protocoles existent pour gérer des situations d'urgence telles que la perte d'un enfant isolé. Le musée a prolongé ses horaires au-delà de **19h00,** afin de permettre à Gabriel de revenir sain et sauf depuis l'autre monde parallèle, assurant ainsi sa sécurité dans l'enceinte du musée ou de la pyramide. Le fait que le personnel connaisse bien le nom de Gabriel illustre le sérieux avec lequel l'incident a été pris en charge. De plus, la découverte d'une porte secrète réservée au personnel éveille la curiosité et laisse présager d'autres mystères encore cachés dans le musée ou la pyramide — des secrets que Gabriel et les guides Aklèf et Guyzen n'ont peut-être pas encore révélés. Enfin, les éléments apportés par les guides lors de leur passage à l'hôtel ce matin pourraient jouer un rôle clé dans la suite de l'aventure. Maintenant que la situation est revenue à la normale, Gabriel se sent rassuré. Après avoir remercié une nouvelle fois les guides Aklèf et Guyzen pour leur attention, Gabriel souhaite partager l'expérience vécue dans la mystérieuse chambre du temps. Le narrateur laisse alors la suite du récit à Aklèf. Ce dernier propose à Gabriel de rentrer à l'hôtel pour la soirée, estimant qu'après une telle épreuve, il serait préférable de raconter l'histoire plus tard lorsque les questions pourront être posées en même temps. Le fait que Gabriel soit revenu exactement à la même époque devant l'entrée de la chambre du temps confirme que son expérience relève davantage d'une anomalie temporelle que d'un véritable voyage dans le temps.

CHAT-PIE-TRE-260

Un repos bien mérité s'impose après cette aventure épuisante et déconcertante. Le narrateur s'efface un instant et laisse le guide Aklèf reprendre le fil de l'histoire, rappelant à Gabriel qu'il est temps d'y aller : il se fait tard, tout le monde doit rentrer à l'hôtel pour souffler après toutes les émotions vécues au musée. Alors que le musée vient tout juste de fermer ses portes pour la soirée, tous les touristes sont déjà partis, chacun se dirigeant vers son hôtel respectif. Soudain, le narrateur revient spontanément et continue son récit pendant que le guide Aklèf, Guyzen, ainsi que Gabriel montent dans le véhicule, chacun prenant sa place — le guide Guyzen à l'avant et Gabriel à l'arrière —, puis ils commencent à quitter le stationnement devant le musée, tout-en-veillant à la sécurité de la route, Prenons la direction de l'hôtel, car il se fait tard. il est réconfortant de savoir que Gabriel pourra désormais regagner l'hôtel du Caire pour se détendre en toute sérénité. Alors qu'ils reprennent la route, les deux guides échangent sur le déroulement de la journée, tentant d'élucider la disparition de Gabriel. Soudain, le guide Aklèf demande à son collègue Guyzen de ne pas aborder ce sujet en présence de Gabriel, qui commence déjà à se poser des questions. Il ajoute avoir même tenté de brouiller les pistes, mais précise que Gabriel découvrira probablement la vérité par lui-même. Tout en poursuivant leur route, le guide Aklèf s'interroge également sur Gabriel concernant la nature de son expérience, se demandant ce qui a pu le conduire à un tel état de fatigue. Son collègue, Guyzen, avance alors une hypothèse concernant l'événement impliquant Gabriel :

P.261

Selon lui, ce dernier aurait peut-être résolu une nouvelle énigme par ses propres moyens, ce qui expliquerait sa fatigue. Puis Aklèf entends cette théorique est voie comme une logique, claire est se disant que demain est un autre jour, que les questions seront posées à Gabriel, dès le matin après sont réveillé, mais qu'à cette instant-T, il est préférable de conduire prudemment. Alors que la fatigue marque les visages des deux guides, Guyzen aperçoit l'hôtel du Caire et se motive à rester éveillé. Il tente de discuter avec Aklèf sur la distance qu'il reste à parcourir, tout en cherchant ensemble l'hôtel ou même une place pour stationner. Aklèf trouve finalement une place de parking, curieusement située juste devant l'hôtel du Caire. Une fois arrivé, il effectue sa manœuvre et se gare avec douceur. Après avoir coupé le moteur et éteint le clignotant gauche, il se tourne depuis le siège conducteur vers Gabriel. Il le regarde quelques instants, puis c'est le guide Guyzen qui prend l'initiative de réveiller Gabriel en lui disant : « Gabriel, réveille-toi, nous sommes arrivés devant l'hôtel. » Après quelques minutes d'hésitation, les guides Aklèf et Guyzen se demandent s'il ne vaudrait pas mieux emmener Gabriel directement dans sa chambre d'hôtel. Soudain, Aklèf tente une dernière fois de réveiller Gabriel, qui dort profondément. Au même instant, Guyzen envisag de sortir du véhicule pour rejoindre Gabriel sur la banquette arrière ; il ouvre alors la portière droite de son côté, mais son collègue Aklèf le retient par le bras en lui disant : « Attends un peu ! » Guyzen referme donc sa portière, et à ce moment-là, il aperçoit Gabriel qui se réveille enfin et commence à s'étirer.

P.262

Une fois que Gabriel a terminé ses étirements, les guides Aklèf et Guyzen lui demandent s'il a bien dormi. Après quelques instants de silence, Gabriel répond enfin : « Oui, je viens de récupérer un peu. » Aklèf enchaîne en expliquant qu'il est temps de quitter le véhicule et d'aller à l'hôtel, précisant que l'équipe d'accueil les attend depuis son appel téléphonique. Gabriel, dis aux guides que OUI, il est temps de sortir du véhicule. Je dois rejoindre ma chambre car je suis encore trop fatiguée ; cependant, j'ai assez d'énergie pour descendre du véhicule et marcher jusqu'à l'hôtel. Lorsque tout le monde est prêt, y compris les guides et Gabriel, chacun sort du bon côté : Guyzen et Gabriel descendent côté trottoir. En effet, sécurité oblige ! De plus, Aklèf s'assure qu'aucun véhicule ne le gêne afin de pouvoir sortir de son poste de conduite en toute sécurité. Une fois qu'Aklèf, Guyzen et le jeune Gabriel sont descendus du véhicule, ils ont traversé la route. Guyzen remarque son collègue, adossé à la porte droite du véhicule, et le rejoint. Sans hésiter, Gabriel fait de même. Après quelques minutes passées près du véhicule, Aklèf propose d'avancer : « Allons-y ! » Les trois hommes se dirigent alors vers l'entrée de l'hôtel et constatent que le portier n'est pas celui de d'habitude ; c'est une autre personne qui occupe cette fonction ce soir. Soudain, Aklèf, Guyzen et Gabriel traversent la route en toute sécurité, tout en réfléchissant à la manière dont ils vont profiter de ce repos bien mérité et prendre le temps de penser à tout ce qui s'est passé. La fatigue accumulée durant la journée commence à se faire sentir, alors ils continuent leur chemin vers l'hôtel.

P.263

Ils aperçoivent le nouveau portier, les guides, et Gabriel lance spontanément un « **BONSOIR** ». Le portier leur répond à son tour « bonsoir messieurs », puis il ouvre grand la porte de l'hôtel pour laisser entrer les guides et le jeune homme Gabriel. Puis le portier rentre lui aussi dans l'hôtel est ferme derrière lui. Le narrateur poursuit en expliquant qu'il est normal qu'Aklèf, Guyzen et Gabriel soient épuisés après l'expérience intense dans la chambre mystérieuse et tout ce qui s'est passé ensuite dans le couloir avec Gabriel. À leur retour à l'hôtel, l'accueil se fait dans le calme, et le portier leur témoigne beaucoup de respect. Les lieux offrent une ambiance sereine et confortable, idéale après une période agitée. Aklèf et Guyzen font preuve d'une grande bienveillance envers Gabriel, veillant à son bien-être, même après la courte sieste qu'il a prise pendant le trajet en voiture. Leur présence crée une atmosphère rassurante. Alors qu'ils se dirigent vers les ascenseurs pour rejoindre leurs chambres, ils remarquent que le portier les suit discrètement. Aklèf et Guyzen se retournent paisiblement vers lui et lui demandent : « Que faites-vous ici ? » Le portier restant silencieux quelques instants, expliquant qu'il doit encore assurer la sécurité des derniers touristes dans l'hôtel. Un calme s'installe alors entre les guides Aklèf et Guyzen, ainsi que le jeune Gabriel. De façon spontanée, Gabriel essaie de prendre la parole, mais sa voix inattendue surprend le portier, qui sursaute. Il dit simplement : « Bonsoir, je voudrais une **"chambre s'il vous plaît"** (…) ». Un silence pesant envahit tous les rez-de-chaussée, et le portier, ne sachant pas d'où provient cette voix-off, part à la recherche d'un éventuel client. Au même instant,

P.264

L'ascenseur arrive in extremis devant eux. Les portes s'ouvrent, et les guides Aklèf, Guyzen ainsi que le jeune Gabriel, voyant les portes grandes ouvertes et profitant du calme, entrent dans l'ascenseur qui va les ramener. Une fois les portes refermées, l'ascenseur monte étage après étage, les transportant du rez-de-chaussée au second. Pendant ce moment, Gabriel laisse échapper un souffle lourd de sens. Gabriel se sent néanmoins rassuré d'évoluer dans un environnement familier. Comme à l'accoutumée, le narrateur disparaît sans prévenir, seul lui en connaît la raison. Soudain, Guyzen et Aklèf déclarent spontanément : **« Maintenant, il est temps »** et décident d'aller se reposer afin de récupérer de leurs émotions, profitant du confort des chambres d'hôtel. Il est particulièrement important de savourer chaque instant de calme et de repos après une journée intense. Guyzen ajoute que tout ne s'est pas déroulé comme prévu. Sachant que Gabriel était coincé dans ce monde parallèle, nous avons mené des recherches approfondies dans l'ensemble du musée avant de finalement le retrouver à l'endroit précis où vous lui aviez demandé de rester est suivre le groupe de touristes. Soudain, Gabriel réagit spontanément à Guyzen en expliquant qu'il est présent avec eux. Je précise que le fait d'avoir été piégé dans un monde parallèle ne fait pas de moi une mauvaise personne. Je sais que vous Guyzen et Aklèf voudraient savoir comment moi Gabriel s'est retrouvé aspiré dans ce genre de vortex. Pour l'instant, moi aussi je suis épuisé, j'ai du mal à tenir debout. J'aimerais raconter ma journée mouvementée dans ma chambre, tranquillement, et entrer dans les détails si vous n'êtes pas pressée.

CHAT-PIE-TRE-265

Encore quelques pas, et nous y serons. Mais alors que je terminais cette phrase, j'aperçois soudain au loin la fameuse Vanessa qui s'approche de nous dans le couloir menant à ma chambre. Sa venue inattendue ajoute une touche de surprise à la soirée. Lorsqu'elle m'a interrogé sur ma « disparition », cela avait suscité des interrogations sur ce qu'elle croyait savoir ou avait entendu au sujet de mon expérience. Je lui ai simplement répondu que j'étais bien au musée, même si selon les guides, je n'y étais pas. Préférant ne pas approfondir la conversation avec Vanessa à ce sujet, je suis resté donc évasif. Vanessa me fait un signe de la tête pour m'indiquer qu'elle a compris, puis elle prend le chemin de sa chambre. Je la vois entrer et refermer la porte derrière elle. Ensuite, j'observe les deux guides, Aklèf et Guyzen, à qui je précise que nous sommes tous les trois arrivés devant ma porte. Je réalise alors que cette fin de journée a été mouvementée. Je peux enfin me détendre et profiter d'un repos bien mérité après toutes les émotions récentes. J'informe les guides qu'ils peuvent, s'ils le souhaitent, se servir dans le réfrigérateur, où ils trouveront tout le nécessaire. Cependant, les guides Aklèf et Guyzen préfèrent d'abord obtenir des éclaircissements concernant mon absence. Pour résumer, il s'agit d'une expérience personnelle que je souhaite partager. J'invite donc Aklèf et Guyzen à s'asseoir sur le canapé afin qu'ils puissent écouter attentivement mes explications. Tout a commencé au moment où vous, Aklèf, m'avez demandé de rester derrière le groupe de touristes ; à ce moment précis, j'ai eu l'impression que le temps s'était arrêté et je n'ai pas immédiatement réalisé ce qui se passait.

P.266

J'ai attendu quelques minutes et, après avoir constaté que l'horloge numérique restait figée, j'ai pensé qu'il valait mieux vous attendre une fois sorti de cette fameuse chambre Aklèf. Mais vous n'étiez pas là. Je vous ai donc cherchés tous les deux. C'est à ce moment-là que les événements ont commencé : je me suis retrouvée dans un autre couloir identique à celui du musée, mais dans ce couloir, je courais, en sens inverse ? C'est alors que j'ai décidé d'essayer de comprendre ce qui se passait. Je suis donc remontée depuis la file d'attente jusqu'au tout premier touriste, puis j'ai opéré un demi-tour, cette fois-ci en sens contraire, pour arriver à la fin de la file, puis revenir doucement en arrière afin d'observer d'éventuels détails qui pourraient m'aider à revenir à la bonne époque. En marchant, les vibrations devenaient de plus en plus fortes jusqu'à me projeter au sol et me faire glisser vers leur source, où elles se sont atténuées. Avant cela, il fallait que je trouve une clé, qui m'a permis d'ouvrir une porte secrète cachée entre deux touristes. Cette même clé a été insérée dans cette célèbre serrure, dont la forme correspondait exactement à celle de la clé que je venais de trouver dans une des niches creusées dans le mur. Pour le reste, mes chers guides Aklèf et Guyzen, vous connaissez maintenant toute l'histoire. Un silence envahit la pièce. Guyzen dit qu'il comprend, tandis qu'Aklèf reste silencieux, comme s'il venait d'apprendre une nouvelle effrayante. Le guide Aklèf ne prononce aucun mot ; il se lève et fait quelques pas, probablement pour sans doute digérer l'histoire que je viens tout juste de raconter. Soudain, Aklèf se met à arpenter la pièce, cherchant une explication rationnelle

Sans toutefois m'en parler. Au même moment, il appelle son collègue Guyzen, qui vient le rejoindre ; tous deux avancent alors vers la porte de ma chambre. Soudain, Aklèf déclare : Prenez le temps de vous ressourcer et de récupérer après cette journée intense, car une bonne nuit de sommeil… Gabriel intervient : il est simplement **21h30**, puis Aklèf reprend la parole avec ce conseil : Une douche fraîche t'aidera à reprendre des forces, Gabriel, pour affronter demain matin d'autres énigmes ou épreuves. N'oublie pas que rien n'est jamais terminé. Ton récit, Gabriel, je le conserve comme une véritable histoire vécue. Je remercie Aklèf de croire en moi et surtout de m'avoir compris. Il ajoute alors un avertissement pour la prochaine fois : il disparaîtra si aucune trace n'est laissée. La prochaine fois, laissez-nous un mot ou un objet pouvant nous indiquer qu'il y a un phénomène ou un changement potentiel. Au moment où Aklèf termine ses conseils, son collègue Guyzen s'approche un peu plus de la porte de ma chambre et commence à la saisir avant de l'ouvrir en grand. À cet instant précis, Aklèf me fixe avec des yeux pleins de confiance, puis finit par suivre son collègue Guyzen. Il referme la porte derrière eux, mais celle-ci ne se ferme pas correctement. Je m'avance alors vers la porte pour la refermer quand, soudain, j'aperçois dans le couloir les guides Aklèf et Guyzen qui marchent chacun vers leur chambre. Je remarque alors une touriste sortir de sa chambre, comme si elle avait attendu que les guides s'en aillent, probablement dans l'intention de venir me voir. Je reste un moment dans le couloir de mon étage, observant la fameuse touriste et cherchant à me souvenir où je

P.268

L'ai rencontrée. Soudain, je réalise qu'il s'agit de la dame à qui j'avais attribué temporairement un prénom ; il me semble que c'était **Vanessa**. Je me souviens également d'un incident survenu dans la matinée, un jour auparavant, lorsque Vanessa se trouvait dans le couloir du musée : cela semblait être lié à quelque chose d'étrange ou d'inquiétant. Chers lectrices et lecteurs qui suivez mon aventure, vous rappelez-vous cette scène où Vanessa a été saisie par une mystérieuse entité ? Car c'est elle qui apparaît devant moi en cet instant. Une question me tourmente : si je m'approche d'elle, criera-t-elle ou restera-t-elle simplement indifférente ? Spontanément, je laisse la porte de ma chambre entrouverte, puis je me dirige vers cette fameuse Vanessa pour prendre de ses nouvelles. À vous qui lisez mon histoire, je précise qu'à cet instant, ce n'est pas l'enfant qui avance, mais bel et bien l'homme vers Vanessa. Par ailleurs, j'appréhende son regard à mon encontre. Je m'approche d'elle et lui dis bonjour, madame. Un silence s'installe avant que je lui demande si c'est elle qui semblait étrange ces derniers jours. Elle me regarde quelques instants, puis répond qu'elle ne voit pas de quoi je parle. J'essaie alors de lui rappeler l'incident auquel nous avons assisté. Au musée, c'était incroyable, vous sembliez comme possédée. Soudain, cette dame, Vanessa, me confirme que tout le groupe de touristes s'inquiétait à son sujet. D'ailleurs, j'étais moi-même membre de ce groupe. Puis Vanessa me regarde et me dit : « Mais jeune homme, c'est gentil de t'inquiéter pour moi, mais je suis une adulte, je n'ai pas ton âge. » Soudain, je la regarde avec attention, essayant de lui faire comprendre que s'inquiéter pour

P.269

Quelqu'un d'autre ne signifie pas forcément « draguer », mais plutôt faire preuve de bienveillance envers autrui, madame. Alors que je terminais ma phrase, elle a approché sa main droite au-dessus de mon épaule avant de s'excuser pour la manière dont elle m'avait parlé. Au moment où elle a relevé les yeux vers moi, je l'ai soudain vue se figer, exactement comme ce matin-là au musée. J'ai tenté de la ramener à elle en l'appelant par le prénom temporaire que je lui avais donné, mais rien n'y faisait, elle restait immobile. Sa réaction devant la porte, criante de vérité… La présence d'une mystérieuse lueur qu'elle avait aperçue — et qui m'était familière — est réapparue soudainement juste derrière moi. Quelques instants, j'ai croisé le regard de Vanessa ; puis, en me retournant, j'ai reconnu cette lueur sans aucun doute. Il est admirable que j'aie voulu intervenir pour l'aider, cependant il est évident qu'une situation inhabituelle se produit. Le fait qu'une entité soit présente derrière moi, perçue par Vanessa, rend tout cela encore plus mystérieux. Il est difficile de déterminer exactement ce qui se passe, mais il semble clair que je me retrouve confronté à une nouvelle énigme à résoudre. Je reste calme et attentif pendant que j'essaie de comprendre la situation. Par ailleurs, je tiens à préciser qu'en tant que Gabriel, je dois rejoindre ma chambre, et il serait préférable de remettre la résolution des énigmes à demain matin. Peut-être s'agit-il simplement d'un avertissement de cette entité pour m'inciter à aller dormir. Cependant, il y a Vanessa, qui reste bloquée devant la porte de sa chambre. Je vais essayer de brouiller les pistes afin que cette personne, que j'appelle "Vanessa"…

CHAT-PIE-TRE-270

Puisse enfin regagner sa chambre en toute tranquillité. Mais avant cela, je dois m'adresser à cette entité pour qu'elle puisse, je l'espère, me comprendre et que chacun d'entre nous puisse regagner sa chambre. Cette entité, bien supérieure à moi, je lui dis : « Écoute-moi, entité sans nom, je te demande de disparaître, s'il te plaît. » Un silence s'installe entre nous, puis, étrangement, l'entité disparaît. C'est une bonne chose de faite. Maintenant, il ne me reste plus qu'à convaincre Vanessa de me croire. Mais avant tout, j'essaie de la secouer doucement pour la ramener à nous. Soudain, ma voix masculine se fait entendre, ce qui fait sursauter Vanessa ; elle revient alors à elle et tente de comprendre ce qui vient de se passer. Je lui explique qu'il s'agit simplement d'un dysfonctionnement des lumières au-dessus des portes de l'ascenseur. Vanessa me regarde d'un air perplexe, puis elle admet qu'elle ne comprend plus rien. Je lui ouvre la porte de sa chambre et lui suggère d'entrer et de s'allonger. Subitement, ma voix masculine disparaît également. Sur ces conseils, Vanessa entre dans sa chambre et ferme soigneusement la porte derrière elle. Maintenant, moi aussi je marche vers ma chambre, qui se trouve d'ailleurs à seulement trois ou quatre portes d'ici. Ma montre indique **21h55**, et normalement, je devrais être en train de dormir plutôt que de rester dans le couloir avec une voisine de palier, à essayer de la raisonner au sujet d'un événement qu'elle a vécu, et même vu de ses propres yeux. Comme la dame Vanessa l'a dit, je ne suis qu'un enfant de douze ans, alors pourquoi est-ce à moi, Gabriel, d'aider les adultes ? À mon arrivée devant la porte de ma chambre, j'ai pris ma clé et l'ai insérée dans la serrure, que

P.271

J'ai tournée vers la gauche. Bien que la porte ait initialement été entrouverte, elle s'est apparemment refermée lorsque j'ai apporté mon aide à "Vanessa", probablement en raison d'un léger courant d'air froid. Je saisis la poignée de ma main gauche et ouvre la porte en grand. J'entre dans ma chambre, referme la porte derrière moi avec la main droite ou la laisse simplement se fermer toute seule. Ensuite, je m'avance lentement vers le canapé afin de prendre quelques instants pour réfléchir et essayer de comprendre pourquoi l'entité s'est soudainement manifestée. Mais surtout, je me demande comment elle a pu comprendre ma demande lorsque je lui ai demandé de disparaître. Je me lève du canapé et marche dans ma chambre pour essayer de mieux comprendre. Après quelques pas, une nouvelle idée me traverse l'esprit. Et si « Vanessa » était elle aussi la clé de mon histoire ? Vous qui me suivez au fil de mon aventure, chers lectrices et lecteurs, qu'en pensez-vous ? Est-ce possible, ou bien ne suis-je que Gabriel, intégrant « Vanessa » dans le récit probablement à cause de certains événements vécus de son côté ? Quoi qu'il en soit, je pense – et j'en suis même certain – que je devrais revoir cette fameuse dame que j'appelle toujours « Vanessa » afin de lui demander des explications rationnelles. Mais la vraie question demeure : sait-elle quelque chose, ou bien n'est-elle qu'une simple touriste qui a été prise au hasard par les circonstances ? Dans tous les cas, je dois malheureusement la voir, même s'il est tard et que je devrais dormir comme tout le monde, sachant que chaque matin, il y a toujours des épreuves ou des énigmes à résoudre, une fois arrivé au musée...

P.272

Mais pour en avoir le cœur net, il faut que je la voie, ainsi j'aurai sans doute plus d'informations pour réussir ces fameuses épreuves et même certaines énigmes. Je suis sûr qu'elle me révélera bien plus qu'elle n'y paraît. Je prends mon courage à deux mains, me dirige vers la porte de ma chambre, l'ouvre et, cette fois-ci, je n'oublie pas de la fermer à clé, afin d'inviter **"Vanessa"** à sortir quelques minutes dehors. Oui, chères lectrices, chers lecteurs, il se fait tard, je le sais, mais le jeu en vaut la chandelle. Le Narrateur réapparaît comme à son habitude et annonce : Gabriel a décidé de quitter l'hôtel avec Vanessa afin d'échanger sur les événements récents. Tous deux souhaitent prendre du recul et réfléchir à ce qui s'est produit dans le couloir du deuxième étage. Tandis que Vanessa tente d'expliquer à Gabriel ce qu'elle a vu et ressenti au musée, ses émotions et le choc rendent l'expression de ses pensées difficile. En prêtant une oreille attentive, Gabriel commence à se souvenir de ses propres expériences passées, ce qui pourrait aider à mieux comprendre la situation actuelle. Il est nécessaire de discuter ouvertement de ce qui est arrivé et de partager observations et ressentis. Ensemble, ils pourront peut-être élucider les mystères de cette apparition et obtenir des réponses à leurs interrogations communes. Gabriel reste calme et soutient Vanessa pendant cette période difficile. Il semble que Vanessa soit profondément troublée par ce qu'elle a vu et ressenti dans le couloir, et vos tentatives pour la réconforter n'ont pas eu beaucoup d'effet, car elle continue de rester marquée par cette épreuve. Le changement soudain de voix chez Gabriel aurait pu accentuer son malaise.

P.273

Bien qu'elle ne semble pas l'avoir remarqué ou y avoir prêté attention. Soudain, le portier, après avoir cherché à plusieurs reprises un éventuel client sans succès, retourne à son poste. À ce moment, il aperçoit le jeune homme accompagné de sa voisine de chambre et leur dit avec bienveillance : **« Bonsoir, messieurs-dames...** Il se fait tard, vous devriez rentrer à l'hôtel. D'ailleurs, celui-ci va bientôt fermer, il n'est pas loin de **22h00. »** Les deux résidents regardent attentivement le portier ; spontanément, Gabriel lui répond aimablement qu'ils vont rentrer dans quelques minutes. Le portier précise alors qu'il reste quatre minutes avant la fermeture des portes de l'hôtel du Caire pour la nuit. Soudain, Vanessa comprend l'allusion et s'exclame : « Vous avez raison, monsieur le portier, d'ailleurs il se fait tard, il est 21h56 à ma montre. Au même moment, Gabriel et sa voisine Vanessa font demi-tour pour regagner l'hôtel, adressant au portier des remerciements empreints de bienveillance et lui souhaitant une excellente soirée ainsi qu'une bonne nuit. Le portier acquiesce poliment de la tête en guise de réponse. Le narrateur poursuit son récit : une fois rentrés, Gabriel et sa voisine se dirigent ensemble vers l'ascenseur. Tout en marchant, ils essaient de trouver une explication rationnelle à la situation. Cependant, Gabriel ne peut révéler la véritable raison pour laquelle Vanessa croit apercevoir à chaque fois des phénomènes étranges. Soudain, Gabriel entend Vanessa parler. Il essaie par tous les moyens de lancer d'autres sujets sans rapport avec l'événement qu'elle décrit, mais Vanessa ne comprend pas que Gabriel souhaite simplement mettre fin à la conversation pour la nuit.

P.274

Il est évident, voire certain, que Vanessa a besoin de temps pour traiter ses émotions et se reposer après cette expérience éprouvante. Le narrateur souligne également que Gabriel, du haut de son mètre trente, fait preuve d'une maturité remarquable dans sa façon de gérer la situation. Cela semble avoir impressionné Vanessa, même si elle avoue être perplexe face à cette interprétation. Arrivés devant l'ascenseur, Gabriel et Vanessa attendent ensemble. Toutefois, Vanessa demeure préoccupée par les événements dont elle a été témoin, son visage trahissant son inquiétude. Tandis que Gabriel appuie sur le bouton d'appel, il glisse à Vanessa une réflexion destinée à la distraire, suggérant qu'après une semaine chargée au musée, il est courant de croire voir des choses étranges qui n'existent pas réellement. Vanessa jette alors un nouveau regard à Gabriel et lui conseille prudemment de ne pas plaisanter avec les adultes. Il est essentiel de respecter les limites de Vanessa concernant ce qu'elle croit avoir vu ces derniers jours et de s'assurer qu'elle se sente en sécurité et soutenue. Au même instant, l'ascenseur arrive in extremis devant eux, les portes s'ouvrent et une sonnerie retentit. Gabriel et Vanessa montent ensemble dans la cabine. Vanessa fixe son regard sur le miroir face à elle, se demandant si elle perd l'esprit. Les portes se referment aussitôt derrière eux, et lorsque Gabriel appuie sur le bouton du deuxième étage, Vanessa se retourne brusquement et reste droite devant les portes fermées, tandis que l'ascenseur indique chaque niveau franchi. Gabriel tente une dernière fois d'aider Vanessa à retrouver ses émotions, juste avant l'apparition de l'entité au musée, alors qu'elle avait été possédée, et repense

CHAT-PIE-TRE-275

Aussi aux mystérieux yeux rouges aperçus dans le couloir une heure plus tôt. Soudain, Vanessa lance à Gabriel : « Vous essayez, du haut de vos 1m30, de me faire oublier ce que j'ai vécu ces derniers jours. » Gabriel reste patient pendant que l'ascenseur continue de monter…Une fois que l'ascenseur atteint le deuxième étage, les portes s'ouvrent. Gabriel invite Vanessa à sortir, ce qu'elle accepte en sortant la première. Gabriel sort ensuite à son tour de l'ascenseur, quand soudain une voix d'homme résonne, leur criant : « **Vous allez vous calmer Mme !** » Instinctivement, Vanessa se retourne et observe les alentours, mais il n'y a aucun adulte à proximité. Elle fixe alors Gabriel attentivement et lui demande s'il a entendu la voix d'homme, lui aussi. Gabriel reste silencieux un instant, puis finit par répondre qu'il n'a rien entendu. Vanessa demeure silencieuse, puis soudain demande à nouveau : « Tu es sûr, Gabriel ? » sans vraiment savoir pourquoi. Elle lui pose encore la question, et un silence s'installe entre eux. Gabriel confirme qu'il n'a rien vu ni entendu. Ils se tournent alors le dos pour rejoindre chacun leur chambre respective. À ce moment-là, Gabriel lui dit : « Une bonne nuit de sommeil nous fera du bien à tous les deux. Les événements troublants de la soirée laissent des traces dans nos esprits. Vanessa tourne également la tête vers sa droite pour s'adresser à lui, puis dit : « Bonne nuit, jeune homme. » Gabriel répond : « Merci, Madame. » Un silence s'installe, puis Gabriel est surpris lorsqu'on lui souhaite à son tour une bonne nuit ! Il réalise alors qu'il y a encore des personnes profondément bienveillantes. Cela montre que l'être humain peut apporter du réconfort

P.276

Positif. Vanessa et Gabriel se dirigent chacun vers leur chambre ; une fois arrivé devant sa porte, Gabriel attend un instant pour voir Vanessa entrer dans la sienne. Puis il fait la même chose, rentre chez lui et referme la porte derrière lui. Comme à son habitude, le Narrateur s'efface, laissant Gabriel reprendre le fil de l'histoire… Il est désormais temps pour chacun de nous de se reposer et de mettre de côté les événements de la journée et de cette soirée. Une bonne nuit de sommeil nous aidera tous les deux à récupérer de cette épreuve émotionnelle et à, aborder sereinement la nouvelle journée avenir. Après une longue journée passée au musée, suivie par la situation intense vécue par Vanessa, je ressens à quel point tout cela a été éprouvant. Quoi qu'il en soit, j'ai mes petits rituels du soir, parfaits pour commencer à me détendre. Tout d'abord, quelques exercices physiques m'aident à évacuer les ondes négatives – oui, ça me fait vraiment du bien. Chers lectrices et lecteurs, je vous laisse imaginer ce que je peux faire, au milieu de ma chambre, pour chasser ces mauvaises énergies. Une fois ce moment sportif terminé, direction la salle de bain ! Je profite alors d'un long bain chaud, pendant quinze à vingt minutes tout au plus. L'eau tiède apaise mes muscles tendus et me permet de libérer le stress accumulé tout au long de la journée, y compris celui partagé avec Vanessa en début de soirée. Pour sublimer cette pause relaxante, j'utilise un gel douche parfumé qui ajoute une touche agréable à l'ensemble de l'expérience. Une fois détendue, je sors de mon bain revigorant et m'essuie soigneusement avec une serviette. Après avoir quitté la douche, j'enfile mes pantoufles avant de me diriger vers le placard.

P.277

Soudain, une sensation de fraîcheur me fait éternuer ; à ce moment-là, je saisis de la main droite un pyjama au tissu doux et l'enfile, appréciant immédiatement son grand confort. Après avoir choisi des vêtements amples et doux, je me sens à l'aise et détendu. La sensation agréable du tissu sur ma peau aide à préparer un sommeil réparateur. Soudain, je m'observe dans le miroir de la porte du placard et je reste quelques instants à contempler mon reflet, en pensant : « Maintenant que je suis propre et confortablement habillé… » Je tourne sur moi-même, admirant les couleurs de mon pyjama. Puis, m'arrêtant brusquement, je me rappelle qu'il est temps de préparer un repas léger pour ce soir. Je me dirige vers le frigo pour préparer quelque chose à manger. En ouvrant la porte, je découvre une salade de riz au cachir en guise d'entrée. À côté, il y a de la volaille ainsi que des merguez, certaines natures et d'autres manifestement épicées à cause de leur forte odeur. Ce qui m'étonne le plus, c'est la présence de morceaux de bœuf et de différents fromages variés. Je reste un moment à contempler tout cela et je finis par me dire qu'un sandwich simple et rapide serait idéal pour apaiser ma faim sans alourdir mon estomac avant d'aller dormir. Je me rends à table pour prendre mon repas dans le calme et, avant tout, apprécier le silence qui règne. Ce moment de tranquillité m'offre l'opportunité de faire le vide et de recentrer mes pensées. Après une dizaine de minutes passées à savourer mon repas, je me lève sereinement et me dirige vers la salle de bain afin de consacrer quelques instants à mon hygiène dentaire. J'utilise une brosse à dents de qualité associée à un dentifrice rafraîchissant…

P.278

Ce qui permet d'éliminer efficacement les résidus alimentaires et de prévenir l'apparition des caries. Prendre soin de mon sourire avant de me coucher constitue un geste essentiel pour maintenir une bonne santé bucco-dentaire, du moins pour cette soirée. Après avoir soigneusement brossé mes dents, je sors de la douche et marche tranquillement vers mon lit avant de me glisser sous des draps propres et confortables. Je veille ensuite à bien fermer les rideaux afin de créer une atmosphère sombre, idéale pour dormir. Alors que je m'enfonce dans mon lit confortable, mon esprit se vide complètement. Je prends de longues inspirations, ce qui me permet de relâcher toutes les tensions pour accueillir un sommeil paisible et réparateur. À vous, chères lectrices et chers lecteurs qui me suivez depuis si longtemps, j'adresse spontanément ces quelques mots : passez une excellente nuit et à demain matin. Je vous laisse désormais entre les mains du Narrateur qui raconte la suite… Gabriel vient tout juste de s'endormir, enveloppé dans ses draps épais. Les heures s'écoulent… La nuit disparaît bientôt, laissant place à l'aube. Le soleil, déjà haut dans le ciel, réchauffe les cœurs et redonne du courage. Je me réveille alors sereinement, aucune onde négative à l'horizon — quelle joie ! La bonne humeur m'accompagne dès le lever du jour. Pour une fois dans ma vie, j'ai bien dormi tout en gardant le sourire ; c'est d'ailleurs la première fois que cela m'arrive, car d'habitude c'est tout l'inverse, alors j'en profite pleinement. Même si ma journée vient à peine de commencer, ça ne veut pas dire que je dois traîner… Naturellement, l'heure s'affiche dans le reflet du miroir sur le mur gauche de ma chambre :

P.279

7h23. Bonjour à toutes et à tous ! Et vous qui me lisez, avez-vous bien dormi ? Je dois préciser qu'il y a un détail que je n'ai pas donné dans cette histoire : le jour exact. J'ai choisi volontairement de ne pas le mentionner afin que vous puissiez vous-même imaginer le jour et la date. Pour mieux comprendre le monde de ceux qui lisent chaque jour, ces deux informations n'ont pas été indiquées. Sans transition. Pour reprendre le fil de mon réveil, je suis sorti du lit à 7h30, direction la salle de bain pour me rafraîchir le visage et me brosser les dents, comme chaque matin avant le petit-déjeuner. Ensuite, je suis retourné dans ma chambre afin d'enlever mon pyjama et de choisir une tenue dans mon placard. J'ai mis environ dix minutes pour m'habiller, puis je suis allé dans la cuisine prendre un bol et sortir le lait du réfrigérateur pour le poser sur la table. Il était alors **7h45**. Soudain, on frappe à la porte... étrange, qui cela peut-il être ? Ma curiosité éveillée, je m'approche de la porte et jette un œil par l'œil-de-bœuf. Comme il n'y a personne, je me redresse, retourne à ma table de cuisine et poursuis mon petit déjeuner, tout en restant intrigué : après tout, je n'ai rien commandé ce matin. Je vérifie de nouveau par l'œilleton, puis décide d'ouvrir la porte. C'est l'hôte de l'hôtel qui se tient là avec un chariot de service argenté. Je le salue : « Bonjour, Monsieur... » Il me rend mon salut, puis je lui demande : « Pourquoi venez, vous m'apporter ces croissants qui ont l'air tout juste sortis du four ? » Il m'explique que c'est une attention offerte par l'hôtel à ses clients, et tout particulièrement à moi, monsieur Gabriel. Surpris, je lui demande confirmation. Il me rassure : oui, c'est bien l'hôtel qui propose ce délicieux petit-

CHAT-PIE-TRE-280

Déjeuner. Je le remercie chaleureusement, m'excusant pour mes questions insistantes et expliquant que ma curiosité prend parfois le dessus. Il me rassure en affirmant que cela ne pose aucun problème est que c'est tout à fait naturel. Après notre échange, il s'éloigne avec son chariot argenté en direction de l'ascenseur. Pour ma part, je fais un pas en arrière, referme la porte derrière moi, puis me rends à la table de la cuisine, déjà attiré par l'odeur appétissante des croissants. Tandis que je marche vers la cuisine, j'ouvre le placard du haut pour y prendre un plateau, sur lequel je dépose soigneusement les croissants fraîchement posés sur un autre plateau argenté. Je me dirige vers la table en vérifiant l'heure : il est **8h00**. Sur un coup de tête, j'opte pour un petit-déjeuner différent. Aujourd'hui, je laisse de côté mon habituel bol de céréales au profit d'un bol de lait chocolaté, parfait pour calmer ma faim matinale. Confortablement installé, je trempe mon croissant beurré dans le lait chocolaté avec gourmandise. Une douzaine de croissants attendent encore sur le plateau. Je prends le temps d'apprécier chaque bouchée en buvant doucement mon lait. Quand j'ai terminé, il est presque 8h10. Je me rends à la cuisine pour laver mon bol—une étape importante—puis je les dépose sur l'égouttoir. Je n'oublie pas non plus de me brosser les dents, une étape essentielle. J'entre dans la salle de bains, me brosse soigneusement les dents puis les rince abondamment à l'eau. Lorsque je ressors de la douche, ma montre indique **8h30**. Je suis fin prêt à attendre Aklèf qui doit arriver comme à son habitude, mais cette fois, il sera accompagné de son collègue et ami Guyzen. En attendant son arrivée,

P.281

Je me laisse dix minutes de marge, sachant que nous partons habituellement de l'hôtel à **8h40**. Cela peut toutefois être retardé si des imprévus surviennent. Comme à mon habitude, je prépare mon sac à dos : un sandwich au poulet bien garni, une pomme, une bouteille d'eau, un jus de fruits et, pour finir sur une note sucrée, un yaourt aux fruits. Il ne reste plus que cinq minutes à patienter… Un silence soudain s'installe ! J'entends justement l'ascenseur arriver. Je pense qu'il s'agit d'Aklèf et de son ami Guyzen, son collègue, qui approchent de ma porte. Par curiosité, je regarde par le judas pour vérifier leur identité : oui, chers lectrices et lecteurs, je vous confirme qu'ils sont bien là. Ils avancent d'un pas assuré…Vous ne les entendez pas ? Pour ma part, si : pas à pas. Je m'éloignerai pour ne pas rester trop proche de la sonnette ; ils pourraient aussi choisir de frapper. Je garderai environ un mètre de distance avant de retourner vers la porte de ma chambre pour leur ouvrir. Il est **8h45**. Je suis calme. J'ai l'impression qu'ils attendent devant la porte. Aklèf et Guyzen vont soit sonner, soit frapper à la porte. À noter que leurs arrivées ne devraient prendre que quelques minutes. Après quelques secondes, les deux guides restent devant ma porte. L'un d'eux frappe, m'appelant pour vérifier si je suis bien réveillé : "Gabriel". J'attends un instant, puis je leur réponds : "Deux petites minutes, j'arrive", suivi du "Okay !! okay" enthousiaste d'Aklèf. Du haut de mes 1m30, je m'approche alors de la porte pour leur ouvrir. À chaque fois que je déverrouille cette grande porte, je suis surpris… Quand j'ouvre, Aklèf m'accueille avec un sourire, comme s'il était ravi de me voir.

P.282

Il me demande soudain si je suis prêt à partir, ce à quoi je réponds : "Oui, Aklèf, je suis enfin prêt pour aller à la pyramide." Spontanément, Guyzen ajoute : "Dans ce cas, on y va." Je les rejoins, ferme la porte de ma chambre à clé, et nous marchons tous les trois, déterminés, vers l'ascenseur. Dans le couloir, des touristes sortent de leurs chambres, mais je ne vois pas la fameuse **"Vanessa"**. Nous entrons dans l'ascenseur, les portes se referment et nous descendons vers le rez-de-chaussée. À notre arrivée, les hôtes ou hôtesses nous accueillent chaleureusement avec un « bonjour Messieurs ». Fidèles à nos habitudes, nous répondons à notre tour par un « bonjour Mesdames/Messieurs », avant de poursuivre notre chemin d'un pas assuré. À notre arrivée devant le véhicule, nous embarquons tous les trois à bord. Comme à son habitude, Aklèf s'installe du côté conducteur. Dès qu'il prend place, le guide Guyzen propose de prendre le volant. Aklèf se tourne vers moi et me demande : « Gabriel, qu'en penses-tu ? » Un moment de silence s'installe, après quoi je lui réponds qu'il n'y a aucun inconvénient, tant que nous nous rendons tous à la pyramide. Le véhicule démarre à **8h53** et nous quittons l'aire de stationnement en toute sécurité. À quelques kilomètres, les pyramides se dessinent à l'horizon, resplendissantes comme chaque matin. Leur beauté immuable me pousse à me demander si elles finiront par s'abîmer un jour ou si elles resteront éternellement à leur place. Mes réflexions sont soudain interrompues par Aklèf, qui m'annonce que nous sommes arrivés et que Guyzen a conduit sans aucun souci. Il est **09h03**, heure idéale pour retrouver le même emplacement

P.283

Qu'hier, juste devant la pyramide, sur le parking réservé aux touristes. Nous descendons tous : moi, Gabriel ; puis Aklèf, suivi de Guyzen qui prend soin de bien fermer la portière du côté conducteur, tout comme nous l'avons fait côté passagers. En nous dirigeant vers l'entrée, nous remarquons une foule de touristes, accompagnés eux aussi de leurs guides. Après avoir rejoint la file d'attente avec le groupe de touristes qui patientaient également pour l'entrée au musée, nous nous sommes retrouvés à attendre comme tout le monde cette fois. Il n'était que **9h40** devant le musée, dont l'ouverture était prévue à **10 heures**, ce qui nous laissait largement le temps de suivre le mouvement. Pour une fois, l'ambiance était détendue. Soudain, je croise le regard d'Aklèf qui me fixe comme si j'avais fait quelque chose de mal ! Je lui demande alors : « Aklèf, pourquoi tu me regardes de cette façon ? » Il me répond : « Dans la voiture, tu t'es posé une question, non ? » Je confirme, effectivement. Intrigué, je lui demande : « Mais pourquoi cette question, Aklèf ? » Chères lectrices et lecteurs, soyez attentifs à la suite. Aklèf m'annonce qu'il est capable de lire dans les pensées. En le dévisageant à mon tour, je lui avoue simplement que je l'avais deviné, Aklèf. Il m'indique qu'il peut répondre à ma question. D'après Aklèf, celle-ci concerne l'avenir des pyramides : « Seront-elles un jour désintégrées ou détruites ? » Sa réponse demeure imprécise : « Peut-être que cela arrivera, mais pour l'instant, il faut profiter du présent. » Nous arrivons à **09h50** exactement. Nous rejoignons sans précipitation le groupe de touristes afin d'entrer, en suivant la routine matinale habituelle. L'attente est longue, ponctuée par toutes sortes de

P.284

Conversations entre les participants, qu'elles soient professionnelles ou personnelles. Je ne parviens cependant pas à saisir tous les détails de ces discussions, absorbé que je suis par mes propres pensées. En avance, nous pouvons accéder au sas d'attente devant la pyramide avec les guides Aklèf et Guyzen. Cette courte attente paraît toutefois interminable. J'attends **10h00** pour que le musée ouvre réellement ses portes au public. Tout à coup, Aklèf me glisse mentalement d'être encore un peu patient, Gabriel. Nous marchons côte à côte, et alors que je tourne la tête à ma gauche vers lui, il me regarde et me fait un clin d'œil. C'est ainsi que je comprends le message et décide de prendre mon mal en patience. Finalement, nous entrons dans le sas : moi, Gabriel, mais aussi Aklèf et Guyzen. À cet instant, sans trop savoir comment, je capte une... pensée, oui, une pensée venant d'un homme. Je parviens tant bien que mal à identifier la voix du guide Guyzen, qui tente également d'établir une communication télépathique avec moi. Après un balayage visuel du groupe de touristes, je remarque qu'il me regarde, ce qui confirme sa tentative d'engager un dialogue de cette manière. De plus, Aklèf lui répond également par ce biais. Ce mode de communication a été mis en place depuis que Gabbie nous a transmis l'information il y a quelques jours. Nous pénétrons ensuite dans le musée ; il est exactement 10h00. À ce moment-là, mon principal objectif reste de voir Gabbie. D'ailleurs, en pensant à elle, il me semble la reconnaître. Je me souviens des semaines précédentes, lorsqu'elle apparaissait discrètement dans le couloir. Heureusement, le groupe de touristes n'a pas remarqué son

CHAT-PIE-TRE-285

Arrivée. Nous nous trouvons maintenant devant le musée, tout juste ouvert au public. Les premiers visiteurs pénètrent à l'intérieur, puis d'autres groupes suivent peu à peu ; il semble que nous fassions partie des derniers à devoir attendre avant de pouvoir entrer. Comme vous pouvez le voir, chers lecteurs et lectrices, la file devant nous est particulièrement longue. De plus, j'ai constaté que, même après plusieurs visites dans ce musée ou cette pyramide, la foule reste toujours aussi nombreuse. En faisant quelques pas j'ai eu cette impression de voir Gabbie dans le groupe ou nous sommes ? Suis-je le seul à avoir remarqué cela ? Cette situation me semble vraiment étrange. Je vais interroger le guide pour savoir s'il a lui aussi observé ce phénomène. Aklèf, puis-je vous poser une question : je viens d'apercevoir Gabbie ; l'avez-vous vue également, ou est-ce que j'ai simplement rêvé ? À ce moment-là, il m'a fixé et a commenté : « Gabriel, crois-tu vraiment que Gabbie soit ici, alors que tu sais pertinemment qu'elle est enfermée dans cette fameuse chambre mystérieuse, depuis qu'elle y est entrée par la petite porte du temps ? Je lui réponds qu'il avait raison, alors c'est probablement moi qui rêve de sa présence. Une pensée me traverse : est-il normal d'éprouver de l'inquiétude pour une adolescente du passé ? Surtout qu'elle n'est même pas là physiquement. Je me ressaisis et me dis que c'est insensé de m'en faire autant. Il vaudrait mieux ne rien ressentir, car pour Gabbie, l'amitié ne signifie finalement pas grand-chose au fil du temps. Si j'étais venu en Égypte à une autre époque, simplement en vacances, il serait courant de penser à une fille, mais cette fois c'est différent : je suis ici pour découvrir la vérité

P.286

Sur une histoire qui me concerne personnellement. Dans les deux cas, il ne s'agit que de réflexions générales, destinées à passer le temps au sein de ce groupe de touristes avançant lentement. Si je poursuis cette analyse de manière tout à fait détachée, il apparaît clairement que la différence d'âge constitue un écart significatif entre nous. Il me semble peu probable qu'elle puisse saisir ma perspective si j'avais des sentiments à son égard. Quoi qu'il en soit, je dois l'oublier et me dire que rien n'est possible entre nous. Sans transition, maintenant que nous sommes tous réunis – Aklèf, Guyzen, moi-même (Gabriel) ainsi que le groupe de touristes – nous sommes presque devant l'entrée du musée. Cette fois, nous marchons normalement et j'ai la nette impression que nous allons bientôt entrer dans le musée, vu notre allure. Il y a d'ailleurs toujours un sas à l'entrée, qui doit sûrement regrouper un certain nombre de personnes au fur et à mesure que les touristes avancent. Nous continuons d'avancer vers l'entrée, tout en me demandant comment je pourrais trouver une solution, même si, au fond, j'ai l'impression d'en comprendre la raison. J'avais l'impression d'être diminué sur le plan humain. Mais pourquoi moi ? Ce sentiment d'inquiétude m'accompagne désormais chaque jour. Sans transition. Ah, génial ! Nous voilà enfin tous ensemble devant le sas de la pyramide. Il ne reste plus qu'un petit groupe avant que vienne notre tour d'entrer. Il reste seulement quelques minutes avant que nous puissions accéder au sas : le groupe devant nous diminue peu à peu, il ne reste bientôt qu'une poignée de personnes avant que ce soit à nous. Comme je l'ai dit, nous allons entrer sous peu…

P.287

Ah, parfait ! C'est enfin notre tour d'entrer dans le sas, dont la porte se referme automatiquement une fois que le dernier visiteur est bien à l'intérieur. Nous voilà désormais dans le couloir du musée ou de la pyramide ; comme toujours, nous suivons le groupe. Tandis que vous me suivez mon récit mes chères lectrices et lecteurs, j'entends les guides des différents groupes communiquer continuellement des informations sur l'histoire des pyramides ainsi que sur les objets utilisés par les Égyptiens de cette époque. Soudain, Aklèf me dit : « Gabriel, nous devons continuer à rassembler un maximum d'informations afin d'ouvrir correctement les prochaines portes. » Je regarde Aklèf, notre guide, et j'acquiesce, comprenant qu'il est essentiel d'observer attentivement, comme lors de la visite de la fameuse chambre mystérieuse, où chaque détail comptait. Puis, Aklèf et Guyzen insistent eux aussi sur l'importance du moindre détail. Je dois vous confier une chose, à vous qui me lisez toujours, chères lectrices et chers lecteurs : il m'arrive parfois de voir resurgir, ainsi, les pensées ou réflexions de l'homme que j'étais autrefois. « Quand je reviendrai dans mon monde… » Aklèf continue à s'adresser à moi par la pensée, affirmant qu'il est inutile, pour le moment, de songer aux moyens de retrouver mon univers. « Tu le retrouveras, ne t'en fais pas, Gabriel. » Je lui explique qu'il est tout à fait normal de se poser toutes ces questions. J'espère que ces réflexions pourront être le point de départ d'une quête de vérité, qui me permettra enfin de rentrer chez moi. Cela me donnerait la chance de retrouver ma taille habituelle, ce qui, je l'espère, arrivera bientôt. Aklèf approuve mes propos, mais insiste sur la

P.288

Nécessité de continuer à franchir les étapes devant nous. "Ne renonce jamais, vraiment jamais ; ainsi tu pourrais retrouver ta routine quotidienne." Je lui assure également que cela deviendra une réalité ordinaire dans ma vie. Mais tu as raison aussi, Aklèf : il faut toujours garder en tête la raison de ma présence ici, en Égypte, qui est de découvrir la vérité pour moi-même, pour Gabbie, et même pour tous les enfants du passé qui n'ont pas retrouvé leur univers. Oui, il est nécessaire que je poursuive cette aventure avec vous, les guides Aklèf et Guyzen, ainsi qu'avec Gabbie, que je reverrai bientôt. *Allons ouvrir les portes qui nous attendent !* J'avance avec le groupe de touristes dans les couloirs de la pyramide, déchiffrant les symboles gravés sur les murs : il y a autant de têtes d'animaux que de pharaons représentés. Je ne vais pas me lancer à les compter une à une, inutile de pousser l'exercice trop loin. Certes, je dois trouver les fameuses portes, mais tout de même… Au fil de mes pensées, je prends conscience que, qu'une pyramide soit authentique ou non, cela ne me concerne pas vraiment. Je ne suis pas là pour juger les efforts des générations précédentes ni pour me proclamer détenteur du savoir absolu. Puis, tout à coup, alors que je réfléchis, j'entends quelqu'un annoncer qu'un objet aurait été trouvé dans la chambre ou le sanctuaire d'une momie. Subitement, tout le monde manifeste l'envie d'aller jeter un œil. Je me demande s'il s'agissait simplement d'un mythe ou d'une ruse destinée à distraire les touristes accourus pour un événement inattendu. Cette énigme a éveillé ma curiosité et provoqué des frissons sur tout mon corps. Était-ce l'effet de la nouvelle elle-même, ou

P.289

Celui de Gabbie ? Peu importe la cause, ce froid persistant et ces tremblements incessants deviennent réellement gênants. Je n'exagère pas : une véritable sensation glaciale m'envahit, sans que j'en comprenne l'origine ! Les secousses ne cessent de m'agiter. Depuis quelques minutes, nous explorons l'une des salles du musée, espérant trouver une momie depuis notre arrivée. L'annonce a fortement attiré l'attention des touristes, qui se sont rapprochés de la chambre pour voir la fameuse momie. Malgré tout, l'absence d'informations précises laisse planer un certain doute. Cela amène à s'interroger : ce regain d'énergie vient-il vraiment de l'adrénaline ou d'un autre phénomène ? Pour mieux comprendre, je remarque actuellement des changements physiques inattendus : j'ai l'impression que mon corps grandit, alors que je ressemble toujours à un enfant de 12 ans. Cette expérience soulève des questions sur la façon dont je peux canaliser cette agitation supplémentaire, nourrie par la curiosité autour de la chambre de la momie, sans attirer l'attention ni susciter de crainte chez les autres. Je me retrouve effectivement seul. Tous les autres se trouvent dans la salle dédiée à la momie, y compris les guides qui m'accompagnaient, désormais avec le groupe de touristes. Après avoir entendu l'annonce au micro, j'ai observé Aklèf et Guyzen se diriger vers cette salle située à l'avant. Ce qui suscite mon inquiétude, c'est que ma présence isolée dans le couloir ne semble pas anodine. De plus, Gabbie n'est malheureusement pas à mes côtés ; elle demeure apparemment bloquée dans une forme d'anomalie temporelle. Sans transition, je reste perplexe face à la situation. Il me vient alors à l'esprit qu'il s'agit peut-

CHAT-PIE-TRE-290

Être d'un protocole du musée, selon lequel tous les guides doivent rejoindre le groupe de touristes lors de la découverte d'une momie. Pourtant, il ne serait jamais prudent de laisser un jeune enfant seul. Si cela arrivait et qu'un enfant se retrouvait isolé dans un couloir, il pourrait même arriver que le groupe quitte le musée sans lui. Pour ma part, je ne pourrais jamais agir ainsi. Mais une chose est certaine : mes mains continuent de grandir. Que vais-je faire ? Je me demande aussi si tout mon corps va changer. Je tremble, incapable de lire l'heure sur ma main droite. Il doit être aux alentours de 10h40, peut-être plus tard. J'essaie de garder mon calme et m'efforce de rejoindre le groupe afin d'attirer l'attention d'un des guides, Aklèf ou Guyzen. J'avance péniblement mais résolument dans le couloir vers la porte ouverte par les touristes, située sur la gauche, menant à la chambre de la fameuse momie. J'espère les y retrouver. Je balaye la pièce du regard de gauche à droite, mais ils restent introuvables, ni sur les côtés, ni face à moi. Un sentiment d'inquiétude grandit en moi. Il m'est de plus en plus difficile de m'approcher du groupe sans distinguer leurs visages. La tentation de les appeler par leur prénom me traverse l'esprit, pourtant je sais que cela pourrait être mal perçu ici, en Égypte. La seule chose que je pourrais faire, si jamais Gabbie était présente, serait de l'appeler. Mais comme elle n'est pas là, cette option est exclue. D'ailleurs, même si je tentais de le faire, les touristes risqueraient de se retourner vers moi et de se demander : « Qui est-elle ? La situation est un peu compliquée, ce qui m'empêche d'appeler Gabbie. Je suis entouré de gens que je ne connais pas du tout.

P.291

Une idée me traverse l'esprit : et si je faisais simplement semblant d'appeler Gabbie, même si je sais bien qu'elle n'est pas là ? Si je criais son nom, peut-être qu'une lueur chaleureuse pourrait... apparaître soudainement comme par magie, blague à part. Mais comment expliquer à ceux qui se tourneraient vers moi ? Dire que c'est juste la lumière du musée qui scintille ? Je doute fortement qu'ils croient à cette explication farfelue, surtout venant d'un enfant de 12 ans. Après tout, ça ne coûte rien d'essayer ! Alors, comment faire pour appeler Gabbie sans attirer trop d'attention ? Prêts ? 1... 2... 3... "Gabbie, où es-tu ?" Attendez, je crois que quelqu'un du groupe de touristes m'a entendu. Oh, quelle surprise… Ah non !! Tout va bien, personne ne s'est retourné vers moi. Je poursuis ma marche dans cette salle remplie de momies, il y en a même plusieurs. En observant leurs positions, je décide d'avancer pour voir si je peux retrouver les guides, Aklèf et Guyzen. Notre mission n'est pas encore achevée. "Excusez-moi, pardon, puis-je passer s'il vous plaît…" Désolé, mais je n'avais pas vraiment le choix, je devais avancer tout droit. Maintenant que je suis devant, j'aperçois nettement les momies, y compris celle mentionnée à l'accueil. Il me semble que les guides ont quitté cette pièce, je ne les vois vraiment plus ! Il est temps de revenir sur mes pas pour sortir … D'ici. Même si mes mains tremblaient de douleur, je continuais d'avancer. Peut-être qu'Aklèf et Guyzen étaient dans le couloir ? Je jette un coup d'œil, mais seuls les touristes sont là. J'essaie une nouvelle fois d'appeler : Gabbie, Gabbie ! Juste avant de répéter son nom une dernière fois, j'aperçois soudain Aklèf et Guyzen, les guides, qui viennent

P.292

D'apparaître. Vous, mes chères lectrices et chers lecteurs, me suivez encore une fois. Si j'avais appelé Gabbie, ce n'est pas un hasard ; au contraire, comme je l'ai déjà expliqué, il était impossible de révéler les prénoms des guides d'après mes souvenirs. Quoi qu'il en soit, les voici : Aklèf et Guyzen arrivent. Ils s'approchent de moi et me demandent ce qui est arrivé à mes mains. Je leur explique que mes mains commencent à se transformer, vers... L'adulte que j'étais le jour avant ma transformation en enfant de 12 ans, mais aussi vers le moment de notre rencontre. Guyzen et Aklèf se tiennent devant moi sans dire un mot. Finalement, Aklèf me demande : « As-tu regardé tes mains ? » Je lui réponds que oui, justement. D'abord, je suis resté dans le couloir. Ensuite, j'ai suivi les autres vers la salle des momies pour vous retrouver, mais cela n'a rien donné… Voilà pourquoi je me retrouve seul avec vous dans ce couloir. À peine ai-je fini de parler qu'Aklèf et Guyzen se penchent vers moi et me demandent si je peux marcher ; je leur réponds que oui, mais ce sont mes mains qui me posent problème. Comme d'habitude, les guides restent silencieux. De nouveau isolé, j'imagine le jour où tout cela prendra fin, peut-être même quitter ce monde. Ainsi, j'aurai certainement beaucoup à raconter sur ma longue absence dans l'usine de fabrication de jouets pour enfants. Actuellement, je me trouve toujours au musée, accompagnée des guides Aklèf et Guyzen dans ce couloir, où règne une atmosphère silencieuse et palpable. Sans bien saisir la raison de cette retenue, j'ai supposé qu'il n-y-avait ni épreuves ni énigmes à résoudre ; c'est précisément à ce moment-là qu'Aklèf et Guyzen ont choisi de

P.293

Rester silencieux. Tout en marchant avec eux, je ressentais quelque chose derrière moi, comme s'il y avait une silhouette transparente. Celle-ci m'est inconnue, mais sa présence est intense ; j'ai l'impression qu'elle nous suit. Je pense que si j'en parle à Aklèf, il est probable qu'il ne croît pas mon histoire, car il connaît déjà les apparitions de Gabbie. Comme d'habitude, Aklèf m'a dit qu'on ne pouvait pas voir Gabbie en ce moment. Il a aussi suggéré que cela pourrait être lié à ma transformation, qui commence par mes mains et pourrait symboliser mon passage de l'enfance à l'âge adulte. Je le regarde et j'essaie de le comprendre, mais je n'y parviens pas, parce que, comme je l'ai déjà mentionné, mon périple est manifestement loin d'être terminé. Mon âme d'enfant reprend le dessus… Je suis impatient de percer ce mystère. Aklèf poursuit ses conseils et me suggère d'écouter un peu l'histoire des Égyptiens – cela ne peut que m'être bénéfique. Je lui réponds « ok, ok ! » Au même moment, la silhouette mystérieuse derrière moi se met à briller intensément ; je la regarde discrètement du coin de l'œil gauche et j'ai la sensation qu'elle souhaite me parler, un peu comme Gabbie l'avait déjà fait auparavant. D'ailleurs, plus nous avançons dans ce couloir, plus l'intensité de cette lumière ressemble à celle de Gabbie. Je commence même à penser qu'il s'agit probablement de Gabbie qui essaie de communiquer avec moi de cette façon. Soudain, j'entends Aklèf s'éclaircir la gorge, comme s'il voulait m'adresser quelques mots. On dirait qu'il aimerait que je cesse de penser à autre chose. À propos de l'absence de Gabbie, depuis qu'elle est entrée dans cette fameuse chambre mystérieuse, à cet instant précis.

P.294

Aklèf semble vouloir me dire par la pensée : concentre-toi sur la visite. Je lui réponds : "Ça va ! Ça va ! J'écoute sans problème l'histoire du passé." Bref, revenons à moi, Gabriel. Je suis sûr d'avoir trouvé une explication à cette situation incroyable, selon l'analyse que j'ai mené ces dernières semaines. En cherchant à comprendre pourquoi j'ai été rapetissé, je crois avoir découvert la réponse. C'est tout simple : le travail prend tellement de place qu'on oublie de s'amuser comme on le faisait étant enfants. Nous étions insouciants autrefois, mais aujourd'hui, adultes stressés, nous devons tout gérer. Nous avons perdu cette part de nous-mêmes. C'est mon opinion personnelle, évidemment. Voilà donc pourquoi j'ai été réduit à la taille d'un enfant de douze ans. Je viens également de réaliser autre chose : être ici en Égypte, c'est aussi l'occasion pour moi de me reposer, d'échapper au stress et de retrouver l'inspiration nécessaire à la création de jouets pour les enfants du monde entier, notamment pendant la période des fêtes. Je comprends maintenant que ces expériences nous révèlent souvent leur véritable raison d'être, nous rappelant ainsi l'importance de profiter de la vie. Peut-être est-il temps pour chacun, qu'il travaille ou non, qu'il soit malade ou ait perdu son emploi, de prendre le temps de relâcher la pression. En résumé, il serait bénéfique que tout le monde vive sans stress. Sans transitions. En particulier pour ceux qui créent des jouets, il est essentiel de prendre du recul et d'adopter une perspective différente. Face au stress, à l'angoisse et parfois même la fin de notre vie qui jalonnent notre existence, il devient primordial de retrouver un équilibre et de ne pas perdre de vue la joie et l'innocence.

CHAT-PIE-TRE-295

Ces instants nous rappellent que la vie ne se limite pas au travail ou aux obligations, mais qu'elle inclut aussi la légèreté et le bonheur de l'enfance. Peut-être que revenir à l'échelle d'un enfant est une façon de renouer avec cette part de soi, est surtout d'apprendre à regarder le monde avec curiosité et émerveillement. Si notre société était vraiment juste, il n'y aurait plus aucune violence. C'est mon avis personnel, mais j'ai la conviction que chacun agirait différemment. Sur le plan économique, nous devrions œuvrer à bâtir la nouvelle Terre qui nous a été promise, afin de voir ce rêve éclore naturellement. Les actions menées par l'humanité en faveur du développement durable sont indispensables pour notre planète. Sans vouloir donner de leçon, je partage simplement le point de vue d'une personne souhaitant vivre paisiblement avec sa famille et envisager l'avenir avec confiance et simplicité. Il est crucial d'avoir un esprit ouvert, et je reste attentif à ce qui se passe au quotidien pour tous : travailleurs, retraités, personnes en recherche d'emploi ou en situation de handicap – autant de citoyens souvent mis de côté sans l'avoir choisi. Pourquoi alors instaurer des barrières financières pour ceux qui aspirent simplement à vivre dignement ? La liberté financière est nécessaire à chacun. Finalement, la vie ressemble à une pyramide construite patiemment, pierre après pierre, année après année ; nous devrions en prendre exemple et bâtir notre vie chaque jour. Nous sommes tous des êtres humains et devrions nous soutenir mutuellement afin de surmonter les obstacles d'une "pyramide" qui affecte non seulement les Français, mais aussi le reste du monde.

P.296

Il est essentiel de progresser ensemble dans cette direction, pour améliorer le bien-être de notre planète, source de vie, de nourriture et de croissance. La durabilité est indispensable pour garantir l'avenir de nos enfants. Une question se pose : voulons-nous nous détruire ou évoluer collectivement pour le bien de chacun ? J'entends souvent qu'il ne faut pas répéter les erreurs passées. Si nous espérons un véritable changement pour l'humanité, il ne s'agit pas de renier le présent, mais de vivre au mieux. Je crois que tout le monde recherche la paix et la sérénité. Nous devons unir nos efforts pour bâtir un monde où chacun puisse vivre dignement et tranquillement. Sans transitions. Mon esprit d'adulte refait surface une nouvelle fois. Je crois que j'ai fermé les yeux pour laisser libre cours à autant de pensées personnelles. En y repensant, il me semble qu'il y a une part de vérité dans ce que je ressens. Ces réflexions m'appartiennent, elles ne viennent de personne d'autre. Bref, quoi qu'il en soit, il faut que je continue la visite guidée. Aklèf, Guyzen et moi-même, Gabriel, avançons ensemble. Soudain, une idée me traverse l'esprit : peut-être qu'Aklèf voulait vraiment me suggérer de suivre le groupe de touristes dans ce couloir afin de découvrir de nouveaux indices ? À cet instant, j'entends un rire qui semble dire "enfin, tu as compris". Je reconnais ce rire, c'est celui du guide, Aklèf. À présent, je fais preuve d'une attention particulière : si Aklèf m'affirme qu'il y a forcément un indice lors de cette visite guidée, je le prends au sérieux. Je garde donc l'oreille attentive et je me concentre sur chaque son. D'ailleurs, à propos de concentration, il y en a une très forte juste derrière moi—**je parle bien sûr de la lumière**.

P.297

Voilà plusieurs jours que Gabbie n'est plus avec nous. Il ne faut pas oublier, chères lectrices et cher lecteur qui me suivez dans cette aventure, qu'elle demeure dans ce monde dit "parallèle". Je me demande comment, moi Gabriel, je pourrais la ramener dans notre époque actuelle. Est-ce le hasard qui, sous la forme d'une lumière apparaissant pour la première fois derrière moi, pourrait me guider ? Comme dirait Aklèf, je ne devrais pas y prêter attention. Dois-je poursuivre la visite du musée situé à l'intérieur de la pyramide ? La jeune fille qui m'accompagnait à probablement mon âge, douze ans, en tout cas d'apparence physique. Elle paraît encore très jeune, mais j'ai des doutes sur son véritable âge. C'est étrange : je pense qu'elle est bien plus âgée que cela. Pour être honnête, Gabbie doit être très ancienne. D'ailleurs, personne ne connaît réellement son âge, hormis peut-être les deux guides du musée. Je ne saurais l'expliquer, mais cette question m'est apparue au cours de ma réflexion. Je pense à cette jeune fille brune aux longs cheveux tombant dans son dos, dont les yeux noisette semblent parfois prendre des teintes vertes, probablement sous l'effet du soleil qui modifie leur couleur. C'est ainsi que je l'imagine. Pourtant, ses yeux ont quelque chose d'inhabituel. Normalement, la couleur des yeux ne change pas avec l'esprit, n'est-ce pas ? C'est assez curieux… Qu'en pensez-vous, vous qui lisez ces lignes ? Je dois reconnaître que je n'ai pas cherché à savoir pourquoi les yeux de Gabbie changent de couleur. Mais au fond, est-ce la véritable question ? Attendais-je vraiment une réponse immédiate ? À vous, chers lectrices et lecteurs, ne vous inquiétez pas. Bref.

P.298

Il ne fait aucun doute que mon séjour en Égypte vise principalement à approfondir ces recherches qui me mettent à l'épreuve, tant sur le plan physique que moral, dans l'espoir de découvrir la vérité avant mon retour en France. Curieusement, une idée inattendue mais lunaire me traverse l'esprit : m'adonner à une activité physique afin de prendre l'air et d'alléger momentanément mes préoccupations. Cependant, cette visite guidée me semble interminable, car je n'arrive pas, pour l'instant, à obtenir le moindre indice permettant de retrouver Gabbie. J'envisage de faire une pause et, pourquoi pas, de prendre deux jours pour recharger mes batteries avant de reprendre mes recherches. Sans transition. Blague à part, c'était une plaisanterie à propos d'une course à pied avec Gabbie. Mais revenons sérieusement à cette visite qui, à mon avis, est longue ; il faut d'ailleurs se rappeler qu'un enfant de douze ans n'arrive pas à rester en place bien longtemps, même s'il connaît l'histoire de la pyramide. Soudain, je me demande où sont passés les guides Aklèf et Guyzen : il m'a suffi de baisser la tête un instant pour qu'ils disparaissent dans ce couloir. Cette disparition m'inquiète, d'autant plus que le temps nous est compté. Malgré tout, je dois garder mon calme et suivre le groupe de touristes ; ensuite, je déciderai si je poursuis mes recherches en ouvrant chaque porte des chambres croisées sur mon chemin. Je poursuis mon chemin droit devant moi, même si mes mains continuent de grandir et que je ressens des tremblements. J'interprète cela comme l'annonce d'une nouvelle étape à affronter, peut-être sans les guides ni Gabbie à mes côtés.

P.299

Pour l'instant, je progresse sans rencontrer d'obstacle angoissant, mais ce couloir – comme je l'ai déjà mentionné – semble ne jamais finir. Sur ma gauche, j'aperçois une porte décorée de symboles représentant différents animaux : un bélier, un chat, un chien, un lion et un taureau. Il suffit, simplement de replacer les quatre éléments dans l'ordre afin d'éviter un nouveau paradoxe. La vraie question est : comment remettre tous les symboles à leur place alors que mes mains grandissent sans cesse ? Je vais essayer de les saisir un à un, peut-être du bout des doigts ou avec le tranchant de mes mains. Courage Gabriel, tu dois réussir à soulever les symboles sur le présentoir ! Le bélier représente l'eau, le chat la terre, le lion ailé l'air et le taureau ailé le feu. Une fois que tout est remis en place, le sol commence à vibrer doucement, sans provoquer de dégâts. Soudain, la porte d'une des chambres s'ouvre entièrement, laissant échapper une lumière blanche d'une douceur incroyable qui remplit la pièce. Il m'est difficile de décrire précisément cette chaleur à vous, lecteurs attentifs : elle apaise profondément tout en étant merveilleusement fabuleuse, apportant une tranquillité absolue. Soudain, malgré mon jeune âge, je décide d'entrer dans cette chambre qui vient tout juste de s'ouvrir. Je me souviens pourtant des instructions données par les guides Aklèf et Guyzen, qui m'avaient dit de ne jamais pénétrer dans les chambres sans leur présence. Mais la situation est différente cette fois-ci : je dois y aller, car autrement, comment pourrais-je trouver des indices pour essayer de sortir Gabbie du paradoxe où elle se trouve ? Ainsi, je prends réellement la décision d'y aller.

CHAT-PIE-TRE-300

Avançant vers cette fameuse chambre qui vient justement de s'ouvrir d'elle-même. J'effectue mes derniers pas, m'arrêtant devant l'entrée ; je remarque même si aucune momie ne semble présente, un désir irrésistible d'entrer m'envahit, dans l'espoir d'apercevoir enfin les guides Aklèf et Guyzen. Je me souviens également de cette lumière derrière moi ; elle est d'ailleurs toujours présente, ce qui m'intrigue puisqu'elle me suit où que j'aille. À vrai dire, chers lectrices et lecteurs, en y repensant, il s'agit bien de la même lueur qui m'est apparue la toute première fois. J'ai même l'impression qu'il s'agit probablement d'un signe envoyé par Gabbie, comme une sorte de messager. Lorsque j'arrive devant cette chambre, je réalise en y regardant de plus près qu'il y a effectivement des momies à l'intérieur. J'entre ensuite dans la pièce et, soudain, la porte se referme brusquement derrière moi. C'est alors que je comprends qu'il va falloir me débrouiller seul et prouver que je suis capable d'affronter la situation. Je me motive : « Allez Gabriel, avance, même si c'est difficile. » Dans la chambre de la momie, rien ne se passe au début. J'avance tout droit, en restant attentif, conscient qu'une épreuve éprouvante peut surgir à tout moment. Brusquement, je sens de l'air glisser autour de moi, venant de toutes parts et m'effleurant. Plus je progresse, plus ce souffle devient puissant. Je comprends que je dois sans doute faire face à un autre rituel lié à l'un des quatre éléments. Cette fois, contrairement à une chambre précédente, j'avance vraiment au lieu de rester sur place. Au fur et à mesure, il m'est difficile de garder les yeux ouverts. Le vent souffle si fort que j'ai l'impression de gravir une montagne abrupte.

P.301

Chaque pas devient une épreuve à cause de cette tempête, mes jambes et mes pieds en ressentent la douleur croissante. Malgré tout, je poursuis mon chemin avec détermination, puisant dans ma force physique pour tenir le coup et garder le moral. Je me répète que j'ai la force nécessaire pour ne pas céder. Je suis certain que d'autres défis similaires se présenteront à l'avenir. Quoiqu'il-en-soit, La lumière blanche de cette chambre... Elle semble indiquer une issue, pourtant je préfère rester ici à la recherche d'indices susceptibles de ramener Gabbie à mes côtés, dans cette époque. Je poursuis ma progression avec prudence, suivant les conseils des guides Aklèf et Guyzen : **« chaque détail compte »**. Je dois donc suivre cette lueur, espérant croiser quelqu'un derrière elle. Curieusement, ce n'est pas une lumière ordinaire ; elle me rappelle celle de ma propre torche. Bref ! À vous qui me lisez, chères lectrices et chers lecteurs, vous trouvez sans doute étrange qu'il y ait du vent dans une chambre. Pourtant, je vous assure que c'est tout à fait normal ici, car cela fait partie de l'épreuve de cette pièce. Bien que le vent chaud, presque insupportable, semble vouloir freiner ma progression, je persévère malgré toutes les souffrances présentes et celles qui m'attendent sans doute encore. Étrangement, c'est comme si la chambre imposait une nouvelle épreuve. J'avance avec difficulté, mes paupières lourdes se ferment presque, alors que je tends la main droite devant moi pour progresser petit à petit vers la torche. J'aperçois à peine sa lueur, mais je sens que je suis tout près. Je décris ainsi l'effort que je fais pour atteindre la torche, mes forces s'amenuisant au fil des pas.

P.302

Enfin, arrivé devant elle, j'essaie d'ouvrir les yeux pour mieux la distinguer. Je saisis la torche et tente de l'éteindre, conscient que je me trouve dans la chambre envahie par cette lumière intense. L'épreuve était vraiment intense, d'autant plus que le vent m'empêchait de bien la réaliser. Malgré mes difficultés à voir ma torche, j'arrivais tout juste à distinguer sur le poignet l'indication selon laquelle la torche devait rester allumée pendant toute l'épreuve. Je suivais alors scrupuleusement le faisceau de ma lampe, conformément aux instructions. J'essaie d'opérer un demi-tour, mais j'ai encore du mal à ouvrir les yeux. Soudain, une idée me traverse l'esprit : je place simplement ma main gauche devant mes yeux afin de voir où je mets les pieds. Je continue d'avancer prudemment, malgré la difficulté de voir ce que je fais. Le froid me glace les doigts. Je prends mon courage, à deux mains et regarde attentivement la pièce, mais je ne vois ni Aklèf ni Guyzen dans cette chambre. Mais en faisant les derniers pas, j'arrive finalement à atteindre la porte, saisis la poignée et commence à l'ouvrir. De retour dans le même couloir, une question me traverse l'esprit : la porte s'est ouverte sans difficulté, et la seule épreuve que j'ai eue était simplement d'affronter un des éléments ? C'est intriguant ; quelle sera donc la prochaine étape ? À cet instant, la porte a soudainement commencé à se refermer toute seule, exactement comme au début, lorsqu'un léger tremblement s'était fait sentir sous mes pieds. Il y a un point que je n'ai apparemment pas mentionné : lorsque le sol a légèrement tremblé, les touristes se sont affolés dans tous les sens. Voilà pour ce détail. Quoi qu'il en soit, je n'ai vu personne, ni Aklèf, ni son collègue et ami Guyzen dans la

P.303

Chambre de momie ou j'étais. J'avance vers la porte suivante, cette fois placée sur la droite. En marchant, je repense à la chambre des momies : je n'y avais trouvé qu'une torche, tout au fond, qui m'avait alors indiqué la sortie. Juste avant de quitter la pièce, j'avais senti mes mains commencer à trembler puis à s'élargir. Malgré l'épreuve du vent froids je n'avais que mon courage pour affronter cet élément. Pourtant, dès que je suis sorti, elles sont revenues à leur aspect normal, ce qui m'a un peu surpris, mais aussi rassuré. Je me demande maintenant si le fait de remettre les quatre éléments à leur place y est pour quelque chose. La chambre s'est ouverte soudainement, et je suis d'autant plus étonné que mes mains aient repris leur forme dès que j'ai quitté cet endroit consacré aux quatre éléments. S'agit-il d'un phénomène magique ou d'autre chose ? Quoi qu'il en soit, je suis soulagé que cet étrange changement ait disparu. Oui, je suis soulagé que mes mains soient enfin redevenues normales, ce qui me permet de saisir des objets sans difficulté. Une fois sorti de la chambre, je fais comme d'habitude : je me place à gauche pour vérifier si un garde va venir vers moi, comme cela s'est produit avec les autres chambres. Tandis que je me positionne sur le côté gauche de la porte, j'aperçois progressivement les touristes revenir, exactement comme au début de la visite guidée. Quelques minutes plus tard, je ne vois toujours rien, pas même un garde. C'est étrange. Quoi qu'il en soit, je ne m'attarde pas et décide d'avancer seul dans le couloir, contrairement des touristes qui suivent attentivement leur guide. En marchant avec eux, je me demande ce qui pourrait bien m'arriver physiquement la prochaine fois.

P.304

J'arrive enfin devant la prochaine porte, qui se trouve, comme indiqué précédemment, sur la droite. Pour franchir cette étape, il me faut résoudre l'énigme des quatre éléments, dont le second est illustré par des plantes. Dans le désordre : le coquelicot incarne le feu, la vigne correspond à l'air, le lotus représente l'eau et le chêne symbolise la terre. Après avoir correctement identifié chaque symbole, je les place dans l'ordre requis : le lotus pour l'eau, la vigne pour l'air, le chêne pour la terre et le coquelicot rouge vif, pour le feu. Aussitôt, un léger tremblement sous mes pieds signale que la porte s'ouvre. Sans transitions. Chères lectrices et chers lecteurs, vous vous demandez sans doute comment moi, Gabriel, du haut de mes 1m30, parviens à ouvrir les portes de chaque chambre devant les touristes. En réalité, c'est assez simple : dans la plupart des chambres, le sol ne tremble pas mais produit un léger son, semblable à une vibration qui glisse sur le sol. Certaines portes s'ouvrent grâce à ces vibrations, ce qui n'a rien d'inquiétant pour les touristes, sauf la dernière porte que vous connaissez maintenant. Par ailleurs, je ne suis pas seul dans ces situations : pour les autres portes, il y avait aussi les guides, Aklèf et Guyzen, maintenant vous savez mes chères lectrices et lecteurs. À présent, je me retrouve seul, surpris par la situation. Dans cette chambre, je découvre non seulement des momies, mais aussi d'immenses étendues de vignes : c'est fascinant, presque incroyable. Devant cette nature luxuriante, je ressens une véritable admiration. Malgré toutes ces vignes, l'air demeure doux et accueillant. Je fais le choix d'entrer dans la pièce, espérant y croiser Aklèf et Guyzen, qui tardent à se montrer.

CHAT-PIE-TRE-305

J'ai cependant bon espoir de pouvoir faire revenir Gabbie depuis cette chambre semblable à une forêt. En avançant, je me demande comment réagir si le temps venait à s'arrêter ici aussi, sans mes guides pour m'accompagner. Soudain, j'aperçois une liane suspendue au plafond. Une flèche attire également mon attention, indiquant une direction à suivre. Je décide de m'engager dans le couloir tracé par les lianes. Après quelques pas, j'en trouve une troisième, ce qui me rassure sur le chemin à prendre, même si mes guides Aklèf et Guyzen restent introuvables. Pour le moment, rien de réellement inquiétant ne semble surgir dans cette chambre étrange. La pièce est si grande qu'il est impossible d'en apercevoir les limites. Tandis que j'observe attentivement les lieux, espérant y découvrir des momies, un événement surprenant se produit : une sorte de liane s'anime et commence à me suivre. Je comprends rapidement que cette exploration ne sera pas aussi tranquille que je l'espérais, et pourrait même devenir périlleuse. Dans ces situations, il est parfois préférable de ne pas trop penser à ce qui pourrait mal tourner. Malgré tous mes efforts pour fuir la liane, elle me talonne sans relâche, et n'ayant trouvé aucun endroit où me cacher, mon inquiétude pour ma propre sécurité grandit peu à peu. Je comprends qu'il s'agit encore d'une épreuve à traverser, d'autant plus que la sortie de la chambre demeure introuvable. Cette situation m'apparaît étrangement familière, comme si je l'avais déjà vécue auparavant. Je cours sans relâche jusqu'à attraper une liane, mais à ma surprise, elle ne réagit pas. Je choisis donc de grimper dessus afin de trouver un instant de tranquillité et réfléchir à la marche à suivre.

P.306

Pour l'instant, j'attends patiemment, espérant une occasion de me rapprocher de la sortie lorsque la situation le permettra. Il fait plutôt frais dans cette chambre, mais rien d'excessif. Le cadran de ma montre est embué, ce qui m'empêche de lire précisément l'heure, mais à vue d'œil, il doit être autour de **15h ou 16h**. Perché sur la liane, je remarque qu'il n'y a aucun mouvement suspect : aucune liane ne s'agite ni ne tente de m'attraper pour m'empêcher d'avancer. Malgré tout, je décide de descendre prudemment pour éviter de perdre du temps. Je m'approche prudemment de la porte, veillant à éviter tout mouvement brusque. Je descends en silence, mes mains se succédant l'une après l'autre, observant tout autour de moi ainsi que sous mes pieds, par crainte qu'une liane surgisse soudainement pour m'attraper. Restant attentif aux moindres détails, je touche bientôt presque terre, sentant l'air remonter le long de mes mollets. Finalement, mes pieds atteignent le sol ; je libère la liane de mes mains et j'atterris fermement. Je reste totalement immobile, observant une nouvelle fois les alentours : partout, des lianes. Je me demande alors comment je pourrais rebrousser chemin sans que ces lianes ne s'approchent de moi. J'attends un instant pour reprendre mon souffle… Essayant de me motiver, je cherche activement une solution afin d'éviter d'être attrapé par ces maudites lianes. Oui, chers lecteurs et lectrices, ces lianes font preuve d'une cruauté incroyable. Allez, allez ! Je ne vais tout de même pas rester là. Bon, normalement, d'après ce que je vois, il y a assez de place pour poser un pied devant l'autre entre les boucles des lianes. D'ailleurs, ces lianes vont encore m'être utiles, indirectement. Cette fois, je les vois

P.307

Ramper au sol ; cela signifie sûrement qu'elles ont une origine précise. Mais d'où viennent-elles réellement ? Avant même de franchir mon premier pas, je remarque que la végétation devant moi est nettement plus dense qu'au tout début. À vous, lecteurs et lectrices attentifs, je confie cette curieuse impression : il me semble que les lianes me suivent, sans doute attirées par la chaleur que mon corps dégage... Oui, c'est sûrement cela ! Quoi qu'il en soit, je m'apprête à avancer prudemment. Allons-y, c'est parti... J'avance d'un pas, puis du suivant, progressant doucement au milieu de ces lianes qui s'enroulent. Je dois éviter tout mouvement brusque au risque de me faire attraper et devoir tout recommencer. Alors, j'y vais doucement, un pied après l'autre ; à chaque boucle de liane passée, je prends le temps d'observer car je vois bien qu'elles bougent elles aussi. Bon, il faut que je garde ma motivation pour m'approcher de la porte, tout en restant prudent. J'avance pas à pas, voici déjà le troisième. Je continue en marchant doucement, toujours au milieu des boucles de lianes. Pour l'instant, je ne fais que les frôler, c'est vraiment limite. Plus j'avance, plus elles bougent : je les vois ramper elles aussi avec délicatesse, c'est presque incroyable. En continuant d'avancer, je les vois encore progresser. Je crois, même je pense, que ma théorie repose sur les lianes qui me suivent grâce à la chaleur que je dégage. Il faut que j'avance lentement mais sûrement. Allons vers la prochaine boucle, suivie de la suivante ; curieusement, les boucles deviennent de plus en plus petites. Je continue ma marche tout doucement, partageant mon dilemme avec vous, chers lecteurs et lectrices.

P.308

J'en suis maintenant arrivé à la cinquième boucle, toujours confronté à ce problème, appuyé sur mon pied droit. Il semble qu'il ne me reste que deux ou trois boucles avant de pouvoir enfin m'approcher la porte. Pourtant, une question persiste : comment surmonter ces dernières étapes ? Je me tiens là, seul, appuyé sur ma jambe droite, quand soudain une idée me traverse l'esprit. Comme les boucles semblent vraiment petites, il ne reste qu'une solution : devenir acrobate ! Oui, vous avez bien lu, chers lectrices et lecteurs, je vais devoir achever les dernières boucles de lianes en réalisant une roue. Cependant, la véritable question reste… Comment m'y prendre ? Il faudrait que je me remémore les bons mouvements pour réussir cette acrobatie. C'est parti, voyons ce que cela peut donner : d'abord, j'avance ma main droite, puis inversement la gauche, puis la droite, avant d'atterrir cette fois-ci sur le pied gauche et de finir sur la pointe du pied droit à la huitième boucle de lianes. Ouf ! J'ai eu chaud ! Et justement, en parlant de chaleur, les lianes ont senti la chaleur se dégager de mon corps. Cette fois-ci, il ne me reste plus qu'une seule liane, la dernière, qui s'étale largement sur le sol. Je pourrai aisément sauter pieds joints. Il faut que je sois très vigilant. En jetant un regard derrière moi, je remarque que les lianes bougent avec encore plus d'intensité qu'au début ; elles rampent de façon inquiétante. Elles semblent sentir que je suis presque arrivé devant la porte de la chambre, prêt à sortir. Je me prépare alors, concentré, à effectuer un saut pieds joints. Allez ! Courage ! À un, à deux… puis hop ! hop ! J'y suis, ça y est ! Juste au moment où j'atterris, les lianes essaient de saisir mes pieds, sans doute pour me faire glisser et m'empêcher

P.309

D'atteindre la porte. Mais finalement, j'ai réussi. Je me tiens juste devant la porte. Jetant un coup d'œil à gauche, puis à droite, je fais un tour sur moi-même afin d'être certain qu'aucun obstacle ne m'empêchera de quitter cette chambre de momies végétalisée ressemblant à une forêt. J'avance la main droite vers le poignet en forme de "L" doré—je m'interroge sur cette couleur inhabituelle, alors que je n'y prête habituellement pas attention. Pourtant, aujourd'hui, ce détail m'interpelle… Tant pis ! Je tourne ce poignet de la main droite, et curieusement, il pivote vers la gauche. Aussitôt, la porte s'ouvre, révélant deux silhouettes baignant dans une lumière chaude du couloir du musée, que je reconnais immédiatement. Ces ombres sont sans aucun doute celles des guides Aklèf et Guyzen. Leur présence juste derrière la porte me surprend vraiment. Je vais maintenant vous révéler l'heure exacte, chers lecteurs et lectrices, mais cela risque de vous surprendre : il est effectivement **17h00**. Ils font leur apparition Aklèf et Guyzen juste devant moi, précisément au moment où je viens de sortir d'une galère compliquée liée aux plantes. Je n'ai pas envie de penser à une sorte de complot, mais la question me traverse l'esprit, rien de plus. Pour l'instant, je constate qu'ils sont devant moi, tous les deux apparemment souriants. Je choisis donc de croire sur le moment qu'ils sont heureux de me retrouver. Je leur demande alors où ils étaient passés. Aklèf et Guyzen me répondent simplement qu'ils se trouvaient dans la chambre de la momie, mais qu'ensuite ils m'ont perdu de vue. Je les observe et, intérieurement, je doute de leur sincérité ; alors j'interpelle Aklèf à voix haute, tandis que Guyzen ne dit

<u>*CHAT-PIE-TRE-310*</u>

Rien. Brusquement, il me regarde et me demande ce qui se passe. Je lui réponds que ce n'est rien de grave, ajoutant que le musée va bientôt fermer. Il est bientôt **18h30**. Guyzen acquiesce et s'adresse à Aklèf, confirmant que moi Gabriel j'avais raison : « C'est vrai, et puis la nuit sert à se reposer... Demain est un autre jour. » À son tour, Aklèf approuve et conclut **: « Tous en monospace. »** Sur le moment, chacun donne son accord. Tout à coup, une annonce résonne dans les haut-parleurs du musée, invitant les visiteurs à se diriger vers la sortie. Pour une fois, tous les touristes s'exécutent sans tarder, et personne ne traîne jusqu'à la dernière minute. Au même moment, Aklèf me barre le passage avec son bras gauche et me dit : « Gabriel, attends ! » Sur le coup, je ne comprenais pas pourquoi il m'avait demandé d'attendre. En y réfléchissant davantage, je me rends compte qu'Aklèf prend des précautions par rapport au dernier touriste. Du coup, c'est nous qui fermons la marche du groupe. Quand je regarde Aklèf, je le vois hocher la tête pour confirmer que j'ai compris. Une fois qu'il retire son bras, il me dit que c'est à notre tour, Gabriel, de suivre le groupe de touristes pour clôturer la file. Nous devons donc nous diriger vers la sortie. J'ai dit : « Très bien, Aklèf. » Alors que je commençais à faire mes premiers pas vers la sortie du musée, j'aperçois Guyzen attendant calmement au milieu du couloir menant vers la sortie. Aklèf et moi-même Gabriel, marchons rapidement et rattrapons Guyzen ; ensemble, nous avançons jusqu'à arriver juste devant la sortie du musée. Il commence à se faire tard et Aklèf m'informe que ce soir, nous prendrons le minibus.

P.311

Nous ne serons donc pas seuls, car d'autres touristes seront avec nous. Après avoir quitté le musée, nous nous dirigeons vers le minibus où les autres touristes attendent tranquillement sur le parking. Tandis que le musée vient de fermer ses portes, nous avançons tous les trois — Aklèf, Guyzen, puis moi-même Gabriel. D'un pas assuré, nous avançons, cette fois réunis. Personne ne me demande comment s'est déroulée ma journée, seul dans cette chambre peuplée de plantes mais aussi de momifiées, dans ce musée qui, à mes yeux, ressemblait plus à une vaste forêt. Je hausse simplement les épaules pour signifier mon accord. Nous rejoignons alors le fameux minibus : chacun monte et prend place à l'intérieur, Aklèf et Guyzen montent devant tandis que nous nous installons à l'arrière, côté passager. Le véhicule, orné de ses bandes vertes rappelant le kaki, est garé devant la pyramide depuis notre arrivée. C'est à ce moment-là qu'Aklèf m'apprend que le minibus avait roulé toute la journée. Il est tout à fait normal que le moteur soit encore chaud, car le chauffeur dons mon collègue, l'a garé juste pour moi, Aklèf votre guide, Monsieur Gabriel, afin de pouvoir vous conduire à l'hôtel. Aklèf nous avaient demandé de bien vouloir fermer les portières du minibus et d'attacher nos ceintures de sécurité avant le départ. Après que tout le monde s'est préparé, Aklèf a démarré et quitté prudemment le stationnement, conduisant calmement vers l'hôtel. À bord du minibus, il y avait Aklèf, Guyzen, moi-même Gabriel, ainsi que les touristes. Nous roulions en direction de l'hôtel du Caire. Il était à peine **19h30**, donc nous avions largement le temps de rentrer. Profitant du confort de l'arrière du monospace.

P.312

Je décidai de faire une petite sieste. Quelques minutes après notre départ du musée, Morphée m'a surpris et je me suis endormi partiellement profondément. Soudain, je ne ressentais plus les secousses du véhicule. Chères lectrices et chers lecteurs, je dois vous confier que, finalement, les vibrations du minibus m'aident à trouver le sommeil pendant le trajet, même si ce n'est pas un sommeil aussi profond que je le pensais, puisque j'entends tout de même Aklèf et Guyzen, nos deux guides, discuter entre eux. Mais rassurez-vous, je ne prête aucune attention à leurs conversations, loin de là. Soudain, une secousse me réveille, comme si le guide Aklèf avait roulé sur un nid de poule. Oui se trous m'avait fait réveiller d'un sursaut, puis Aklèf me regarde à travers le rétroviseur intérieur du minibus, pour me dire " excuser-moi " tout le monde, je ne l'avais pas vue se nid de poule, l'un des touristes à rassurer le guide en lui disant ce n'est pas grave dans tous les cas, en ne dormaient pas vraiment. Aklèf finit par dire au touriste, merci… Merci de votre compréhension. Par ailleurs, Guyzen nous informe, à moi ainsi qu'aux touristes, que nous serons bientôt arrivés. Les lumières qui bordent la route sont allumées, offrant une bonne visibilité. Pourtant, je remarque que le trajet semble très long, sans que je sache pourquoi. D'habitude, Aklèf ne prend pas cette route ; normalement, c'est l'autre chemin qui sert de raccourci. Soudain !! Aklèf communique avec moi par la pensée, m'expliquant que la situation est normale et qu'il est logique que j'emprunte cette longue route, car nous ne sommes pas seuls. J'acquiesce, indiquant que je comprends, puis il ajoute que, quelle que soit la direction prise, toutes les routes mènent

P.313

Au point d'arrivée. Un moment de silence s'installe. Pour abréger la conversation avec mon guide Aklèf, je lui demande si nous approchons de notre destination. Il répond alors spontanément, cette fois à voix haute, que oui, nous serons arrivés dans quelques minutes. En parlant justement de quelques minutes, j'aperçois l'hôtel du Caire. Le guide Guyzen confirme qu'il est temps de se préparer. Sans doute, une fois qu'Aklèf aura trouvé une place pour se garer, nous pourrons descendre du minibus en toute sécurité. Il ne reste donc plus au guide Aklèf qu'à trouver un stationnement pour ce soir. À peine le guide Guyzen termine-t-il sa phrase qu'Aklèf trouve justement une place et gare le minibus à cinq minutes à pied de l'hôtel. Parfait ! Nous sommes enfin arrêtés. À **19h50**, le minibus se gare effectivement cette fois-ci sur le parking situé devant l'hôtel du Caire. À travers le rétroviseur intérieur, Aklèf me lance un regard et demande si je suis encore éveillé. Je lui assure que oui, je suis bien réveillé, puis Guyzen s'enquiert de savoir si j'ai besoin d'aide pour sortir du véhicule. Je réponds avec un bâillement que non, tout va bien. Un silence règne alors entre nous trois, tandis que les autres touristes choisissent de quitter le minibus. J'ouvre la portière du côté gauche, pose ma jambe droite sur le trottoir, suivie de la gauche, et ensemble nous descendons du véhicule. Au même moment, le portier de nuit nous adresse un **« Bonsoir, messieurs dames ».** Je lui réponds de la même manière, puis j'aperçois les deux guides, Aklèf et Guyzen, qui arrivent à leur tour et emploient aussi la formule de politesse. Le portier ouvre alors la porte de l'hôtel, et nous entrons tous ensemble dans le hall d'accueil.

Les hôtesses, toujours élégantes dans leurs tenues bleues et or aux couleurs de l'établissement, arborent un insigne sur la veste du côté gauche. Je n'y fais pas trop attention, car mon regard est attiré par les horloges accrochées au mur qui affichent **20h00**. Soudain, Aklèf et Guyzen m'annoncent qu'ils ne m'accompagneront pas cette fois jusqu'au deuxième étage, prétextant la fatigue. Cette remarque me met aussitôt en alerte, j'ai l'impression qu'il y a peut-être quelque chose de suspect. Pour l'instant, je me contente de hocher la tête et leur souhaite une bonne soirée ainsi qu'une bonne nuit. Après ces salutations, nous nous séparons, chacun suivant sa propre route. À ma montre il est désormais **20h05** et je me retrouve seul devant l'ascenseur. Quelques minutes passent et, à **20h12**, j'entends aux loin deux personnes s'approcher également de l'ascenseur où je me trouve… Il semble qu'elles souhaitent prendre le même ascenseur que moi. Tout à coup, je me rends compte que j'ai déjà entendu cette voix : elle appartient à l'une des femmes qui voulait probablement prendre l'ascenseur. Spontanément, je lui maintiens les portes ouvertes ; elle s'approche, me remercie et dit : « Merci jeune homme, c'est gentil de votre part. » Je lui réponds que c'est avec plaisir, puis cette voix familière me revient en mémoire, entendue les jours précédents. Je me demande alors où je l'ai croisée… et réalise que c'était au musée. Je me dis qu'il s'agit sûrement de Gabbie, réapparue soudainement dans une lumière douce et chaleureuse. Mais pour être honnête avec vous, chers lectrices et lecteurs, j'éprouve toujours ce désir de libérer Gabbie. Donc non, malheureusement, ce n'est pas Gabbie ;

CHAT-PIE-TRE-315

Elle est toujours coincée dans ce paradoxe. Sans transition, cette voix appartenait à Vanessa (nom d'emprunt). À présent, ces femmes montent dans l'ascenseur, et j'espère qu'elles ne s'arrêteront pas aux premiers étages, car je suis épuisée par l'épreuve que je viens de traverser toute la journée. Bien que je connaisse Vanessa, ma voisine de palier, celle-ci me demande si j'ai vu son amie. J'ai répondu que non, même si, en réalité, je ne connais ni son amie ni où elle se trouve. Peu importe, les portes s'ouvrent, nous entrons et montons tous les trois dans l'ascenseur, rejoints par les touristes qui nous suivaient. **À 20h20**, l'ascenseur nous transporte depuis le rez-de-chaussée, s'arrêtant à chaque étage ; chaque fois, une lumière jaune et une sonnerie indiquent le niveau. L'ascenseur s'arrête au premier étage, les touristes descendent, puis les portes se referment derrière eux. Enfin, il nous conduit jusqu'au deuxième étage, le nôtre. Les portes s'ouvrent, je sors en premier. Après avoir fait quelques pas, je me retourne pour voir si les deux femmes me suivent. Vanessa sort effectivement, mais son amie reste à l'intérieur de l'ascenseur. J'en conclus donc qu'elle se trouve au troisième étage. À **20h28**, j'observe également que les portes de l'ascenseur se referment immédiatement après le passage de Vanessa. La voyant s'approcher de sa chambre, elle ouvre la porte, entre dans la pièce puis la referme derrière elle. Ce constat m'apporte un certain soulagement. Je poursuis alors mon chemin afin de rejoindre ma propre chambre, prenant quelques instants devant la porte pour réfléchir à la journée écoulée. De façon automatique, je sors ma clé de la poche droite.

P.316

L'insère dans la serrure et ouvre la porte de la main droite. J'entre dans la chambre, refermant la porte derrière moi d'un geste de la main gauche. Après quelques pas, je me retrouve seul dans la pièce. Il est précisément **20h32** ; aucun bruit ne provient du couloir, signe que chacun se trouve désormais dans sa chambre. Dans ce silence rassurant, je me dirige vers la commode située à ma droite, imitation chêne foncé, et j'y dépose mes clés avec précaution. Soudain, un cri retentit, venant probablement d'une chambre voisine. Sur le moment, je n'y prête guère attention : la fatigue m'accable après cette journée mouvementée. Mon seul désir est de m'étendre sur le canapé, savourer le calme et reprendre des forces après toutes les épreuves endurées. Pourtant, le cri se fait entendre à nouveau, une voix de femme que je reconnais immédiatement—c'est Vanessa. J'espère seulement qu'elle ne va pas troubler les autres touristes qui profitent eux aussi du silence et d'un repos bien mérité. Je n'ai que 12 ans, mais dans ma tête, je me sens déjà adulte. À **20h53**, je devrais normalement dormir profondément. Alors, à votre place, que feriez-vous ? Vous qui suivez toujours mes aventures dans cette histoire fascinante. Chères lectrices et chers lecteurs, je me suis demandé s'il valait mieux porter secours ou rester dans ma chambre à m'occuper de moi-même. La question n'a pas fait long feu : même si je suis qu'un enfant de douze-an physiquement en tout cas. Je ressens une certaine responsabilité. Je prends donc la décision d'aller voir ce qui se passe chez Vanessa. Je quitte ma chambre, m'approche de la sienne et frappe à sa porte en demandant calmement ce qui

P.317

Provoque tant d'agitation. « Bonsoir, Vanessa. Que se passe-t-il ? » Elle m'explique qu'il y a une ombre dans sa chambre. Une ombre, vraiment ? Un silence se fait est je me dis que…J'émets des doutes, pensant plutôt que c'est sûrement le contrecoup émotionnel de sa journée bien remplie. Une fois de plus, elle m'ouvre la porte de sa chambre, sort dans le couloir, puis me fixe du regard, insistant vraiment. Au fait, ai-je précisé que j'ai la taille d'un enfant ? C'est probablement pour cette raison que les adultes me répondent de cette manière. Pour revenir à Vanessa, elle me propose que nous entrions tous les deux dans sa chambre. Dès qu'elle finit sa phrase, elle me saisit le bras gauche et me dit simplement, d'une voix tremblante : « Oui, oui, d'accord. » À ce moment précis, nous pénétrons dans sa chambre et visitons chaque pièce : la cuisine, la salle de bains, les placards, la buanderie, etc. Étonnamment, nous ne croisons personne, pas même une ombre ni une lueur. Elle me regarde une dernière fois et m'affirme qu'il y avait effectivement une ombre dans sa chambre. Pour la rassurer, je lui répète que c'est sans doute la journée passée au musée qui lui a fait croire à cette vision, ou à cette lueur. Peu à peu, elle accepte cette explication, bien que sa voix reste incertaine. Puis, elle murmure que ces faisceaux lumineux étaient en réalité des yeux rouges. Au moment où elle reprend ses esprits, elle aperçoit soudain une lumière derrière moi. Brusquement, elle m'indique sa présence et me demande de me retourner. En la regardant droit dans les yeux, elle demeure stupéfaite : sur ma droite, elle discerne deux points rouges, semblables à des yeux rouges que j'avais moi-même remarqués les jours précédents.

P.318

Je me retourne alors et, sans comprendre pourquoi, ces mêmes yeux rouges apparaissent devant nous. Vanessa avait raison : il y avait bel et bien deux points lumineux ressemblant à des yeux rouges. Pourtant, nous nous trouvons au deuxième étage de l'hôtel. Par ailleurs, nous n'étions manifestement pas les seuls à avoir ressenti la peur. Il semble que cette entité, ou cette lueur – quel que soit le terme retenu – ait pu se déplacer dans les différents étages de l'hôtel avant de revenir dans la chambre de Vanessa. On peut également s'interroger sur la raison pour laquelle cette entité est apparue précisément à **21h15**. Habituellement, je suis le seul à remarquer ces yeux rouges. Une question me traverse l'esprit : pourquoi sont-ils apparus cette fois-ci devant tout le monde ? Je décide de remettre ce sujet à plus tard ; pour l'instant, je dois une nouvelle fois rassurer Vanessa en lui affirmant qu'elle n'est pas folle et que l'esprit s'est désormais éloigné. Étrangement, dès que j'ai pénétré dans la chambre de Vanessa, la lueur a disparu. Je dois regagner ma propre chambre, tout comme les autres touristes alertés par les cris de Vanessa. "Vanessa, il se fait tard désormais. Je vous assure que la lueur s'est évanouie dès mon arrivée. Après ce que nous venons de traverser ensemble, la fatigue se fait sentir pour nous deux. Il est important de garder notre sang-froid et de retrouver notre calme... sans mauvais jeu de mots. Il est **21h22**, je suis exténuée, et demain sera une nouvelle journée.« Une bonne nuit de sommeil nous fera du bien, Vanessa. » Nos regards se croisent ; elle reconnaît que j'ai raison et ajoute que je fais preuve d'une grande maturité pour un garçon de 12 ans, petit de taille mais adulte dans sa tête.

Je la remercie pour le compliment, puis je lui propose de sortir faire quelques pas dans le couloir vers ma chambre. Spontanément, **Vanessa** accepte avec enthousiasme. Lorsque j'ouvre la porte de sa chambre, tournant le dos, elle se dirige soudainement vers l'ascenseur, appuie fermement sur le bouton, puis me dit « d'accord, d'accord », restant debout et tremblante devant les portes de l'ascenseur. En attendant son arrivée, j'essaie de calmer à nouveau la situation en posant mes mains sur ses bras. Je lui dis que tout ira bien et que prendre l'air nous fera du bien. Lorsque je propose de marcher un peu, elle ajoute : **« Marcher avec vous, Gabriel, me rassurera. »** C'est à ce moment-là que l'ascenseur arrive in extremis ; les portes s'ouvrent, je vois Vanessa y entrer et je la suis. Elle appuie alors sur le bouton du rez-de-chaussée. Les portes se ferment et nous commençons à descendre. Vanessa reste tremblante, et je tente tant bien que mal de la réconforter, mais sans succès. À notre arrivée, la sonnerie de l'ascenseur retentit, les portes s'ouvrent, et nous sortons aussitôt. Une fois sorties de l'ascenseur, nous avons marché quelques pas ensemble, puis Vanessa a repris mon bras. Il était **21h27** à ma montre au poignet droit. Continuant notre avancée, nous sommes arrivées devant l'entrée, derrière les portes vitrées épaisses de l'hôtel. Vanessa a ouvert la porte et aperçu le portier sur sa droite ; elle lui a alors souhaité une bonne soirée : « Bonsoir, Monsieur le portier. » Puis il nous a salués poliment en disant « Bonsoir, mesdames et messieurs ». Vanessa a alors levé les yeux vers le ciel et m'a dit : « Regarde, Gabriel, les étoiles, elles brillent. » J'ai suivi son regard vers la voûte étoilée et je lui ai confirmé : «

Oui, Vanessa, elles brillent vraiment. » Nous sommes restés quelques minutes devant l'entrée de l'hôtel en compagnie du portier. Spontanément, j'ai exprimé que c'était la première fois que je voyais les étoiles briller ainsi. Au même instant, sans qu'on ne lui demande rien, le portier a approuvé : « C'est vrai, elles sont d'une grande beauté — **un cadeau offert par la nature.** » Un silence s'installe entre nous trois, puis Vanessa finit par reprendre le contrôle de ses émotions. Elle prend une profonde inspiration pour apaiser son esprit, avant de lever à nouveau les yeux vers le ciel, profitant pleinement de l'instant présent. Après ce moment, elle opère un demi-tour et rentre dans l'hôtel, saluant chaleureusement le portier et lui souhaitant une excellente soirée ainsi qu'une bonne nuit. Celui-ci nous souhaite également une agréable soirée et une bonne nuit, messieurs-dames. Je suis Vanessa qui se dirige vers l'ascenseur, et je me place juste à sa droite ; elle me tient cette fois-ci le bras gauche. Je lui propose de l'accompagner jusqu'à sa chambre. Pendant que nous attendons l'ascenseur après que Vanessa a appuyé sur le bouton, je lui fais remarquer qu'il n'y a vraiment personne : ni yeux rouges, ni lueurs étranges, tout va bien. Vanessa acquiesce et confirme que c'est exact. À l'instant où elle termine de parler, l'ascenseur arrive in extremis devant nous et les portes s'ouvrent. Vanessa et moi, Gabriel, entrons ; puis Vanessa me demande d'appuyer sur le bouton du deuxième étage, ce que je fais volontiers. L'ascenseur s'arrête juste à l'étage voulu. Une fois sortis, nous marchons quelques pas pour la raccompagner devant chez elle. Discrètement, je consulte ma montre :

P.321

Elle me regarde avec des yeux brillants et me dit simplement : "Merci d'être intervenu." Un silence s'installe entre nous. Quelques instants plus tard, elle me souhaite bonne nuit et je lui réponds également bonne nuit. Elle lâche mon bras gauche tout en répétant ses mots. Ensuite, je me dirige vers ma chambre et m'arrête devant ma porte. Je tourne la tête vers la gauche et lui fais un signe de la main pour lui dire au revoir. Au moment où j'attrape la poignée, je la vois entrer dans sa chambre et refermer la porte derrière elle. À mon tour, je retourne dans ma chambre et referme la porte définitivement derrière moi. Dès que je suis à l'intérieur, je laisse échapper un soupir de soulagement, me disant qu'il est enfin temps de manger après tant d'émotions. Il est **21h33** ; sinon, je risquerais simplement de m'endormir paisiblement sur mon lit. La faim me prend soudainement. Voyons voir… Il y a des sandwichs dans le réfrigérateur. Une réflexion me traverse l'esprit : je me souviens bien qu'il y avait une petite porte secrète à l'intérieur du frigo, équipée d'un bouton-poussoir et d'une empreinte dessinée sur le côté gauche. Les employés m'avaient déjà réservé une surprise la dernière fois ; je me dis donc qu'il-y-a probablement encore une nouvelle surprise qui m'attend. Alors, c'est parti : il y a largement assez de sandwichs, que je dépose soigneusement sur la droite, et voilà, tout est rangé ! En jetant un œil sur la surface profonde du frigo, je ne vois absolument rien, pas de petite porte secrète ni d'empreintes dessinées à gauche. Bizarre… Je pense que ce sont probablement les employés de l'hôtel qui ont dû changer le frigo, car je ne remarque rien d'autre que des sandwichs éparpillés.

P.322

Tant pis, je vais simplement m'allonger tranquillement sur mon lit. Finalement, je n'ai plus du tout faim. J'enlève mes vêtements et enfile mon pyjama. Il commence à se faire tard, il est déjà **21h50**. Je vous souhaite une bonne nuit, à vous qui me lisez à travers mes pensées. Chères lectrices et chers lecteurs, retrouvons-nous demain matin pour le petit-déjeuner. Allez, au lit, sous une couverture bien chaude, lumières éteintes, rideaux tirés, et je ferme mes yeux… Tout à coup, une pensée surgit : est-ce que Gabbie reviendra, comme d'habitude, à mes côtés ? Probablement pour me transmettre de nouvelles informations sur ma situation, comme elle le faisait depuis quelques semaines. Parfois, ses apparitions m'ont donné des frissons, sûrement pour me faire sentir sa présence. Pourtant, il n'y a jamais eu de raison de s'inquiéter à propos de ses visites soudaines. À mon avis, il faut que je continue à chercher pourquoi tout cela arrive. Sans transition, je sens au fond de moi que la fin approche. Mais ce sera une réflexion pour plus tard : il est temps de dormir, il doit être près de **22h00** maintenant. Mes chers lecteurs et lectrices, je vais maintenant vous laisser entre les mains du Narrateur, qui va poursuivre mon récit. Il dira ceci : Gabriel s'est enveloppé dans sa couverture douillette, et moi, le Narrateur, je le vois faire des mouvements qui montrent clairement qu'il a vécu une journée fatigante. J'imagine sans mal pourquoi il bouge ainsi sur son lit. Quoi qu'il en soit, j'effectue un tour de la pièce pour m'assurer que cette étrange lueur, semblable à des yeux rouges, ne réapparaisse pas, car je n'aurais aucun moyen de réveiller Gabriel si besoin.

P.323

Après avoir vérifié que tous les rideaux sont bien tirés et constaté que Gabriel dort profondément, rien d'inquiétant pour l'instant. Je remarque aussi que Gabriel a pensé à régler son réveil pour demain matin — c'est une bonne idée, cet appareil est vraiment utile au quotidien, il sonnera à l'heure prévue. Les heures défilent alors à une vitesse surprenante. Je vous quitte donc, chers lecteurs et lectrices, car moi aussi j'ai besoin de sommeil ; une voix off doit se reposer. Je vous laisse en compagnie de Gabriel, qui sera bientôt bien réveillé… *Bip, Bip* ! Oh, le réveil vient de sonner : il est 7 heures du matin. L'homme de la radio annonce déjà la couleur ; apparemment, il parle deux langues. Bonjour à tous ! Comment allez-vous si tôt ce matin ? Soudain, je sursaute en entendant quelque chose à ma droite un bruit peut-être finalement ; le monsieur dit « bonjour » … Oh non, il est trop tôt, flûte alors ! Mes yeux sont ouverts, mais je ne suis pas encore debout. Je prends quelques instants pour m'étirer dans mon lit, afin de trouver l'énergie de me lever. Je ne vous ai pas encore posé la question. À vous, fidèles lectrices et lecteurs qui vivez cette aventure à mes côtés, comment s'est passée votre nuit ? Pour ma part, j'ai dormi à poings fermés, tel un loir. Une fois bien éveillé et prêt à sortir du lit, je jette un œil à l'horloge : il est **7h15**. Il est alors temps de me rendre dans la … salle de bain pour me préparer avant d'attaquer le petit-déjeuner. L'hygiène reste une priorité. Je me lave le visage avec du savon, puis je m'essuie à l'aide de la serviette suspendue sur le porte-serviettes. Une fois terminé, je sors de la douche et me rends à mon placard pour choisir de nouveaux vêtements.

P.324

Je m'habille ensuite avec ma tenue habituelle : un jean, une ceinture, un t-shirt, un pull à manches longues, une paire de chaussettes blanches, et enfin, j'attrape mes chaussures de marche robustes que j'enfilerai juste avant de sortir. Ensuite, je vais à pied jusqu'à la cuisine pour prendre le petit-déjeuner, comme chaque matin. J'aime particulièrement les céréales ici en Égypte, surtout ce panda sur la boîte et le symbole de blé sur la brique de lait chocolaté. Je prends une cuillère à café dans le tiroir, un bol dans le placard du bas, et j'ajoute du sucre en poudre. Je remarque qu'il existe du sucre en morceaux, mais je préfère le sucre en poudre, tout en restant debout. Je m'approche d'une chaise en bois de chêne, m'assois, pose mon bol sur la table, puis verse des céréales et du lait au chocolat dedans. Tout à coup, je me demande si j'aurai un jour l'espoir de retrouver ma taille d'adulte. Faut-il abandonner cette recherche ou garder la foi qui m'aide à avancer vers cette vérité ? Après tout, j'ai été réduit à la taille d'un enfant de douze ans. La question demeure : pourquoi ? Au début, ils avaient choisi un adulte, puis du jour au lendemain, j'ai été transformé en jeune adolescent. Y a-t-il autre chose que je dois découvrir ? Peut-être quelque chose à propos de moi, Gabriel ? Ou est-ce simplement pour libérer Gabbie ? Quoi qu'il en soit, il me semblerait plus juste de partir d'ici. J'ai le sentiment que je ne verrai jamais la fin. Qu'en pensez-vous, chères lectrices et chers lecteurs, de cette question que je me pose ? Oui, vous avez sans doute raison, il y a effectivement un doute. D'ailleurs, plus les semaines passent, plus cette pyramide que je vois chaque jour continue d'être remplie par des touristes venus du monde

CHAT-PIE-TRE-325

Entier. Après avoir terminé mon petit déjeuner et m'être assuré d'avoir suffisamment d'énergie pour la journée, j'ai remarqué la présence de plusieurs touristes, parmi lesquels se trouvaient des familles françaises et anglaises. J'ai ensuite procédé au nettoyage de mon vaisselle, puis je me suis dirigé vers la salle de bain afin de me brosser les dents. Après la douche, j'ai enfilé mes chaussures de marche. À **7h35**, une voix inattendue s'est manifestée, interrompant le cours de mes pensées, conformément à l'histoire relatée précédemment. Je reconnais aussitôt la voix d'une femme dans le couloir : c'est **Vanessa**. Son allure vive s'approche rapidement et elle frappe sans hésitation à ma porte : « toc-toc ». Elle m'appelle : « Bonjour Gabriel, c'est moi, Vanessa. Je me souviens parfaitement de tout ce qui s'est réellement passer hier soir. » Un moment de silence s'installe. Je ne peux m'empêcher de trouver improbable qu'elle se rappelle si précisément cette étrange lueur rouge, qui ressemble à deux grands yeux. Il doit être presque **8h00**. Je lui dis alors : « Vanessa, attends quelques instants, je viens t'ouvrir. Tu pourras me décrire exactement ce que tu as vu. Quelques minutes plus tard, j'ouvre la porte à Vanessa qui entre rapidement dans ma chambre. Elle me raconte que l'événement d'hier soir fait probablement d'elle une « élue ». Je l'observe avec plus d'attention, puis je commence à lui expliquer… histoire de détourner la conversation. Aujourd'hui, alors que j'avais fini mon petit-déjeuner, une voix s'est manifestée dans ma chambre, s'exprimant très clairement dans toutes les langues. Pourtant, je n'ai rien compris du tout. Ensuite, Vanessa répète encore une fois qu'elle est peut-être l'élue.

P.326

Je lui demande alors comment elle a pu arriver à une telle conclusion. Elle m'explique que les événements passés lui ont permis de mieux comprendre toute l'histoire, que ce soit au musée ou à plusieurs reprises dans le couloir de l'hôtel. Vanessa continue donc son récit, m'expliquant que, depuis cet envoûtement qui avait fait d'elle « l'objet de cette entité », elle se sent différente. Je lui réponds que cela me semble impossible, que c'est une histoire plutôt farfelue. Je lui rappelle que certaines légendes urbaines contribuent à façonner l'écho des histoires du passé. Vanessa m'observe attentivement et affirme qu'elle n'est pas folle. Je lui assure que ce n'est absolument pas le cas, car je ne la considère pas comme une personne démente, bien au contraire, j'ai du respect pour les adultes. Elle me remercie alors, et je comprends qu'elle attend probablement que je révèle la véritable raison de ma présence en Égypte. Cependant, il m'est impossible de dévoiler quoi que ce soit. Vanessa reste déterminée à connaître la vérité. Je lui demande alors si elle pourrait m'aider à traduire les voix étrangères que je viens d'entendre. Surprise par mon récit, Vanessa accepte et promet d'essayer de m'aider. Je lui demande de patienter quelques minutes avec moi afin qu'elle puisse entendre ces fameuses voix. Vanessa accepte, et nous attendons ensemble… Dix minutes passent sans que rien ne se produise. Étonnée par le silence, Vanessa me demande si j'ai vraiment entendu quelque chose. Je lui affirme que oui, les voix sont apparues juste avant son arrivée. Elle propose alors d'attendre encore un peu, ce que j'accepte volontiers. Mais après quelques minutes supplémentaires, il ne se passe toujours rien.

P.327

Vanessa me regarde, et je comprends qu'elle souhaite quitter ma chambre. Je la remercie et lui propose de l'accompagner à sa chambre pour lui expliquer une dernière fois en détail. Après un instant de silence, elle m'explique qu'il vaut mieux qu'elle regagne sa chambre seule pour réfléchir à ses propres pensées. Elle finit par quitter ma chambre ; il est environ **8h05**. Une fois partie, je me retrouve seul comme d'habitude. Soudain, mes chères lectrices et lecteurs, vous n'allez pas me croire : les fameuses voix que j'espérais entendre avec Vanessa refont surface. Soudain, je me dirige vers la porte de ma chambre, je commence à l'ouvrir puis sors dans le couloir pour aller vers la chambre de Vanessa. Je frappe à sa porte — « TOC-TOC » — et elle demande qui c'est. Je lui réponds que c'est moi, Gabriel. Elle me demande alors ce que je veux, et je lui dis qu'elle devrait venir me voir, car ils sont de retour. Quelques minutes plus tard, j'attends encore dans le couloir quand Vanessa finit par ouvrir et me dit qu'elle arrive. Je retourne alors vers ma chambre, mais étrangement, les voix persistent. Il est **8h30** à ma montre. Vanessa arrive in extremis devant ma chambre ; je lui dis d'écouter... Et elle entend vraiment les voix dont je lui avais parlé quelques minutes auparavant. Elle reste sans voix face à ce qu'elle vient d'entendre, visiblement très surprise. Elle finit par me lancer : « Tu vois, j'avais raison ! Il se passe vraiment quelque chose dans cet hôtel ! » J'essaie alors de lui expliquer que c'est aussi une première pour moi, mais à voir son regard, elle semble persuadée du contraire, comme si ce genre d'événement s'était déjà produit dans ma chambre. Je tente de la convaincre une fois encore que ce soit bien la première fois,

P.328

Mais Vanessa me dévisage longuement avant de m'avouer qu'elle a du mal à croire ma réponse. Elle m'ajoute également qu'elle ne peut malheureusement pas m'aider, car elle n'est pas experte dans ce domaine. Ensuite, elle fait quelques pas en arrière et m'explique qu'elle ne souhaite pas revivre une expérience similaire. Spontanément, elle me dit qu'elle est désolée, puis Vanessa retourne dans sa chambre en courant. Au même moment, Vanessa croise les guides Aklèf et Guyzen dans le couloir qui mène à sa chambre. De mon côté, j'aperçois aussi les guides se diriger vers moi, apparemment plus tôt que prévu — il me semble que c'est avant **9 heures**. Spontanément, Guyzen me salue de la main droite pour m'indiquer qu'ils arrivent. Je leur fais également un signe de la main gauche et, à cet instant précis, je leur dis que j'ai quelque chose à vous montrer, à tous les deux. Fidèle à son habitude, Aklèf me répond : « Okay ! Gabriel, ne bouge pas, nous arrivons. » Je les vois alors marcher tranquillement vers moi. Je pense qu'ils se doutent probablement déjà de ce que je souhaite leur faire découvrir ou voir. Je voulais leur dire ce qu'il y avait dans ma chambre, mais Aklèf m'a fait signe de me taire en posant son doigt sur ses lèvres (chut !). C'est à ce moment-là qu'ils se sont rapprochés de moi et de ma chambre. Je leur ai demandé d'entrer, puis, au moment où je fermais la porte derrière eux, tout-en-leurs expliquant la situation. Ensuite, Aklèf m'a demandé pourquoi ils avaient vu ta voisine de palier, Vanessa, courir précipitamment vers sa chambre et s'y enfermer. Je lui ai répondu que c'était normal, car juste avant leur arrivée, j'avais appelé Vanessa pour voir si elle pouvait m'aider à comprendre

P.329

La voix/entité entendue dans la chambre. Vanessa était alors venue écouter attentivement, puis était repartie. C'est à ce moment-là que vous l'avez vue retourner rapidement dans sa chambre. Après avoir échangé quelques minutes avec les guides Aklèf et Guyzen au sujet de la situation, ils me regardent tous les deux avec gravité. Aklèf me confie alors qu'il pense comprendre ce qui se passe. Je l'observe avec impatience, lorsque soudain Guyzen me dit, de façon spontanée, que tout cela doit être le fruit de mon imagination — aussi bien pour moi, Gabriel, que pour "Vanessa" du palier. J'écoute ses paroles alors que la tension monte en moi : refuseraient-ils de me croire ? Nous étions dans ma chambre quand, brusquement, la voix se fait de nouveau entendre. Cette fois, il était évident qu'elle n'était pas seule : d'autres voix résonnaient dans la pièce. Une lumière réapparut… Des lueurs rouges semblables à des yeux. À ce moment-là, Aklèf me demande précisément l'heure : « Gabriel, peux-tu me dire l'heure, s'il te plaît ? » Un silence s'installe entre nous. En baissant la tête vers ma montre, je vois qu'il est exactement **09h15**. Je lui demande alors pourquoi il souhaite connaître l'heure. Il m'explique que le musée ouvre à 10h00, et qu'il faut partir avant. Juste au moment où Aklèf finissait sa phrase, Guyzen semblait capter le sens. Cherchant à détourner la conversation, Aklèf lance à son collègue que ce n'est sûrement qu'un écho, une résonance, et conseille de ne pas s'attarder dessus, d'avancer. Un silence s'installe entre nous trois ; Guyzen, jouant le guide, balaie la pièce du regard, attentif à tous les mots qu'il venait d'entendre. Lorsque le guide Guyzen comprit spontanément ce qu'il entendait, il commença

Chat-PIE-TRE-330

À traduire mentalement les paroles de la voix/entité. Il expliqua que cette dernière racontait une histoire du passé, répétée comme une sorte de chanson en boucle. Nous écoutions attentivement ce que le guide Guyzen disait, cherchant à en saisir le sens. Soudain, sans avertissement, la porte de ma chambre s'est ouverte toute seule. Aklèf et moi-même, Gabriel, étions intrigués ; lorsque nous avons tendu l'oreille, nous avons eu l'impression que la voix se dirigeait vers la sortie de la chambre, accompagnée d'une lueur rouge qui ressemblait à des yeux. *Il était évident que cette voix et cette lueur étaient liées à quelque chose de bien plus grand, mais nous ne parvenions pas à saisir exactement quoi. Nous échangions des regards, cherchant des explications face à cette situation étrange. Tandis que nous restions dans ma chambre, nous réfléchissions à tous les événements qui s'étaient déroulés. Le temps de trouver une réponse à cette énigme, Aklèf, Guyzen et moi-même, Gabriel, étions déjà sortis de la chambre. Bien entendu, la porte était soigneusement fermée à clé comme d'habitude, et nous nous dirigions vers l'ascenseur. Il était **9h40 précises.** Je vous quitte, chères lectrices et chers lecteurs, en laissant le relais de l'histoire au Narrateur, qui poursuit ainsi : Les voix entendues par le guide Guyzen résonnaient inlassablement dans la pièce, comme si elles souhaitaient que les guides puissent pleinement comprendre leur message. Ces voix transmettaient des informations précises concernant les pyramides d'Égypte et le règne du pharaon Khéops. Il était surprenant de constater que ces détails historiques étaient énoncés dans toutes les langues, suggérant une volonté manifeste de rendre le message

P.331

Accessible à tous. Selon ces propos, Khéops aurait fait ériger les pyramides afin d'y accueillir les membres défunts de sa famille, chaque chambre funéraire étant proportionnée à la stature du défunt. Pour lui-même, il aurait conçu une chambre encore plus vaste, vraisemblablement destinée à dissimuler ses propres trésors personnels ou familiaux. Cependant, cette logique semblait remise en question, car au fil du temps, ces trésors risquaient de disparaître. Ce constat posait une problématique intéressante, mais il était essentiel que Gabriel soit concentré sur sa journée au musée. Gabriel, accompagné des guides Aklèf et Guyzen, se trouve justement devant l'ascenseur. Au même moment, Guyzen presse le bouton d'appel situé à droite des portes fermées. Quelques instants plus tard, l'ascenseur arrive in extremis ; une sonnerie retentit et les portes s'ouvrent automatiquement. Nous pénétrons tous dans la cabine avec des touristes, et parmi eux apparaît la célèbre **"Vanessa"** qui reste visiblement calme et silencieuse. Une fois à l'intérieur, les portes se referment au son de l'alarme signalant leur fermeture, puis l'ascenseur nous conduit tous vers le rez-de-chaussée. Dans l'ascenseur, le silence règne tandis que Gabriel s'abandonne à ses réflexions. Le narrateur, fidèle à sa discrétion habituelle, disparaît sans détour, laissant à Gabriel la responsabilité de poursuivre le récit. J'entendais le guide Aklèf évoquer le programme de la journée et rappeler l'importance de se préparer aux activités prévues, tout en soulignant que chaque visite offre l'occasion d'éclaircir certains points et de faire de nouvelles découvertes. Je l'écoute attentivement et lui confirme mon accord.

P.332

Ensuite, je me replonge dans mes pensées, conscient qu'il est essentiel de trouver une solution pour sortir Gabbie du paradoxe où elle se trouve, ce qui serait bénéfique. Pour l'heure, cependant, je repense à une histoire entendue durant mon enfance, sur cette histoire. Après tout, il convient de rappeler que les royautés du passé limitaient souvent leur perspective. Sans transition, nous arrivons finalement au rez-de-chaussée ; l'ascenseur s'arrête correctement, la sonnerie retentit, puis les portes s'ouvrent. Dès leur ouverture, Guyzen quitte l'ascenseur avant même que nous ayons tous pu sortir, probablement pour échanger avec le personnel. Nous le saluons poliment, mais son collègue Aklèf, d'un léger tapotement sur l'épaule gauche, lui signifie qu'il doit nous escorter et laisser les hôtesses d'accueil à leurs fonctions. Guyzen nous rejoint finalement, lançant un « à ce soir » aux hôtesses qui lui répondent de la même façon et lui souhaitent une bonne journée. Soudain, je réalise que notre groupe risque d'arriver en retard au musée, mais Aklèf me rassure en disant que ce n'est pas grave, que nous aurons que 10 à 20 minutes de retard. Je lui donne donc l'heure exacte : il est **10h10**. Aklèf me regarde et me répète que ce n'est pas grave du tout. Nous quittons l'hôtel et, après quelques pas, le portier nous aperçoit et commence à nous ouvrir la porte depuis l'extérieur. Il nous salue : « Bonjour messieurs, belle journée pour une visite. » Aklèf lui réponds "oui effectivement" c'est une belle journée pour une visite. Un moment de silence s'installe pendant que nous patientons devant les portes de l'hôtel du Caire, aux côtés du portier qui se tient à droite du guide Aklèf.

P.333

Après quelques échanges polis, nous lui souhaitons une excellente journée avant de nous diriger vers notre véhicule, un monospace ou minibus—appelez-le comme vous voulez. Sans transition, le véhicule semble pouvoir accueillir au moins quatre personnes, voire davantage. Cette fois, c'est Guyzen qui, grâce au bip du véhicule, déverrouille les portières et prend place au poste de conduite, suivi d'Aklèf qui s'installe côté passager droit, tandis que moi-même, Gabriel, m'installe à l'arrière, comme les jours précédents. Chacun ferme sa portière : Guyzen la sienne, Aklèf et moi en faisons autant avec les nôtres. Tout le monde est confortablement installé. Guyzen insère alors la clé dans le contact du véhicule, prêt à quitter la place de stationnement. Tout en jetant un coup d'œil à sa gauche pour s'assurer que la voie était libre, le guide Guyzen actionne le clignotant, puis démarre. Le tableau de bord affiche **10h15** ; une fois partis, nous prenons la route vers le musée. Le guide, Guyzen, croise mon regard dans le rétroviseur intérieur et me rassure en me disant de ne pas m'inquiéter. Je le regarde de nouveaux et lui réponds simplement : « Okay ! » Après cet échange silencieux, je me reconcentre sur les recherches que je devrai entreprendre dès notre arrivée au musée. Ainsi, sur le chemin, je repense aux portes que nous avons dû franchir : d'abord Aklèf et moi, puis Gabbie. Pour elle, traverser était un jeu d'enfant puisqu'elle pouvait passer à travers les murs du musée sans aucune difficulté. D'une certaine manière, je l'envie vraiment pour cette capacité à se déplacer sans entrave. Bien entendu, ce sont ses dons que je lui envie, car je la vois chaque jour traverser les murs et j'imagine bien que cela doit comporter

P.334

Son lot de difficultés. Peut-être que ça ne se remarque pas, mais Gabbie ne laisse jamais paraître ses faiblesses. Après tout, chers lectrices et lecteurs, vous allez sûrement me dire qu'elle est un spectre, un fantôme. Cela ne semble vraiment pas la déranger... Même si Gabbie est qualifiée de "fantôme", il faut garder à l'esprit que cela requiert une énergie considérable. D'ailleurs, je doute qu'elle soit véritablement un "fantôme". Pour l'instant, personne ne peut l'affirmer avec certitude : Aklèf n'a aucune idée ou préfère ne pas me répondre. Quoi qu'il en soit, les bâtisseurs de la pyramide ont conçu plusieurs chemins très difficiles d'accès afin de décourager d'éventuels voleurs ou pilleurs de trésors. Ainsi, malgré des années de fouilles approfondies dans ces célèbres galeries, cela n'a pas empêché certains pilleurs de trésors de tenter leur chance pour s'enrichir. C'est pourquoi il ne faut pas sous-estimer la malédiction qui entourerait les pyramides de Khéops. Je dois avouer que l'idée de découvrir le processus de momification me réjouissait, même si la légende de la malédiction des momies de Khéops au Caire persistait. Peut-être n'est-ce qu'un mythe destiné à dissuader ceux qui voudraient s'approprier les trésors d'autrui. Quoi qu'il en soit, nous sommes finalement arrivés, juste le temps de garer le véhicule sur le parking. Une fois le minibus correctement stationné, notre guide Guyzen a veillé à notre sécurité avant de nous inviter à descendre calmement du véhicule. Nous sommes tous descendus du véhicule, qu'il s'agisse d'un minibus ou d'un monospace, peu importe sa désignation. Chaque touriste, ainsi que moi-même Gabriel, avons récupéré nos effets personnels.

CHAT-PIE-TRE-335

Le guide, Guyzen, a refermé sa portière, puis a fait le tour du véhicule afin de vérifier et verrouiller chacune des portières à l'aide de la clé de contact. Au même moment, Aklèf nous a invités à le suivre en direction du musée. Pendant que nous parcourions ces quelques pas, je me suis surpris à m'interroger sur notre trajet. Je constate que notre arrivée a pris plus de temps que prévu : il est actuellement **10h55**, soit environ dix minutes de retard. Pourtant, notre guide Aklèf nous assure que ce léger contretemps n'aura aucune incidence sur notre visite du musée. Sans transition, alors que nous continuons à marcher vers l'édifice, soudain, j'ai cette étrange sensation : Gabbie serait-il juste devant l'entrée, à attendre ? J'ai eu envie, spontanément, de lui faire un petit « coucou », même si, au fond, nous le savons tous — vous, chers lecteurs et lectrices, ainsi que nos guides Aklèf et Guyzen, sans oublier moi-même, Gabriel —, Gabbie reste prisonnier de ce paradoxe. Quoi qu'il en soit, revenant sur le bref échange de regards avec Gabbie, il m'a semblé que, durant ces quelques secondes, ses yeux me disaient simplement : « Aide-moi ». Il est probable qu'elle cherchait à me transmettre un autre message lors de ses apparitions inattendues parmi les touristes du groupe, ou alors elle souhaitait simplement être aidée à sortir de ce paradoxe. Je venais tout juste de prendre conscience du malaise que cela devait représenter pour elle d'être prisonnière de cette situation depuis des siècles. Soudain, le guide Aklèf me regarde et s'adresse à moi par la pensée, m'expliquant qu'il est essentiel pour chacun de trouver la paix. Il me demande de veiller à trouver rapidement une solution afin qu'elle puisse enfin partir

P.336

Dignement vers un repos éternel. Tout en poursuivant notre marche vers le musée, qui n'est d'ailleurs pas très éloigné, je me demandais s'il fallait mettre de côté mes propres recherches pour lui venir en aide, ou bien continuer sérieusement mes investigations. Voilà une vraie question qui mérite réflexion. À vrai dire, chers lecteurs et lectrices, il se pourrait bien que son histoire soit étroitement liée… à ma propre existence aujourd'hui ? Il n'y a aucun doute : attendre une réponse de sa part (Gabbie) n'est plus envisageable, je dois absolument lui venir en aide. Alors que nous poursuivons notre quête de vérité commune, une sensation d'asphyxie m'envahit soudain dans cette situation très complexe. À chaque pas, respirer devient plus difficile. L'air me manque, ma respiration est saccadée… Ma vision se trouble, des vertiges m'assaillent, marcher droit devant moi devient un véritable défi. Cependant, malgré cette sensation inexpliquée de manque d'air, les guides Aklèf et Guyzen ont rapidement remarqué que ma démarche devenait anormale. Tous deux m'ont alors demandé : « Gabriel, est-ce que tout va bien ? » Après un moment de silence, je leur ai répondu que cela irait. Toutefois, Aklèf est resté dubitatif face à ma réponse, ayant constaté que je tremblais de froid. Quelques pas plus loin, il a renouvelé sa question : « Est-ce que tu vas bien, Gabriel ? » J'ai pris quelques instants pour lui répondre, en affichant un air jovial : « Ne vous inquiétez pas, Aklèf et Guyzen, tout va bien. Il s'agit probablement d'un simple coup de fatigue après une nuit blanche. » Je reprenais alors ma marche en direction du musée, après m'être arrêté au milieu d'un groupe de touristes, ne voulant pas leur faire perdre

P.337

Plus de temps. D'ailleurs, à ma montre, il était bien **11h20**. En suivant les touristes, je me disais qu'il était essentiel de vivre cette journée dans un esprit de vérité partagée. Pour être transparent avec vous, mes chers lecteurs et lectrices, il fallait que je mette mes recherches en pause pour me consacrer à Gabbie. Soudain, elle fait à nouveau son apparition ! Un discret sourire se dessine sur mon visage en la revoyant ; oui, j'étais heureux à cet instant. Je tentai de lui montrer mon accord en hochant la tête pour qu'elle sache que j'étais là pour elle et que j'allais immédiatement vérifier où je devais aller. Mais au moment même où je relevais la tête, Gabbie disparut de nouveau. Soudain, Aklèf m'annonce que nous sommes arrivés devant le musée. En vérifiant ma montre, il est bien **11h40**. Enfin ! Nous voilà arrivés, avançant ensemble vers l'entrée du musée ou de la pyramide. Une nouvelle évidence me traverse l'esprit. Je prends conscience du revers moral de la situation : explorer les potentielles sources de négativité en pénétrant dans chaque chambre pourrait me rendre vulnérable. Cela me rappelle certains événements absurdes vécus au cours des jours précédents. S'approcher des tombeaux me rendait nerveux, mais ce n'était pas réellement de l'angoisse. Au contraire, j'éprouvais une curiosité profonde et un désir d'en apprendre davantage. La présence des esprits nous rappelait constamment l'interdiction de profaner les lieux. Finalement, ces pyramides sont comme des cimetières monumentaux, et je dois continuer à avancer dans ces deux histoires qui, d'une façon ou d'une autre, nous concernent tous les deux. Gabbie souhaite partir en paix, tandis que moi, je désire reprendre le fil de ma vie adulte,

P.338

Même si celle-ci ne me plaît guère. Cependant, je n'ai pas vraiment d'autre option, car il s'agit de ma… Vie. Tout en avançant prudemment à cause des vertiges ressentis précédemment, mes jambes flanchent soudain, et je me retrouve agenouillé(e) au milieu du groupe de touristes, les deux mains posées au sol. Je relève la tête pour fixer l'horizon et m'efforce de ne pas abandonner malgré la sensation d'étouffement. Je rassemble mon courage pour me remettre debout tant bien que mal, réussissant finalement à me redresser, même si mes jambes tremblent encore. La gorge sèche et la respiration difficile, je savoure chaque bouffée d'air pour poursuivre mon exploration sur les traces du passé égyptien. Je m'avance encore de quelques pas lorsque, tout à coup, je sens mon cœur battre si violemment que j'ai l'impression qu'il va jaillir de ma poitrine du côté gauche. Malgré ces difficultés, je me relève péniblement et m'essuie les mains l'une contre l'autre. Mon cœur continue de battre très fort, mais cette fois, je ne laisse rien paraître. Au moment où je vous parle, chères lectrices et chers lecteurs, j'entends Aklèf annoncer que notre groupe sera le dernier à entrer dans le sas du musée. Je le remercie pour cette information. Tandis que nous suivons les autres touristes, j'aperçois au loin d'autres guides. Aussitôt, Aklèf me fait comprendre par la pensée qu'il n'est absolument pas question de quitter notre groupe pour en rejoindre un autre. Comme souvent, je réalise que le guide avait perçu mes pensées. Bon, d'accord, j'ai compris, Aklèf ! À voix basse, je lui fais remarquer qu'il profite de la situation : le fait que j'aie une taille d'enfant lui donne apparemment l'impression qu'il peut

P.339

Décider à ma place où je dois aller. Quoi qu'il en soit, nous avançons doucement mais sûrement et je remarque qu'il reste encore une quinzaine de personnes devant nous. De toute évidence, le sas accepte moins de monde à la fois. D'ailleurs, laissez-moi vous faire un petit aparté à ce sujet. Ce souvenir me ramène à une autre période, lorsque je travaillais moi-même comme employé dans une entreprise de surveillance. Je peux dire que j'étais vraiment habitué à filtrer les touristes dans le sas, à compter le nombre de personnes entrant, ou encore à faire patienter un deuxième groupe de dix personnes devant l'entrée d'un établissement public. Mais c'est juste un petit aparté personnel que je partage avec vous, chers lectrices et lecteurs. Sans transitions. Aklèf m'informe que c'est désormais à notre groupe d'entrer dans le musée ; il ne reste plus qu'un petit nombre de visiteurs devant nous. Je le remercie et poursuis en suivant le groupe précédant notre arrivée. Nous pénétrons finalement dans l'enceinte du musée. Maintenant que nous sommes bien entrés, Aklèf vient de m'annoncer qu'il est à présent possible de quitter le groupe de touristes. Permettez-moi une nouvelle parenthèse, chères lectrices et chers lecteurs. Je soupçonne Aklèf d'avoir l'oreille fine, car il a probablement entendu tout ce que j'ai murmuré dehors juste avant d'entrer dans ce musée. Mais passons à cette autre digression/sans transition. Voici que, dans l'instant présent, moi-même, Gabriel, Aklèf, Guyzen et tout le groupe sommes enfin réunis pour découvrir les vestiges du passé égyptien. Maintenant que j'ai obtenu l'accord du guide Aklèf, je décide d'emprunter l'autre chemin qui avait éveillé ma curiosité un peu plus tôt.

CHAT-PIE-TRE-340

Allons explorer ce côté-là, celui que je voulais prendre il y a quelques minutes. Il est maintenant **12h10**. Je n'oublie pas Gabbie et je ne compte pas la laisser seule dans son univers paradoxal. Malgré le chagrin que je ressens, même si je sais qu'elle n'est plus vraiment « là » avec moi, mon aventure est loin d'être terminée. Au contraire, je reste déterminé à poursuivre mon exploration du musée, à visiter toutes les chambres abritant chaque momie, dans l'espoir de trouver une issue — aussi bien pour Gabbie que pour moi. C'est également l'histoire de Gabbie, peu importe comment elle se termine. Revenons-en au récit : selon les guides touristiques Aklèf et Guyzen, les galeries ressemblent à des labyrinthes complexes. Je dois donc veiller à suivre le même chemin afin de découvrir la vérité sur nous deux, aussi bien comme êtres humains que comme entités célestes. Le guide nous a signalé que le parcours accompagné allait débuter dans quelques minutes, le temps qu'il donne ses instructions. Il avait aussi prévenu notre groupe, dont je fais partie, de ne pas paniquer et d'accorder une attention particulière aux hiéroglyphes utilisés comme repères ; c'est grâce à eux que nous pourrions retrouver la sortie de la pyramide. À ce moment-là, les guides Aklèf et Guyzen ont distribué à l'ensemble du groupe des torches allumées à longue portée, soigneusement chargées par mesure de précaution. Chaque participant devait impérativement se munir d'une torche afin de poursuivre le parcours, choisis par le musée pour les touristes. Après m'être ressaisi et avoir repris ma respiration, j'ai constaté que la qualité de l'air était nettement améliorée à cet endroit.

P.341

Ne ressentant plus de gêne respiratoire, j'ai continué mon itinéraire habituel, cette fois sans la présence de Gabbie à mes côtés. Je suis déterminé à aller jusqu'au bout, même si ma santé n'est pas optimale. J'ai la force morale et physique nécessaire. Je sais que le corps humain n'est pas composé d'os incassables, mais ma mission est désormais très claire. J'en suis convaincu. Mais je sais qu'un jour, nos chemins prendront des directions différentes ; chacun devra alors faire un choix difficile, une décision mûrement réfléchie. Bref, revenons à l'instant présent : nous sommes dans ce couloir et tout le monde a bien entendu les consignes des guides au musée. Je regarde ma montre, il est **12h40**, et d'ailleurs, lorsque je serai avec les guides Aklèf et Guyzen, bientôt dans l'une des chambres, il se pourrait que ma montre s'arrête soudainement, commence à tourner à l'envers ou fasse autre chose d'inattendu — qui sait ? Il se peut que je ne sois pas en mesure de vous fournir, chères lectrices et chers lecteurs, l'heure exacte. J'attends que les guides Akèf et Guyzen m'informent, très probablement, qu'il sera bientôt temps de me préparer pour la prochaine chambre à visiter. La question reste donc à déterminer. Que va-t-il se passer à l'intérieur de cette potentielle chambre ? Quelles épreuves aurons-nous à résoudre ? Je me souviens que la dernière chambre était celle du vent. Enfin, j'aperçois Aklèf et Guyzen s'approcher de moi ; nous sommes désormais réunis au sein de notre groupe. Je remarque aussi que les touristes suivent attentivement leurs guides. Le couloir semble moins oppressant, et chacun écoute les explications sur les vestiges que livrent les guides — notre groupe fait de même, moi compris.

P.342

C'est fascinant de penser que la pyramide est toujours debout ! Elle subsiste depuis des millénaires, puisqu'elle aurait été construite vers 2590 avant Jésus-Christ. Il y a Khéops, Khéphren et Mykérinos ; d'ailleurs, la première pyramide aurait été édifiée par Imhotep sous le règne du pharaon Zoser, durant la troisième dynastie, aux alentours de 2630 avant notre ère. Je vous épargne les détails des dimensions, chers lectrices et lecteurs. En avançant lentement au sein du groupe, je prends soin de recueillir le plus d'informations possible sur la pyramide ; il me vient même à l'esprit que ces détails pourraient servir dans la salle suivante. Les guides, qui marchent à mes côtés comme s'ils m'accompagnaient en personne célèbre (c'est dit avec humour), poursuivent la visite avec moi, tous captivés par nos découvertes. D'ailleurs, chères lectrices et chers lecteurs, bien que vous ne puissiez pas voir mon visage, sachez que j'ai un sourire discret. Ce sourire a son importance : il traduit ma prise de conscience que les informations récoltées pourraient être très déterminantes pour une prochaine étape ou simplement révéler un indice clé. Soudain, Aklèf me regarde avec un air compréhensif et m'annonce qu'il sera bientôt temps de quitter le groupe de touristes pour relever une nouvelle épreuve, dont la chambre se trouve justement à proximité. Guyzen confirme également, visiblement certain que l'épreuve est toute proche. J'explique alors aux guides que j'ai bien compris et qu'il faut maintenant que je me prépare à affronter ce qui m'attend dans la prochaine chambre. Nous arriverons dans quelques instants, le temps que les touristes puissent tranquillement admirer les hiéroglyphes nichés dans les creux

P.343

Des murs… Je peux vous assurer, chères lectrices et chers lecteurs, qu'il y a énormément de touristes. Même si les couloirs sont longs, je dois rester vigilant pour ne pas attirer l'attention d'une autre éventuelle touriste. Il est clair, à la lumière de mon erreur précédente, qu'il vaut mieux être prudent. Je n'ai aucune envie de revivre une telle expérience. Soudain, comme à son habitude, Aklèf devine mes pensées. Le voyant acquiescer de la tête, je comprends qu'il partage mon inquiétude. À présent, alors que le couloir s'est vidé de ses touristes, je pense que nous allons bientôt apercevoir les symboles qui entourent les portes situées sur notre droite. Guyzen et Aklèf me lancent : « Allez Gabriel, allons voir la prochaine porte ! » Je leur réponds, comme toujours : « Okay, j'arrive… » Les murmures des touristes nous parviennent encore ; nous pouvons les voir admirant les statuettes ornées de hiéroglyphes. Nous profitons de cette opportunité, accompagnés des guides Aklèf et Guyzen et moi-même, Gabriel, pour emprunter ce couloir afin de nous rapprocher d'une porte située sur la droite, en marchant rapidement pour nous placer face à celle-ci. Soudain, un souvenir me revient à l'esprit. Aklèf m'interroge : « Que se passe-t-il, Gabriel ? » Je lui indique que je n'ai pas aperçu Vanessa depuis notre entrée au musée avec le groupe de touristes, ce qui m'inquiète. Guyzen confirme qu'il s'agit effectivement d'une situation inhabituelle. Immédiatement, Aklèf scrute les environs et observe alors : « La voilà, elle est avec l'autre groupe de touristes. » Un moment de silence s'installe, puis j'essaie d'apercevoir **Vanessa** depuis ma position, mais Guyzen m'indique qu'en raison de ma taille.

P.344

Et de mon emplacement, cela m'est impossible. Après réflexion, je reconnais qu'il avait raison. Je n'insiste pas davantage, puis je reprends ma marche et constate qu'Aklèf a pris de l'avance et se trouve déjà devant la porte de la chambre que nous souhaitions rejoindre. À ce moment-là, nous avons rejoint le guide Aklèf, qui nous attendait, les bras croisés. Il m'a alors dit : **« Gabriel, c'est à toi de jouer »**. Je me suis donc placé face à la porte et j'ai observé des symboles hiéroglyphiques, auxquels s'ajoutaient cette fois-ci des chiffres de zéro à neuf, que nous connaissons tous. Le guide Guyzen m'a demandé si je savais de quoi il s'agissait. J'ai répondu qu'à ce stade, je me tenais simplement devant l'entrée de cette chambre, particulièrement intrigante, car contrairement à la précédente, elle est de conception simple, sans aucune couleur vive. Elle présente uniquement des teintes brunes et beiges, mais avec une particularité différente. Aklèf me demande comment cela est possible. Est-ce vraiment une caractéristique unique ? Oui, Aklèf, si tu observes attentivement les contours de la porte, tu verras qu'ils sont ornés d'une dorure, mais pas celle que l'on trouve habituellement dans les bijouteries ; ici, il s'agit d'or véritable, ancien. Son éclat reste aussi intense qu'au premier jour où il a été appliqué sur cette structure. D'ailleurs, le bois qui encadre cette porte n'est pas celui auquel on pense généralement ; il semble provenir de la même origine que cet or. Pour information, les Égyptiens croyaient que cet or était éternel et immuable. Il se situe à l'est du désert oriental, dans un bouclier précambrien. La région la plus proche est celle de la mer Rouge ;

CHAT-PIE-TRE-345

C'est d'ailleurs cette mer qui lui donnerait sa brillance, si ma mémoire est bonne. Petite parenthèse : contrairement à ce que j'ai mentionné il y a quelques minutes, le cristal rouge ne symbolise pas l'or, mais il provient simplement du Mexique et de la Californie. La couleur jaune (khenet), quant à elle, représente l'or du soleil au zénith. On croyait autrefois qu'elle conférait l'immortalité à celui qui la portait. Pour revenir à cette porte, oui, on retrouve bien des symboles hiéroglyphiques déjà observés sur la porte précédente. Aklèf m'a dit que si les symboles étaient identiques à ceux de la porte précédente, il suffirait tout, simplement de remettre en place en deux minutes. Eh bien Aklèf, pour être honnête avec vous, je dois dire que non. Ce n'est pas simple du tout. Sur la porte précédente, il y avait les quatre éléments qui représentaient le feu, la terre, l'eau et enfin le vent. Il existe aussi d'autres éléments que je ne mentionnerai pas, mais que tout le monde connaît. D'ailleurs, je ne vais pas refaire toute l'histoire. Pour faire court, chaque élément semble correspondre aux portes qui se trouvent devant nous. D'ailleurs, Aklèf, la porte précédente que j'avais trouvée seul lors de l'épreuve — celle dont je vous ai parlé — était bien marquée par le vent froid. Quant à celle-ci, en plus des hiéroglyphes, il faut cette fois incorporer un des quatre éléments, grâce à leurs symboles respectifs. Donc, si l'on **voit le soleil /phénix**, il faudrait, par exemple, y associer son élément correspondant, qui me semble **être le feu**. Soudain, Guyzen me dit qu'il a bien compris, et que moi, Gabriel, je dois recommencer à placer ses symboles ainsi que ceux qui les représentent. Je leur réponds alors :

P.346

« Dans ce cas, laissez-moi faire, vous verrez ! » Pour **l'eau**, il est représenté par **verseaux/scarabée**. Ensuite, j'observe et je me demande de quel symbole il s'agit. Voyons voir… Ah oui ! **Le taureau/serpent**, c'est la **terre**. Il ne me reste donc plus qu'un seul élément : **l'air, aigle/vautour**. Maintenant que je dispose de tous les symboles ainsi que de leurs éléments associés, il me faut en choisir un parmi les trois, sachant que celui du vent avait été sélectionné auparavant. Mais cette fois-ci, le choix s'annonce difficile… Lequel vais-je retenir ? Chères lectrices et chers lecteurs, je vous pose la question : sur quels éléments dois-je porter mon choix ? (…) J'envisage d'opter pour le symbole **scarabée/verseaux** accompagné de la vague, qui représente **l'eau**. Je dois également ajouter un autre objet : l'œil, orné d'or, symbole de la vie. Il me faut placer cet œil de chaque côté, une partie à gauche est l'autre partie à droite, car j'avais oublié qu'il y avait plusieurs symboles identiques. Cependant, il faut rester vigilant. Bon, allons-y ! Sur le côté gauche, je place donc le scarabée, le verseau et la vague à leur place, pareil pour la droite. Enfin, l'œil – qui fait office de clé – prend sa position sur la porte. Et, surprise, une autre empreinte apparaît ! Chères lectrices et chers lecteurs, je vous invite à deviner : à qui appartient cette empreinte ? (Eh oui !) C'est effectivement l'empreinte d'un enfant. Nous passons maintenant aux derniers symboles, en plus de la clé que je place contre la porte, juste à côté de l'œil — en posant mes genoux au sol, il s'agit clairement de ma main droite. Alors, tous ensemble, nous faisons le compte à rebours : prêts ? Un, deux, puis...

P.347

Trois !! Les guides Aklèf et Guyzen commencent à s'impatienter. Je leur demande un peu de patience (...) En observant le gabarit autour de la porte, je vois que tout est correctement installé, avec les symboles représentant les quatre éléments. Rien ne manque à ce moment précis ! Aklèf se place à ma droite et me dit : "Gabriel, attends un instant", puis il essuie la surface de la porte de sa main droite, révélant un nouveau symbole. Il me fait remarquer : "Regarde Gabriel, je suppose que tu ne l'avais pas vu ?" (...) Je le regarde et lui réponds que non, je vous assure à tous les deux que je n'en savais rien. Chers lectrices et lecteurs, qu'observons-nous ici d'après vous ? Oui, vous avez deviné – il s'agit bien d'un nouvel objet, et celui-ci est une croix ornée d'or. D'ailleurs, cette croix n'est pas ordinaire : elle est ronde à la base, possède des ailes sur les côtés, et à l'intérieur, on trouve des animaux accompagnés d'inscriptions qui semblent évoquer la vie éternelle. La question qui se pose est la suivante : où doit-on trouver cette clé tant recherchée ? Guyzen suggère spontanément qu'il existe probablement une solution pour la localiser. Je lui demande alors comment procéder. Aklèf propose de nous rapprocher du groupe de touristes et de suivre le même itinéraire afin de récupérer la clé. J'accepte cette suggestion et me prépare à les rejoindre. Après m'être relevé, je fais demi-tour et me dirige vers les touristes. Je parcours le même couloir interminable qu'ils viennent d'emprunter et les imite en inspectant chaque creux des murs. Je constate que de nombreuses statuettes ornées d'or, toutes plus belles les unes que les autres, s'y trouvent.

P.348

Il-y-avait un sphinx, un visage et un corps de femme, un chat ; plus j'avance, plus je vois de statuettes, dont un aigle, une petite pyramide, une statue de léopard doré. Il y a aussi une autre statuette avec un corps humain mais une tête de loup, ainsi qu'une statuette de pharaon. À côté, se tient un gardien muni d'une lance dorée. De plus, il y a une statuette de femme au visage de chat. Le détail le plus étrange est ce mur creusé où apparaît un échiquier représentant des personnages de toutes les dynasties égyptiennes. « Tiens, encore une autre » : celle-ci a un corps d'homme mais une tête de corbeau, bien que ce ne soit pas celle qui nous intéresse. Je décide alors d'aller plus loin, espérant trouver ce que je cherche. Je découvre ensuite un bateau, lui aussi doré, puis une autre figure portant une sorte de coiffe ornée de cornes de taureau sur les côtés, et, au centre, ce qui ressemble à une petite planète. Je vais maintenant examiner la situation dans l'autre sens, en effectuant une marche arrière sur la droite. Il y a aussi des objets présents, mais je ne vais pas tous les détailler ; j'observe avec beaucoup d'attention et j'avance jusqu'à me retrouver devant une statuette ou un objet incrusté dans le mur. Il paraît évident que l'objet devant nous correspond à celui que nous recherchons tous les trois. C'est une clé dont le style rappelle celle déjà examinée : elle est décorée d'inscriptions et de figures animalières gravées. Pourtant, un détail la distingue — ses ailes doivent être largement déployées ; ce modèle conviendrait parfaitement, bien qu'il soit apparemment plus petit pour pouvoir s'insérer dans l'emplacement situé à droite de la main d'enfant. Soudain, Aklèf remarque mon hésitation.

P.349

Prend la statuette en forme de clé et me demande : « **Gabriel, pourquoi hésites-tu** ? » Je lui explique alors que cette clé est un peu trop grande, dépassant de quelques centimètres seulement celle qui permettrait d'ouvrir la chambre. Guyzen s'approche alors spontanément de moi, prend la fameuse statuette et précise qu'elle se mesure en millimètres, non en centimètres. Aklèf l'examine ensuite et confirme l'observation de Guyzen en déclarant : « Oui Gabriel, mon collègue Guyzen a raison, cela devrait convenir. » Je les observe tous les deux, tout en me demandant intérieurement s'ils ne sont pas un peu excentriques. Je leur réponds alors que nous allons essayer et voir ce que cela donne. Nous nous dirigeons ensuite tous les trois vers la porte de la chambre, laquelle devrait pouvoir s'ouvrir à l'aide de la clé que je viens de découvrir dans une cavité du mur. Après avoir tourné à gauche, nous avons continué notre marche d'un pas rapide. Après quelques pas supplémentaires, nous sommes enfin arrivés devant la porte. Je plie mes jambes et pose mes genoux au sol ; sur la porte, je remarque qu'elle possède bien la forme de la statuette que je tiens dans ma main droite. Soudain, Guyzen m'avertit : « Fais attention, Gabriel, c'est assez fragile au niveau des ailes. » Un silence tendu s'installe entre nous trois alors que les guides Aklèf et Guyzen m'observent poser la statuette dans l'encoche de la porte de la chambre, ce qui nous permettra d'entrer. Brusquement, une question me traverse l'esprit : cette fois-ci, pourrons-nous enfin libérer Gabbie du monde paradoxal où elle se trouve ? Une fois la clé déposée à l'endroit prévu, il ne reste plus qu'à attendre.

CHAT-PIE-TRE-350

Quelques minutes et voir ce qu'il va se passer. Quelques minutes plus tard, nous percevons nettement cette fois un bruit provenant de la porte de la chambre. Celle-ci émet alors un son étrange, à mon avis très sourd et désagréable pour les oreilles, semblable à une voix stridente. Un autre bruit s'est également fait entendre, que nous avons tous perçu distinctement : il ressemblait au son d'une porte blindée, résonnant sur trois tons, comme si un dispositif de sécurité venait d'être désamorcé. Pour finir, une vibration a parcouru tout le couloir où nous nous trouvions — heureusement, les touristes n'étaient pas là pour assister à la scène. Quoi qu'il en soit, la porte vient de s'ouvrir et j'aperçois les guides Guyzen et Aklèf jeter un regard dans la chambre. Étrangement, cette fois-ci, aucune lumière aveuglante n'apparaît ; au contraire, la pièce est plongée dans l'obscurité. C'est intriguant... Nous devons redoubler de vigilance avant d'avancer. Aklèf confirme mes soupçons et me souffle : « Gabriel, attends deux petites minutes. Avec Guyzen, nous allons nous assurer que tout est prêt avant ton entrée. À ce moment-là, l'un des guides s'adresse à moi : « Gabriel, tu peux entrer sans souci. » J'acquiesce et m'avance dans la chambre. Je me souviens alors du conseil du guide : il faut toujours garder la lampe torche à portée, au cas où l'on se retrouverait isolé dans un endroit inconnu. De ma main droite, je décroche la lampe torche accrochée à la large boucle de mon jean. Je presse le bouton noir pour l'allumer, la pièce est balayée d'une lumière puissante... Oui, il y a bien une chambre sombre, comme l'avait indiqué Guyzen, mais il semble qu'il ait manqué un détail important :

P.351

En balayant cette fois le sol, on remarque clairement des serpents dispersés un peu partout dans la pièce. J'appelle Aklèf : « Peux-tu venir s'il te plaît (…) Et toi aussi Guyzen ! » Par la même occasion, je leur demande à tous les deux de prendre leurs torches et de balayer la salle pour mieux voir. Aklèf et Guyzen me demandent ce qui se passe et viennent se placer de chaque côté de moi : Guyzen à ma gauche, Aklèf à ma droite. Je les regarde, leurs yeux grands ouverts comme s'ils étaient surpris, mais je sais qu'ils feignent/montrer leur étonnement. Soudain, Guyzen plaisante : « Tu n'as pas peur j'espère des serpents ? » Je le fixe, clairement d'un air appuyer puis, j'avoue que j'ai peut-être une certaine phobie. Au moment précis où je me trouve devant la porte de la chambre, je reste parfaitement immobile — sans être pétrifié pour autant. Je ne tremble pas, mais il est vrai que les serpents savent reconnaître un cœur qui bat fort. J'essaie alors de rester calme, ce qui n'est pas si facile que ça ; je peine à imaginer comment pénétrer dans la pièce sans m'agiter sous leurs regards. Chers lecteurs et lectrices, j'espère que vous non plus, vous n'êtes pas amateurs de serpents ? Laissez-moi vous avouer une chose : je dois absolument entrer dans cette chambre pour résoudre l'énigme et, sans doute, affronter cette épreuve qui se dresse devant moi… J'observe les serpents onduler à travers toute la pièce ; il m'est impossible, pour l'instant, d'avancer d'un pas. Aklèf tente de me rassurer en affirmant que tout ira bien, et je sais qu'il me faut puiser au fond de moi la force nécessaire pour traverser cette épreuve en toute sécurité. Je remercie Aklèf pour ses conseils.

P.352

Soudain, le guide Guyzen m'annonce que c'est précisément cette épreuve qui m'attend dans cette pièce. Au même moment, Aklèf prend ma défense en lui affirmant : « Gabriel le sait déjà. » Je les remercie tous les deux en ajoutant que pour l'instant, tout devrait bien se passer. J'avance alors de quelques pas, déplaçant doucement les serpents sur les côtés, et ce faisant, je parviens tant bien que mal à retrouver l'équilibre de mes jambes. Guyzen me demande si tout se passe bien. Je lui réponds simplement : « **Veux-tu le faire à ma place** ? » Il me répond par la négative, précisant que je m'en sors correctement et qu'il observe la situation à distance depuis le couloir du musée. J'avance calmement, marchant pas à pas devant ces maudits serpents. Je continue à les repousser du bout de mes chaussures, tantôt du pied gauche, tantôt du droit, tout en gardant ma torche allumée pour bien distinguer où je pose les pieds. Je progresse encore, puis m'arrête au quart du chemin dans cette pièce vraiment unique en son genre. D'ailleurs, je sens des frissons me parcourir le dos. Aklèf me demande alors : « Gabriel, est-ce que tout va bien ? » Je le regarde du coin de l'œil gauche et lui réponds que tout va bien, que je suis simplement arrêté devant un objet massif. Il s'enquiert aussitôt : « Qu'est-ce qu'il y a d'aussi lourd devant toi ? » Justement, la forme de son ombre me fait penser à un taureau ailé… Guyzen s'étonne de ma réponse, pourtant c'est la vérité : il y a bel et bien une statue de taureau ailé. Aklèf me conseille d'éviter l'obstacle obscur pour pouvoir progresser, mais il insiste aussi sur l'importance de trouver des indices pour la suite. Je lui réponds :

P.353

« D'accord ! D'accord ! J'ai compris, et je n'ai pas oublié. **Rassurez-vous, guides Aklèf et Guyzen.** » Je poursuis mon chemin, plaçant un pied après l'autre avec précaution, attentif à l'endroit où je marche, conscient que des serpents s'agitent partout autour de moi. Celui sur la gauche vient-il de me regarder ? À cet instant précis, l'un des guides me dit « ça va aller Gabriel ». Lorsque j'entends ce genre d'encouragement, je me dis que cela doit lui sembler facile. Pourtant, les guides n'ont pas forcément le cran nécessaire pour avancer non plus. Au moment où je termine cette phrase dans ma tête, Aklèf me dit alors : « L'épreuve que tu es en train de faire, Gabriel, ce n'est pas à un adulte de le faire, mais plutôt à un enfant de ton âge. » Je le regarde du coin de mon œil gauche sans rien dire, puis je me ressaisis et poursuis délicatement l'épreuve ; cette fois-ci, je pousse un serpent vers la droite avec mon pied. Soudain, Guyzen m'interpelle : « Regarde, Gabriel, sur les murs. Il doit sûrement y avoir des indices qui permettront d'ouvrir les prochaines portes. Dès que le guide Guyzen termine ses explications, j'aperçois sur l'un des murs d'étranges symboles représentant divers animaux ainsi que des figures d'Égyptiens avec des têtes d'aigle, de corbeau, de loup et même de chat. Aklèf m'explique qu'il s'agit simplement de hiéroglyphes, ce qui est tout à fait normal. Je lui réponds être déjà au courant, en précisant que ce n'est pas la découverte des symboles qui m'intrigue, mais plutôt le souci du détail : en éclairant les environs avec ma torche, la lumière révèle que les inscriptions couvrent entièrement les murs. Puis je précise aux guides que je ne pourrais pas les traduire ;

P.354

Aklèf me rassure par la pensée en disant : « **Ne t'en fais pas Gabriel, on ne te demande pas de traduction** ». L'objectif est que tu puisses surmonter cette épreuve tout en récupérant d'éventuels indices. Je lui dis que je comprends, puis je poursuis sans faire de mouvements brusques ; les serpents, quant à eux, rampent, me fixant des deux côtés de la pièce tandis que j'avance prudemment. Je pense qu'ils perçoivent, avec leurs langues, les vibrations de mon cœur qui bat fort, mais j'essaie tant bien que mal de rester calme et de continuer à marcher aussi lentement que possible. Pourtant, plus j'avance, plus mes jambes tremblent… Vous savez bien, chers lecteurs et lectrices, que ce n'est pas si simple ; j'aimerais vous y voir à ma place, entouré de serpents qui bougent dans tous les sens. Je pense aussi aux touristes : imaginez-les devant cette chambre ouverte avec des serpents qui rampent partout. Ce serait la panique dans tout le musée ! Heureusement, ils restent dans leurs couloirs et les visiteurs peuvent continuer à profiter de leur visite. Pendant ce temps, moi, Gabriel, j'essaie toujours de me frayer un chemin tout en observant les murs ; rien ne semble avoir changé. Guyzen me demande encore une fois : « Gabriel, as-tu trouvé un indice ? Je lui réponds : « Non Guyzen, je n'ai rien trouvé », puis j'ajoute qu'il va vraiment falloir, que vous arrêtiez de m'appeler, car ma situation est extrêmement délicate. Soudain, Aklèf intervient pour prendre ma défense. Cependant, à un moment donné, il lui murmure quelque chose, probablement dans leur langue maternelle, peut-être pour ne pas parler trop fort ou parce qu'ils préfèrent que je n'entende pas ce qu'ils disent.

CHAT-PIE-TRE-350

Quoi qu'il en soit, je remarque que la chambre est vraiment vaste ; j'ai l'impression qu'il n'y a pas de mur devant moi. C'est étrange, car il y a quelques instants, je pensais distinguer quatre murs, mais celui d'en face reste invisible. (Curieux) Soudain, Aklèf braque son faisceau lumineux pour m'aider à mieux voir, mais la lumière n'atteint pas le fond. Je me demande donc : qu'est-ce qui se trouve devant moi ? Aklèf justement me demande de continuer à marcher en faisant attention aux serpents, oui je sais Aklèf je fais que ça de marcher en faisant grandement attention, d'ailleurs mon faisceau, m'aide à voir mais il y'a quelques choses d'étrange là-bas devant moi ? Guyzen m'entends, parler seul, est me dit il y'a quoi d'étrange Gabriel ? Je lui raconte que lorsque j'ai balayé l'espace devant moi avec ma torche, j'ai cru apercevoir quelque chose bouger dans l'ombre. Aklèf me demande alors : « Comment ça, quelque chose qui bouge ? » Oui, Aklèf, je te confirme qu'il y avait bel et bien une chose qui vient de se déplacer dans l'obscurité. Et justement, parlant de mouvement, il y a aussi des serpents qui commencent à s'agiter de leur côté, ce qui risque de tourner au chaos... Et voilà que je me retrouve exactement au milieu de tout ça. Oui, chères lectrices et chers lecteurs, je suis désormais cerné par des serpents prêts chères lectrices et chers lecteurs. À ce moment-là, je savais que je ne pourrais pas rester longtemps au centre de la pièce. Les guides m'ont alors conseillé : « Gabriel, reste immobile et ne fais rien qui pourrait attirer leur attention. Garde ton calme et prends une respiration. » Intrigué, j'ai demandé ce qu'il se passait. Aklèf m'a répondu que ce n'était rien, mais j'ai insisté :

P.356

« Comment ça, rien ? » Soudain, une ombre est passée et les serpents ont commencé à bouger dans tous les sens. Pourtant, on continuait à me dire de rester calme... Mais il me semble qu'il y avait vraiment un problème, non ? Ensuite, Aklèf et Guyzen m'ont répété une fois de plus : « Gabriel, reste où tu es. Surtout, ne bouge pas ; nous pensons qu'il y a effectivement quelque chose de bien plus grand que toi, Gabriel. Continue d'avancer, d'accord ? » J'ai répondu « D'accord ! » et j'ai poursuivi ma route, tenant fermement ma torche qui m'offrait un peu plus de lumière. Je remarque alors des serpents rampant sur le sol vers moi. Leur taille impressionnante — au moins celle d'un homme, peut-être davantage — me fait penser qu'ils pourraient bondir sur moi à tout moment. Mes guides m'encouragent à poursuivre tout droit, persuadés qu'il doit y avoir quelque part un indice important. Je continue à voir distinctement ce qui est écrit partout sur les murs mise-à-pars les hiéroglyphes : « hein », mais qu'est-ce que c'est ? J'ai ressenti quelque chose me toucher entre le mollet et la cuisse. Aklèf tente de me rassurer en disant : « Continue, continue Gabriel, tu y es presque... » Presque quoi ? Personne ne voit le mur devant soi, mais on me dit de continuer comme si tout allait tout droit ? Eh bien non, pas question, je crois que vous savez quelque chose sur cette ombre que moi, Gabriel, j'ignore. Soudain, Guyzen me fait une révélation à propos de l'ombre que j'avais vue quelques minutes plus tôt. Il poursuit son explication au sujet de cette ombre dotée d'ailes en me disant : « Gabriel, souviens-toi bien ! Je te confirme qu'il s'agit bien d'un taureau ailé.

P.357

Mais pour l'ombre que tu crois ressentir et avoir vue, c'est à toi de la découvrir. » Ensuite, Aklèf ajoute : **« Nous n'avons pas le choix »**. Cela ne fait qu'accroître mes interrogations. Malgré tout, je me remets en marche, pas à pas, tandis que le faisceau m'apporte un peu de visibilité. Soudain !! Je me retrouve face à quelque chose de solide ; je pense immédiatement à ce fameux mur. Mais, en éclairant avec ma torche et en dirigeant le faisceau vers le haut, je réalise qu'il y a bel et bien quelqu'un devant moi. Oui, chers lectrices et lecteurs, vous avez bien lu… Il y a effectivement une autre personne dans la pièce, et je vous le donne en mille : c'est un gardien ! Un gardien immense, avec un corps aussi large qu'une armoire à glace, présentant une particularité remarquable : il a une queue de taureau. Et, détail important, son visage est celui d'un taureau ailé ; comme-ci, il porter un masque. D'ailleurs, des serpents l'entourent... Sortent-ils de son corps ou sont-ils simplement autour de lui ? Au même instant, Aklèf me dit de ne plus bouger du tout. Il insiste sur le fait que le gardien doit me voir et m'observer pour être certain qu'il s'agit bien de moi. Je lui demande alors : « Aklèf, pourquoi doit-il vérifier que c'est vraiment moi ? » Mais encore une fois, Aklèf me répète de ne surtout pas bouger et d'avoir confiance en moi. J'ajoute aussi que le gardien en face de moi n'a rien à craindre du tout. Soudain, un son sort de sa gueule fumante, et à ce moment-là, Guyzen me demande de rester calme et de laisser le gardien m'observer, car c'est la procédure d'identification d'un éventuel élu. Je réponds à Guyzen : « Ok, ok, je comprends… Il est aussi impressionnant de près, c'est incroyable. »

P.358

Je repose alors la question à Guyzen : doit-il aussi faire complètement le tour de moi ou est-ce juste qu'il n'a jamais vu d'enfant venant d'un autre pays ? Guyzen a ensuite ajouté que, selon lui, aucun des enfants vus par le gardien n'était l'élu, ou que certains ne l'étaient que partiellement. Après que le gardien a examiné minutieusement ma personne, il est resté debout un instant. Puis, sans raison apparente, il a posé son genou gauche au sol et baissé la tête, tenant sa lance de la main droite. Aussitôt, les deux guides m'ont rassuré : « Gabriel, ne t'en fais pas, le gardien t'a simplement reconnu comme élu, c'est la première fois qu'il en voit un. Il te laisse maintenant poursuivre l'épreuve. » Dans le même temps, le guide Guyzen me demande si je peux vérifier sur le gardien la présence d'un indice qui permettrait de libérer Gabbie. Je lui réponds d'attendre un peu, le temps que j'examine le gardien de plus près. Je fais alors moi-même le tour du gardien pour voir s'il existe un indice écrit ou peut-être un objet particulier. Après avoir fait un tour complet autour de l'immense gardien, je ne remarque rien de particulier dans la chambre. Aklèf, ayant entendu ma réflexion, me suggère d'examiner à nouveau le gardien. Il est possible que j'aie mal vu un détail. Cette fois-ci, je demande à Aklèf d'attendre pendant que je vérifie sa ceinture, qui est de couleur or. À ce moment-là, Guyzen me demande s'il y a des symboles sur la ceinture. Je lui réponds qu'il y a effectivement plusieurs symboles, probablement représentant les animaux liés aux quatre éléments de la terre et de la vie. Ensuite, Aklèf me conseille de passer ma main soit à gauche, soit à droite de la ceinture, car il pourrait y avoir un objet ou une inscription à découvrir.

P.359

Un silence s'installe entre nous trois, à l'exception des serpents qui continuent de ramper. Étrangement, ils ne sortent pas leurs langues pour percevoir les battements rapides de mon cœur. Les serpents restent discrets et ne quittent pas la chambre, ce qui suscite notre curiosité à leur égard. Par ailleurs, je fais de nouveau le tour de l'immense gardien, cette fois avec une attention particulière. Glissant ma main gauche vers la droite tout en marchant devant moi, j'atteins l'extrémité de sa ceinture. Je répète ensuite ce geste de droite à gauche, avançant lentement et, avec un effort supplémentaire, j'appuie légèrement avec mon troisième doigt, dans l'espoir que cela déclenche une réaction aléatoire. Je poursuis ma marche quand, soudain, je sens quelque chose effleurer le bout de mes doigts, presque mes ongles. J'appelle : "Aklèf, je crois avoir touché quelque chose." Il me répond : « Sois prudent, c'est probablement fragile. » Je lui explique aussi que j'arrive à entrer complètement mes doigts, et à ce moment-là, Guyzen intervient en me demandant de décrire ce que je ressens avec mes doigts. La forme est étrange, incurvée d'un côté, puis je fais glisser mes doigts sur la partie droite, et enfin, il y a un creux à l'intérieur... À cet instant, Aklèf me suggère qu'il s'agit probablement d'une lettre en forme de serpent. Puis Guyzen me conseille de saisir délicatement l'objet pour voir s'il se passe quelque chose. Je réponds "okay ! okay !" et c'est alors que je comprends que Guyzen avait raison : en tournant vers ma gauche et ma droite, je constate effectivement que c'est bien cela. Ensuite, Aklèf ajoute qu'au centre, il y a aussi une petite tige de fer ornée à son extrémité d'un dessin de clé.

CHAT-PIE-TRE-360

Je confirme avoir désormais récupéré la clé en forme de serpent. Que dois-je faire à présent ? Après l'obtention de cet objet, Aklèf et Guyzen m'indiquent de vérifier la présence d'une porte dans l'obscurité. Une vibration soudaine se fait ressentir au sol ; celle-ci traverse rapidement sous mes pieds et manque de me faire chuter. J'interroge alors les guides sur la situation. Ils m'informent : « Gabriel, lorsque tu as pris la clé accrochée à la ceinture de immenses gardiens, tu as déclenché cette vibration. Je lui réponds que j'ai compris. Les serpents, sentant probablement qu'il va se passer quelque chose, s'éloignent. Je me retrouve donc seul au milieu de la pièce, mais un détail me réjouit : les serpents ne m'inquiètent plus du tout. Le guide Guyzen m'interpelle soudain : "Gabriel, regarde bien, il doit y avoir une porte où tu pourrais glisser cette fameuse clé !" Je lui réponds aussitôt que j'allais justement le faire. À chaque pas, je remarque alors, avec surprise, que le sol s'enfonce légèrement sous mes pieds. La hauteur de ma semelle diminuait petit à petit, millimètre après millimètre... Cette impression de marcher au ralenti était probablement due au fait que j'avais pris la clé. À ce moment-là, le guide Aklèf m'avait prévenu de cette particularité, mais sur l'instant, j'étais surtout concentré sur les vibrations sous mes pieds. Puis le guide Guyzen confirma avec les mêmes mots qu'Aklèf : prendre la clé de la ceinture de l'immense gardien de la chambre faisait vibrer le sol. Aklèf ajouta que ce phénomène était temporaire, suivi de Guyzen qui déclara à son tour : "Gabriel, ne bouge plus d'un pouce." Je lui répondis que c'était impossible car mes jambes tremblaient autant que le sol.

P.361

Soudain, après quelques minutes, le sol cessa complètement de vibrer. Guyzen avait vu juste ; on aurait dit qu'il connaissait le fonctionnement de la clé dès qu'elle avait été retirée de la ceinture de l'immenses gardiens. Je ne tremblais plus du tout et j'étais enfin capable de marcher sans subir les vibrations. Au moment où je terminais ma phrase, Aklèf me suggéra de faire quelques pas devant moi, afin de vérifier s'il y avait une nouvelle plate-forme prête à émerger du sol. Je le regardai sans rien demander et fais exactement ce qu'il proposait… J'avançai de quelques pas et là… Chères lectrices et chers lecteurs, que va-t-il bien pouvoir se passer ? Oui, vous l'avez deviné : je suis bel et bien tombé, n'ayant pas vu qu'il avait une plate-forme devant moi. À ce moment-là, le guide Aklèf me demande de me relever du sol, ce que je fais. Soudain, j'aperçois une porte presque identique à celle que j'ai vue dans la chambre lorsque Gabbie est entrée dans cette petite porte. Une fois debout, je remarque que cette porte possède une poignée qui ressemble étrangement à la clé que je tiens dans ma main droite. Le guide Aklèf m'a alors dit : « Gabriel, insère la clé dans cette serrure et la porte s'ouvrira… » Après m'être relevé sur mes genoux, je remarque que la porte est très petite. J'introduis donc la clé en forme de serpent dans la serrure. À travers le trou, une lumière apparaît, et je réalise aussitôt que ce faisceau lumineux m'est familier. Soudain, la porte s'ouvre comme Aklèf l'avait prédit. Un bruit se fait entendre autour de cette petite porte, semblable à celui de la porte principale de la chambre où nous sommes, bien que moins fort. Un espace s'est ouvert entre le cadre et la porte, qui s'est ouverte d'elle-même.

P.362

En posant ma main gauche sur le sol, puis l'autre sur l'épaisse tranche de la petite porte pour l'ouvrir en grand, j'aperçois au loin une silhouette étrange. À cet instant, l'un des guides me demande : « Que vois-tu, Gabriel ? » Surpris par sa question, je lui réponds simplement que tout ce que je remarque, c'est la lumière blanche… et une ombre aussi. Puis Aklèf me dit : « Peux-tu décrire cette ombre ? » Je lui demande pourquoi je devrais la décrire, et Guyzen intervient, suggérant que c'est sans doute Gabbie… Un silence s'installe entre les guides, Aklèf et Guyzen, et moi-même, Gabriel. J'ajoute alors que cette fameuse ombre se rapproche de plus en plus de l'entrée de la petite porte. Oui, cette ombre revient encore et encore, mais cette fois-ci, l'ombre fait place à la lumière… De façon spontanée, Aklèf me demande de reculer afin de voir qui pourrait sortir par cette petite porte, à travers le faisceau de lumière blanche. Je lui réponds « d'accord, d'accord ! » et commence à reculer doucement pour observer ce qui va se passer. Une fois que j'ai suffisamment reculé, je m'assois par terre et attends patiemment de découvrir qui pourrait apparaître. En repensant à ce que le guide Guyzen avait dit au sujet d'une éventuelle apparition de Gabbie, je reste plutôt sceptique… Oui, je reste curieux de le découvrir. Il suffit, simplement d'attendre encore quelques minutes et nous saurons enfin qui se trouve dans ce faisceau de lumière blanche. En attendant, je me relève ; d'ailleurs, justement en parlant du temps qu'il reste avant son arrivée, soudain… ! L'ombre que j'apercevais au fond de la petite chambre était bel et bien celle de Gabbie. Une fois de plus, le guide Guyzen avait vu juste.

P.363

Gabbie venait tout juste d'apparaître à travers ce faisceau de lumière blanche, juste devant moi. Ah, super ! Tu es enfin là ! Es-tu enfin sortie de ce monde paradoxe ? Gabbie aussi avait, si j'ose dire, un sourire sur son visage, heureuse de me voir. De façon spontanée, Gabbie m'a demandé l'heure. Il semble qu'elle ait toujours cette habitude de vouloir connaître l'heure. C'est alors que j'ai pris conscience de l'importance de sa question. Même en étant enthousiaste, la simple vue de Gabbie me rend heureux. D'ailleurs, je n'étais pas le seul à éprouver cette joie de la revoir : les guides Aklèf et Guyzen partageaient ce sentiment. Je lui ai répondu qu'il était **14h38**. Elle m'a regardé droit dans les yeux, avec une sincérité touchante, expliquant qu'elle voulait juste savoir l'heure. À cet instant, la petite porte s'est refermée juste après l'entrée de Gabbie, mais cette fois sans grincement, seul le bruit de la serrure a retenti. Ce qui m'a le plus surpris, c'est que la poignée de la porte a disparu comme par enchantement, s'évanouissant littéralement sous la poignée elle-même. Une fois que la petite porte s'était refermée toute seule, le faisceau de lumière blanche avait également disparu au moment où Gabbie l'avait entièrement franchie. Quoi qu'il en soit, nous avancions tous les trois – Aklef, Guyzen et moi, Gabriel – dans la chambre. Je percevais, à travers leurs regards, l'attente des guides concernant d'éventuelles questions sur ce qui s'était passé dans le monde où elle se trouvait. J'avais aussi envie de lui poser cette question, mais même si elle était une "enfant du passé" capable de se déplacer instantanément et qu'elle apparaissait en laissant derrière elle un froid qui me glace le corps, j'étais tenté de la laisser tranquille pour l'instant.

P.364

J'avais qu'une seule envie réellement c'est de sortir de la chambre sachant que l'épreuve était bel-et-bien finis, d'ailleurs en temps normale c'est plus tôt le guide Aklèf qui me confirmer, même si je s'avait déjà. Soudain, j'ai ressenti un vent froid ; en regardant autour de moi, j'ai finalement compris que ce courant venait de l'entrée du musée. Ce froid ne venait pas de Gabbie, la sachant avec nous. D'ailleurs, Aklèf, Guyzen et moi-même, Gabriel, sortons enfin de la chambre. La porte s'est refermée toute seule. À ce moment-là, je regarde attentivement autour de moi pour voir si nos guides, Aklèf et Guyzen, sont toujours là. Cette fois, je fais très attention à ce qu'ils restent bien jusqu'à la fin de la visite du musée. D'ailleurs, ma montre indique désormais **16h00**. J'appelle donc cet endroit « la chambre-bizarre ». À vous qui me lisez, je voulais simplement préciser qu'il existe deux types de froid : il est important de faire la distinction, mes chères lectrices et chers lecteurs. Je comprends bien la différence entre le froid que Gabbie laisse derrière elle et, bien sûr, le froid hivernal. En résumé, il faisait très froid. Donc voilà pour la "petite aparté". C'était plutôt un froid hivernal. Alors une question me traverse l'esprit ; j'ose la poser au guide : « Aklèf, y a-t-il un autre gardien qui viendrait surveiller et garder cette porte de la chambre de momies bien fermée ? » Le guide Aklèf me fixe longuement avant de reconnaître, pour la première fois, qu'il n'en sait pas davantage. À ce moment-là, le guide Guyzen nous informe que les touristes reviennent dans le couloir, sans doute pour terminer leur visite guidée. C'est alors que, moi, Gabriel, je prends conscience que l'épreuve est bel et bien terminée pour ce soir.

CHAT-PIE-TRE-365

En tout cas, je suis ravi de retrouver enfin notre amie Gabbie, qui est sortie de ce monde paradoxe, et pour la première fois, les guides Aklèf et Guyzen la voient comme moi. En parlant justement de « voir », Aklèf me confirme, comme à son habitude, par la pensée, tout en acquiesçant silencieusement de la tête. J'entends les murmures des touristes autour de nous, et cela fait du bien au moral : cela prouve que nous sommes enfin tous réunis. Un silence s'installe entre nous tous, et c'est là que je prends une nouvelle fois la vérité en plein visage. Je me mets alors à contempler l'horizon lointain, prenant conscience que ces événements resteront à jamais gravés dans ma mémoire, oui, c'est certain. Alors que je reprenais mes esprits après cette révélation soudaine, Aklèf m'a demandé si j'avais d'autres vêtements. Surpris par sa question, je lui ai demandé la raison, et il m'a expliqué que c'était à cause du froid ressenti depuis l'entrée du musée. J'ai répondu sans hésiter que oui, j'en avais d'autres ! D'ailleurs, les vêtements que je portais depuis ce matin me tenaient bien chaud. Pourtant, dehors, la sensation était complètement inverse, ce qui est assez étrange à dire, et peut-être encore plus à lire. Gabbie, soudainement, m'a observé avec une attention particulière, comme si elle voulait percer le secret de tous les événements que j'avais traversés. Alors que la température intérieure chutait brusquement, comme l'avait expliqué le guide Aklèf, ce froid provenait de l'extérieur. Guyzen propose alors que nous restions proches lors des prochaines heures, probablement pour apprécier pleinement la fin de soirée avec le groupe de touristes. Aklèf acquiesce, et je confirme également ma participation.

P.366

Tout en poursuivant la visite avec le groupe, je prends un moment de réflexion et parviens à une conclusion évidente : Nous sommes respectueux des traditions et ne portons aucun préjudice à la mémoire des cultures étrangères. Nous ressentons un profond respect pour les lieux sacrés, ainsi qu'une grande estime grâce au savoir des guides égyptiens. L'essentiel réside dans le développement d'une conscience humaine complexe, qui nous engage à tenir nos promesses par respect envers nous-mêmes et à faire preuve de bienveillance envers les autres. Chaque vie étant unique, il ne devrait exister aucune forme de jugement. Cela est, encore une fois, un avis personnel, malgré mon jeune âge en extérieur, de douze-an, dans ma tête je suis un adulte. Sans transition. Gabbie perçoit en moi quelque chose qu'elle a probablement remarqué depuis le début, un trait qui me rend unique à ses yeux. Les réponses aux questions profondes ne se dévoilent pas toujours instantanément ; il faut parfois poursuivre son chemin, jour après jour, pour dissiper peu à peu le mystère qui relie Gabbie et moi, Gabriel. Être séduit par sa personnalité et la richesse de ses connaissances est vraiment fascinant. Peut-être qu'en la côtoyant un peu plus que je le fais d'habitude, je trouverai enfin des réponses à mes propres interrogations. Des indices probablement précieux m'aideront à progresser dans ma quête. Je poursuis mon exploration avec Gabbie, dont les connaissances pourraient m'éclairer et peut-être me conduire à cette vérité tant recherchée. En repensant à l'expérience vécue, elle était réellement exceptionnelle ! Cette aventure soulève d'ailleurs de nombreuses questions fascinantes sur l'histoire et

P.367

Le fonctionnement de ce lieu mystérieux. La pyramide dévoile une part importante de son passé et nous offre ainsi l'opportunité de mieux comprendre ses secrets. Poursuivre la visite pourrait m'apporter, dans les jours qui viennent, un soutien précieux pour résoudre de nouvelles énigmes ou, comme au début, placer certaines photos d'un éventuel gardien ou autre, afin qu'elles correspondent à l'épreuve. Je me sens totalement immergé dans les récits de Gabbie, ce qui témoigne de son talent à captiver l'imagination de ses auditeurs. C'est fascinant de ressentir une telle connexion avec quelqu'un. Depuis mon arrivée ici en Égypte, mais aussi dès le tout premier jour où Gabbie est apparue devant moi comme par magie, j'ai été marqué par cette expérience. Je me souviens que c'était très étrange au début, mais avec le temps, je m'y suis habitué. L'histoire commençait à peine, mais cela montre déjà le pouvoir des récits à nous transporter dans l'aventure humaine. Oui, les gens ont ce don de raconter les histoires du passé pour les transmettre aux autres. En continuant à suivre le groupe de touristes pas à pas, je me rends compte que le temps file rapidement. Je dois donc avancer avec prudence, en espérant qu'avec Gabbie, moi-même Gabriel, ainsi que nos guides Aklèf et Guyzen, nous pourrons bientôt percer les secrets cachés au cœur de cette mystérieuse pyramide. Nous pourrions y découvrir des objets du quotidien, qui représentent d'une certaine façon une forme de vérité pour chaque citoyen égyptien. La situation est exigeante sur le plan intellectuel. Retenir toutes les informations jusqu'au lendemain matin peut être difficile, surtout lorsque la fatigue se fait sentir.

P.368

Il est normal de douter de ce qui nous attend ou de ce qui va se passer au réveil. Malgré cela, il reste essentiel de rester concentré sur son objectif et de garder confiance. L'épreuve à venir s'annonce sans doute compliquée. Quoi qu'il en soit, l'heure approche de retourner à l'hôtel du Caire. La visite continue et nous poursuivons paisiblement, comme toujours, avec le même groupe. Sans transition. Chères lectrices et chers lecteurs, rappelez-vous lorsque je vous ai dit que tout était redevenu comme avant : c'est effectivement le cas. Et lui aussi est revenu ; cela faisait un bon moment qu'il n'avait pas fait son apparition, n'est-ce pas ? Je vous laisse deviner de qui, il s'agit ! Vous avez une idée ? Non ? Eh bien, je vais vous révéler son identité : c'était le Narrateur… Oui, je vous laisse à nouveau entre ses mains. Il porte la voix du récit, tel un historien prêt à raconter la suite. D'ailleurs, il raconte ceci : Gabriel et ses guides, accompagnés de Gabbie, poursuivent leur visite pendant une bonne heure, voire un peu plus. Gabriel était fasciné par les belles statuettes anciennes, prenant le temps de se pencher sur chaque panonceau qui retraçait leur histoire. D'ailleurs, toutes les personnes présentes semblaient comme lui attentives à lire les étiquettes blanches, inscrites en lettres noires, bien visibles et soigneusement rédigées. Sur le mur du couloir, comme chaque jour, l'heure est indiquée : il est évidemment **16h30**. C'est juste le temps nécessaire pour patienter, en observant la multitude de portraits d'anciennes femmes égyptiennes ayant appartenu à la royauté. Mais si en les compare, avec celles du quotidien je vous dirai qu'elle, son pareil sur le poste qu'elles occupent est je vais même dire un

P.369

Peu plus, c'est qu'elles aussi admirer les femmes n'ayant pas les moyens financiers, c'est comme-même surprenantes. Comme image ? Quoiqu'il-en-soi les problèmes dans un foyer restent. Sans transitions. D'ailleurs, à un autre moment, lorsque Gabriel avait découvert autant de momies, on aurait dit qu'elles avaient vécu beaucoup trop longtemps, peut-être même au-delà des limites humaines ? C'est précisément la question à se poser… C'est un peu comme ces fameux envoûtements auxquels chaque citoyen du monde entier croit. Je me demande s'ils existent vraiment ou si, comme je le pense, cela reste du folklore. Mais enfin, il m'arrive aussi, en tant que Narrateur, de me perdre dans mes pensées. D'ailleurs, à propos de pensées, je vais maintenant laisser la parole à Gabriel : c'est lui qui poursuivra ses réflexions avec vous, chères lectrices et chers lecteurs. En réfléchissant à cela… Je me disais que sans doute que la momie cherchait à tester jusqu'où je suis prêt à, aller pour obtenir les réponses que je recherche tant. Soudain, Gabbie agit comme le guide Aklèf : elle me répond par la pensée, m'invitant à ne pas me perdre dans les questions concernant tous les événements que j'avais vécus ces derniers jours. Une autre question me traverse l'esprit : comment fait-elle ? Elle aussi, pour communiquer avec moi mentalement ? J'ai le sentiment qu'elle avait probablement développé cette capacité lorsqu'elle était dans ce monde paradoxal… J'en suis presque certain. Mais peu importe pour l'instant. Je la regarde sans rien dire, et tandis que nous avançons, je me rends compte à quel point le soutien moral de Gabbie m'est précieux. Son encouragement m'aide réellement.

À surmonter mes peurs et à continuer d'avancer. En parlant justement d'avancer, la visite guidée touche presque à sa fin. Il reste environ deux heures avant que l'annonce du musée ne soit diffusée par haut-parleur à l'accueil, invitant comme chaque jour les visiteurs à se diriger vers la sortie. En réfléchissant je me dis que même lorsque les défis paraissent insurmontables, il est important de se rappeler qu'on avait déjà avec les guides Aklèf et Guyzen surmonté de nombreux obstacles jusque-là. Je garde ma force morale et physique, je reste concentré sur chaque pas que j'avais déjà accomplis. Je voulais également vous dire que, même dans la plus sombre obscurité, il ne faut jamais perdre le sens des choses. En gardant tous ensemble une lueur d'espoir, nous pouvons continuer à avancer et surtout garder à l'esprit les moments de réussite. Mais passons… Je ne ressentais aucune peur. J'étais en sécurité au musée et il n'y avait aucune raison particulière de m'inquiéter. Au moment où je terminais ma réflexion, Aklèf m'a tiré de mes pensées en me disant que demain serait une journée calme. Par habitude, j'ai regardé ma montre, pensant partir, mais je me suis finalement rendu compte qu'il devait être près de **17h00**. Chers lectrices et lecteurs, vous pensez sans doute que les momies n'existent qu'à la tombée de la nuit. Mais, entre nous, croyez-vous vraiment à cette histoire étrange ? Pour ma part, j'ai bien du mal à imaginer des momies arpentant les couloirs des pyramides une fois le musée fermé. Pourtant, rien que d'y penser, cette idée me fait sourire. En réalité, un vrai fou rire m'a pris, même si vous ne pouvez pas le voir – c'est rare mais authentique ! À ce moment-là, le guide Guyzen m'annonce qu'il ne reste plus beaucoup de

P.371

Temps avant la fermeture du musée. Soudain, une question me traverse l'esprit, elle me brûle les lèvres, mais je crains que le guide Aklèf, qui n'est pas loin, devine mes pensées. J'hésite alors à demander à Guyzen, mais finalement je me lance : « Guyzen, j'ai une question pour toi ! » Le guide me répond aussitôt : « Je t'écoute, Gabriel, quelle est ta question ? Je lui demande alors : « Est-ce que toi et Aklèf voyez encore Gabbie ? » Il me répond honnêtement qu'il voit toujours Gabbie et précise qu'elle se trouve justement à ta gauche Gabriel. À ce moment-là, Aklèf s'approche de nous et interroge : « Que se passe-t-il, Gabriel ? » Le guide, Guyzen, répète la question afin de confirmer si nous voyons toujours Gabbie avec nous. (…) Un silence s'installe, comme s'il hésitait à répondre. Puis il déclare qu'il voit lui aussi Gabbie, mais avec une différence : selon lui, Gabbie se trouve à la droite de Gabriel. Cependant, ce n'est pas exact pour Aklèf, car Gabbie est toujours à sa gauche… Aklèf regarde à nouveau Gabriel et finit par lui dire : « Ah oui, c'est vrai, désolé, elle est bien à ta gauche. » Soudain, une annonce retentit dans les haut-parleurs comme d'habitude : les touristes sont invités à se diriger vers la sortie car le musée va bientôt fermer ses portes. Je me demande alors si cette voix n'est pas simplement un enregistrement. À ce moment-là, Aklèf et Guyzen me suggèrent qu'il serait préférable de reprendre notre discussion une autre fois. Je comprenais qu'il ne voulait pas discuter du fait qu'Aklèf s'était simplement trompé de positionnement à propos de Gabbie. En tout cas, pour ce soir, je dirais que nous sommes tous fatigués : Aklèf, Guyzen, Gabbie et moi-même, Gabriel. Demain sera un

P.372

Nouveau jour. À ce moment, Gabbie m'a dit par télépathie : « Laisse tomber, Gabriel, les adultes sont vraiment bizarres. » J'ai approuvé d'un signe de tête. Mais bon passant. En regardant l'heure sur ma montre, j'ai vu qu'il était **18h20** : la visite du musée touchait à sa fin. Il restait alors à tout le monde à se regrouper près de la sortie, puisque la fermeture est fixée **à 18h30** cette fois-ci. Comme lors de la précédente visite, personne n'a, attendu le tout dernier moment pour partir.
Le groupe de touristes opère alors un demi-tour en direction de la sortie à la suite de l'annonce qui vient d'être diffusée. Aklèf nous demande de rester dans ce couloir pendant que les autres groupes sortent ; d'ailleurs, nous voyons passer les premiers, tous allant dans la même direction. J'observe également leurs visages, marqués par l'étrangeté de ceux qui ont appris tant de choses, comme on peut l'entendre. Des murmures entre-deux. Spontanément, Gabbie me confie qu'il y a, autant de personnes assoiffées de connaissances que d'autres pour qui tout cela n'est qu'un rappel de souvenirs. J'ajoute alors à mon tour que les pyramides seront encore là pour de nombreuses années, voire des siècles après notre ère. Peut-être qu'il y aurait alors un changement, mais qui pourrait le dire ? En tout cas, ce soir, les questions habituelles seront remises à demain. Alors que je terminais ma réflexion, notre guide Guyzen est venu nous demander de nous préparer à fermer la marche du groupe, car il était temps de quitter le musée. Étrangement, à peine venait-il de l'annoncer que Gabbie et moi-même, Gabriel, nous retrouvions à rattraper les derniers membres du groupe. Nous avançons tous vers la sortie.

P.373

Chères lectrices et chers lecteurs, je songeais déjà à la prochaine porte que j'aurai sans doute à ouvrir. Alors, la question se pose : quel est l'élément qui reste ? Qui va me permettre, cette fois-ci, d'ouvrir la porte ? Une autre question me vient aussi spontanément : quelles épreuves ou énigmes allons-nous y trouver à l'intérieur ? À la grande surprise générale, le guide Aklèf me répond comme à son habitude, par la pensée, en m'assurant que je ne devrais pas trop m'inquiéter. Il ajoute que, pour l'instant, il vaut mieux que je suive le groupe de touristes, car le musée va fermer ce soir et tout le personnel doit également rentrer chez lui. Je marche donc aussi vite que possible pour atteindre la porte, où seules quatre personnes se tiennent encore devant moi avant que je puisse enfin sortir. Quelques minutes après avoir quitté le musée, Aklèf m'a remerciée d'avoir marché plus vite pour atteindre la sortie. Je lui ai répondu que ce n'était rien et que cela me semblait normal. Alors que je m'apprêtais à franchir le seuil de la porte, j'ai remarqué qu'il était étrange que Gabbie ait disparu aussi soudainement, probablement à cause de la nuit qui tombait rapidement. Le guide Guyzen se tenait justement adossé à une partie du mur et me regardait avec inquiétude. Je ne comprenais pas vraiment pourquoi. Il venait pourtant de dire : « Gabbie, tu vas sûrement la retrouver dans ta chambre, Gabriel. J'observe attentivement mon interlocuteur, tout en m'interrogeant sur ses affirmations. Comment pourrait-il être informé de ce sujet ? Est-ce que Gabbie serait réellement capable de se déplacer instantanément d'un lieu à un autre ? À ma connaissance, seuls Aklèf et moi-même, Gabriel, détenions cette information

P.374

Concernant Gabbie. Soudain, je sens une main frapper mon épaule droite, ce qui me fait sursauter. Je tourne la tête vers ma droite et constate que c'est bien Aklèf qui m'a fait aussi peur. Il me regarde à nouveau, puis m'annonce qu'il est temps de rentrer à l'hôtel du Caire. J'essaie de me ressaisir et lui réponds « d'accord, d'accord ! ». Il me demande alors de le suivre vers le minibus…En regardant ma montre, je lui confirme qu'il est bien l'heure de rentrer. Je suis alors le guide Aklèf vers le minibus. Quelques instants plus tard, j'entends derrière moi la grille se refermer ; en me retournant, j'aperçois qu'il s'agit de la porte du musée. Aklèf m'interpelle : "Gabriel, ne t'arrête pas, avance ! Sinon, nous serons en retard à l'hôtel du Caire. En plus, je suis fatiguée, Gabriel. Je lui réponds oui Aklèf, je comprends. À ce moment-là, nous montons tous dans le minibus ou les monospaces avec le reste des touristes. Nous nous asseyons, attachons correctement nos ceintures de sécurité. Le guide, Aklèf, ferme les portières de notre côté, puis il se dirige vers la sienne, l'ouvre et s'assoit également, fermant ensuite sa portière gauche. En tournant la tête vers la droite, Aklèf vérifie que tout le monde est bien attaché et prêt à partir. Une fois que tous les passagers sont correctement attachés, le guide Aklèf met le contact et démarre le véhicule. Avant de quitter son stationnement, il vérifie attentivement à sa gauche pour s'assurer qu'aucun autre véhicule ne pourrait entraver sa manœuvre. Après avoir constaté que la voie est libre, il quitte son emplacement en toute sécurité et prend la direction de l'hôtel du Caire. Pendant le trajet, j'observe les passagers : la plupart, visiblement fatigués.

CHAT-PIE-TRE-375

Commencent à s'assoupir, tandis que d'autres se replongent dans leurs notes. Nous poursuivions notre progression lorsque j'ai observé que le ciel nocturne se présentait d'un noir intense, dépourvu de toute étoile visible. Cette situation a suscité mon questionnement : pourquoi le ciel était-il dépourvu d'étoiles ce soir ? Dans le but de rompre le silence, Aklèf a allumé la radio. L'animateur, s'exprimant en arabe, a alors diffusé une annonce. Alors que je finissais ma réflexion, l'animateur a expliqué que l'absence d'étoiles dans le ciel était due à la pollution accumulée dans la journée qui masquait leur éclat. Je suis surpris : au moment où l'animateur explique, Aklèf tente de détourner la conversation en me disant que c'est sûrement, comme tu l'avais mentionné Gabriel, un simple hasard. Une question me traverse l'esprit : comment ai-je fait, moi, Gabriel, pour comprendre cela ? À ce moment-là, Aklèf me regarde également dans le rétroviseur intérieur et me dit : « C'est justement ça, la question, Gabriel… » Puis il ajoute une autre question : « Gabriel, as-tu déjà appris une langue étrangère par le passé ? » Un silence s'installe. Je finis par lui répondre : « Non, Aklèf, pas dans mes souvenirs lointains. Aklèf me regarde dans le rétroviseur. Je lui indique qu'il est **19h40**, puis il reporte son attention sur la route vers l'hôtel du Caire. D'ailleurs, il ne reste plus beaucoup de temps avant notre arrivée… Et justement, en parlant d'arriver, nous y sommes. Aklèf essaie cette fois-ci de trouver une place, mais il se retrouve dans une situation délicate : dans la rue où nous sommes, il n'y a aucune place disponible pour se garer convenablement. Je remarque qu'Aklèf est presque en colère, car malgré les minutes passées devant l'hôtel à chercher une

P.376

Simple place, il n'a rien trouvé. À ce moment précis, le portier nous fait un geste de la main droite pour indiquer qu'il restait bien une toute dernière place pour le dernier arrivé. Sans hésiter, Aklèf appuya sur le bouton et la vitre de la portière descends automatiquement. Il demanda alors où se trouvait cette fameuse place, celle qui venait tout juste de se libérer à la dernière minute. Le portier s'approche et lui indique qu'il peut simplement se garer derrière l'hôtel, où une place est réservée aux employés. Le guide Aklèf le remercie chaleureusement pour cette information. À ce moment-là, Aklèf remonte la vitre de sa portière et se dirige immédiatement vers l'emplacement mentionné par le portier. Aklèf constate avec étonnement que le portier avait raison : il existait effectivement une place de stationnement à l'arrière de l'hôtel, signalée par un écriteau indiquant qu'elle est réservée aux employés. Il s'y rend et gare le minibus/monospace sans difficulté. Une fois qu'il soit bien garé, Aklèf sortait de son côté. Au même moment, quelques touristes qui s'étaient assoupis pendant le trajet se réveillèrent et détachèrent leur ceinture de sécurité, tandis que d'autres rangeaient leurs blocs-notes dans des sacoches jusque-là discrètes. Comme à son habitude, le guide Aklèf ouvre la portière droite pour permettre aux passagers de descendre. À ce moment-là, notre guide Aklèf nous demande de rester sur place afin que nous puissions tous ensemble rejoindre l'hôtel du Caire. Il vérifie une dernière fois que le minibus est bien fermé, puis nous invite à le suivre vers l'entrée où se trouve le portier. Quelques pas suffisent pour approcher l'entrée de l'hôtel ; les touristes, moi-même (Gabriel) et Aklèf.

P.377

Nous retrouvons tous devant le portier qui nous salue aimablement : « Bonsoir, messieurs, dames… » Aklèf lui répond avec gratitude : « Merci, Monsieur le portier, vous nous avez beaucoup aidés. Le portier répondit simplement : « Ce n'est rien, j'ai remarqué de loin que vous cherchiez une place de stationnement. Cette situation me semble donc tout à fait normale. » Tout en prononçant ces quelques mots, ils nous ouvrent la porte et nous entrons, bien au chaud, à l'hôtel du Caire. Je remarque que ce soir, les hôtesses ne sont pas présentes. Spontanément, le portier entend cela et nous explique que c'est normal : en semaine, hôtesses et hôtes terminent leur service plus tôt. Aklèf capte alors la réponse du portier et me lance : **"Gabriel, rien ne t'échappe"**. Es-tu satisfait de cette explication ? Je lui réponds simplement que oui, la réponse du portier me convient. Je consulte ma montre ; il est effectivement tard, 20h10. Le portier conclut en expliquant qu'il doit fermer la porte de l'hôtel, car il se fait tard pour lui aussi, et qu'une bonne nuit lui ferait du bien. Aklèf surenchérit en disant que chacun devrait en faire autant : rejoindre son étage respectif pour se reposer, car demain sera un autre jour. Après avoir écouté le portier puis Aklèf, tous se dirigèrent vers l'ascenseur. Soudain, Aklèf posa sa main sur mon épaule droite et me souffla doucement : « Attends, Gabriel, nous prendrons l'ascenseur après que tout le monde soit monter. J'ai confirmé à Aklèf que je suivrais son conseil et resterais discret, surtout parce que je suis fatigué et n'ai pas envie de discuter ce soir. Alors que j'observe le dernier groupe de touristes monter dans l'ascenseur, je comprends que notre

P.378

Tour arrive bientôt. Aklèf me rassure : « Ne t'en fais pas, Gabriel, nous prendrons l'ascenseur dans quelques minutes. » Il me rappelle aussi un détail sans grande importance : l'hôtel ne possède que quatre étages, une information que tu avais déjà remarquée, Aklèf. Quoi qu'il en soit, l'ascenseur venait tout juste de descendre lorsqu'une sonnerie a retenti, ouvrant ses portes. Aklèf m'a tapoté une nouvelle fois sur l'épaule droite pour me dire : « Allez Gabriel, on monte. Une fois montés dans l'ascenseur, les portes se referment, une sonnerie retentit, puis nous commençons à monter depuis le rez-de-chaussée vers l'étage qui nous intéresse, en l'occurrence le deuxième. Arrivés à destination, la sonnerie retentit à nouveau, les portes s'ouvrent et Aklèf, ainsi que moi-même, Gabriel, avançons ensemble vers ma porte au numéro 259. Aklèf me suit afin de s'assurer qu'il ne se passera rien d'inquiétant cette fois-ci dans le couloir, contrairement à la dernière fois. Je pense même qu'il restera avec moi quelques minutes dans la chambre pour vérifier qu'il n'y a là non plus rien d'étrange… Nous marchons donc ensemble vers ma porte, je prends ma clé et j'ouvre ; comme prévu, Aklèf entre dans la chambre pour effectuer son inspection du soir. Je le vois examiner chaque pièce puis il me dit : « Gabriel, il n'y a rien ce soir », tel un invité-surprise, me sentant maintenant rassuré, Aklèf. Je le remercie, puis il me répond que c'est normal, que c'est son « job ». Je le vois rassuré, il se dirige vers la porte de ma chambre, l'ouvre grand, sort, et à ce moment-là il me dit : « Passe une bonne soirée Gabriel, ne tarde pas, demain sera une journée pleine de sens. » Je lui fais signe de la main gauche que j'ai compris, en disant : « Okay !

P.379

Okay ! » D'ailleurs, ne t'inquiète pas, je ne veillerai pas tard ; juste le temps de prendre une douche, manger un morceau, puis m'allonger directement au lit. Comme d'habitude, je regarde ma montre et constate qu'il est bien **20h40**. À cet instant précis, je vois le guide Aklèf s'éloigner du couloir pour rejoindre sa chambre située de l'autre côté. Pour être franc avec vous, chers lectrices et lecteurs, j'ignore totalement son numéro de chambre. D'ailleurs, je vous fais une autre confidence : je n'ai pas vu Vanessa dans le groupe de touristes. Étrange, non ? Mais passons. Il était **20h55** lorsque j'ai eu cette réflexion. J'ai vu Aklèf rentrer dans sa chambre au bout du couloir. Je suis resté quelques instants dans ce couloir, profitant du silence qui y régnait ; parfois, ce calme est vraiment agréable. Ensuite, je suis rentrée dans ma chambre et j'ai bien fermé la porte à clé, afin d'être certain que personne n'entrera. Oui vraiment personnes. Pour l'instant, je préfère éviter de me laisser distraire par des pensées farfelues et choisir plutôt de prendre une douche pour me détendre. Je file donc dans la cabine, j'allume l'eau tiède pour m'humidifier, puis j'utilise mon shampoing, non seulement pour mes cheveux mais aussi pour le reste de mon corps. D'ailleurs, ce shampoing à la senteur vanille/framboise suffit amplement – au cas où vous seriez curieux mes chers lecteurs de connaître le parfum. Pour revenir au parfum, il est très agréable, mais passons. Après une douche relaxante d'une dizaine de minutes, j'arrête l'eau tiède et sors de la cabine. J'enfile alors mon peignoir marron clair, à la texture douce et plaisante. Il sèche rapidement mon corps, ce qui suffit amplement.

CHAT-PIE-TRE-380

Ensuite, je quitte la salle de bain pour aller choisir un pyjama propre dans le placard. Voyons voir : en général, je commence par enfiler le bas de mon pyjama, puis j'ajoute un t-shirt, de préférence blanc, pour assortir avec le bleu du haut. Le pyjama bleu et le t-shirt blanc vont bien ensemble. D'ailleurs, ce soir, il ne fait pas trop froid, donc je préfère rester léger. Je me sens Super bien ! Fraîchement lavé et prêt, je me dirige vers le frigo pour explorer son contenu. Voyons voir si une surprise pourrait bien changer mon menu du soir. J'imagine que ceux qui lisent mes aventures aiment deviner ce que je découvre. À votre avis, qu'est-ce que je vais trouver en ouvrant la porte ? Des sandwichs, ou peut-être autre chose ? En jetant un œil à l'horloge – il est **21h10**, je me dis que je prendrai sûrement ce qui me passe sous la main, puisque je n'ai pas très faim. Chères lectrices et chers lecteurs, devinez ce que j'ai trouvé ? Vous avez une idée ? Eh bien, je vais vous le dire ! J'ouvre le frigo, et là, surprise : il y a du nouveau. Je découvre du pain, des tomates, des frites, des oignons, de la viande émiettée, avec des cornichons, accompagnés d'une belle tête de salade. Sur la porte du frigo, quelques jus variés attendent aussi. Ce soir, mon assiette sera bien garnie. Voilà, maintenant vous savez tout pour ce soir. Je vous souhaite un bon appétit, une excellente nuit, **et** à demain matin ! Bonjour à toutes et à tous, oui, vous qui me lisez, chères lectrices et chers lecteurs ! Avez-vous bien dormi ? Pour ma part, pas vraiment. Hélas, je n'ai pas eu le sommeil réparateur que j'espérais. Même si j'ai encore le physique d'un jeune adolescent, je me suis retourné dans tous les sens cette nuit.

P.381

Comme si je revivais toute l'intensité de ma journée dans mon lit. C'est fou de ressentir ses journées jusque dans ses rêves, à croire que le rêve est là pour nous aider à trouver des solutions. Aux questions que nous nous posons tous chaque jour… Mais passons, je me lève de mon lit à **7h00** précises, comme d'habitude. Mon réveil est réglé de manière que je sois prêt à commencer chaque matin. J'apprécie particulièrement cette routine pendant mon séjour dans cet hôtel du Caire, en Égypte. Une fois bien réveillé, je me rends comme chaque matin à la douche. J'ouvre l'eau tiède puis prends le savon pour me nettoyer le visage ; quel plaisir d'être pleinement éveillé ce matin ! J'utilise une serviette réservée uniquement à cet usage. Comme vous l'avez compris, dans cet hôtel, il y avait deux types de serviettes : la première pour le visage, la seconde pour le corps. Toutes deux sont très douces au toucher. Après m'être séché le visage, je prends soin de mes cheveux que je coiffe soigneusement vers l'arrière à l'aide d'un peigne fin. Une fois correctement coiffé, je quitte la salle de bain et me rends tranquillement devant mon placard pour choisir une nouvelle tenue. Lorsque je suis habillé, je jette un œil dans le miroir et me sens satisfait de mon apparence, trouvant ma tenue élégante. Ensuite, direction la cuisine : j'attrape le bol, toujours aussi sobre avec ses couleurs noir et blanc. Comme mentionné au début de l'histoire, ce bol arbore un dessin de panda assis, mangeant du bambou de la main droite. Je le récupère dans le meuble en hauteur, puis j'ouvre la petite porte à côté pour saisir, au hasard, une boîte de céréales. Pour une fois, je ne sais vraiment pas quoi choisir.

P.382

D'habitude, j'opte pour des céréales au blé, mais cette fois… c'est comme si je faisais face à une véritable énigme ! Blague à part, il existe toutes sortes de céréales : certaines sont au blé, natures ou chocolatées, d'autres ressemblent à de petites feuilles croustillantes, tandis que certaines se présentent sous forme de petites boules collées entre elles. Toutes sont sucrées. Cette fois-ci, j'opte pour des céréales en feuilles sucrées. Allez, hop ! Je me dirige vers le frigo, je prends du lait puis vais m'asseoir sur la chaise en bois de chêne. Je la tire vers moi, derrière mon dos. Je pose les céréales, le bol et le lait sur la table, puis je replace la chaise et je m'assois correctement. J'ajoute le lait dans les céréales, mes coudes posés sur la table — un à droite du bol, l'autre à gauche. Maintenant, je prends la petite cuillère et je plonge dans le mélange de lait et de céréales feuilletées sucrées. Miam, miam, c'est délicieux, un vrai petit plaisir matinal ! Les minutes s'écoulent et, profitant d'un rare moment de tranquillité, je savoure enfin mon petit-déjeuner dans le silence. Contrairement à l'habitude où les habitants locaux animent la matinée en proposant leurs merveilles aux clients, cette fois, tout est apaisé, comme une cathédrale silencieuse. Soudain, la fatigue m'envahit de toutes parts, ce qui me paraît presque incroyable. Je ne cesse de bâiller à chaque bouchée de céréales ; peut-être est-ce la conséquence des efforts fournis toute la journée d'hier, du moins c'est ce que je suppose. Ou alors, est-ce autre chose ? Je ne sais pas vraiment. Quoi qu'il en soit, j'ai presque terminé mon petit déjeuner dans un silence que j'apprécie beaucoup… D'ailleurs, pendant que les minutes s'écoulaient.

P.383

Je venais tout juste de finir ma dernière bouchée lorsque j'ai constaté que mon bol avec un panda dessiné au fond était complètement vide. Plus une goutte de lait. Ah ! Je me sens bien, mon estomac ne réclame plus rien. D'ailleurs, en parlant de la fin, il est exactement **7h50**. Je me lève de ma chaise en bois et me dirige vers la cuisine, où je dépose tout au fond de l'évier. Je prends alors le bol et la cuillère à café, les rince à l'eau tiède, puis les place sur l'égouttoir. Je prends une serviette accrochée à la poignée de la porte du bas pour essuyer le bol et la cuillère, puis je range tout : le bol dans le placard du haut, la cuillère dans le tiroir. Il ne me reste plus qu'à remettre la serviette à sa place, et tout est en ordre. Oui, chères lectrices et chers lecteurs, ce sont des détails du quotidien. Tout est bien rangé ; il ne me reste plus qu'à attendre les guides Aklèf et Guyzen pour aller au musée, comme chaque jour de la semaine. D'ailleurs, je ne me lasse pas du tout, bien au contraire. J'ai toujours l'énergie et l'envie d'aider notre aimable Gabbie. C'est vraiment captivant de chercher des solutions aux énigmes ou tout simplement de relever des défis. Ce que je souhaite vraiment, c'est être au musée afin d'en apprendre encore davantage. Quoi qu'il en soit, j'en connais un qui file à toute vitesse… Oui, je parle bien du temps. Il est **8 h 15**, et vous qui me lisez depuis longtemps, je peux vous dire que le matin, on entend les gens se lever simplement depuis le couloir. Le bruit de leurs chaussures résonne parce que le parquet grince sous leur poids, mais pas au point de faire un trou. D'ailleurs, pour passer un peu le temps, je me dirige vers la porte de ma chambre, que j'ouvre en grand pour observer les touristes.

P.384

Sans doute eux partent vers l'ascenseur, tandis que d'autres partent retrouver leurs proches (familles, amis ou collègues). En parlant de gens qui arrivent, j'entends l'ascenseur approcher à notre étage. Je pense que ce sont probablement les guides Aklèf et Guyzen qui montent. Ou alors, il s'agit simplement de touristes qui reviennent de l'accueil à notre niveau. Dans tous les cas, je le saurai bientôt. Je reste devant la porte pour vérifier si c'est bien le cas. Je serais très surpris s'ils arrivent plus tôt que prévu. En voyant toujours les gens s'agiter dans le couloir, je regarde ma montre, il est **8h35**, il ne reste plus que quelques instants avant que les guides, Guyzen et Aklèf, viennent me chercher pour partir vers le musée. En y repensant, je me dis que Vanessa reviendra sûrement me parler de l'histoire qu'elle a vécue. Pour être franc avec vous, chères lectrices et chers lecteurs, je ne me souviens plus exactement où elle se trouve. Dans quelle chambre ? Je sais qu'elle est tout près, mais où précisément ? Enfin, bref ! Je vais rentrer maintenant et fermer la porte de ma chambre ; je préfère attendre Aklèf et Guyzen pendant les quelques minutes de patience qui restent... Ah oui ! Chères lectrices et chers lecteurs, j'ai pris l'habitude de vous laisser en compagnie du Narrateur, qui explique très bien ce qui se passe, et qui dit ceci... Gabriel reste assis sur le canapé en attendant les guides Aklèf et Guyzen. Il garde toujours sa motivation et nourrit l'espoir qu'un jour, il pourra retourner dans son univers, celui de la fabrication de jouets. Soudain, une sonnerie retentit dans le couloir. Gabriel se lève du canapé et marche vers la porte de sa chambre. Il regarde par le judas, et sa joie reste visible sur son visage.

CHAT-PIE-TRE-385

Gabriel opère un demi-tour et ouvre à nouveau la porte ; un léger sourire se dessine sur ses lèvres en voyant les deux guides, Guyzen et Aklèf, qui s'approchent dans le couloir pour venir le chercher. Quelques minutes plus tard, on voit les guides s'approcher progressivement. Visiblement heureux, même Guyzen et Aklèf saluent Gabriel d'un geste de la main droite pour lui indiquer qu'ils arrivent. Gabriel l'a bien compris, mais il préfère aussi leur répondre en agitant la main gauche pour les saluer à son tour. Aklèf et Guyzen se sont rapprochés de Gabriel ; désormais, ils se tiennent tous trois devant la porte de la chambre numéro 259, affichant un sourire complice. Aklèf demande alors à Gabriel : « Es-tu prêt ? » Gabriel répond : « Oui, Aklèf, je le suis, nous pouvons y aller. » À ce moment-là, Guyzen s'adresse à Gabriel : « Dans ce cas, n'oublie pas de bien fermer ta chambre, la journée promet d'être chargée… » Gabriel retourne alors dans sa chambre, prend son sac à dos bien rempli de provisions ainsi que son bloc-notes afin de recueillir des informations utiles pour résoudre les énigmes ou relever les défis au musée. Après avoir quitté la pièce, il vérifie soigneusement la fermeture de la porte derrière lui, sort la clé de sa poche et verrouille complètement la porte. Il rejoint ensuite Aklèf et Guyzen, les deux guides, et tous trois se dirigent vers l'ascenseur. Le narrateur poursuit son récit. D'ailleurs, de nombreux touristes patientent également devant l'ascenseur ; selon la montre de Gabriel, il est déjà **9h55**. C'est justement le moment de descendre et, comme à l'accoutumée, de passer par l'accueil sans oublier de saluer le portier, avant de monter à bord du minibus ou du monospace.

P.386

Chers lectrices et lecteurs, je vous laisse désormais avec Gabriel, qui vous accompagnera tout au long de la visite, depuis l'entrée du musée jusqu'à la mystérieuse chambre qu'il saura ouvrir pour vous révéler ses secrets énigmatiques. En attendant, c'est à notre tour de descendre. L'ascenseur se trouve juste devant nous ; il vient de sonner et ses portes s'ouvrent. Parmi le petit groupe de personnes présentes, nous faisons partie de ceux qui attendent pour descendre. Les portes se referment aussitôt que la sonnerie retentit, et nous amorçons la descente vers l'accueil. Arrivés au rez-de-chaussée, tous les passagers – nous compris – sortent ensemble. Tandis que la sonnerie résonne de nouveau, les portes se ferment automatiquement derrière nous, mais l'ascenseur ne remonte pas tout de suite. Nous avançons tous ensemble vers la sortie, sans omettre de saluer les hôtesses et les hôtes. Cette fois-ci, ce sont eux qui prennent l'initiative de nous dire bonjour, et il y a un mélange d'hommes et de femmes à l'accueil (H.F). Aklef m'explique qu'il est normal de croiser autant de personnel aujourd'hui à l'entrée, car cette journée ne ressemblera à aucune autre. Elle sera un moment chargé d'émotions pour chacun. Sans répondre, je poursuis mon chemin comme tout le monde, et lorsque nous arrivons devant la porte, le portier l'ouvre pour nous et nous salue : « Bonjour, messieurs, dames. » Nous lui rendons son salut en ajoutant : « Bonjour, Monsieur le portier. » Il appelle ensuite le chauffeur du minibus ou du monospace. Le portier nous demande alors de patienter un instant que le chauffeur arrive, ce à quoi nous répondons simplement : « D'accord, d'accord ! En y repensant, je me dis que ce matin il fait chaud, mais pas trop.

P.387

Juste assez pour être supportable toute la journée. C'est une bonne température pour ceux qui souhaitent visiter les pyramides. À ce moment-là, mes pensées ont été interrompues par le portier qui est venu nous informer que le chauffeur était arrivé. Il venait d'arriver pour prendre les groupes et, peu à peu, ils diminuaient devant l'hôtel. Ensuite, Aklèf m'a demandé d'être prêt à monter dans le minibus/monospace. Après avoir acquiescé, j'ai remarqué que le minibus venait tout juste de s'arrêter. Le chauffeur a ouvert la portière gauche, est descendu de son siège, puis s'est avancé pour ouvrir la portière côté passagers. Les touristes, dont nous faisions partie, sont alors montés dans le véhicule. Une fois installés, Aklèf et Guyzen se sont assurés que chacun était présent, que tout le monde avait bien attaché sa ceinture de sécurité et que tout le monde était prêt à quitter le parking. Ensuite, Aklèf et Guyzen se sont installés à l'avant, fermant la porte du côté droit, puis le chauffeur les a rejoints au poste de conduite. Il a fermé sa portière, inséré la clé dans le contact et vérifié une dernière fois que tous les passagers, guides compris, avaient leur ceinture attachée. Après s'être assuré que tout était conforme, il s'est installé correctement, attacha sa propre ceinture et démarra le véhicule en toute sécurité, quittant le stationnement pour prendre la direction du musée. Les minibus ou monospaces, appelez-les comme vous voulez, roulent droit vers les musées destinés aux touristes et suivent le cortège. Dans l'un de ces véhicules, où je me trouve, je réalise que personne ne sait vraiment ce que je vis. Encore moins ce qui se passe dans chaque chambre de momies une fois les portes ouvertes.

Malheureusement, les touristes servent davantage de décor qu'ils n'interviennent réellement ; ils n'ont pas à gérer l'ensemble des situations. Ils ne sont pas préparés à affronter autant d'énigmes et d'épreuves, ni à supporter l'effort physique nécessaire au moment venu. Mais revenons à cet instant : nous sommes encore sur la route, qui semble plus longue qu'à l'accoutumée, au point de penser que le chauffeur cherche à nous faire perdre du temps, surtout qu'il est déjà **10h30**. À ce moment-là, Aklèf me lance un regard à travers le rétroviseur du minibus, et par la pensée, il me rassure : « Gabriel, ne t'inquiète pas, le chauffeur sait parfaitement où il va. Il connaît bien le chemin, donc aucun souci à se faire. Pour ce qui est du musée, il est ouvert et nous y serons bientôt ; inutile de te presser. Je sais que tu as hâte de découvrir la prochaine porte et de résoudre les épreuves ou même des énigmes... Sache, Gabriel, que nous aurons tous un rôle à jouer. Donc ne t'en fais pas, nous arriverons bientôt devant le musée, et tu dois garder ton calme et faire preuve de patience. Pour l'instant, profite du paysage. Je le regarde et je lui dis : « Oui, Aklèf, tu as raison, mais comprends-moi : il ne me reste sans doute plus beaucoup de temps pour éventuellement découvrir l'origine du problème qui a fait que Gabbie est restée coincée dans une sorte de paradoxe temporel. » Soudain, Guyzen surenchérit et dit : « Gabriel, on comprend la lourde tâche qui t'incombe, mais comme Aklèf te l'a déjà dit, reste calme. Nous arrivons très bientôt au musée, tu peux nous faire confiance, surtout après tout ce temps que tu nous connais maintenant. » Un silence s'installe entre nous, puis je leur dis : «

P.389

D'accord, d'accord, je comprends, je reste calme et je patiente, pas de problème dans ce minibus/monospace. En parlant de patience, tout le monde dans le minibus ou le monospace aperçoit les pyramides ; je ne suis pas le seul à les voir, tous les touristes sont ravis d'approcher l'entrée pour en apprendre davantage sur la civilisation égyptienne. En parlant de civilisations, je me demande si certains collègues dans mon entreprise de jouets en France s'inquiètent de mon absence. Peut-être que mon absence suscite des rumeurs étranges. Je repense aussi à Pascal, l'agent de sécurité, qui m'avait dit : « **Dans un autre temps, ou un autre monde parallèle.** » Étonnamment, il n'avait pas totalement tort. Qu'en pensez-vous, chers lecteurs et lectrices ? L'agent de sécurité avait-il raison, ou était-ce une simple coïncidence ? Quoi qu'il en soit, nous arrivons bientôt devant les musées, où les touristes se réjouiront d'enrichir leurs connaissances ou de rafraîchir leur mémoire. À ce moment-là, le chauffeur nous informe que le musée se trouve droit devant et précise qu'il ne reste plus que quelques minutes avant l'arrivée. Il ajoute qu'il pourra nous déposer devant l'entrée car il devrait y avoir une place de stationnement sécurisée. En vérifiant l'heure, je constate qu'il est exactement **11h05**. En relevant la tête vers l'avant du minibus, en même temps que les touristes nous remarquons que le chauffeur avait effectivement trouvé une place idéalement située juste à côté de l'entrée du musée. Aklèf m'adresse spontanément ces mots : « Tu vois Gabriel, la patience est une vertu », suivi par le guide Guyzen qui me demande :

CHAT-PIE-TRE-390

« Gabriel, es-tu satisfait que nous soyons tous arrivés ici sains et saufs devant l'entrée du musée ? » Je demeure silencieux avant de leur répondre : « Oui, messieurs les guides Aklèf et Guyzen, je suis ravi ; vous n'avez pas idée… » Alors que je termine ma phrase, j'observe le chauffeur descendre de son poste de conduite, fermer sa portière, contourner le minibus/monospace et venir ouvrir la porte coulissante à l'ensemble du groupe. Nous descendons tous un à un du véhicule. Le chauffeur observe la dernière personne descendre avant de fermer rapidement la porte coulissante. À ce moment-là, les guides Aklèf et Guyzen nous regardent et demandent à chacun de les suivre vers l'entrée du musée. Nous obéissons et avançons en silence, marchant pas à pas, tout en échangeant des conversations discrètes entre membres du groupe de touristes. Le soleil, présent mais doux, remonte le moral par sa lumière sans être brûlant. Soudain, je soupir de soulagement en constatant que nous arrivons tous devant l'entrée ; seulement quelques personnes pénètrent dans le sas à la fois. Notre groupe compte une vingtaine de personnes, alors que le sas n'en accueille que cinq à chaque passage, chaque entrée étant surveillée par un agent de sécurité du musée. C'est désormais au tour du second groupe de cinq personnes d'entrer dans le sas. Le guide Guyzen nous informe que ce sera bientôt à notre groupe d'accéder au musée. Aklèf ajoute que nous devons faire preuve de vigilance lors de l'entrée en restant bien espacés, car l'agent de sécurité vérifie systématiquement le contenu des effets personnels afin de s'assurer qu'ils ne contiennent aucun objet inapproprié.

P.391

Il est inutile de s'inquiéter concernant cette procédure de contrôle. Chaque personne reste silencieuse, moi (Gabriel) y compris. D'ailleurs, au fil des minutes, je ressens le besoin d'entrer dans le musée. Soudain, le guide Aklèf me parle par la pensée et m'invite à rester calme, ajoutant que notre tour viendra bientôt pour passer le sas situé à l'intérieur du musée. Je lui réponds mentalement que j'ai bien compris, mais l'envie d'entrer reste forte, même si je dois contenir mon impatience. Le guide Guyzen surveille la dernière personne entrant à l'intérieur dans le sas tandis que le guide Aklèf nous invite à les suivre pour accéder à l'intérieur. Il est important de respecter scrupuleusement les consignes communiquées. Nous avançons pas à pas, comme cela nous avait été indiqué, en maintenant un espace entre chaque personne afin de permettre à l'agent de sécurité d'effectuer son travail correctement. Une fois que nous sommes tous entrés dans ce fameux sas, chaque personne est contrôlée par l'agent de sécurité. Lorsque vient mon tour, l'agent me regarde et dit spontanément : « À votre tour, jeune homme. » Je le fixe et un sourire apparaît sur mon visage. Surpris de mon expression, l'agent demande à l'un des guides pourquoi je souris. Le guide Aklèf lui répond alors simplement que ce jeune homme est heureux de pouvoir entrer dans ce musée. L'agent, bien que surpris, m'autorise finalement à quitter le sas afin de rejoindre le groupe de touristes, restés dans le couloir du musée en attendant les guides Aklèf et Guyzen. Nous avançons dans le couloir lorsqu'un événement inattendu se produit : de l'eau commence à s'écouler de la chambre d'une des momies.

P.392

Aklèf et Guyzen restent stupéfaits devant ce phénomène. En échangeant un regard, il devient évident qu'ils comprennent ce qui se passe. Les touristes, eux aussi, affichent des expressions étonnées face à cette eau mystérieuse glissant au sol venant de la chambre. Le guide Guyzen prend la parole et fait une annonce importante : « Bonjour à tous. Veuillez ne pas vous inquiéter ; ce que vous observez est une mise en scène organisée par les pompiers présents à l'intérieur afin de réaliser des tests. Tout est parfaitement sous contrôle. Aklèf m'a spontanément demandé de ne pas venir pour le moment. Lorsque j'ai sollicité la raison, il m'a expliqué que nous allions procéder à une dispersion afin d'éviter que les touristes ne fassent davantage de commentaires. Il leur suggère de prendre d'autres couloirs jusqu'à ce que la situation revienne à la normale. J'ai répondu favorablement, en précisant que je resterais sur place en attendant des instructions supplémentaires. Aklèf m'a confirmé qu'il revenait sous peu. J'ai alors observé les guides, Aklèf et Guyzen, se diriger vers la chambre **dite "inondée" par les eaux.** Quelques minutes plus tard, comme l'avait indiqué Aklèf, les touristes se dirigèrent chacun vers d'autres couloirs, là où il y avait davantage d'objets anciens à observer. D'ailleurs, une question subsiste : les touristes y ont-ils réellement cru ? Quoi qu'il en soit, ils ont fini par déserter le couloir. Visiblement, l'annonce du guide Guyzen s'est bien passée. D'ailleurs, à ce propos, je vois justement Guyzen et Aklèf revenir ensemble depuis ma place. Sur le chemin de leurs retours vers moi, Aklèf m'informe que je peux maintenant les accompagner.

P.393

Pour ouvrir tranquillement la fameuse porte, sans aucun problème. Nous avançons tous les trois vers cette fameuse chambre, et je remarque que l'eau monte presque à quelques centimètres, sans dépasser nos chaussures. Soudain, nous nous arrêtons devant une porte. Une question surgit dans mon esprit : je suis instinctivement persuadé qu'il s'agit bien de la chambre de la momie responsable de l'épreuve que je m'apprête probablement à affronter. Les symboles inscrits au-dessus de la porte me paraissent à la fois familiers et étrangement différents de ceux que j'ai pu voir auparavant. Aklèf et Guyzen me demandent si je peux déchiffrer les symboles numériques. Je leur réponds que c'est possible, car il faut d'abord les voir comme des symboles classiques avant leur numérisation. En résumé, rien ne change par rapport à d'habitude. Alors que je me prépare à analyser le code situé au-dessus de la porte, je remarque également la présence de symboles sur les côtés de celle-ci. Cela me rappelle l'une des portes précédentes, à une différence près : sur les deux portes, le vent était représenté par un aigle, tandis qu'une autre chambre, plus dense et évoquant une forêt, était associée à la terre et symbolisée par un serpent. Pour cela, il faut identifier le symbole de l'eau et son représentant. Il suffit de remettre chaque élément à sa place, mais la porte doit être ouverte avec le dernier symbole, « l'eau et son représentant » : poisson, crabe ou les deux, placés de chaque côté de la porte avec leurs symboles respectifs. Alors que je cherche, sur les cadrans numériques, à repérer les symboles ainsi que ceux qu'ils représentent, Aklèf m'interpelle soudainement en m'appelant « Gabriel ».

P.394

Je reste concentré, un silence s'installe, puis le guide Guyzen insiste lui aussi lourdement en répétant « Gabriel ». À cet instant, je me retourne et leur demande pourquoi insistait autant à m'appeler ainsi. Aklèf me répond simplement : « Regarde bien Gabriel, la porte de la chambre. » Celle-ci s'ouvre alors légèrement, laissant échapper une lumière... blanche à l'intérieur. Soudain !! je reste san voix. Une seule interrogation me traverse l'esprit : comment expliquer cette ouverture soudaine ? Je n'ai absolument rien entrepris qui aurait pu provoquer son ouverture autonome. Je garde à l'esprit que l'eau continue de monter. Puis, tout à coup ! Gabbie apparaît soudainement, avec son puit de lumière blanche comme à son habitude, au bon moment où l'eau continue de s'écouler sur le sol, passant sous la porte de la chambre de la momie, désormais partiellement ouverte. Gabbie nous salue d'un geste de la main, tout en remarquant notre étonnement face à une porte qui s'est ouverte d'elle-même. Elle nous demande alors ce qui se passe. Spontanément, le guide Guyzen explique qu'au moment où Gabriel se concentrait sur les symboles numériques, les recherchant dans la liste indiquée sur le cadran afin de placer l'uns quatre éléments restants dans l'ordre, Gabriel avait effectivement aperçu l'un des symboles sur le cadran, précisément lorsque la porte a commencé à s'ouvrir. Grâce à sa spontanéité, Gabbie se faufile habilement dans l'entrebâillement de la porte, tandis qu'Aklèf choisit justement ce moment pour ouvrir largement cette fameuse entrée, et Guyzen m'invite alors à pénétrer dans cette chambre mystérieuse.

CHAT-PIE-TRE-395

Lorsque tout le monde a franchi le seuil, la porte se referme étrangement d'elle-même, sans que nous puissions expliquer pourquoi. Néanmoins, il est courant que cette porte énigmatique ait l'habitude de se refermer seule. Guyzen poursuit sa demande en précisant que nous devons tous rester vigilants face à ce qui se passe autour de nous. Je lui réponds que je suis d'accord. Nous marchons tous les trois dans cette pièce et, tout comme moi, les guides Aklèf et Guyzen remarquent des encadrements assez profonds. Spontanément, Aklèf remarque que c'est étrange : « La profondeur correspondrait-elle à un passage pour enfant ? Il semble que nous affrontions de nombreuses épreuves dans cette pyramide égyptienne. Pour faire une parenthèse, cela me rappelle la vie elle-même, où chacun doit aussi faire face à ses propres obstacles. Voilà pour l'aparté : ouvrir la porte entrouverte lourde à tirer physiquement, est l'un des défis qui nous attendent ici. En regardant autour de nous, j'observe aussi des cadres qui évoquent des ouvertures semblables à celles du couloir ; cependant, comme l'a gentiment expliqué notre guide Aklèf, leur profondeur correspond étonnamment à la taille d'un enfant. Ces profondeurs visibles sur les murs qui nous entourent rappellent les réalités du passé liées à la construction ancienne, où les employés travailler pour construire des monuments en pierre. Ma curiosité est éveillée, et même si le passage est étroit, je choisis de tenter l'aventure à travers ces encadrements. J'utilise les pierres comme des marches d'escalier, et je les monte une à une. Soudain, les guides Aklèf et Guyzen me demandent de faire attention.

P.396

Car ils savent qu'au sein de ce couloir, il pourrait se rétrécir davantage. Les cordes anciennes attirent notre attention et, bien qu'elles paraissent visuellement solides, je doute de leur résistance. Historiquement, elles servaient aussi bien pour monter que pour descendre, rendant leur utilisation délicate. Je m'interroge donc sur leur fiabilité. Gabbie tente de me rassurer au sujet des cordes en affirmant : « Ne t'inquiète pas Gabriel, elles sont solides, j'en suis certaine, car j'ai assisté à leur installation. » Malgré l'incertitude, je choisis de prendre le risque. Au moment de m'élancer, je ressens une combinaison d'adrénaline et d'appréhension. Avant de commencer la descente, Aklèf et Guyzen me préviennent : « Gabriel fait vraiment attention à tout. » Puis Aklèf ajoute qu'il vaut mieux descendre doucement, car de mémoire je m'en souviens que la pente peut être délicate. Je le remercie pour son soutien et lui assure que je prendrai toutes les précautions nécessaires lors de la descente. Un silence s'installe entre nous tous, puis je préviens les guides Aklèf et Guyzen que je vais m'élancer. Ils acquiescent, mais une question me vient soudain à l'esprit : je leur demande comment faire pour revenir ici, une fois arrivé au bout de ce tunnel. Les deux guides échangent un regard, comme s'ils connaissaient la réponse à ce qui m'attendait au bout. Sans hésiter, Gabbie intervient : « Vas-y, Gabriel… » Elle m'encourage ensuite en me souhaitant bonne chance. Le guide me regarde alors et me dit : « Gabriel, ne t'inquiète pas pour le retour dans cette chambre de momies, on sera là. » Je leur réponds d'accord, puis j'y vais… Je commence à glisser dans ce tunnel, et je me souviens des consignes.

P.397

Données tout à l'heure par Aklèf. Selon Gabbie, il s'agit de se maintenir prudemment sur la corde tout en avançant lentement et avec une grande vigilance. C'est le précieux conseil du guide Aklèf. Soudain, le Narrateur fait son retour et annonce que maintenant que le jeune homme, Gabriel, vient de glisser dans ce tunnel, les guides Aklèf et Guyzen, ainsi que le jeune Gabbie, examinent minutieusement toute la pièce de la chambre où se trouvent effectivement des momies, mais aussi cette eau qui continue de s'écouler sur le sol. Il est vraiment surprenant de constater que l'eau monte d'un millimètre à chaque pas qu'Aklèf et Guyzen font. Les vibrations se faisant sentir sur chaque pas, jusqu'as l'extérieur des chaussures des guides qui avancent droit devant. Soudain, Aklèf s'arrête, ayant une révélation concernant l'évolution de sa capacité à lire les pensées en général. À ce moment précis, son collègue Guyzen lui demande ce qui se passe. Aklèf explique qu'il vient d'entendre spontanément les questionnements de Gabriel, exactement au moment où celui-ci avait glissé dans le tunnel. Guyzen demande à son collègue Aklèf de quoi il s'agit exactement concernant ces fameux questionnements. Aklèf lui répond que Gabriel réfléchit à sa propre conscience, sachant qu'il est momentanément influencé par deux esprits : celui de l'enfant, mais également celui de l'adulte qu'il était juste avant d'être réduit **à l'âge d'un enfant de 12 ans.** Guyzen comprend désormais pourquoi son collègue Aklèf a eu cette révélation. Il poursuit sa réflexion en ajoutant que, ce qui l'étonne le plus, c'est de voir Gabriel prendre conscience chaque jour. C'est simplement une prise de conscience.

P.398

Dans ces instants, de l'écart entre ce qu'il est physiquement – un enfant – et ce qu'il ressent dans sa tête, comme un adulte. D'ailleurs il aurait une forme d'amertume, "comme-ci, il n'était pas à la bonne place" ou juste pas à la bonne époque. Le narrateur reprend soudainement le récit, à la suite de l'intervention du guide Guyzen. Ce dernier explique que Gabriel doit faire preuve de courage afin de progresser, malgré les défis qui se présentent à lui. En ce qui concerne le jeune Gabriel, celui-ci vient d'arriver après avoir progressé dans un tunnel à la pente glissante. Il a atteint sa limite. Gabriel tient de la main droite une corde qui lui a permis de descendre facilement. Il lâche alors la corde, se redresse sur le sol et remarque que celle-ci est en réalité robuste et peut supporter le poids de plusieurs personnes. Le narrateur poursuit son histoire : Gabriel imagine alors combien d'enfants sont passés par là avant lui et s'ils ont dû traverser les mêmes épreuves…Quoi qu'il en soit, Gabriel poursuit son exploration et finit par pénétrer dans une autre chambre. Celle-ci ne contient aucune momie et, contrairement à ce que l'on pourrait penser, Gabriel tient dans une boucle de son jean sa torche, qui lui permet de vérifier s'il peut trouver des indices sur la chambre aux momies d'où il venait, avant de descendre depuis ce fameux tunnel… Gabriel poursuit donc son exploration, sa torche à la main droite. Le sol est lisse et il ne remarque rien de particulier. En balayant la pièce de la lumière de sa torche, il n'aperçoit rien d'inhabituel. Quelques minutes plus tard, alors qu'il continue d'avancer, il constate que les murs semblent étranges. Il y avait autant de trous que dans un fromage râpé.

P.399

Ce qui est le plus étonnant, c'est que ces trous laissaient passer l'air. Soudain, je me suis demandé pourquoi il n'y avait pas de momies dans cette chambre-là, contrairement à toutes celles que nous avions déjà ouvertes avec les guides… Je sens de l'air venant de l'extérieur des murs de chaque côté de moi, sur mon visage près de ces trous, mais plus j'avance, plus il devient intense devant moi, alors qu'il n'y a, apparemment pas de trous dans le mur. D'où vient cet air ? Je poursuis mon chemin, mais l'air frais se fait de plus en plus rare. Une idée me traverse l'esprit : si j'appelais le prénom d'un des guides, sauraient-ils m'entendre ? Qu'en pensez-vous, chers lecteurs et chères lectrices ? Peut-être entendraient-ils ma voix, comprendraient ainsi que je suis bel et bien descendue, et que tout va bien pour moi. Mais pour l'instant, je continue de marcher, pas à pas, et j'arrive juste devant ce mur. L'air est bien présent, il n'y a aucun trou. Quand je touche la surface du mur avec la paume de ma main droite, je sens vraiment la présence de l'air. C'est une sensation étrange, et je regarde autour de moi. Soudain, quelques gouttes d'eau apparaissent, sans que je puisse vraiment en déterminer la provenance. J'ai beau observer partout, il n'y a rien. En revanche, je viens d'entendre un bruit bizarre, comme si de l'eau tombait sous mes chaussures. Je dirige ma torche vers elles et me rends compte qu'elles sont presque trempées. J'observe distinctement que des gouttes d'eau continuent de tomber. J'oriente alors ma torche vers le plafond et, grâce au faisceau lumineux, j'identifie enfin la source de ces gouttes. À ce moment, je remarque une forme rectangulaire au-dessus de moi.

À l'emplacement précis d'où s'échappe l'eau. Donc si je comprends bien, le passage que je venais d'utiliser, qui m'a permis de glisser jusqu'ici, c'est pour que je tombe sous une petite trappe ? Ça n'a pas de sens il doit avoir quelques choses d'important que cette fameuse trappe. Alors, chères lectrices et chers lecteurs, pensez-vous que si j'appelle l'un des guides, il me répondra ? Je me rends compte qu'avec ma taille d'1m30, ce serait déjà un exploit pour moi, Gabriel, de réussir à produire un son assez puissant venant du fond de ma gorge. Bon, je me lance… Je vais essayer d'appeler à voix haute un prénom de l'un des guides pour voir s'ils m'entendent. Attention ! 1…2…3… Aklèf ! Guyzen ! Mais il n'y a que l'écho de ma voix qui me revient, sans autre réponse. Je tente autre chose… Oui, je vais appeler quelqu'un d'autre cette fois, c'est Gabbie. 1…2…3… Attention ! Gabbie ! J'attends quelques instants… Mais toujours pas de réponse. Bon, il ne me reste plus qu'une seule option : puisque je n'ai rien trouvé d'extraordinaire à part cette trappe, il vaut mieux que je retourne sur mes pas jusqu'à mon point de départ. Toutefois, par souci de conscience, je vais inspecter une dernière fois les murs et le plafond ; peut-être y trouverai-je un indice qui me permettra de remonter dans cette chambre des momies. Pas à pas, je marche. Pour l'instant rien, mais ces quelques minutes seront sûrement importantes. Oui, j'avance encore et encore, quand tout à coup… Je sens quelque chose craquer sous mes chaussures. Il me semble que je viens de marcher sur un objet qui appartient au passé. Alors voyons voir ?? Visiblement ce craquement, n'est pas unique ils y'a partout, c'est curieux ?

P.401

Au début je marcher droit devant est le sol était lisse. Mais bizarrement, quand j'opère un demi-tour, sous mes pieds il y'a un craquement. Une inquiétude me traverse l'esprit en entendant des bruits provenant du sol : s'agirait-il d'ossements datant du passé ? Tiens, voilà qu'un écriteau attire mon attention sur le mur de gauche. Il semble y avoir quelque chose d'étrange. En pointant le faisceau de ma lampe torche, je constate qu'il s'agit effectivement d'ossements, probablement ceux d'anciens employés qui ont tout donné pour achever à temps la construction des pyramides. D'ailleurs, une date inscrite sur cet écriteau correspond certainement à la période de construction de chaque pyramide, ou du moins à l'année concernée. La période concernée s'étend de 2550 à 2490 avant J.-C., si tout est correct. Les ossements retrouvés datent généralement de cette même époque, tout comme les autres, apparemment assis en forme de « L » entre le sol et les murs du tunnel. Une autre question me vient à l'esprit : pourquoi avoir installé une trappe au plafond ? Je doute que la réponse soit aussi simple que d'imaginer que les ossements que j'ai accidentellement écrasés appartenaient aux ouvriers, ou que la trappe servait à les noyer. Dans tous les cas, lorsque je remonterai, les guides Aklèf et Guyzen pourront sûrement m'expliquer leur véritable histoire. Une fois, je venais à peine de découvrir des indices pour la chambre de la momie, où se trouvaient encore les guides Aklèf et Guyzen, ainsi que, je l'espère, notre amie Gabbie. Je poursuis mon chemin rapidement mais prudemment, surveillant attentivement où poser mes pas.

P.402

Le tunnel semble mesurer environ 2 mètres de large à vue d'œil, mais il paraît nettement plus long ; j'estimerais sa longueur à au moins 6 mètres. En chemin, je me dis qu'il m'est inconcevable, à moi Gabriel, d'imaginer que des employées se cachaient ici, dans ce tunnel, pour échapper aux représentants de l'époque qui les faisaient probablement travailler sans relâche. Peut-être quelqu'un a-t-il essayé de les aider à s'échapper discrètement, que ce soit par choix ou sous la menace de représailles. Je poursuis alors ma marche, droit devant, puis je me tourne vers la droite pour attraper, de la main gauche, la corde qui m'a servi à descendre doucement dans ce tunnel. Cette fois-ci, je vais faire l'inverse, mais avant tout, je dois laisser ma torche allumée pour m'orienter pendant la remontée. Je commence l'ascension en m'aidant de la corde située sur la gauche, veillant à placer mes pas avec précaution afin d'éviter toute chute en arrière. Après quelques minutes de progression, je constate que remonter ce tunnel dans le sens opposé est plus ardu que prévu. L'effort sollicite non seulement les bras, mais aussi les jambes et les pieds. Dans ces circonstances, il n'est pas possible d'effectuer une pause. Je rassemble mon courage ainsi que les dernières forces qui me restent pour poursuivre mon ascension. Soudainement, des rayons lumineux blancs apparaissent devant moi, au point de m'éblouir. Dans un premier temps, je pense qu'il s'agissait de Gabbie, mais j'observe rapidement que cette manifestation lumineuse est différente. J'essaie alors de m'agripper aux cordes, cependant, la lumière blanche m'immobilise par la crainte qu'elle suscite. Ne souhaitant pas avoir à refaire l'ensemble du parcours.

P.403

En sens inverse, je constate que cette lumière brille avec une telle intensité qu'il me semble qu'elle pourrait me brûler. Tétanisé, je reste figé sur place jusqu'à ce qu'une voix intérieure me donne la force de surmonter cette épreuve physique et morale. Lorsque je reprends lentement mon mouvement, j'aperçois deux lueurs rouge vif devant moi, qui me fixent étrangement. Ces lumières ne sont pas de simples points, mais semblent être quelque chose de bien plus... Ces points rouges sont restés gravés dans ma mémoire : ils sont apparus d'abord dans mon appartement, puis ont été observés par la suite dans le couloir de l'hôtel du Caire, derrière **Vanessa,** au deuxième étage. Revenons à l'instant présent. Le narrateur reprend le récit en précisant qu'il est inutile de s'attarder sur les événements passés, soulignant qu'il convient désormais d'aller de l'avant pour sortir de ce tunnel. Malgré la lumière intense et éblouissante qui semble entraver la progression de Gabriel, ce faisceau lumineux ne constitue pas un obstacle insurmontable. Gabriel demeure courageux et motivé pour atteindre la sortie par laquelle il est initialement entré. Cette lumière n'a d'autre but que de le ralentir, sans réellement lui venir en aide. Quoi qu'il en soit, Gabriel poursuit son ascension avec persévérance, gravissant chaque étape sans relâche. Il fait preuve d'un esprit combatif et manifeste une détermination remarquable à surmonter ce qu'il considère comme une véritable épreuve. En tant que narrateur, j'observe Gabriel gravir la pente avec difficulté. Il est important de rappeler que Gabriel n'a que douze ans et ne possède pas la force physique d'un adulte.

P.404

L'expression de son visage traduit clairement son désir de quitter le tunnel, de retrouver les guides Aklèf et Guyzen ainsi que son amie du moment, afin de poursuivre l'épreuve dans la chambre des momies. Malgré tout, Gabriel progresse avec courage, s'accrochant fermement à la corde située sur sa gauche. La souffrance physique se fait sentir, parcourant l'ensemble de son corps. Gabriel avance péniblement, conscient de la distance qu'il lui reste à parcourir. Soudain, il aperçoit une lumière qui s'intensifie à chaque pas, l'empêchant probablement d'atteindre la sortie. Il plisse les yeux afin de maintenir sa concentration et continue de distinguer son chemin malgré l'éclat du faisceau lumineux qui tente de l'aveugler. À chaque pas que Gabriel fait, la lumière devient de plus en plus éclatante, mais cela ne l'arrête pas. En tant que narrateur, continuons à l'encourager en lui rappelant que la sortie est proche. Il doit garder les yeux partiellement fermés lorsqu'il sera près de la lumière et utiliser la corde à sa gauche assez épaisse est ronde pour se diriger vers la sortie. Soudainement, Gabriel répond à voix haute : « **J'affirme, que je sais quoi faire,** » tout en restant concentré sur cette lumière qui, sans le vouloir, le guide. D'ailleurs, il s'en sert comme repère pour continuer sa progression jusqu'à atteindre enfin cette fameuse sortie. Gabriel reste songeur face à l'apparition de cette lumière. Il parle d'entités du passé ; soudain, des yeux rouges qu'il reconnaît surgissent et le fixent d'un regard qui lui donne l'impression qu'elles veulent l'empêcher de découvrir quelque chose lié à une époque révolue. Le narrateur disparaît alors, laissant le récit se poursuivre à travers Gabriel.

CHAT-PIE-TRE-405

Toute cette situation me semble étrange voire, même troublante et inquiétante. Pourtant, malgré ma fatigue grandissante et les douleurs dans mes mains, je continue d'avancer vers la lumière, désormais toute proche de la sortie. Je ressens soudain l'envie de m'arrêter, mais en voyant tout le chemin déjà parcouru, je me dis qu'il n'est finalement pas indispensable de prendre une pause. Je me suis demandé pourquoi aucune lumière n'avait été installée dans ce passage secret—ce serait pourtant pratique pour distinguer ce qui se cache dans l'ombre du tunnel. Toutefois, il ne fallait pas que la peur prenne le dessus. Soudain, Gabbie est apparue, enveloppée comme toujours d'une lumière blanche et chaude, se superposant à l'éclat vif devant moi ; une entité aux yeux rouges me fixait toujours. Ce qui m'a surpris et rassuré, c'est qu'enfin, ma voix avait été entendue. La présence réconfortante de Gabbie, baignée dans cette lumière éclatante, semblait être comme un encouragement supplémentaire. Gabbie m'encourage, à continuer pas-à-pas, pour me permettre d'arriver à cette sortie, qui se trouve justement devant. Je l'observe attentivement, réalisant qu'il me reste encore quelques pas à parcourir. Malgré la fatigue qui pèse sur mes jambes, mes bras et tout mon corps éprouvé par l'effort, je garde en tête l'espoir tout proche de retrouver le point de départ et de reprendre mon souffle après cette épreuve. Revenir dans cette chambre de momies sera aussi l'occasion de réfléchir à une stratégie pour sortir d'ici. Gabbie m'assure qu'il n'y a pas d'autre choix que d'avancer tout droit, puis ajoute : « Gabriel, tu es presque sorti, il te reste seulement quelques centimètres avant de quitter ce tunnel.

P.406

Reste motivé, regarde-moi et tu vas y arriver, ne t'inquiète pas. » Pourtant, alors que je touche au but, une pensée me traverse l'esprit : ce chemin était-il vraiment fait pour moi ? Soudain, les guides entendent Gabbie m'encourager, et comme à son habitude, Aklèf communique avec moi par la pensée, me recommandant de ne pas me perdre dans des questions futiles et de continuer au plus vite vers la sortie. Après avoir clairement entendu Aklèf me parler par la pensée, je comprenais qu'il avait raison. Je devais donc agir rapidement pour sortir de ce tunnel et, enfin, quitter cette chambre de momies pour de bon. Cette rencontre inattendue avait ravivé ma motivation, et soudain, les douleurs dans mes mains avaient disparu, ne m'entravant plus ni mentalement ni physiquement. Bien que la fatigue persistait, elle n'était pas préoccupante. Mon cœur battait fort alors que j'avançais vers les guides Aklèf, Guyzen et aussi vers Gabbie. Les guides Aklèf et Guyzen m'ont tendue leurs mains est lorsque je suis enfin sortie de ce tunnel, un profond soulagement m'envahit. Un flash m'a traversé l'esprit. Lorsque je me suis retourné pour observer le chemin parcouru, j'ai constaté que la pente que je venais de monter, semblait particulièrement difficile. La lumière menaçante ainsi que les yeux rouges avaient totalement disparu. Seules les cordes accrochées contre le mur gauche, auxquelles je m'aider pour sortir. À ce moment-là, le guide Guyzen a observé attentivement l'entrée du tunnel dont je venais de sortir, et il m'a indiqué que le faisceau lumineux "entité" et les yeux rouges s'étaient effectivement dissipés dès que j'étais revenu dans cette chambre de momies, Gabriel.

P.407

Aklèf m'explique qu'eux n'ont trouvé aucun indice permettant d'ouvrir la porte principale par laquelle nous étions passés au début, avant d'emprunter ce tunnel dans le mur de gauche. Je le regarde et leur dis que, pour ma part, j'ai eu la chance de trouver ces fameux indices, grâce au hasard, et j'espère qu'ils me permettront de nous faire sortir. Après avoir entendu cela, les guides m'ont demandé de leur expliquer comment j'avais procédé. Comme à chaque fois, un silence s'installe, alors je commence mon explication : après être arrivé sain et sauf de l'autre côté du tunnel, j'ai tourné à gauche et fait quelques pas. J'ai alors ressenti un courant d'air venant de ma gauche. J'ai continué tout droit, mais malheureusement je n'ai trouvé aucun indice. Le tunnel mesurait environ six mètres de long sur deux mètres de large ; j'ai donc gardé ma torche allumée, ce qui m'a aidé à voir où je mettais les pieds. J'ai alors balayé la zone avec ma lampe torche de gauche à droite et constaté que, dans un premier temps, la circulation d'air se trouvait à ma gauche avant de diminuer progressivement. Plus j'avançais droit devant moi, plus l'air redevenait perceptible. Arrivé au centre du couloir, je me suis arrêté après avoir reçu quelques gouttes d'eau sur le bout de mes chaussures. J'ai orienté le faisceau de ma lampe vers le plafond et ai découvert la présence d'un rectangle d'où s'écoulait de l'eau. À ce moment-là, le guide Guyzen m'a demandé si je pouvais leur indiquer l'emplacement exact de cette trappe. Après avoir prononcé ces dernières paroles, je marchais sur le sol gorgé d'eau, ma torche toujours allumée depuis mon retour du tunnel. La lumière était si intense qu'elle se reflétait sur le sol humide.

P.408

Je dépassai Aklèf et Guyzen, les deux guides, lorsque Gabbie me pressa le pas en me dépassant à son tour. Je poursuivis ma marche, et à chaque mètre parcouru, la trappe se distinguait davantage sous le faisceau lumineux de ma torche. Alors que je m'apprêtais à ralentir, je remarquai derrière moi la présence des deux guides qui me suivaient. Finalement, je m'arrêtai juste devant cette fameuse trappe. Alors que je m'apprêtais à les appeler, les guides Aklèf et Guyzen se sont positionnés, Guyzen à ma gauche et Aklèf à ma droite. Je les ai observés tous deux, remarquant qu'ils baissaient les yeux vers le sol. C'est alors qu'Aklèf s'exclama : « C'est ici ! » **Je lui ai répondu que oui**, car on pouvait apercevoir de petits trous laissant filtrer l'eau. De manière surprenante, le guide Guyzen m'a demandé, pour s'assurer que nous étions bien au bon endroit, de retourner dans le tunnel et de refaire la même chose avec ma lampe torche allumée, afin qu'ils puissent voir le faisceau depuis le fond du tunnel. Un silence s'installe, plus long que prévu. Puis, soudainement, Aklèf annonce qu'il ne serait finalement pas nécessaire que Gabriel retourne dans le tunnel, avant d'ajouter…Gabriel se rappelle d'un éventuels détails, personnel. Le guide Guyzen lui demande, qu'elle est se détails " personnelle" ? Aklèf le fixe longuement dans les yeux et lui répète que le détail en question est, comme il l'a précisé, « personnel ». En résumé, il suffit de conseiller à Gabriel de commencer par résoudre l'énigme, sachant que la trappe s'ouvrira d'elle-même. Aklèf poursuit en expliquant que, dans la foulée, Gabriel a presque terminé l'épreuve ; il ne lui reste plus qu'à trouver la solution de l'énigme.

P.409

D'autant plus qu'il dispose déjà de quelques indices. Gabbie s'approche de Gabriel pour lui dire : « Écoute Gabriel, tu dois trouver les pièces qui vont t'aider à ouvrir la porte juste derrière nous. » Je la regarde et lui réponds que je comprends, puis je poursuis mon chemin en explorant la pièce, cherchant des lettres, voire, même des chiffres, qui pourraient correspondre à ceux découverts plus tôt dans le long tunnel en bas. Le guide Aklèf m'a demandé d'être particulièrement attentif aux moindres détails dans cette pièce. Parfois, lorsque tu crois que l'énigm concerne une date ou une époque, il se peut que les messages soient inscrits sur des momies, alors que certains sont simplement notés sur des parchemins—à toi, Gabriel, de les retrouver. Quoi qu'il en soit, je dois faire en sorte de mettre la main dessus. J'avance avec précaution, ma torche toujours allumée, balayant la pièce de son faisceau lumineux, car c'est la première fois que j'entre dans un endroit où la lumière est éteinte, voire inexistante. Je poursuis ma progression sans rien distinguer qui puisse m'aider, jusqu'à ce que, quelques minutes plus tard, je change la torche de main, passant de la droite vers la gauche, quand soudain ! J'aperçois une silhouette sur ma gauche, située dans l'angle est, vers laquelle je me dirige. En observant attentivement, je constate qu'il s'agit bien d'une forme ronde. En orientant la lumière de ma torche, j'identifie un nom inscrit dessus : Khéops. Je poursuis alors mon exploration vers la droite. Au moment où je viens de lire ce nom, le faisceau de ma lampe met en évidence l'angle droit, où une date semble également indiquée. Oui c'était bien 2550. Mais bon passant.

CHAT-PIE-TRE-410

Étrangement, à cet angle droit où je me trouve, quelque chose attire la lumière : en pointant ma torche, j'ai l'impression qu'un faisceau y rebondit. J'approche alors ma main droite vers ce reflet brillant dissimulé entre les fragments de pierre et découvre un petit miroir… Oui, chères lectrices et chers lecteurs, vous avez bien lu : un miroir ! Mais il ne s'agit pas d'un miroir ordinaire, car vu de l'extérieur, il a la forme d'un triangle ; en son centre se dessine une sorte de clé en forme de croix, dont le sommet est arrondi. L'ensemble est vraiment étrange. Je me demande s'il n'y a pas une explication à cela. J'oriente à nouveau mon regard vers le faisceau lumineux et, en me tournant sur ma droite, j'observe qu'il est désormais dirigé vers la momie. Soudain, l'un des guides m'interpelle : « Que se passe-t-il, Gabriel ? » Je lui réponds qu'il est surprenant d'apercevoir un miroir triangulaire de l'extérieur, alors qu'en son centre apparaît une croix dont la base est arrondie. Ce qui m'intrigue le plus, c'est l'intensité inhabituelle du faisceau de ma lampe torche ; quelques minutes auparavant, il n'était pas aussi puissant. Le guide qui m'avait interrogé quelques minutes plus tôt n'était autre que Guyzen. Sans transition, je dirige le faisceau de ma lampe torche tout en avançant, convaincu qu'un nouvel indice apparaîtra probablement, ce qui me permettra sans doute de rassembler toutes les informations nécessaires pour effectuer des recherches sur le cadran numérique situé à droite de la porte, à l'intérieur de la chambre où nous nous trouvons. J'approche presque de la momie lorsque j'aperçois Gabbie venir vers moi, probablement afin de s'assurer que je maintiens bien le faisceau.

P.411

Ou peut-être souhaite-t-elle simplement m'accompagner pour découvrir ensemble la destination du rayon lumineux. Je continue à faire mine de rester concentré, avançant vers la momie. Quelques instants plus tard, je me retrouve juste devant la tête de la momie, installée dans son sarcophage. Celui-ci mesure probablement environ 80 centimètres de large sur 1,20 mètre de long, ce qui correspond peut-être à la taille d'un enfant. En tout cas, sa couleur dorée est frappante. Je dois vérifier si des inscriptions figurent sur le sarcophage ou, comme pour le gardien précédent, sur une ceinture. Malgré l'éclat du sarcophage, j'arrive à peine à distinguer les phrases inscrites dessus. L'idée est donc de bien observer partout, de faire preuve d'attention et de prudence, car il est possible que les indices soient écrits à l'envers ou dans un sens difficile à comprendre. De mémoire, j'avais remarqué sur une partie du sarcophage un mot inscrit différemment, ce qui laissait penser qu'il était nécessaire de trier chaque lettre trouvée. Pendant ce temps, les guides Aklèf et Guyzen poursuivaient leurs recherches d'indices supplémentaires. Gabbie reste alors à mes côtés ; elle aussi fait preuve d'une grande attention aux détails susceptibles de nous faire progresser. Quelques minutes plus tard, Gabbie m'interpelle : « Gabriel, viens s'il te plaît, il me semble que je viens de trouver un indice. » Je lui réponds que j'arrive et me dirige vers elle. Après quelques pas, je m'arrête à sa gauche ; elle me montre alors, de la main droite, un mot écrit de manière singulière. Je dis à Gabbie : bravo ! Tu as trouvé l'indice. Ce mot est étrange, mais nous allons les noter dans mon bloc-notes afin qu'ils servent de point de départ.

P.412

Maintenant, voyons voir... Manifestement, ce mot semble long, alors voici la question : est-il vraiment si long ou bien se compose-t-il de deux mots très différents ? La première lettre est un (P), puis la seconde est un (H), la troisième c'est (K), suivie de la lettre (O). Ensuite viennent le (T), le (I), encore un (O), un autre (P) – oui, il y a deux fois la même lettre –, puis un (M) suivi de (H), et pour terminer ce sont les lettres (S), (E), (E). Essayons de réfléchir : j'écris donc lettre après lettre pour mieux voir. Dans un premier temps, nous avons les lettres K, É, P, O, S, H, qui forment le premier mot. Le second mot est composé des lettres P, H, I, M, O, T. Ce sont des essais. En remettant tout dans l'ordre, on obtient quelque chose comme ceci : pour le premier mot, c'est probablement KHEOPS, puis il semble que le second soit IMHOTEP. Gabbie paraît étonnée du temps passé à réfléchir avant de finalement identifier deux mots très différents. Je précise à Gabbie qu'il s'agit de prénoms égyptiens. Elle me regarde avec surprise. Ensuite, j'appelle les guides Aklèf et Guyzen, qui me demandent : « Que se passe-t-il, Gabriel ? » Je leur explique simplement que Gabbie et moi venons de trouver un indice. Aklèf est surpris par cette nouvelle et il me dit : « Gabriel, viens nous voir. Gabbie et moi, Gabriel, nous nous relevons de l'endroit où nous étions, c'est-à-dire entre le mur droit et le sarcophage à notre gauche. J'avance droit devant pour rejoindre les deux guides, Aklèf et Guyzen. Une fois arrivé près d'eux, je leur montre mon bloc-notes, qu'ils examinent attentivement. Ensuite, ils nous félicitent tous les deux, Gabbie et moi. Je les remercie, remarquant depuis ma position.

P.413

Que ma torche soit restée dans cet angle droit depuis le début de mon passage et continue de briller intensément, comme si son faisceau voulait me révéler quelque chose de plus. En parlant justement de détails supplémentaires, j'ai posé la question aux guides pour savoir s'ils avaient trouvé d'autres indices. À ce moment-là, le guide Guyzen m'a répondu sèchement : « non ». Alors que je m'apprêtais à rejoindre Gabbie, j'ai aperçu le guide Aklèf donner un coup de coude discret à Guyzen, cherchant à lui faire comprendre qu'il aurait dû être moins abrupt avec moi. Pris de spontanéité, Guyzen s'est corrigé, s'excusant : « Désolé Gabriel pour ma réponse sèche, je voulais simplement te dire que nous n'avons trouvé aucun indice. » En tenant compte de ses excuses, je lui réponds : « Guyzen, ce n'est vraiment pas grave ». Tout en disant cela, je continue à suivre l'indice que m'a révélé le faisceau de ma torche. Celui-ci pointe de nouveau vers le sarcophage, mais cette fois, au lieu de s'arrêter au même endroit, le faisceau ricoche sur la tête en or puis se dirige dans une autre direction, indiquant un nouvel objet. Est-ce bien cet objet que le faisceau désigne ? Il s'agit d'une forme ronde argentée, ornée tout autour de symboles égyptiens différents, avec, au centre, un autre symbole accompagné de l'œil d'Horus. Je tends ma main droite vers l'avant et saisis l'objet ; il est coincé entre deux pierres, j'essaie tant bien que mal de le retirer. À ce moment-là, le guide Aklèf me demande : « Que se passe-t-il, Gabriel, pourquoi es-tu accroupi devant les pierres ? » Je lui explique que l'indice est situé entre ces deux pierres et qu'il est difficile à extraire.

P.414

Soudain, le guide Guyzen intervient pour préciser que retirer l'objet en question n'est pas aussi complexe qu'il n'y paraît. Un moment de silence s'installe, puis je lui demande s'il pense pouvoir trouver une solution. Il me répond malheureusement par la négative : « Non, Gabriel. » Donc je t'invite donc à poursuivre ses recherches dans ce cas… Au moment où je tire cet objet du bout des doigts, Gabbie arrive à ma gauche et tente de m'encourager en me disant : « Ne lâche rien. » Je la regarde et lui réponds que j'y suis presque. Cet objet me fait penser à un anneau ou à un pendentif symbolique. Sachant que mes doigts étaient insérés dans l'anneau, cela m'a rappelé une histoire où un roi devait retirer une épée d'un rocher. Au moment où je terminais cette pensée, j'ai senti l'anneau vibrer sous l'effet de ma voix. Soudain, il s'est dégagé de justesse. Quand j'ai essayé de me relever, j'ai fait quelques pas en arrière, perdu l'équilibre et tenté de me rattraper en avançant, mais sans succès : je suis tombé en arrière, heureusement sans gravité. Spontanément, les deux guides, Aklèf et Guyzen, se sont précipités in extremis pour me soutenir. Ensuite, Aklèf m'a demandé si j'allais bien ; je lui ai assuré que oui, ce n'était plus de peur que de mal. Une fois que je suis bien relevée, l'objet est grand, ronde une idée me vient en tête ? Soudain !! Aklèf me regarde comprend se dons je voulais dire concernant l'anneau en question qui est argentée. À ce moment-là, le guide Guyzen me conseille de le garder pour plus tard, et je remarque encore que le faisceau lumineux de ma torche continue de briller. Soudain, Gabbie me dit qu'il y a sûrement un autre indice, mais que cette fois-ci, il ne s'agit plus d'un objet, mais peut-être d'un numéro ?

CHAT-PIE-TRE-415

Ou alors, est-ce tout autre chose ? Je la regarde en lui disant qu'il y a trop d'incohérences. À cet instant, tous les trois me regardent comme si je venais de dire quelque chose de grave. À cet instant, Aklèf a intercepté mes pensées et m'a dit : « Écoute Gabriel, non, il n'y a aucune incohérence entre nous, ni dans cette pièce. » Je lui ai répondu que tu ne comprenais pas du tout ; je ne parlais pas d'incohérences entre nous. C'est étrange que j'arrive à tout trouver, comme le dernier indice que j'ai repéré grâce à ma torche : le faisceau de lumière m'a révélé la date, cette fois-ci inscrite au fond du mur juste derrière vous, Aklèf et Guyzen. Au moment où je prononçais cette phrase, Gabbie est intervenue et m'a dit : « Gabriel, si tu es sûr, alors va chercher cet indice, comme ça on en aura tous une idée. » Justement, une fois que Gabbie a fini de parler, je pars immédiatement. En m'approchant de ma torche, le faisceau de lumière rebondit effectivement sur un nouvel objet, qui se révèle être simplement un morceau de métal. Mais le faisceau se termine justement sur un autre objet ceux-lui-ci est également un autre morceau de métal. C'est ce dernier qui avait réfléchi la lumière. Ainsi, ce que j'affirmais il y a quelques instants au sujet de l'inscription sur le mur était correct : il s'agissait bien de numéros composés de quatre chiffres. Aklèf déclara : « Tu vois, Gabriel, désormais nous avons tous les indices grâce à toi. Peut-être qu'on pourra enfin quitter cette chambre. Comme à chaque fois, le guide Guyzen me lance : « Maintenant Gabriel, c'est à toi de jouer. Je marche rapidement sur le sol, me dirigeant vers la porte, conscient que la chambre des momies est vaste.

P.416

Arrivé devant l'entrée, je me retrouve face au cadran numérique placé à droite. Je lève la main droite et j'appuie sur le bouton du menu, en suivant les indications des flèches directionnelles. J'effectue ensuite des recherches sur les symboles correspondants ; l'écran du cadran regorge de tant de signes qu'il serait impossible de tous les énumérer. Il faut d'abord garder à l'esprit que si cette chambre présente de l'eau au sol, le symbole associé est le poisson, et son représentant est le crabe. Ensuite, concernant les objets ronds appelés « anneau argenté », qui ressemblent à un œil d'Horus en leur centre, il existe différents symboles tout autour. J'allais oublier : il y a aussi ce miroir avec un soleil au milieu. Voilà pour les objets. Passons à autre chose. Quand je tombe sur des chiffres, sur l'écran il m'indique, d'introduire les quatre chiffres ? Mais la question est la suivante lesquels chiffres ? Avec Gabbie, nous avons découvert les mots IMHOTEP et KHEOPS. Lorsque j'étais dans le tunnel, j'ai également remarqué les chiffres 2550 et 2490. Soudain, Aklèf a suggéré de faire quelques essais pour voir lesquels pourraient fonctionner et ouvrir la porte. Cependant, je dois préciser à Aklèf que ça ne marche pas comme ça. Si mes souvenirs sont bons, il faut être précis sur les dates ainsi que sur les prénoms des personnes concernées. Je vais donc essayer ce qu'Aklèf propose : si le premier essai réussit, nous pourrons sortir d'ici et rejoindre le groupe de touristes dans le couloir du musée. Le problème, c'est juste que tout est trop lent. Il faut vraiment prendre le temps de réfléchir. En général, les dates correspondent à la construction de la pyramide ainsi qu'à sa fin.

P.417

Je vais donc entrer le premier chiffre : "4600". Le cadran me demande aussi d'indiquer un prénom : c'est Khéops… Soudain, le guide Guyzen s'impatiente et déclare : « Alors Gabriel ? » Je lui réponds : « Attends un peu, Guyzen. » Quelques minutes plus tard… Y'a rien ? Je procède à un second essai, puis j'aviserai par la suite. Cette fois, je saisis le nombre 2550 ainsi que le prénom IMHOTEP. Le guide Guyzen me redemande si tout est correct ; je précise que c'est presque ça, car il y a des indications rouges et vertes. Aklèf s'interroge sur leur signification, alors j'explique que le rouge et le vert signifient que nous sommes sur la bonne voie. Le deuxième n'a obtenu aucun résultat. Quelques minutes passent. Je tente une dernière fois (troisième essai) et après cela, tout devrait rentrer dans l'ordre. J'entre les quatre chiffres ; cette fois, je verrai si je dois ajouter d'autres prénoms. Je pousse un léger soupir… (pfff) Bon, allons-y ! Je croise les doigts pour que ça fonctionne. Donc si, il y'avait du vert, sa vaudrais dire que le chiffre 2550 est correcte. Le premier sera donc KHEOPS, suivi d'IMHOTEP, puis le KHEPHIRIEN, et enfin MYKERINOS. J'appelle soudain les guides Aklèf et Guyzen : « Que se passe-t-il, Gabriel ? » demandent-ils. Je leur demande de se tenir prêts, pensant que la porte va s'ouvrir d'elle-même. Ils acquiescent, et j'annonce que je vais appuyer sur le bouton du cadran. Je retiens mon souffle… Soudain, la porte s'ouvre enfin d'elle-même ! Les couleurs aperçues auparavant étaient rouge et vert ; maintenant, tout est simplement vert. Je ressens un immense soulagement : nous pouvons enfin, tous les quatre, quitter cette chambre et rejoindre les groupes de touristes.

P.418

Qui déambulent dans les couloirs du musée. Oui, chères lectrices et chers lecteurs, la porte est presque ouverte, laissant passer une mince lueur… Soudain ! Juste au moment où je m'apprêtais à ouvrir complètement la porte de la chambre de momie pour que tout le monde puisse sortir, j'entends la voix de Gabbie résonner dans mon esprit. Elle communique par télépathie : « Gabriel, félicitations, tu viens d'ouvrir cette fameuse porte. » Étonné, je tourne la tête vers elle alors qu'elle s'adresse à moi. Mais Gabbie me confirme bien qu'elle utilise ce mode de communication... peu conventionnel. Ma curiosité est piquée ; je lui demande pourquoi elle a opté pour cette démarche. Elle me répond simplement qu'elle souhaitait tenter quelque chose de différent, une nouvelle approche pour nous deux. Je la rassure en lui disant que tout va bien, même si ma réaction initiale était un peu étonnée. Au moment de franchir la porte de sortie, les guides Aklèf et **Guyzen m'aident alors à l'ouvrir davantage.** Une fois que nous sommes tous sortis de cette chambre dite « spéciale », je regarde enfin les touristes comme récemment, avec plaisir. Soudain, la porte se referme juste derrière nous, et je remarque à ma gauche un gardien qui s'approche, probablement pour prendre la relève de la chambre dont nous venons de sortir. En regardant à droite, j'entends comme des sonneries différentes. À ce moment-là, le guide Aklèf m'explique simplement que ces sons proviennent du cadran. Je lève alors les yeux vers celui-ci et vois deux couleurs clignoter : les voyants vert et rouge clignotent simultanément, sans doute pour indiquer qu'il n'y a plus d'autres épreuves dans la chambre.

P.419

Je m'adosse simplement contre le mur pour prendre quelques minutes de repos, lorsque Gabbie souhaite revenir sur le petit accrochage entre moi et le guide Guyzen. Je lui dis que ce n'était rien et qu'il ne fallait pas en faire toute une histoire. Elle me propose alors de changer de sujet. Elle m'explique que la curiosité est souvent saine. Gabbie poursuit ses conseils, soulignant qu'il n'est pas vraiment utile de poser cette question, car les guides connaissent déjà mon parcours. Pourtant, je continue à me demander pourquoi Gabbie semble si réticente à ce que je lui demande s'il existait une solution immédiate, surtout lorsque nous étions dans cette chambre dite spéciale. Gabbie et moi, Gabriel, remarquons qu'un des guides s'approche de nous. À distance, sa silhouette nous rappelle celle d'Aklèf. Chères lectrices et chers lecteurs, je dois avouer que je ne vous ai pas précisé qu'après que la porte se soit refermée derrière nous, les guides sont partis droit devant, sans doute pour retrouver leurs collègues ou vaquer à d'autres occupations. Mais Gabbie pense plutôt que c'est le guide Guyzen qui vient dans notre direction. Je lui réponds alors que le plus simple est d'attendre pour voir qui va réellement arriver… Et effectivement, c'est bien le guide Guyzen qui nous rejoint. Elle me demande : « Comment le sais-tu ? » À ce moment précis, Gabbie est interrompue dans sa question, prête à recevoir une réponse, lorsqu'un événement soudain survient ! Guyzen prend alors la parole. Il s'adresse à moi Gabriel et Gabbie, et ses mots nous laissant sans voix : j'avais passé bien plus de temps que je ne l'imaginais dans ce long couloir. Gabbie et moi, Gabriel, nous échangeons un regard, abasourdis par cette révélation.

Qui nous a réellement surpris. Habituellement, le guide Guyzen ne se montre pas aussi nostalgique. Cette fois, son regard fixé sur l'horizon laissait deviner qu'il venait d'avoir, lui aussi, une révélation sur sa propre personne. Spontanément, je prends la parole et m'adresse à Guyzen, car le temps semblait s'écouler différemment à l'intérieur de la pyramide, en particulier dans les chambres déjà visitées les jours précédents. Il me regarde avec un air qui laisse penser qu'il vient enfin de me comprendre. Je le vois alors diriger son regard vers la sortie avant de me dire : « Par rapport à l'extérieur, c'est très différent, le monde ne sait absolument rien sur cette pyramide unique. » À cet instant, Guyzen se ressaisit et nous annonce : « Les jeunes, vous restez avec le groupe de touristes. » Comme d'habitude, la visite guidée touchera bientôt à sa fin ce soir. Je hoche la tête pour lui signifier que j'ai bien compris le message. Nous restons donc avec le groupe pendant que le guide Guyzen s'en va. En l'observant partir, j'ai hésité à lui demander « Où va-t-il ? » Mais finalement, je me suis abstenu, car le conseil de Gabbie m'est revenu à l'esprit. "Je fais un petit aparté, sur le temps, partiel tantôt il y-aurait ou parfois c'est oublier, volontairement, selon les situations rencontrées. Donc voilà pour le petit aparté." Je reste adossé au mur, observant sur ma gauche les touristes qui s'émerveillent devant les symboles égyptiens ; d'ici, j'entends clairement leurs murmures. Je me demandais s'il ne serait pas mieux de simplement m'asseoir sur un banc ; cela pourrait être une bonne solution pour me reposer après l'épreuve que je viens de traverser il y a quelques minutes. En balayant la pièce du regard, je remarque que des bancs sont disposés.

P.421

Tout le long du couloir, mais, à ma grande surprise, il n'y en a pas ici où nous sommes, Gabbie et moi, Gabriel. Donc, si je devais rester là, c'était surtout pour ne pas me perdre avant la fermeture du musée, et surtout éviter de refaire comme la dernière fois, quand je m'étais retrouvée perdue dans un autre monde parallèle. À ce moment-là, Gabbie me propose de rester avec moi sur le banc le plus proche et d'être sage le temps que les guides, Aklèf et Guyzen, puissent revenir et nous retrouver tous les deux. Soudain, je pose une question à Gabbie : « Est-ce que tu penses que les touristes te voient ? » Gabbie me lance un regard étrange puis finit par me répondre que non, les touristes ne le voient pas du tout. Il n'y a que Toi, Gabriel, et apparemment, seuls les guides peuvent aussi Me voir. En attendant, je consulte l'heure comme à mon habitude. Il est précisément 17h45, ce qui me laisse juste assez de temps pour patienter, sachant que dans quarante-cinq minutes le musée procédera, comme à l'accoutumée, à une annonce vers **18h15** afin d'inviter les visiteurs à se rapprocher de la sortie. Dès mon arrivée sur le premier banc, situé à proximité, j'estime que les guides ne devraient pas tarder à passer ; je décide donc de rester tranquillement assis sur ce banc. J'attends ainsi la fin des visites guidées, tant pour les touristes que pour nous. Je suis confortablement installé avec Gabbie à ma gauche, qui me tient compagnie. (Sur un siège vide). Nous observons les touristes avancer lentement afin d'apprécier chaque symbole, soigneusement niché au creux des murs. D'ailleurs, chaque groupe de touristes portait un appareil photo autour du cou pour immortaliser, chaque objet aperçu lors de leur passage.

P.422

Dans le couloir qu'ils empruntaient. Il est fascinant de voir les choses sous un autre angle que celui d'un adulte ; cela peut paraître surprenant, mais chères lectrices et chers lecteurs, je profite de cet instant assis sur ce banc pour essayer de comprendre la réflexion d'un enfant de douze ans, à travers ses propres yeux. Cela me permet, en tant qu'adulte, de prendre le temps d'apprendre comment je pourrais concevoir de futurs jouets pour les enfants. Soudain, une question me traverse l'esprit : Gabbie serait-elle capable d'intercepter mes pensées, à l'instar du guide Aklèf ? Je décide alors de lui poser la question. Gabbie me répond qu'à ce stade, elle n'est qu'au début de sa transformation et poursuit encore son apprentissage. En résumé, Gabbie n'est pas en mesure d'intercepter mes pensées. Elle m'a posé la question suivante : « Gabriel, pourquoi cette question ? » J'ai expliqué qu'Aklèf, lui, sait communiquer avec moi par la pensée, mais également écouter le fil de ma réflexion. Gabbie m'a alors indiqué qu'elle comprenait ma réponse. D'ailleurs, en parlant de réponse, en voici une qui n'a pas tardé ! Il est maintenant **18h15**, comme je l'ai mentionné précédemment. Il est appréciable que le musée respecte l'horaire annoncé pour sa fermeture, ce qui est utile pour les touristes venus du monde entier. Cependant, je dirais qu'il n'y a pas que le monde entier. Il y-avait également des habitants de la région qui viennent s'informer sur leur propre histoire et leur patrimoine. Comme à leur habitude, les guides Aklèf et Guyzen arrivent ensemble, peu après l'annonce faite au micro du musée par l'une des hôtesses d'accueil. En les voyant, Gabbie me lance : « Regarde Gabriel, les guides sont là. »

P.423

Je la remercie, expliquant que je venais justement de les apercevoir du coin de l'œil droit. À peine ai-je fini ma phrase que les guides se présentent devant nous et déclarent : « Gabriel et Gabbie, nous devons aussi rejoindre la sortie… » Je les observe attentivement et leur réponds que j'ai bien compris ; ainsi, nous partons ensemble vers la porte du musée, comme les autres touristes. Nous avançons tous en file indienne vers la porte du musée. De ma position, je vois petit à petit les groupes de touristes sortir et se disperser, chacun rejoignant son minibus ou monospace, qui les conduira à leur hôtel au Caire. La file diminue progressivement ; il ne reste bientôt qu'une poignée de personnes dont nous faisons partie. Il est exactement **18h30**, l'heure de la fermeture du musée. Nous sommes finalement tous sortis et, quelques minutes plus tard, tandis que nous marchons vers les véhicules, j'entends la porte se refermer derrière nous. En observant le dernier groupe de touristes se rassembler dehors en attendant leurs guides devant les minibus qui les ramèneront à leur hôtel au Caire, je remarque, quelques minutes plus tard, leurs guides les faire monter dans les véhicules et quitter le stationnement. Une pensée me traverse l'esprit concernant l'expérience que nous avons vécue dans la salle des momies, appelée « spéciale » entre nous tous — Gabbie, notre guide Aklèf, Guyzen et moi-même, Gabriel. Cela montre que la confiance au sein du groupe est indispensable pour surmonter les défis, même lorsque des différences existent entre nous. Ce texte met en lumière l'importance des relations humaines dans les moments difficiles.

P.424

Il souligne également qu'un simple geste peut avoir un effet considérable sur la vie de quelqu'un. Merci d'avoir partagé cette histoire avec tous ceux qui suivent ce parcours. Cela illustre encore une fois que, même au cœur d'une aventure pleine de mystère, la connexion avec les autres demeure essentielle à nos vies. Et rassurez-vous, chères lectrices et chers lecteurs, je pense toujours à vous. Vos regards imaginaires accompagnent chaque mot que j'écris, afin de vous faire découvrir mon univers, et c'est avec l'espoir de vous captiver davantage que je poursuis cette histoire. Poursuivant notre chemin pas à pas vers le minibus ou monospace, nous montons à bord, tandis que les guides attendent le chauffeur pour nous ramener à l'hôtel du Caire. Je ressens alors la fatigue dans tout mon corps, comme un adolescent de douze ans… À cela s'ajoute une migraine soudaine qui surgit à ce moment précis. Gabbie remarque ma tristesse causée par la douleur et me demande : « Qu'y a-t-il, Gabriel ? Je lui explique qu'une migraine soudaine vient de se manifester, probablement à cause du froid ressenti depuis le tunnel situé sous la chambre des momies, où je suis resté beaucoup trop longtemps à mon goût. Ensuite, le guide Guyzen s'approche également pour me demander ce qui ne va pas. Je lui réponds qu'il ne s'agit que d'une simple migraine. À cet instant précis, l'un des touristes dans le minibus me voit discuter avec Gabbie, mais le guide Guyzen détourne l'attention en affirmant qu'en Égypte, il n'est pas rare que des enfants de 12 ans attrapent un certain type de migraine qui les fait parler seuls, comme s'ils étaient réellement en compagnie de quelqu'un.

CHAT-PIE-TRE-425

L'un des touristes hoche la tête pour montrer qu'il vient de comprendre, puis il s'occupe de ses affaires. Le guide Guyzen me redemande si tout va bien ; je lui réponds que ça va, puisque je suis dans ce minibus/monospace et qu'il n'y a pas de raison de s'inquiéter. Ensuite, le guide m'explique qu'il doit aller voir Aklèf afin de savoir à quel moment le chauffeur pourra venir prendre le volant, pour que nous puissions partir d'ici et rejoindre l'hôtel. Je lui indique qu'il peut se rendre auprès d'Aklèf sans difficulté. Par la suite, le guide Guyzen descend du minibus afin de rejoindre Aklèf, qui attend devant l'entrée du musée, fermée depuis plus de dix minutes. Depuis ma place, j'observe les deux guides en train de parler entre eux ; peut-être se demandent-ils quelque chose à propos du chauffeur, ou alors c'est autre chose. Spontanément, Gabbie me propose d'« aller voir de quoi il retourne » dans leur conversation, mais je lui réponds que ce n'est pas nécessaire. Elle rétorque : « Tu ne sais rien sur moi, Gabriel ? » Surpris, je lui demande ce qu'elle veut dire par là. Gabbie continue, m'expliquant qu'elle sait lire sur les lèvres. Gabbie me dit qu'elle a le pouvoir de devenir transparente. Je me demande alors si mes migraines me font halluciner ou si Gabbie dit la vérité. Elle veut me montrer comment elle y parvient. Elle me raconte : « Gabriel, écoute ça… Guyzen pose une question à Aklèf et lui demande où est le chauffeur. » Alors Aklèf répond que le chauffeur ne viendra pas du tout, qu'il est en retard, ce qui n'est pas dans ses habitudes. Par la suite Gabbie me dit " alors tu en penses quoi Gabriel" Je lui dis que moi Gabriel, même-ci une migraine me joue des tours, ne fait pas de moi un cingler.

P426

Dans le sens ou la porte du minibus, monospaces est bien ouverte. Je les ai donc entendues, mais la seule vérité concernant "ton pouvoir" est que personne ne peut te voir, à part, les guides Aklèf et Guyzen, ainsi que moi, Gabriel. Quoi qu'il en soit, les guides ont finalement pris une décision pour ce soir : ils vont eux-mêmes nous raccompagner à l'hôtel. Ils se dirigent vers nous pour nous informer de la situation ; d'ailleurs, les voici qui arrive. Le guide Guyzen ouvre la portière gauche et prend place côté conducteur, droit passager. Aklèf nous rejoint alors et commence à expliquer que, finalement, le chauffeur ne viendra pas du tout nous déposer à l'hôtel. L'un des touristes pose ensuite une question délicate : comment faire si vous n'avait pas la clé du minibus ? Un silence s'installe entre le touriste et le guide Aklèf, puis Guyzen tente de détourner l'attention en précisant qu'Aklèf possède un double des clés du minibus/monospaces. Spontanément, je demande à Aklèf comment il a obtenu les clés du minibus. À la surprise générale, Aklèf nous informe qu'il avait récupéré les doubles des clés du minibus/monospaces, alors qu'il se trouvait au musée quelques minutes avant sa fermeture. Puis, soudainement, je me souviens qu'il était parti voir ses collègues ; maintenant, je comprends la raison. Mais pourquoi Aklèf nous a-t-il fait perdre autant de temps, sachant qu'il est exactement **19h00** ? Soudain, Aklèf me répond par la pensée pour m'expliquer qu'il voulait absolument s'assurer que le chauffeur viendrait. C'est pour cette raison qu'il avait souhaité attendre plus de dix minutes. À mon tour, je lui réponds mentalement : « D'accord, Aklèf. Peut-on partir ? » Cette fois, il me répond à voix haute.

P.427

Afin que tout le monde entende bien : « **Oui, nous allons partir d'ici.** » Une fois la situation revenue à la normale, Aklèf s'assure que toutes les portières sont correctement fermées avant le départ. Il remarque que la portière droite côté passager est restée ouverte ; il la referme, puis prend place au poste de conduite. Il nous demande alors de bien attacher nos ceintures de sécurité. Après avoir vérifié que chacun s'exécute, il invite également son collègue à boucler sa ceinture. Lorsque tout le monde est prêt, Aklèf démarre le véhicule, actionne le clignotant gauche, effectue la vérification de l'angle mort, puis se prépare à quitter son stationnement et prend la direction de l'hôtel du Caire. Quelques minutes après avoir quitté le stationnement, une pensée légère m'a traversé l'esprit : j'avais simplement envie de retourner à l'hôtel comme tous les autres touristes du Caire pour prendre une douche. Après cette journée passée dans un long tunnel qui ressemblait à un couloir obscur et poussiéreux, uniquement éclairé par ma torche, une bonne douche serait vraiment appréciée. Je ressentais la sueur et la fatigue s'accumuler précédemment sur ma peau, un rappel constant de la chaleur écrasante mais aussi parfois l'humidité persistante de la ville au lever de la nuit, durant toutes ces semaines. Étrangement, la fraîcheur s'installe après **17h30**, ce qui explique pourquoi les musées ferment leurs portes à **18h30**. Quoi qu'il en soit, **il est 19h30**, nous sommes toujours dans le monospace et nous roulons tous 1vers l'hôtel. Je contemple le ciel complètement noir et je trouve fascinant de constater à quelle vitesse la nuit tombe ici en Égypte, alors que dans d'autres pays étrangers.

P.428

La nuit arrive beaucoup plus tard. Soudain, Aklèf interrompt à nouveau mes pensées pour m'annoncer que le soleil se lève à **6h45.** Dans la mythologie égyptienne, le soleil représente un symbole puissant associé à la création de la vie et au cycle du renouveau. Il est également considéré comme un protecteur qui repousse le chaos. Face à Apep (ou Apophis), une créature serpentine semant le désordre pendant la nuit, cette croyance servait peut-être, au début de l'histoire, à expliquer simplement aux citoyens égyptiens pourquoi la nuit tombe vers 17h30, ce qui semblait suffisant pour tous. Voilà mes chères lectrices et lecteurs pour l'information, qu'Aklèf vient de donner. Je comprends que son explication ait été courte ; après avoir passé toute la journée à chercher des indices et résoudre des énigmes dans une salle consacrée aux momies, il est normal que certains participants soient très fatigués, autant mentalement que physiquement. Cette fatigue explique pourquoi son intervention a été si brève. Au même moment, le guide Guyzen nous informe qu'il ne reste que quelques kilomètres avant d'atteindre l'hôtel du Caire. L'un des touristes lance spontanément : « Merci, Monsieur le guide. » C'est alors que je me laisse aller à mes pensées, réalisant que les pyramides semblent promises à une existence éternelle, car dans chaque groupe de visiteurs, il y a autant d'enfants que d'adultes, tous aussi passionnés. Je pense qu'un jour, les enfants deviendront à leur tour parents et transmettront la tradition d'aller en Égypte ainsi que leur savoir sur la fabrication de jouets. Ainsi, chaque génération poursuivra ce patrimoine, combinant machines anciennes et nouvelles technologies.

P.429

Et des artisans passionnés continueront de créer des merveilles pour les générations futures. Je sais que j'anticipe beaucoup, mais je voulais simplement expliquer comment fonctionne cette fabrique qui est un élément clé de notre histoire familiale. Cette réflexion est celle de l'adulte que je suis dans mon esprit. Mais revenons à Nous. Gabbie, les touristes et moi-même Gabriel, nous sommes encore dans le minibus, roulant sur les derniers kilomètres avant d'atteindre notre hôtel, qui finalement n'est pas si loin. Pendant ce trajet, je me dis qu'il est essentiel de poursuivre sans relâche cette quête, en cherchant des indices et des réponses. D'ailleurs, je ne suis pas seul à rechercher la vérité : Gabbie, ma fidèle compagne d'aventure, partage cette quête avec moi. C'est justement pour cette raison que je me trouve aujourd'hui en Égypte. Nous pensons que les réponses à nos questions se cachent au cœur des mystères de cette terre ancienne, dans la pyramides/musées. Lors de ses recherches, Gabbie m'a confié un point essentiel de son expérience : elle avait partagé ce qu'elle a vécu avec d'autres élus. Des personnes particulières qui, comme toi Gabriel, poursuivaient la quête de vérité. Ces élus possédaient chacun des connaissances et des histoires uniques, souvent très proches de la nôtre. Ensemble, nous avons cherché à percer des secrets qui pourraient nous mener à une compréhension ultime. Je ne juge pas Gabbie, mais avec du recul, il me paraît important de faire preuve d'empathie envers sa démarche. D'après elle, les élus avant toi Gabriel étaient différents, ce qui m'a poussé à lui demander pourquoi. Elle avait expliqué qu'aucuns élus avant toi Gabriel n'avait réussi à découvrir pleinement la vérité.

CHAT-PIE-TRE-430

Ce qui explique selon moi ce sentiment persistant d'être tiraillé entre deux réalités. Au moment où je revenais à mes pensées, le guide Aklèf nous a informés de notre arrivée devant l'hôtel, précisant qu'il nous restait quelques minutes pour trouver une place de stationnement, comme chaque soir. J'ai remarqué qu'un touriste s'était assoupi pendant le trajet, et cette fois ce n'était pas moi. Je me souviens aussi des mots de Gabbie, qui trouvait surprenant que les élus précédents n'aient pas eu le temps de découvrir cela. Mais justement, Aklèf vient tout juste de trouver une place de stationnement ; cette fois encore, le portier n'est pas venu pour lui en chercher une place derrière l'hôtel. Nous sommes tous présents, au bon moment. À vue d'œil, **je dirais qu'il est 19h55**. Ce soir, il y a d'ailleurs un nouveau portier devant l'hôtel du Caire. Aklèf m'explique qu'il est là depuis environ deux semaines et fait donc partie de l'équipe de nuit. Je réponds simplement à Aklèf : « D'accord, d'accord ! » Puis, le guide nous demande de patienter pendant qu'il vérifie le minibus et s'assure qu'il est bien fermé. Quelques minutes plus tard, les guides Aklèf après avoir tout bien fermer, les portières du minibus, Guyzen s'est rapprocher d'Aklèf et venir vers nous pour faire en sorte, de traverser la route, à pied sans difficultés, tout-en assurant la sécurité, du groupe de touristes. J'étais surpris car, en temps normal, les guides n'agissent pas ainsi. À cet instant, ils m'ont regardé comme s'ils comprenaient ce que je pensais. Sans réfléchir, je leur ai demandé : « Que se passe-t-il, Messieurs les guides ? » Un silence s'est installé et, en voyant les touristes se diriger vers l'hôtel.

P.431

Aklèf m'a dit que ce n'était pas le moment pour poser des questions. Il ajouta : « Il se fait tard, Gabriel. Guyzen ajoute : « Je te demande de bien vouloir suivre le groupe de touristes, s'il te plaît Gabriel. » Au moment où Guyzen prononce ces mots, je marche avec le groupe qui se dirige vers le portier. Celui-ci nous ouvre la porte de l'hôtel en nous saluant aimablement : « Bonsoir mesdames et messieurs. » Les guides Aklèf et Guyzen lui répondent avec courtoisie : « Bonsoir Monsieur le portier, comment allez-vous ce soir ? » Le portier répond alors : « Belle nuit ce soir. » Guyzen confirme : « Oui, effectivement, c'est une belle nuit. » Dès que le portier nous a ouvert la porte, nous sommes tous entrés dans l'hôtel du Caire. Spontanément, Aklèf me demande l'heure ; je lui indique qu'il est **20h15**. Il me remercie : « Merci Gabriel », et je lui réponds que ce n'est rien, Aklèf. À ce moment-là, je souhaite une bonne nuit au portier, qui me répond d'un simple hochement de tête. À ce moment-là, les touristes se dirigent vers l'ascenseur. Pendant ce temps, j'aperçois le portier fermer la porte de l'hôtel et quitter son poste, sans doute parce qu'il avait une autre entrée à surveiller. Je commence à suivre les touristes, quand soudain, Aklèf m'appelle : « Gabriel, attends deux minutes, nous allons monter ensemble tous les trois, comme d'habitude. » Je m'arrête et me tourne sur ma gauche pour lui répondre : « D'accord Aklèf, je vous attends sur le passage. » Comme toujours, mes pensées s'égarent dans des réflexions aléatoires, le temps que j'attende les guides. D'après mon expérience, il apparaît que les Égyptiens possèdent une mémoire remarquable, se rappelant des événements et des personnes rencontrées.

P.432

Même plusieurs années après. Lors d'un retour en Égypte, il n'est pas rare qu'ils se souviennent de vous et évoquent des échanges passés ou des services rendus, rappelant par exemple : « Tu te souviens, le jour où tu es venu en Égypte, je t'ai sauvé la vie. » ou « Tu me dois un service. » Chères lectrices et chers lecteurs, vous penserez sans doute que ce genre de situation existe partout, y compris en Europe et même en France. Vous avez tout à fait raison ! Cela dépend effectivement du contexte dans lequel on se trouve. Revenons à l'instant présent : je me tiens dans le passage lorsqu'Aklèf et Guyzen s'approchent de moi en déclarant « C'est bon Gabriel, nous sommes là, à tes côtés. » Aklèf me tapote alors l'épaule gauche et suggère que nous nous rendions tous trois vers l'ascenseur. J'acquiesce de la tête pour confirmer mon accord. D'ailleurs, l'ascenseur est revenu après avoir conduit le dernier groupe de touristes à leurs étages respectifs. À notre tour désormais d'utiliser cet ascenseur, qui nous conduira également aux étages souhaités. Le temps de cette courte marche, je regarde ma montre, elle m'indique simplement **20h40**. Après être montés ensemble dans l'ascenseur, Aklèf, Guyzen et moi voyons les portes se refermer juste derrière nous. Nous montons vers les étages secondaires. Alors que l'ascenseur nous emmène, une réflexion personnelle me traverse l'esprit : ai-je l'impression que les guides me considèrent comme un enfant ? Ils semblent avoir oublié que ma transformation est temporaire ; dans ma tête, je ne suis pas un enfant, mais bien un adulte d'un certain âge. Lorsque je retrouverai ma taille réelle, mon passage ici en Égypte ne sera qu'un souvenir pour Aklèf et Guyzen.

P.433

Nous arrivons enfin à l'étages souhaiter, la sonnerie des portes retenties coulissent puis elles s'ouvrent. Guyzen sort le premier suivi de son collègue Aklèf, puis je termine moi Gabriel en sortant le dernier, est justement au moment les portes se referment derrière avec toujours cette sonnerie. Mais elle ne redescend pas. Comme d'habitude, les deux guides m'accompagnent jusqu'à ma chambre. Soudain, Aklèf me dit : « Tu sais Gabriel, c'est pour ta sécurité. Il n-y-avait pas d'autres entités qui pourraient te déranger ce soir. Tu pourras dormir toute la nuit. » Guyzen ajoute alors : « Tu sais Gabriel, parfois les événements nous échappent et il n'est pas toujours possible de les éviter. Mais on peut choisir de ne pas leur accorder trop d'importance. » J'acquiesce d'un signe de tête pour leur montrer que j'ai bien compris. À cet instant, nous arrivons tous les trois devant la porte de ma chambre, au numéro 259. Je leur dis : "Aklèf, Guyzen, merci" pour votre protection, mais ce soir je pense qu'il n'y aura aucune apparition d'entité aux yeux rouges ni de voix mystérieuse. Comme d'habitude, je vais me rationner, me brosser les dents, puis aller me coucher car demain est un autre jour. Les deux guides, Aklèf et Guyzen, me regardent et me disent que ce sont de belles paroles pour un enfant de mon âge. Je réponds simplement : « Merci, messieurs », puis ils me laissent devant ma chambre et retournent eux aussi dans la leur. Une fois seul, je prends ma clé dans la poche droite et l'insère dans la serrure afin d'ouvrir la porte de ma chambre. Comme à chaque fois, l'espace est totalement vide. Après avoir refermé la porte avec soin, je me promets de ne pas revenir de sitôt en Égypte, et encore moins au Caire.

P.434

Cette décision est désormais ferme. Je précise toutefois n'éprouver aucune animosité envers ce pays, bien au contraire. Cependant, je ne souhaite pas y séjourner davantage ; sur le long terme, cela ne me correspond pas, et il m'est inconcevable d'envisager une vie entière ici. Il s'agissait d'une circonstance fortuite, rien de plus. Quoi qu'il en soit, mon parcours doit se poursuivre et il n'est pas question pour l'instant de faiblir. Je marche dans ma chambre pour rejoindre le frigo. Une fois arrivé devant, je pose ma main gauche sur la porte et l'ouvre avec la droite, puis je m'accroupis en découvrant une grande variété d'aliments, sauf des sandwichs. Il y a aussi, simplement, quelques rondelles de pizza faites localement. À ce moment-là, en baissant les yeux, j'aperçois mes chaussures et me rends compte qu'il faudra les remplacer. Je remarque qu'elles sont trop serrées, mes orteils touchant presque le bout intérieur. À ce moment précis, je ne sais pas pourquoi, mais mon regard se porte sur le côté. J'aperçois vraiment des ouvertures à l'extérieur de mes chaussures, probablement provoquées par l'eau ou par autre chose. En repensant spontanément aux os que j'ai involontairement écrasés, il me semble que ce sont eux qui ont causé ces fissures, mais cela n'a rien de grave. Lorsque nous étions dans cette chambre de momies, sachant qu'elles sont si solides qu'il est impossible de les endommager sérieusement. De toute façon, je remplacerai mes chaussures plus tard. Mais bon passant. Je lève les yeux, attentive aux rations que je pourrais choisir pour ce soir. Je pense finalement faire simple et me concentrer sur les pizzas ; il suffira de les réchauffer au micro-ondes.

CHAT-PIE-TRE-435

Pour une fois, je vais manger chaud : c'est parti ! Dans tous les cas, changer de ration semble préférable. Cela me donne aussi le temps de retrouver mes esprits et de me reposer, alors je me dirige vers le micro-ondes. Je pense que deux à trois petites minutes devraient suffire pour réchauffer cette pizza. Quelques minutes plus tard, la sonnerie du micro-ondes retentit : ma pizza est bien chaude. Avant de la déguster, je prends une assiette et y dépose la pizza afin de ne pas me brûler les doigts. Miam, miam... L'assiette, assortie au bol du matin, attire mon attention. Je la pose sur la table en bois, puis j'avance une chaise vers mes genoux afin de m'asseoir confortablement. Devant moi, cette pizza évoque une pizza royale, garnie de différentes viandes : volaille, merguez piquante et douce, bœuf, accompagnées de champignons locaux, ainsi des rondelles d'œufs, de rondelles de tomates, de fromage râpé — sans doute d'origine locale également — d'olives vertes et noires. Sa pâte moelleuse, l'arôme fumé de sa cuisson… tout donne envie ! Je sens que je vais me régaler. Les minutes s'écoulent tandis que je déguste paisiblement ma pizza, entouré d'un calme réconfortant. Ce silence exceptionnel m'apaise et, pour une fois, je peux manger sans craindre l'apparition soudaine d'une créature aux yeux rouges ou autre. Je savoure chaque bouchée avec sérénité, croc après croc… Je ne m'en lasse pas du tout : miam, miam, miam. Après avoir tranquillement terminé ma pizza royale, je me suis levé pour apporter mon assiette à la cuisine, la laver et la déposer sur l'égouttoir. Puis, après m'être essuyé les mains avec une serviette, direction la salle de bain pour me brosser les dents.

P.436

Me voilà avec une hygiène dentaire impeccable. Il est temps d'aller au lit : hop ! Je me glisse sous ma couette bien chaude, parfaitement adaptée pour la nuit. Mes chères lectrices et chers lecteurs, je ne vous oublie pas mais il est temps de vous souhaiter bonne nuit. Ce soir, il n'y aura pas de narrateur pour poursuivre l'histoire, lui aussi est fatigué et a besoin de sommeil réparateur. D'ailleurs, tout comme moi, Gabriel, je vais vous quitter et vous retrouver demain matin. Quelques heures plus tard, j'entends comme à chaque fois les pas des gens, leurs discussions entre eux, et j'aperçois le soleil qui m'empêche de dormir davantage. Je décide alors de me lever et d'ouvrir grand les rideaux ; ce que j'observe depuis ma fenêtre me confirme qu'il y a bel et bien du monde qui fouille dans le marché. Cette fois, je ne prends pas le temps d'ouvrir la fenêtre ni de flâner, car il est déjà 7 heures du matin. Allez, c'est parti ! Direction la douche pour me rafraîchir le visage, comme je le fais depuis plusieurs semaines déjà. La nuit a été paisible, j'ai bien dormi, sans visite d'entités ni de regards rouges pour me perturber. Je me sens bien et détendu, persuadé que la journée sera agréable. Restons positifs et continuons : après avoir soigneusement lavé mon visage, je sors de la douche et m'habille, choisissant de remettre les vêtements de la veille. L'objectif est de faire simple et de gagner du temps afin de m'offrir un petit-déjeuner tranquille, tout comme la veille au soir lorsque j'ai savouré une pizza royale dans le calme. Ce silence m'a vraiment fait du bien moralement. Quoi qu'il en soit, une fois que j'ai fini de m'habiller, il est déjà **7h30**. Il y a toujours autant de monde au marché, probablement venu faire des courses.

P.437

Pour la semaine ou le mois. Bonjour à toutes et à tous, chers lecteurs et chères lectrices, avez-vous bien dormi ? J'espère que oui, et que votre sommeil vous a fait autant de bien qu'à moi. C'est peut-être étrange de penser à des personnes que je ne connais pas, mais il est naturel d'avoir de l'empathie envers les autres. Mais venons-en à la gourmandise matinale : chaque jour, je suis attendrie par ce bol décoré d'un panda grignotant du bambou, accompagné d'un sac de céréales à ses côtés. Je me rends au réfrigérateur pour prendre du lait, puis une fois refermé, je vais chercher le fameux bol sur le meuble du haut, suivi de la cuillère dans le tiroir et du sucre, bien sûr, dans le meuble du bas. Pour poursuivre sur ma lancée, je me dirige vers la table et m'assieds sur la chaise en bois. Tranquillement, je me sers un bol de lait accompagné de céréales locales. Aujourd'hui, je choisis la simplicité sans hésiter. Au moment où je continue de prendre mon petit déjeuner, j'entends toujours les acheteurs est aussi vendeurs qui marchandes, entre-deux, je me dis que je vais laisser la fenêtre ouverte, même-ci je voulais rester dans le calme. Ce type de bruit ne me dérange absolument pas, car il n'est que passager. De plus, le temps file à une vitesse folle : il est déjà **7h50** ! Je remarque aussi qu'ailleurs, le temps semble passer tout aussi rapidement. Dites-moi, chères lectrices et chers lecteurs, partagez-vous se ressenti ? Enfin bref, je viens de terminer mon petit-déjeuner et je vais rincer mon bol avant de le placer sur l'égouttoir. À présent, direction la douche pour me brosser les dents — c'est essentiel de rester propre. Après quelques minutes, me voici sorti de la salle de bain avec une agréable sensation de fraîcheur buccale.

P.438

Il ne me reste plus qu'à patienter l'arrivée des deux guides, Guyzen et Aklèf, qui ne devraient plus tarder, comme chaque matin. J'entends des gens par la fenêtre faire des trocs ; cette fois-ci, il ne s'agit pas de nourriture mais de vaisselle. C'est amusant de les écouter troquer, il y a de tout et en abondance... Cela aide vraiment à faire passer le temps... D'ailleurs, en parlant de temps, il ne reste que vingt minutes avant que les guides Guyzen et Aklèf viennent me chercher. Pour perdre un peu de temps, je vais fermer la fenêtre afin d'obtenir un silence total ; mais ce silence n'est que temporaires, car des bruits continuent de parvenir du couloir. J'entends aussi les touristes aller et venir, passant d'une chambre à l'accueil, descendre et puis remontant par l'ascenseur. Oui, ils vont et viennent comme d'habitude, et ce n'est pas vraiment grave, car cela me permet de les entendre marcher encore et encore : le parquet grince sous la moquette de l'hôtel. Il y a aussi leurs chuchotements, des bribes/morceaux de conversations aléatoires qu'ils échangent. Sur mon horloge, posée à ma droite, il est exactement **8h20**, et je suis tranquillement assis sur mon lit, au lieu d'être installé sur la chaise en bois comme chaque matin. Mes chères lectrices et chers lecteurs, vous ne les entendez pas ? Mais moi, Gabriel, si. Un autre bruit se fait entendre, et celui-ci, je le reconnais bien (…). Oui, je garde le silence pour confirmer qu'il s'agit bien de l'ascenseur qui monte depuis le rez-de-chaussée, et je parie qu'il s'agit justement des guides Aklèf et Guyzen qui s'approchent de moi. Pour être certain de ne pas dire de bêtises, je marche droit vers la porte pour regarder à travers le judas.

P.439

J'aperçois bien les touristes qui vont et viennent, cela ne fait aucun doute. Puis, la sonnerie de l'ascenseur retentit : j'observe clairement les guides Aklèf et Guyzen s'approcher de ma porte… Le doute est désormais levé. Oui, je sais, chères lectrices et chers lecteurs, que c'est un peu tiré par les cheveux, mais il faut bien trouver une situation amusante pour passer le temps. Ils avancent désormais dans le couloir ; il est actuellement 8h40. En les observant progresser pas à pas, je décide de reculer légèrement afin de pouvoir ouvrir la porte aisément à leur arrivée. Je constate alors, en regardant au sol vers le bas de la porte, deux ombres correspondant aux guides Guyzen et Aklèf. Les coups portés à la porte – « **toc-toc-toc** » – laissent transparaître une certaine hâte, suggérant sans doute leur souhait de quitter l'hôtel plus tôt que prévu. Oui, je suis là… Patientez, je vais vous ouvrir. Quelques minutes plus tard, je me dirige à nouveau vers la porte pour les inviter à entrer dans ma chambre. J'attrape la poignée de la main droite, puis j'ouvre la porte s'ouvre brusquement, en grand et j'aperçois Aklèf et Guyzen qui se tiennent droits juste devant moi. Prêts à partir au musée, il est exactement **8h45**. Cette fois, c'est Guyzen qui m'annonce : « Gabriel, on y va. » Je le regarde et hoche la tête pour approuver. Ensuite, je les suis… Comme souvent, nous attendons devant l'ascenseur ; mais aujourd'hui, nous sommes bien entourés, car il y a plusieurs touristes parmi nous. Eux aussi sont prêts à prendre l'ascenseur. Les portes s'ouvrent, et tout le groupe monte à l'intérieur ; la sonnerie retentit, puis les portes se referment juste après le dernier touriste. Le guide, Guyzen, appuie sur le bouton du rez-de-chaussée et l'ascenseur.

CHAT-PIE-TRE-440

Descend tout le monde suit le décompte (2… 1… 0…). Ça y est, nous sommes arrivés ! Une nouvelle sonnerie retentit, et là, tout le groupe, nous compris, sort de l'ascenseur. Après que tout le monde est sorti, les portes de l'ascenseur se referment automatiquement. Nous poursuivons notre chemin, accompagnés du groupe de touristes, en direction de la sortie de l'hôtel. En passant devant les hôtesses du matin, nous leur adressons un « Bonjour mesdames », auquel elles répondent par un, simple « Bonne journée à tous », tout en nous remerciant. Nous avançons pas à pas vers la sortie lorsque, soudain, le portier nous ouvre la porte et salue d'un « Bonjour messieurs dames ». Guyzen lui répond simplement que tout va bien et précise, comme chaque matin, que nous partons en direction des pyramides. À ce moment, le portier nous invite à patienter sur le trottoir afin qu'il puisse contacter un chauffeur chargé de nous conduire à notre destination finale. Nous nous acquiesçons, de la tête, à cette demande et attendons en vue du prochain départ. Je remarque justement que le portier fait un signe de la main gauche à l'un des chauffeurs qui attend d'être sollicité par de futurs touristes. Soudain, ce chauffeur aperçoit le geste du portier, démarre son monospace et s'approche de notre groupe de voyageurs. Le portier nous annonce spontanément qu'il est bientôt temps de quitter l'hôtel et de monter dans le monospace. À cet instant, il me tend la perche concernant l'heure : il est **09h15.** Tous les chauffeurs et chauffeuses sont partis, à l'exception du nôtre, qui attend patiemment que l'ensemble des touristes montent dans le monospace.

P.441

Après avoir laissé tout le monde prendre place, les guides s'installent également à l'avant, attendant que tout soit prêt. Le chauffeur s'assure que chacun est bien installé, puis referme la portière derrière le dernier client. Il prend ensuite place côté conducteur et demande à tous si leurs ceintures de sécurité sont bien attachées ; tout le monde, moi y compris, répond affirmativement : « Oui, Monsieur le conducteur, c'est fait. » Alors qu'il démarre le véhicule, j'aperçois dans le rétroviseur que le guide Guyzen me lance un regard, comme s'il voulait me parler. Tout à coup, je demande à Guyzen s'il peut me donner l'heure, afin de détourner son attention. Guyzen consulte l'horloge du monospace et m'annonce qu'il est **09h20**. Je le remercie, puis, par réflexe, je fais la même chose avec le guide Aklèf, bien qu'il ne m'ait rien demandé ; je le remercie aussi. Le chauffeur démarre, comme chaque matin, pour nous emmener au musée. Alors que le trajet commence, une vérité me frappe soudainement, aussi limpide que de l'eau de roche. J'ai déjà expliqué ma vision des événements, mais cette fois-ci, il existe deux points de vue : le mien et celui de Gabbie. Chères lectrices, chers lecteurs, vous le savez bien : les rêves nous révèlent souvent des événements du passé ou de l'avenir. Mais faut-il vraiment leur accorder de l'importance, ou est-il préférable de ne pas trop s'y attarder ? Pour ma part, mes rêves portaient sur des scènes vécues dans les couloirs. Le simple fait d'imaginer rester un enfant, au moins physiquement, me donne des frissons d'inquiétude. Au moment même où je me faisais cette réflexion, je m'assoupis sans raison apparente. Quelques minutes plus tard, je me réveille brusquement.

P.442

Observant mon environnement, encore marqué par la somnolence et une inquiétude persistante liée à mon jeune âge de douze ans. Je suis toujours assis sur la banquette arrière du monospace, entouré du groupe de touristes. Un regard insistant se pose alors sur moi. Après m'être frotté les yeux pour reprendre pleinement conscience, j'aperçois le guide, Guyzen, qui me demande spontanément : « Gabriel, as-tu bien dormi ? » » Je lui réponds spontanément en retour et demande si nous sommes déjà arrivés. Il me dit que ce n'est pas encore le cas... Je lui confirme avoir bien dormi dans le monospace, même si mon sommeil a été bref. En repensant au temps qu'il me reste avant d'arriver au musée, je prends conscience que j'ignore encore combien de jours, de semaines, voire d'années, je vais passer en Égypte si je ne parviens pas à découvrir la vérité. Quoi qu'il en soit, je suis toujours à bord du monospace qui nous conduit tous ensemble vers les musées. En y réfléchissant davantage, je réalise que je fais encore face à certaines épreuves, comme celles déjà traversées ces dernières semaines. Je pense que ces épreuves sont conçues de façon à être résolues, mais lorsqu'il existe des volontés malveillantes cherchant à entraver leur progression, la tâche se complique toujours. Quoi qu'il en soit, les récits issus de l'imagination humaine sont parfois extravagants, qu'ils poursuivent la gloire ou l'immortalité. Peut-être trouvez-vous, chères lectrices et chers lecteurs, cette histoire invraisemblable, mais rappelez-vous qu'à la fois dans la réalité et dans l'imaginaire, il existe aussi des épreuves semblables — objets destinés à se débarrasser, sur le plan spirituel, des individus néfastes.

P.443

Même si toutes les légendes commencent par l'expression « il était une fois », qu'elles soient urbaines ou authentiques, il nous revient à nous, de découvrir la vérité derrière ces mythes contemporains. Ou peut-être s'agit-il simplement d'une vérité légendaire que seuls les esprits les plus perspicaces peuvent découvrir, celle qui mène à la compréhension de leur propre réalité. À propos de cette réalité, je garde à l'esprit, moi Gabriel, qu'il ne faut pas que je perde espoir de percer la raison du blocage de Gabbie. En revenant à moi, dans ce monospace, nous sommes sur le point d'arriver au musée ; il est d'ailleurs **09h45**. Oui, je sais que vous, lectrices et lecteurs, vous demandez pourquoi il y a autant de références aux heures. Sachez simplement qu'elles changent chaque jour : vous avez peut-être l'impression que tout se déroule en une seule journée, mais détrompez-vous. En réalité, les jours filent à toute vitesse. Si je ne précise pas la date exacte, c'est volontaire et pour une bonne raison. Cela tient à vous, chères lectrices et chers lecteurs, car vous avez un rôle à jouer dans cette aventure… Vous faites désormais partie de l'histoire, devenant ainsi l'un des personnages clé. Nous approchons à présent de notre destination et nous arriverons dans quelques minutes. Les guides, Aklèf et Guyzen, restent silencieux (**c'est bizarre ??**) Et attendent patiemment, comme le reste du groupe. Par ailleurs, le chauffeur nous informe qu'il ne reste que peu de temps avant d'atteindre le musée, où il stationnera sur le parking extérieur. Quelques instants plus tard, mais beaucoup plus tard, nous arrivons devant le musée et le chauffeur parvient temps bien que mal à se garer.

P.444

Il est exactement **10h10** lorsque nous nous arrêtons, enfin. Spontanément, les guides Aklèf et Guyzen nous suggèrent de rester quelques minutes supplémentaires dans le monospace pour permettre au chauffeur de descendre et de sécuriser notre sortie. Un silence s'installe pour s'assurer que tout le monde a compris ; nous voyons alors le chauffeur contourner le monospace depuis la gauche afin de nous ouvrir la portière droite et nous aider à descendre sur le trottoir. Soudain, Aklèf me demande, à moi Gabriel, de patienter un peu, le temps que le groupe puisse sortir calmement. Dans un silence, les touristes descendent un à un. Je reste patient, attendant mon tour pour sortir, du monospace. Est c'est alors qu'une réflexion me traverse l'esprit : Gabbie pourrait sûrement avoir mon âge… 12 ans, à cet instant précis, J'entends à peine qu'on prononce mon prénom, « Gabriel, Gabriel », mais je reste plongé dans mes pensées, essayant de comprendre pourquoi les enfants avant moi ont échoué. La voix se fait plus pressante, répétant encore et encore : « Gabriel, Gabriel », mais je suis toujours absorbé par mes réflexions. Je me dis qu'ils ont sans doute commis des erreurs. Soudain, j'entends une nouvelle fois : « Gabriel, c'est à toi de sortir ». À cet instant, je sens qu'on me bouscule d'un coup d'épaule à gauche. Je reprends mes esprits et aperçois Guyzen et Aklèf devant moi. Ils me disent : « Gabriel, tu étais perdu dans tes pensées ; nous t'avons appelé plusieurs fois sans réponse de toi. Est-ce que ça va, Gabriel ? » Je leur réponds que oui, tout va bien, j'étais simplement absorbé par mes questionnements. Une fois encore, l'un des guides m'appelle : « Gabriel, c'est à toi de descendre.

CHAT-PIE-TRE-445

Tu es le seul dans ce monospace. » Je jette un regard vers eux avant de sortir du véhicule. À peine ai-je posé les pieds au sol que le chauffeur referme la porte derrière moi et lance, avec enthousiasme : « Allez, jeune homme, le savoir t'attend. » Sur le moment, je n'y prête pas attention et rejoins simplement le groupe de touristes qui s'avance déjà vers l'entrée du musée. J'aperçois alors, sur ma droite, le chauffeur en pleine discussion avec les guides Aklèf et Guyzen ; il est probable qu'il leur précise qu'il reviendra avant la fin de la visite guidée. Cependant, les guides restent concentrés sur leur conversation à trois. Je me demande alors : « De quoi parlent-ils entre eux ? » Spontanément, Aklèf tapote l'épaule du chauffeur du monospace, comme s'il lui disait d'arrêter la discussion, car il a l'impression que nous les observons, voire que nous les écoutons. Le chauffeur cesse alors de parler, nous regarde, puis se dirige vers son véhicule, quitte le parking et roule dans la direction souhaitée. À ce moment-là, les guides reviennent vers nous comme si rien ne s'était passé. Puisque nous sommes tous rassemblés devant l'entrée du musée, le guide Aklèf nous demande "d'attendre", sans vraiment expliquer la raison. Nous restons donc sur place à sa demande. J'attends l'arrivée des guides et je repense à Gabbie, coincée ici depuis un moment, dans l'espoir qu'un jeune homme puisse la libérer de cet espace-temps. Mais soudain, je me demande : et si c'était moi qui étais prisonnier de son univers ? Tandis que Gabbie cherche sa vérité, pour moi, Gabriel, la question reste : pourquoi suis-je revenu à cette époque ? Quoi qu'il en soit j'ai un début de réponse, sur ma présence, ici en Égypte.

P.446

Du moins à mon sens, c'est bien-sûr de la sauver de ce paradoxe. Il n'y a pas vraiment de transition, mais une nouvelle question me traverse l'esprit concernant mon travail sur la fabrication de jouets. Voici ce que j'en pense : dois-je comprendre qu'il faudrait arrêter de fabriquer des jouets pour enfants, ou bien simplement réaliser qu'on peut continuer à s'amuser, même adulte, en les fabriquant ? C'est du moins mon point de vue. En résumé, revenons à notre groupe de touristes : nous patientions l'arrivée des guides Aklèf et Guizen, qui justement apparaissent devant nous. Une fois arrivés, les guides nous invitent à les suivre pour entrer dans le musée. Spontanément, Aklèf explique que si nous avons attendu sur leur demande, c'est parce qu'un jeune homme se trouve parmi nous ; il précise donc que, même s'il y a des adultes dans le groupe, je dois veiller au respect des consignes du musée. L'un des touristes, un homme, assure que nous comprenons, et les autres acquiescent d'un signe de tête. Guizen précise qu'il est nécessaire de former des groupes de cinq personnes pour accéder au sas d'entrée. Pour rappel, notre groupe comptait une quinzaine de membres. Après quelques minutes d'attente supplémentaires, c'était à notre tour, nous étions les derniers cinq à entrer dans le sas. Il était alors 10h30, juste à temps pour enfin pénétrer dans le musée. Une fois sortis du sas et dans le vaste couloir du musée, une annonce au micro nous a rappelé l'importance de faire attention aux objets précieux appartenant au musée, ainsi que de ne rien toucher. Cette information reste pertinente : il est strictement interdit de toucher quoi que ce soit à l'intérieur des monuments historiques internationaux.

P.447

Je comprends bien que laisser des traces sur ces objets réduit leur valeur aux yeux des futurs visiteurs venus du monde entier. Cela ne concerne pas uniquement les pyramides ; il est déconseillé de toucher n'importe quel objet exposé. À l'entrée, on trouve toutes sortes de souvenirs destinés aux touristes, mais pour ma part, je préfère simplement les regarder sans les acheter. Ces objets sont d'ailleurs présents partout dans le monde. C'est un constat partagé par toutes les personnes qui visitent ce lieu. Enfin bref, passons. Afin de revenir sur notre présence dans ce couloir, j'ai soudain interrogé les guides : « Serait-il possible, Aklèf ou Guyzen, de réaliser aujourd'hui une visite guidée classique avec le groupe de touristes, comme cela se fait habituellement, sans proposer d'énigmes ni d'épreuves particulières, dans cette pyramide ? » Les deux guides, Aklèf et Guyzen, m'ont alors regardé avec étonnement, comme si ma demande était inhabituelle. (??) Un moment de silence s'installe entre nous, puis Aklèf prend soudain un air sérieux, s'approche de moi et me dit : « Écoute Gabriel, pour l'instant tu n'es pas ici pour agir comme tous les touristes. Tu es quelqu'un d'unique, et c'est toi qui dois sauver Gabbie. Je comprends qu'à douze ans, il est difficile d'être à la fois un enfant et un adulte. Nous sommes là, tous les deux – moi, Aklèf, et mon collègue Guyzen – pour te soutenir quand tu en as besoin. » Je le regarde avec sérieux afin de lui signifier que, pour ma part, j'ai bien compris la situation, mais qu'il m'est nécessaire de prendre du recul afin d'être pleinement opérationnel lors des épreuves. Guyzen s'approche également et ajoute : « Gabriel, nous comprenons que tu as une lourde responsabilité.

P.448

Mais sache que nous connaissons ta véritable valeur ; par conséquent, tu es tout à fait capable de gérer la pression. Un long silence s'installe entre nous. Je prends quelques instants pour reprendre mon souffle et extérioriser mon stress, puis je regarde de nouveau mes deux interlocuteurs et leur dis : « D'accord, je comprends que ma mission est prioritaire par rapport aux visites guidées. » Soudain, Aklèf précise qu'une fois Gabbie sauvée, la mission sera effectivement terminée. Il ajoute qu'ensuite, je serai libre de faire ce que je souhaite, puisque, après tout, je suis un adulte dans un corps d'enfant. Je me rends compte qu'ils avaient cette information depuis le début, et c'est seulement maintenant qu'ils me l'annoncent. C'est incroyable qu'ils n'aient rien dit plus tôt… Puis Aklèf me rappelle qu'il a le pouvoir de lire est d'entendre mes pensées. Mon regard reste fixé droit devant moi, comme si une vérité évidente se dessinait dans cette histoire. Je relève les yeux vers Aklèf et lui dis : « J'ai compris, nous ne devons maintenant pas rester ici, avançons… » Aklèf et Guyzen m'observent, soulagés par ma réponse, puis déclarent qu'en attendant nous suivrons le groupe de touristes ; ensuite, en avisera pour la prochaine porte. Oui, la situation est claire : nous allons passer à l'étape suivante. Je respecte les instructions d'Aklèf et de Guyzen. Quant à moi, je suis simplement le groupe de touristes qui traverse le long couloir spacieux du musée. À ce moment-là, je murmure quelques mots à voix basse pour qu'Aklèf ne m'entende pas, tout en me disant qu'en attendant, je vais profiter de la visite guidée au fil de notre progression vers la prochaine porte. Plus tard, j'aperçois les guides Aklèf et Guyzen discuter ensemble.

P.449

Probablement pour venir m'annoncer l'étape suivante, qui, selon moi, sera la dernière de l'épreuve et concernera sans doute le dernier élément. Je fais semblant de n'avoir rien vu et avance avec le groupe de touristes. Mon regard se porte alors sur l'une des statues, lorsque soudain le guide Aklèf s'approche de moi et m'indique : « Gabriel, reste près du groupe ». Nous nous dirigeons vers la dernière étape, située au bout du couloir. J'acquiesce pour lui signifier que j'ai compris. Nous poursuivons notre marche pendant quelques minutes, puis le guide Guyzen nous informe que nous approchons de la porte finale ; il ne reste plus que quelques pas avant d'atteindre cette dernière étape. Soudain, l'atmosphère devient palpable. Elle est même très tendue ; on sent une émotion et une excitation dans le regard de chacun d'entre nous. Après quelques minutes de marche, nous arrivons tous les trois devant cette fameuse porte. Chères lectrices et chers lecteurs, vous ne pouvez pas la voir, mais nous sommes bel et bien là, juste devant elle. Les touristes, quant à eux, comme d'habitude, partent explorer d'autres couloirs qui les intéressent. Revenons à cette porte si particulière : Aklèf, Guyzen et moi-même, Gabriel, sommes plantés devant, sans savoir quoi faire pour la première fois. À cet instant précis, je regarde simplement ma montre, qui m'indique l'heure : il est exactement **12h10**. Soudain, le guide Guyzen me demande pourquoi je regarde ma montre. Je lui réponds que c'est par habitude, car les épreuves précédentes m'ont appris que le temps peut parfois sembler s'arrêter ou avancer. C'est donc la raison pour laquelle je vérifie l'heure. Aklèf ajoute alors :

« Gabriel, qu'en penses-tu ? De cette porte ? » Je lui réponds qu'elle m'intrigue tout autant que vous, messieurs les guides Aklèf et Guyzen. En observant attentivement la porte, j'essaie d'identifier d'éventuels indices, comme cela a déjà été le cas sur les portes précédentes. Je m'avance spontanément de quelques pas afin de me placer face à elle. À première vue, aucun symbole n'est apparent. À ce moment-là, le guide Aklèf m'invite à redoubler d'attention : « Regarde bien, Gabriel, parfois les détails sont subtilement dissimulés. » Un silence s'installe, puis le guide Guyzen ajoute : « En effet, Gabriel, certains détails peuvent révéler la présence d'un symbole ou autre élément significatif. Oui, je comprends. Je vais essayer autrement et toucher cette porte pour voir si elle révèle des indices permettant de connaître la suite. D'accord, allons-y. Je place ma main gauche sur le gabarit de la porte, cherchant d'éventuels indices. En glissant ma main vers la droite, je sens une surface lisse qui, curieusement, s'effrite sous mes doigts, comme si la porte savait qui j'étais — c'est incroyable… Des symboles différents de ceux des semaines précédentes apparaissent. Juste au moment où je finis ma remarque, Aklèf me demande quels sont ces symboles inhabituels. Oui, Aklèf, il s'agit d'animaux liés aux quatre éléments. Guyzen intervient alors pour me demander de préciser à quoi, ils correspondent. Au fur et à mesure que ma main glisse sur le gabarit de la porte, d'autres symboles apparaissent. **Le premier** groupe sont : taureau, vierge, capricorne. Maintenant, j'aperçois **le deuxième** groupe : poisson, scorpion, cancer, et je commence à comprendre que **le troisième**.

P.451

Est sans doute balance, verseau, gémeaux, puis enfin **le quatrième** vient bélier, sagittaire, et finalement lion. Voilà, Guyzen, j'ai trouvé des réponses à ta question. Ainsi, le gabarit de cette porte brille de sa dorure. Étrangement, il y a également autre chose qui vient compléter les symboles. Soudain, Aklèf me demande : « Gabriel, quel est donc cet élément en plus ? » Je me tourne vers lui et commence à expliquer que, malgré les symboles animaliers que j'ai découverts, je lui confirme qu'il existe bel et **bien un cinquième** élément. Guyzen insiste à son tour avec la même question : « **Quel est le cinquième symbole** ? » J'explique alors aux guides que c'est la main d'un enfant. Voilà, Aklèf et Guyzen, votre réponse. Un silence s'installe, alors que j'essaie à nouveaux d'expliquer au guide Aklèf que le symbole supplémentaire est… en fait la main d'un enfant. Je demande à Aklèf : que doit-on faire à présent ? Il me regarde comme s'il attendait de moi que je résolve l'épreuve, et je suis curieux de découvrir ce qui va se passer ensuite. Pour une fois, je décide de me fier aux guides, espérant qu'ils comprennent à quel point il peut être difficile de mettre la pression sur une personne. Quelques minutes plus tard, le guide Guyzen propose une idée : il suggère d'appuyer sur les symboles et d'attendre de voir si quelque chose se produit. Puis, soudain, c'est au tour d'Aklèf qui propose une nouvelle idée : analyser tout ce qui a été fait récemment et ajouter le dernier élément. Oui, le guide Aklèf est effectivement très pertinent. C'est d'ailleurs ce que je devrais suivre, c'est bien mieux ainsi. Donc, si je repense aux épreuves réalisées autour des quatre éléments de la nature.

P.452

Il me semble qu'il ne reste plus que les derniers symboles, à savoir… Le bélier, le sagittaire et le lion. Mais il n'y a pas que cela. Chaque élément était représenté sur chaque porte, selon leur emplacement dans le couloir : parfois à gauche, mais la plupart du temps plutôt vers la droite. Guyzen interrompt alors mes pensées pour m'indiquer qu'il y avait aussi autre chose. Je me tourne à gauche et le remercie. Dans chacune des chambres déjà explorées, on trouvait respectivement l'air, la terre, l'eau, et normalement, il ne devrait plus rester que l'épreuve du feu. Celle-ci sera illustrée par les symboles que je viens de les dire, mais la question est… Lequel me permettra d'ouvrir cette porte ? En y repensant, je me dis que la première idée de Guyzen n'était peut-être pas si mauvaise. Je vais donc faire un test et, ensuite, j'aviserai, même si j'en doute ; pour être honnête avec vous, chers lectrices lecteurs. Voyons cela… Un silence s'installe dans le couloir pendant que j'appuie machinalement sur chaque symbole, l'un après l'autre, de gauche ver la droite. Cette fois, je prends soin de presser chaque icône sans rien négliger. Si je les décris : il y a le serpent, le crabe, le scarabée, le chat, le vase, le phénix, le gardien, le soleil, l'œil, le taureau et, enfin, une clé en forme de croix. Voilà donc ces détails sur la porte ornée de dorures. Nous attendons tous les trois, Aklèf, Guyzen et moi-même, Gabriel, qu'un événement se produise du côté de la porte… Finalement, après avoir testé tous les symboles, il semble que la première tentative n'ait eu aucun effet. Le guide Aklèf me suggère spontanément de prendre quelques minutes pour me reposer et réfléchir différemment.

P.453

J'accepte sa proposition en lui répondant que je vais effectivement prendre un moment pour approfondir ma réflexion. Après ces minutes de pause, j'envisage les choses sous un autre angle : il s'agit maintenant de me remettre dans l'état d'esprit nécessaire pour résoudre une énigme. Cela devrait m'aider à surmonter cette épreuve. Normalement, la solution devrait apparaître plus facilement. Je croise les doigts. Une idée me traverse l'esprit… Tiens, il y a un coin du gabarit que je n'avais pas touché avec ma main gauche. Je croyais que c'était un bord, mais en réalité, il y a un autre symbole à cet endroit. Celui-ci semble simplement prévu pour recevoir le dernier symbole, probablement encore à placer. Il n'est pas orné d'or. Je m'adresse à vous, chères lectrices et chers lecteurs : d'après vous, quelle est la forme du dernier symbole ? Alors, avez-vous trouvé la réponse ? Prenez quelques instants pour y réfléchir… Quel élément représente le feu ? Vous pouvez choisir entre le bélier, le sagittaire ou enfin le lion. Alors ? Vous avez trouvé ou pas ? D'accord, d'accord, je vais vous le dire : la place qui reste à remplir, c'est bien sûr le symbole du bélier, qui est associé au feu. Je vais donc replacer le symbole, puis on verra bien ce qui se passera. Ah, j'ai failli oublier : je dois positionner le dernier symbole en même temps que celui de ma main. Si j'ai le symbole dans la main droite, alors c'est ma main gauche que je dois poser en même temps sur le gabarit, et en bas placer le bélier correspondant à la main droite. Dès que tout est en place comme demandé, il suffit d'attendre quelques minutes pour qu'un évènement se produise. Est justement en parlant d'événement, nous avons entendu un léger grincement.

P.454

Sous la porte, mêlé à un souffle semblant venir de l'intérieur. Soudain, mes guides Aklèf et Guyzen me demandent de reculer pour éviter de sentir ce souffle sur mon visage. J'obéis à leur demande. Étrangement, quelque chose s'est effectivement ouvert, mais la vraie question est : quelle porte s'est ouverte ? Deux portes se sont ouvertes : celle que nous attendions, et une autre, dissimulée dans la première, comme la petite porte que j'avais remarquée dans la dernière chambre. Elle ressemble à la précédente, mais ce n'est pas comme la petite porte où je devais installer un serpent à la place de la poignée, non, ce n'est pas ça. Cette fois, il s'agit simplement d'un bouton, ce qui me fait aussitôt penser à ceux des ascenseurs, ceux qui ne s'allument pas. C'est vraiment étrange : elle a probablement été activée au moment où j'ai placé le dernier symbole est poser sur la forme d'une main gauche, c'est ce que j'avais fait mis ma main gauche sur le gabarit. C'est donc pour cela qu'il y a autant de poussière au sol et que l'air a cette odeur étrange et désagréable (au nez), c'est vraiment insupportable. On comprend bien que la porte de cette chambre n'a pas été ouverte depuis des siècles. Soudain, Aklèf approuve mes propos ; comme vous le savez désormais, le guide Aklèf capte mes pensées. Je ne sais pas comment il fait, mais d'un côté c'est utile, tandis que de l'autre, ce n'est pas forcément bénéfique pour ceux qui l'entourent, ni même pour lui. Mais bon maintenant que les portes soit ouvertes, il y'a comme un mystère, a cette petite porte. Aklèf s'approche de ma droite et me demande : « Gabriel, est-ce-que-tu va rentrer avec nous par la grande porte ou par la petite porte ? Visiblement, elle correspond bien à ta taille.

CHAT-PIE-TRE-455

Je jette un coup d'œil au guide Aklèf sur ma droite, puis je reste silencieux un instant avant de lui dire que, normalement, j'arrive comme d'habitude par la grande porte. À ce moment-là, le guide Guyzen se place à ma gauche et me dit : « Non Gabriel, regarde bien cette porte, elle est certes entrouverte, mais la petite porte est suffisamment grande pour que tu puisses être le premier à entrer dans cette chambre. » Aklèf ajoute alors pour confirmer les propos de Guyzen… Sans ajouter quoi que ce soit, je m'avance vers la petite porte entrouverte. De la main gauche, je l'ouvre un peu plus avant d'entrer, puis je saisis ma lampe torche à ma ceinture et j'en allume le faisceau, qui éclaire mieux la pièce. Une fois à l'intérieur, la petite porte se referme doucement, prenant soin de ne pas claquer contre la grande porte. Quelques minutes s'écoulent sans que nous voyions quoi que ce soit. Après un sursaut provoqué par les guides Aklèf et Guyzen qui m'ont demandé de décrire l'intérieur, une nouvelle lumière apparaît soudain. Oui, chers lectrices et lecteurs, vous avez deviné : il s'agissait bien de Gabbie… Aklèf me demande "alors " à nouveau de dire ce que je vois. À cet instant, Gabbie me fait discrètement signe de la main droite de ne pas révéler sa présence. Je lui réponds d'accord, mais je ne peux m'empêcher de lui demander pourquoi ils ne devraient pas être informés. Gabbie m'a dit qu'elle ne voulait pas pour le moment, car elle n'est pas prête. Cela soulève encore plus de questions dans mon esprit. Aklèf et Guyzen me relancent à nouveau pour savoir pourquoi je tarde à leur donner l'information. C'est assez simple : je suis avec Gabbie et je veux comprendre pourquoi je ne dois pas mentionner ton apparition.

P.456

Gabbie me regarde sérieusement, comme si elle savait quelque chose, peut-être sur moi ou sur les guides Aklèf et Guyzen. Au même instant, les guides arrivent d'eux-mêmes ; je les aperçois du coin de mon œil gauche et j'annonce à Gabbie leur arrivée. Soudain, comme par magie, Gabbie disparaît aussitôt. Une minute plus tard, j'aperçois les doigts du guide Aklèf qui tiennent la grande porte, puis il la pousse vers lui. Au même instant, Guyzen est là aussi : il voulait savoir pourquoi j'avais mis autant de temps. Je prends quelques minutes pour calmer mes émotions et essayer de leur fournir une explication, quelque chose de rationnel à dire. Moi, Gabriel, qui n'aime pas mentir, me retrouve désormais dans une situation délicate. Cela me déplaît fortement, mais encore une fois, j'ai promis à Gabbie de garder le silence pour l'instant. Bon écouter les guides Aklèf et Guyzen, si j'ai mis du temps à vous répondre, c'est simplement parce que ma torche a tardé à s'allumer, et je voulais faire quelques pas de plus dans cette chambre. Le guide Aklèf me regarde avec son air très sérieux et me demande : « Gabriel, es-tu sûr que c'est la vérité ? » Je le fixe à mon tour avec tout mon sérieux légendaire habituel et lui réponds : « Aklèf, c'est la vérité. » Puis, le guide Guyzen intervient in-extrémis et suggère à Aklèf de laisser tomber, sachant que l'énigme de la chambre n'est même pas encore résolue. Aklèf continue de me fixer avec attention, puis finit par détourner le regard et conclut en disant que Guyzen avait raison. À cet instant, j'ai eu l'impression que mon cœur allait quitter mon corps. Est juste avant que la porte d'entrée, de la chambre se referme d'elle-même je profite de regarder.

P.457

L'heure est comme ça en sera fixé, pour cette dernière épreuve. Comme je l'ai confirmé à ma montre, il est bien **14h15**. Les recherches d'indices commencent. En effet, le but de ces recherches est de découvrir le début de l'épreuve, alors nous poursuivons nos explorations. Soudain, la porte derrière moi se referme automatiquement : nous voilà tous les trois enfermés dans cette chambre, avançant chacun devant soi et espérant tomber sur un objet ou quelque chose qui pourrait nous aider à progresser. Je balaye la pièce avec mon faisceau lumineux, de gauche à droite et droit devant, mais rien ne semble pouvoir servir d'indice dans cette chambre. Dans cette idée de n'avoir rien trouvé, même si je sais que ce n'est que le début des recherches, une question me traverse l'esprit : dois-je dire la vérité à Aklèf et Guyzen, malgré la gêne que cela m'occasionne ? Je pense notamment à l'apparition de Gabbie quelques minutes plus tôt, juste avant que les guides ne souhaitent savoir pourquoi j'avais mis autant de temps à leur ouvrir la porte de cette chambre. Il est vrai que je me suis engagé à tenir la promesse faite à Gabbie. Aklèf m'interpelle pour vérifier si tout va bien, et je lui réponds que oui, que je vais bien et que je suis juste derrière eux. Je poursuis alors ma marche, pas après pas, quand soudain, je heurte quelque chose avec ma chaussure. L'objet me paraît étrange : dur et léger à la fois. Ce contact inattendu crée une sensation singulière, d'autant plus que l'objet se met à rebondir dans tous les sens. Soudain, les guides se retournent vers moi et me demandent : « Gabriel, que se passe-t-il ? » Je leur réponds que je n'en ai aucune idée.

P.458

Après avoir fait quelques pas de plus, j'ai heurté quelque chose qui ressemblait à un objet dur mais léger. Le guide Guyzen intervient alors et suggère qu'il s'agit probablement d'un indice. Spontanément, Aklèf me propose d'aller chercher et de voir l'objet en question. J'accepte et me dirige vers l'objet, que j'éclaire avec la lumière de ma torche. L'objet se met alors à scintiller grâce à sa dorure. Je m'approche encore et, en me penchant, je ramasse ce fameux objet au sol. C'est alors que je réalise qu'il est totalement différent de tout ce que j'ai connu auparavant. Les deux guides, Aklèf et Guyzen, s'approchent de moi rapidement ; je remarque que Guyzen se rapproche de plus en plus de l'objet en question. Il me dit alors : « Gabriel, ce n'est pas un objet traditionnel, mais plutôt l'un des éléments que tu tiens dans tes mains. » Au moment où il termine sa phrase, Aklèf arrive tout juste à notre niveau et confirme les propos qui viennent d'être dits. Je lui ajoute qu'il y a probablement davantage à découvrir dans cette chambre finale. Je précise que c'est possible, et maintenant que nous possédons un indice, il est préférable que chacun de nous trois poursuive la recherche séparément. Guyzen approuve mes paroles, confirmant d'un signe de tête que je dois continuer. À ce moment précis, Aklèf affirme que l'objet décoré d'or trouvé au sol appartient à la terre. Après les dernières informations fournies par le guide Aklèf, nous poursuivons notre exploration à la recherche de nouveaux indices. L'un des guides, Guyzen, me demande d'éclairer davantage leur côté à l'aide de ma torche. J'accepte tout en précisant que j'utilise également la lumière pour rechercher, comme vous – les guides

P.459

Aklèf et Guyzen – l'indice. À cet instant, Aklèf ajoute qu'il comprend parfaitement, mais souligne que, de leur côté aussi, ils ont besoin de voir clairement leur chemin. Soudainement, une voix off résonne dans ma tête au point de me provoquer une migraine. Je me mets alors à crier soudainement de douleur. Guyzen me demande : « Qu'est-ce qui se passe, Gabriel ? Pourquoi cries-tu comme ça ? » Je lui explique qu'une migraine m'a frappé sans prévenir, et que j'ignore la raison. Aklèf intervient en suggérant que c'est probablement parce que je n'ai pas mangé, que ça doit être la cause. Je le regarde et j'ai envie de lui dire que non, ce n'est pas du tout ça. Au fond de moi, je savais qui s'était invité dans ma tête, cherchant à communiquer avec moi, un peu comme le fait Aklèf chaque fois. Mais je lui ai dit que ce n'était pas l'envie de me rationner mais une migraine passagère est que celle-ci n'était pas comme d'habitude voilà tout Mr le guide Guyzen et Aklèf. Soudain, je leurs dis à Aklèf et Guyzen que mes migraines se sont dissipées et que nous pouvons reprendre notre marche. Je lève mon bras gauche devant mes yeux et remarque que l'objet doré qui symbolise la Terre, avec une forme carrée au centre. À cet instant, Gabbie communique par la pensée pour m'expliquer que cet artefact rond représente non seulement la planète Terre, mais aussi la maison comme milieu de vie. Je lui réponds tout haut : « Ah, d'accord, je comprends. » Surpris, Aklèf et Guyzen me regardent ; je leur précise : « Désolé, je pensais à voix haute », puis ils retournent à leurs recherches. J'éclaire la zone avec ma torche, dont la lumière s'étend finalement bien plus loin que je ne l'imaginais ; son faisceau est très efficace.

J'avance toujours accompagné des guides, cherchant d'autres indices. Soudain, Guyzen m'appelle : « Gabriel, viens voir ! » Il vient de trouver un nouvel objet. Je m'approche pour examiner ce qu'il a découvert ; celui-ci ne ressemble pas du tout aux autres symboles. D'après mes souvenirs, il présente une forme ronde similaire à la première, mais le centre est différent, comme orné de vagues ou de spirales. Gabbie intervient dans mon esprit et m'indique que cet élément correspond au vent. Aussitôt, Aklèf me confirme aussi que cet artefact représente le vent. Je le regarde attentivement, puis acquiesce discrètement de la tête pour montrer mon accord. Ensuite, nous reprenons tous les trois nos recherches afin de découvrir d'autres indices, car on ne sait jamais ce que l'on va trouver. À ce moment-là, le guide Aklèf me demande : « Gabriel, peux-tu tenir l'objet trouvé ? » s'il te plait. Je lui réponds que oui, je peux le faire. Lorsqu'il me tend son bras, je saisis l'objet avec ma main droite, prends également c'est le deuxième artefact, puis je les range tous les deux dans mon sac à dos. Après avoir bien rangé les éléments, quelques minutes plus tard, Gabbie me parle par la pensée et m'explique qu'ils ne devraient pas être réunis. Je lui demande mentalement pourquoi il ne faut pas les mettre ensemble. Gabbie me répond simplement que les éléments doivent rester séparés, sinon l'épreuve ne pourra pas être terminée. Je prends un moment pour réfléchir à cette information, puis j'appelle Aklèf afin de lui demander s'il faut réunir ces deux éléments ou les garder séparés. Aklèf garde le silence pendant quelques minutes. Ensuite, le guide Guyzen revient vers moi et me demande de reformuler ma question.

P.461

Je lui explique donc : « Faut-il placer ces deux artefacts au même endroit, comme je l'avais fait dans mon sac à dos ? Guyzen m'observe également avec un certain intérêt. Soudainement, Aklèf reprend ses esprits et, avec Guyzen, ils m'informent qu'il est strictement interdit d'assembler ces éléments. J'en conclus qu'il serait préférable de les disposer soit au sol, soit alignés contre un mur, en attendant de découvrir les deux autres éléments. Par télépathie, Gabbie m'indique que cette solution est pertinente, avis partagé ensuite par les guides Aklèf et Guyzen, qui précisent qu'il convient de bien séparer les éléments, tout en évitant de les poser directement sur le sol. Aklèf me montre finalement l'emplacement adéquat : il s'agit de les placer soigneusement contre le mur, à droite. Je les observe à mon tour et me dirige vers l'endroit où Aklèf m'avait demandé de les disposer. En chemin, je sors un à un les deux artefacts, que je place comme indiqué sur la tronche. Ensuite, je rejoins les autres et, ensemble, nous poursuivons nos recherches. Il est important de préciser que cette chambre n'a rien à voir avec celle que j'avais ouverte auparavant : elle est nettement plus vaste, tant en largeur qu'en longueur. Oui, chères lectrices et chers lecteurs, cette pièce remarquable est aussi étendue qu'une forêt dense. C'est pourquoi le temps qui passe ici semble toujours si particulier, comme d'habitude. Alors que nous discutions des choix à faire, soudain le guide Aklèf m'appelle : « Gabriel, viens voir s'il te plaît ! » De mon côté, je pense aussi avoir trouvé ce qui pourrait être le troisième élément. Je marche d'un pas vif et rapide pour découvrir cette trouvaille, qui s'avère très différente des précédentes.

P.462

Contrairement aux autres, ce nouvel indice n'est pas rond ; il ressemble plutôt à une demi-lune avec trois lignes au centre et est également décoré d'or. Il semble que cela corresponde à l'élément de l'eau. Encore une fois, le guide Aklèf me remet le troisième élément. Je vais donc immédiatement, rapidement comme les deux précédents, le placer sur la face du mur de droite. Ainsi, il ne restera plus qu'un seul indice…Une fois de plus, mon sac n'est pas rempli de ces artefacts ; il ne reste vraiment qu'un seul indice qui pourrait nous permettre de terminer cette épreuve dans la chambre. Tous les indices que nous avons découverts sont plus faciles à identifier comme tels une fois que l'on sait que le but est précisément de rassembler tous les objets. Oui, chères lectrices et chers lecteurs, je tenais simplement à vous apporter cette précision. De toute façon, même si nous venions à terminer l'épreuve de cette chambre, l'histoire continuerait : elle ne s'arrête pas là. Pour reprendre les recherches, Aklèf, Guyzen, et moi-même, Gabriel, continuons d'avancer sans relâche, tandis que j'éclaire notre chemin avec ma puissante torche dont le faisceau porte au loin comme de près. Une question me traverse l'esprit : qui trouvera le dernier objet ? Cette fois-ci, il est clair que, physiquement, il nous est impossible de faire appel à Gabbie. Pourtant, elle aurait certainement pu être la quatrième personne à découvrir le dernier indice. Malheureusement, Gabbie n'est pas présente avec nous ; c'est vraiment regrettable qu'elle ne soit pas là physiquement. Soudain, Aklèf m'a contacté par la pensée, comme il en a l'habitude : « Gabriel, je viens d'intercepter tes pensées concernant Gabbie.

P.463

Sache qu'elle n'est pas aussi blanche que tu pourrais le croire. » Je lui demande d'éclaircir ses propos (??). Aklèf continue alors son récit au sujet de Gabbie, précisant que par le passé elle était totalement différente de ce qu'elle est aujourd'hui. Un silence s'installe entre nous, puis j'ajoute que chacun a un passé, un présent, et que cela vaut partout ; il n'y a aucun jugement à porter sur elle (Gabbie) ou sur qui que ce soit. En somme, tout le monde commet des erreurs, et personne n'a le droit de décider de la vie ou de la mort d'autrui. À ce moment-là, Aklèf m'a dit : « Je t'aurais prévenue. » Je le remercie pour cette information. Lorsque Aklèf a terminé son intervention, le guide Guyzen m'a également interpellé : « Gabriel, viens ici s'il te plaît. » J'ai alors constaté que le dernier objet se trouvait juste devant moi. Il s'est mis à briller lorsque le faisceau lumineux de ta torche l'a éclairé. Je me rends auprès du guide Guyzen pour découvrir le dernier objet, qui s'est finalement avéré difficile à trouver. D'ailleurs, il y a un détail que je n'ai pas encore mentionné concernant cette chambre : l'éclairage y est insuffisant pour explorer tous les recoins d'une pièce aussi vaste, comme je l'ai signalé précédemment. Il ne reste donc plus qu'à replacer sans doute les objets au bon endroit. Mais la question demeure... Où doit-on les mettre ? Je laisse ce mystère à votre sagacité/esprit, chers lectrices et lecteurs : saurez-vous deviner de quel élément il s'agit ? Si vous avez bien suivi, il y a de fortes chances que l'objet ou l'indice découvert par le guide Guyzen soit le dernier des quatre éléments. Eh oui... Vous avez trouvé, le dernier élément identifié était bel et bien le feu.

P.464

Bravo à vous, chères lectrices et chers lecteurs ! Cet objet trouvé par le guide Guyzen présente des caractéristiques inhabituelles : contrairement aux trois autres, il n'est pas rond. Toutefois, il évoque clairement l'élément du feu, et un autre objet semble également lui correspondre en tant que représentant. Comme chacun peut le constater, il s'agit du phénix, symbole de renaissance. Le guide Aklèf m'interroge alors : « Gabriel, que comptes-tu faire ? » Je le regarde attentivement et lui réponds que l'épreuve n'est pas terminée. À ce moment-là, le guide Guyzen me fixe à son tour, manifestement surpris et curieux. Après avoir demandé de poursuivre les recherches, Aklèf m'a interrogé sur ce que je voulais dire par là. Permettez-moi de vous expliquer ma théorie : il existe, selon moi, un élément auquel personne ne pense, Aklèf et Guyzen. Avant de quitter la chambre, il est essentiel d'identifier cet élément, et alors que j'expliquais cela, Guyzen m'a justement demandé : « Quel est ce dernier élément ? » Il s'agit du Représentant du feu, mais ce n'est pas tout ; en y réfléchissant bien, il y en a en réalité six au total. Voici ma théorie : si nous trouvons réellement tous les objets, c'est-à-dire les six, nous devrions pouvoir sortir d'ici sans difficulté. Aklèf me demande alors : « Si je comprends bien, au total il y en a six. Faut-il en trouver deux de plus, ou les quatre déjà découverts comptent-ils ? » Je lui réponds que, oui, il y en a bien six en tout, y compris ceux déjà trouvés. J'ai aussi une autre question pour toi, Gabriel, puisque tu aimes qu'on t'en pose de questions : où vas-tu mettre tous les objets une fois que tu les auras trouvés ? As-tu une autre hypothèse ?

CHAT-PIE-TRE-465

Oui, j'ai bien une théorie, mais le moment viendra où je vous la révèlerai. Pour l'instant, c'est un moment très délicat ; même si j'ai l'air jeune, pour une fois, laissez-moi vous guider. Continuons donc nos recherches ensemble : il reste deux éléments à découvrir, mais avant cela, je dois récupérer le quatrième élément, **le feu.** Guyzen, pourrais-tu me le donner, s'il te plaît ? Un silence s'installe, puis Guyzen me tend l'objet tant attendu et je le saisis avec adresse. Je me tourne alors vers la droite, là où se trouvent les trois autres éléments, posés sur la tranche près de "l'eau". D'ailleurs, un espace sépare chaque artefact afin d'éviter qu'ils ne se touchent. Je dois maintenant poursuivre mes recherches, à l'image de ces guides involontaires qui continuent leur chemin. Aklèf et Guyzen. J'ai vu la déception sur leurs visages : ils pensaient que l'épreuve était terminée, mais ce n'était pas le cas. Désolé, chers guides, j'aurais également préféré quitter cette chambre en triomphant, mais comme vous, je garde un sentiment de regret. Quoi qu'il en soit, j'illumine la chambre avec ma torche qui est enfin allumée : cette fois, nous avançons tous les trois ensemble, attentifs au moindre détail devant nous, marchant pas à pas avec une grande concentration — c'est ce qui nous caractérise. Les minutes passent, et la chambre reste toujours aussi vaste ; nous avons maintenant du mal à distinguer les murs, donnant l'impression qu'ils s'éloignent de nous depuis que chacun ici— Aklèf, Guyzen et moi-même, Gabriel—avait trouvé les quatre objets. C'est étrange, mais j'ai le sentiment que l'épreuve a commencé depuis bien longtemps. Curieusement, je ne vois pas le guide Aklèf acquiescer pour me le confirmer.

P.466

Soudain, Gabbie s'adresse à moi dans ma tête : « Bonjour Gabriel, comment se passe la dernière épreuve ? Je lui dis par télépathie que les choses avancent plutôt bien, nous avons trouvé les quatre éléments, mais il en reste encore deux à découvrir. À ce moment-là, Gabbie me demande comment il peut rester deux autres éléments, puisqu'il devrait n'y en avoir que quatre. Au début, je pensais aussi qu'il n'y en avait que quatre, mais une nouvelle théorie m'est venue à l'esprit. Gabbie me demande alors quelle est cette nouvelle théorie. Je lui précise qu'il y a encore deux éléments à venir. Gabbie me demande lesquels, mais je lui explique que ces deux éléments se révéleront d'eux-mêmes. J'ai déjà une idée en tête, cependant je préfère ne pas en parler tout de suite ; il est trop tôt pour le dire. Maintenant, que nous sommes tous les trois réunis : Aklèf, Guyzen et moi-même, Gabriel, déterminés à retrouver ces objets tant recherchés, notamment les artefacts, nous ne devrions pas être sur nos émotions qui nous précipitera. Après avoir entendu ma réponse, Gabbie est restée silencieuse ; j'ai compris qu'elle s'était retirée de mes pensées. Finalement, me retrouver ici, dans cette chambre, à la recherche des deux derniers indices ou objets, sans que Gabbie occupe mon esprit, m'apparaît comme une opportunité bénéfique. Pour la première fois, je ressens véritablement le besoin d'un peu de tranquillité – une expérience à la fois nouvelle et étrangement déstabilisante pour moi. Cependant, une douleur brutale me frappe soudain au ventre, me pliant de douleurs, comme si quelque chose voulait s'arracher de l'intérieur de mon corps. J'ai l'impression que l'esprit de l'homme que je suis.

P.467

Enfoui au plus profond de moi, cherche-lui aussi à s'exprimer, à retrouver sa place et redevenir celui que j'étais autrefois. J'essaie tant bien que mal de surmonter la douleur pour avancer dans mes recherches, lorsque soudainement Aklèf, qui me voit courbé par la souffrance, me demande : « Gabriel, qu'est-ce qu'il t'arrive ? » Je lui réponds que ce n'est rien, que ça ira, et je dis, ceux-ci, je propose de continuer nos recherches une bonne fois pour toutes. À ce moment précis, Guyzen intervient et me demande également si je vais bien. Je les regarde tous les deux et leur assure que tout va vraiment bien, puis nous poursuivons. Après quelques pas, j'entends Aklèf dire : « Je crois qu'il y a quelque chose qui brille là-bas. » À ce moment-là, le guide Guyzen me demande : « Gabriel, depuis ta position, peux-tu orienter ton faisceau lumineux dans notre direction ? » Je leur demande : « Que se passe-t-il, Aklèf ? » Il me répond qu'il y a quelque chose à cet endroit. Alors je dirige mon faisceau de lumière vers eux, et au moment où je le fais, il y a effectivement quelque chose qui brille. J'informe les guides Aklèf et Guyzen que je préfère rester à ma place en raison de douleurs très intenses. Aklèf me répond : « D'accord Gabriel, ne t'en fais pas, c'est nous qui viendrons vers toi. » Quelques minutes plus tard, alors que j'essaie de rester debout, j'aperçois les guides Aklèf et Guyzen se diriger dans ma direction, chacun semblant porter quelque chose. Il s'agit probablement des deux objets tant convoités, qu'ils tiennent visiblement dans leurs mains, brillants. Je vous rassure, chers lectrices et lecteurs, je ne vous ai pas oubliés ; je suis simplement plié en deux par la douleur, laquelle devient de plus en plus intense.

P.468

Et atteint désormais mes poumons. Vous êtes les seuls à être informés de cette situation. Quoi qu'il en soit, notre départ de cette chambre est imminent et il semble que l'épreuve touche à sa fin, au moins pour aujourd'hui, voire pour ce soir. Aklèf et Guyzen viennent tout juste de s'approcher de moi et me demandent : « Gabriel, est-ce que tu vas bien ? » Je baisse ma torche et aperçois devant moi les deux artefacts ou objets ; en observant les deux guides, leur expression joyeuse m'arrache un sourire. Je leur confirme que je vais bien, bien que ce ne soit pas tout à fait le cas intérieurement. Soudain, Aklèf me pose la question une seconde fois, cette fois avec un ton plus sérieux : « Gabriel, es-tu sûr que tu vas bien ? N'oublie pas que je perçois toutes les pensées que tu as dans ta tête. » Mon regard se tourne vers lui et j'avoue qu'il y a effectivement quelque chose qui ne va pas, bien que cela ne soit rien de grave. À ce moment-là, Guyzen me montre les deux objets qu'ils ont trouvés. Aklèf me demande alors si ce sont bien ceux-là ; malgré la douleur intense que je ressens, je leur confirme que oui. Il s'agissait du phénix et de la main gauche d'un enfant. Guyzen ajoute immédiatement après Aklèf : « Gabriel, avec ces deux objets, nous en avons six au total. » — Oui Guyzen, c'est exact, il faudra d'ailleurs les récupérer ensemble avec les quatre éléments supplémentaires. Je me souviens aussi, Aklèf, de ta question concernant l'endroit où nous allons les placer. La réponse est : juste au-dessus de la porte de cette chambre, une fois que nous serons sortis d'ici. Après que j'ai terminé ma phrase, Guyzen se dirige vers le mur à droite ; celui-ci redevient soudainement comme avant.

P.469

Je vois alors le guide Guyzen s'approcher des objets. Je l'appelle : « Guyzen, donne-moi l'objet que tu tiens dans ta main gauche ». S'il te plaît. Guyzen regarde ce qu'il a en main, puis il revient vers moi et Aklèf. Finalement, c'est Aklèf qui reçoit l'objet – la statue du phénix – et, en prime, il tient aussi la main gauche d'un enfant dorée dans sa main droite. Justement, Aklèf, j'ai une question au sujet de ces deux statues. Aklèf me répond : « Pose ta question. » Je demande s'il est approprié de réunir les deux statuettes en or. Un silence s'installe entre nous, puis Aklèf me rassure en disant qu'il n'y a pas de problème, à condition qu'elles ne soient pas orientées dans la même direction. J'accepte et le remercie pour sa réponse honnête. Il ajoute que ce n'est rien, que le plus difficile est passé. J'acquiesce et demande alors si je peux les mettre dans mon sac à dos ; le guide me regarde et déclare : « Oui, Gabriel, tu peux les ranger dans ton sac à dos. » Finalement, Aklèf ouvre spontanément mon sac à dos et range les statuettes lui-même. Quelques minutes plus tard, le guide Guyzen nous rejoint et explique qu'il a pris seulement deux objets, car il n'était pas possible d'en emporter quatre à la fois. Aklèf lui répond que ce n'est pas un problème pour l'instant, puis précise, selon Gabriel, que les artéfacts doivent être placés au-dessus de la porte. J'en déduis donc qu'il faudrait les disposer un par un. Soudain, je regarde Aklèf et confirme ses propos. Ensuite, je lui demande : « Guyzen, peux-tu nous les donner ? Dans tous les cas, nous devons les prendre chacun notre tour. Donc, si tu as les éléments avec toi, à savoir **le feu** et **l'eau**, est-ce que tu peux encore les donner, pour ton collègue Aklèf et moi ?

CHAT-PIE-TRE-470

J'en prends un aussi, puis tu pourras garder les deux autres, un dans chaque main. Guyzen m'observe attentivement avant de repartir vers le mur à droite pour récupérer les deux autres, symbolisant **l'air** et **la terre**. Pendant que le guide Guyzen revient, Aklèf me demande comment je vais : « Gabriel, dis-moi sérieusement, qu'est-ce qu'il t'arrive ? Tu étais pliée de douleur il y a quelques minutes. » Je le fixe intensément, voulant lui parler de mes douleurs très fortes, mais j'avais également quelque chose à lui révéler, quelque chose qu'il aurait dû savoir depuis l'ouverture de la porte. Aklèf insiste pour obtenir une réponse, sans détourner le regard, et moi non plus, je ne le quitte pas des yeux. Finalement, je lui ai dit : « Aklèf, je te dois la vérité. » À ce moment-là, il est resté immobile devant moi et m'a écouté attentivement. Je lui ai alors demandé : « Aklèf, sais-tu pourquoi je ne pouvais pas t'ouvrir la porte au début ? » Il m'a répondu : « Explique-moi, s'il te plaît, Gabriel. » Un silence s'est installé entre nous, puis je lui ai raconté que si je n'avais pas ouvert tout de suite, c'était simplement parce que Gabbie était là avec moi. Elle m'avait dit qu'elle ne pouvait pas rester plus longtemps et qu'elle me conseillait de me méfier de vous. (??) Aklèf me questionne : « Comment ça, Gabbie ne voulait pas qu'elle nous voie ? » Quelques minutes plus tard, après avoir aperçu ta main gauche sur la porte, elle s'est éclipsée. Aklèf me regarde et me conseille de ne pas tenir compte de cette information. Il ajoute que tu devrais vraiment mettre un terme à cette épreuve en plaçant tous les objets que nous avons retrouvés. J'acquiesce : « **D'accord, Aklèf** », et alors que je finis ma phrase.

P.471

Le guide Guyzen revient vers nous avec les deux artefacts. Malgré la douleur persistante, je peine à marcher. Soudain, Guyzen m'interroge sur mon état de santé : « **Gabriel, que t'arrive-t-il ?** » Juste avant que je puisse répondre, Aklèf dit à Guyzen : « Écoute, Gabriel est épuisé, laisse-le un peu tranquille. » Est Guyzen surenchérie en disant bon d'accord Aklef, je laisse tranquille Gabriel, je confirme qu'il est mal au point. Après avoir rassemblé tous les objets, nous avançons à trois : Aklèf, Guyzen et moi-même, Gabriel, tenant ma torche allumée qui éclaire notre chemin. Nous nous dirigeons vers la porte de la chambre afin de vérifier si elle pourrait s'ouvrir d'elle-même, comme la précédente. En partant de cette idée, soudain, Aklèf déclare à haute voix : « Oui, partons de cette idée », et nous poursuivons notre progression pas à pas. Puis, Aklèf me demande : « Ça va, Gabriel ? » Je lui réponds que oui, je vais bien. Ensemble, nous continuons alors notre marche vers la porte. Nous sommes tous les trois arrivés — Aklèf, Guyzen et moi, Gabriel — devant la porte principale. Ma réflexion s'est avérée juste : c'est à ce moment-là que la petite porte, celle que j'avais empruntée au début, devait s'ouvrir. Et voilà qu'elle s'ouvre enfin, oui, la petite porte est désormais ouverte. Aklèf, avec humour, me dit qu'il ne faut pas rester trop longtemps devant la porte principale. Je lui réponds que cette fois-ci, je serai bien ponctuel pour vous ouvrir. Alors que nous marchions ensemble, une pensée m'est venue pour mes chères lectrices et chers lecteurs. Je tenais à m'adresser à vous, qui suivez mon récit dans cette aventure extraordinaire. La plupart des visiteurs du monde entier viennent voir les pyramides.

P.472

En croyant simplement qu'elles sont immenses, mais non ! Ce n'est pas un labyrinthe ordinaire, contrairement à ce que l'on pourrait imaginer au début. Chères lectrices, chers lecteurs, cette pyramide est tellement vaste qu'il est impossible d'en explorer tous les aspects dans le moindre détail. Il y avait vraiment tant d'informations, à découvrir qu'une vie entière ne suffirait pas à tout connaître. Le savoir se construit avec le temps, il ne s'acquiert pas instantanément. Ainsi, la recherche de vérité autour de cette fascinante et mystérieuse pyramide se poursuit…Cette situation complique encore davantage ma tentative de comprendre le mystère entourant l'histoire de Gabbie. Alors que je sors de mes pensées, Aklèf me demande de me diriger vers la petite porte puis d'ouvrir celle de l'entrée principale. Je les observe tous les deux avant de leur dire : « D'accord, guides Aklèf et Guyzen, mais vous restez en retrait ? » Aklèf renchérit alors, affirmant : « Oui Gabriel, ne t'inquiète pas, nous resterons juste derrière toi et t'attendrons. » Après quelques minutes de marche, j'arrive enfin devant la célèbre petite porte et je sors, n'oubliant pas, comme promis, de faire sortir également les deux guides, Aklèf et Guyzen. Malgré ma taille modeste d'un mètre trente, je lève les yeux pour observer les emplacements prévus pour les objets ou artefacts. À ce moment-là, j'appelle Aklèf et Guyzen à me rejoindre et leur demande de me remettre, un par un, les objets que nous avons trouvés dans cette chambre. Guyzen me tend d'abord l'objet correspondant à la **terre**, puis celui associé à **l'eau** ; je les prends tour à tour pour les placer dans leurs emplacements respectifs, juste au-dessus de la porte.

P.473

J'utilise un banc pour installer chaque élément, suivant la même méthode. Après avoir reçu les objets de Guyzen, Aklèf me donne celui représentant **l'air**, que je place à l'endroit prévu. Puis, une fois descendu, il me remet l'objet du **feu**, que j'installe à sa place. Après avoir placé tous les objets liés aux quatre éléments au-dessus de la porte, il reste deux objets à positionner : la statuette du phénix et la main gauche dorée d'un enfant. Ces deux derniers ne doivent pas être disposés au même endroit. En cherchant où les mettre, je remarque, en me dirigeant vers la droite où une petite porte est ouverte, que la porte principale présente une épaisseur particulière d'environ quatre centimètres. Ce détail pourrait s'avérer crucial. Effectivement, l'intérieur semble mesurer près de quatre centimètres d'épaisseur, ce qui est assez étonnant. Une distance sépare l'endroit prévu pour le phénix et la main gauche de l'enfant, mais elle est suffisante. Je contacte Aklèf une nouvelle fois pour savoir quelle démarche suivre, sachant que la porte principale reste partiellement ouverte. Il vient à ma rencontre et m'explique qu'il existe une autre solution. Je lui demande alors de préciser cette alternative. Selon lui, en rabattant la petite porte sur la principale, un nouvel espace devrait se former, permettant d'y placer les statuettes : le phénix et la main gauche dorée de l'enfant.

P.474

Il suffit ensuite de faire glisser ta main gauche vers la droite après avoir fermé la petite porte, et cet emplacement apparaîtra. Je réfléchis à cette solution qu'Aklèf m'a dit à l'instant. Quelques minutes de réflexion.je lui confirment que j'ai compris, puis Aklèf fait quelques pas en arrière puis je fais ce qu'il m'avait, je referme la petite porte est , de gauche vers ma droite je glisse ma main, est là…Comme par hasard ce qu'Aklèf vient tout juste de me dire se réalisa, il y-a bel-et-bien l'emplacement prévus, donc je place le phénix a sa place est je fais pareil pour la main gauche…hé là ! J'attends quelques minutes, espérant que la porte principale s'ouvre. Je replace le banc contre le mur sur la droite. Une fois le banc remis en place, j'aperçois effectivement la porte principale s'ouvrir. À ma grande surprise, ce sont les guides Aklèf et Guyzen qui viennent vers moi, avec le sourire aux lèvres. Lorsque les guides sont enfin sortis, la porte se referme d'elle-même, comme la précédente. Soudain, je commence à imaginer qu'il pourrait être possible de retrouver bientôt non seulement mon apparence, mais aussi ma vie professionnelle. Et surtout, de retrouver enfin ma vie. Je sors de mes réflexions lorsque Aklèf m'appelle : « Gabriel, il faut que je te dise que si tu veux libérer Gabbie de ce paradoxe et retrouver ta taille adulte, celle que tu avais avant d'être réduit.

CHAT-PIE-TRE-475

À celle d'un enfant… » Je l'interromps aussitôt, lui avouant que ce changement ne me déplairait pas du tout. Aklèf poursuit alors ses explications : pour la délivrer, il faudra patienter quelques minutes dans le couloir pendant que les touristes poursuivent leur visite guidée. Je l'interromps une nouvelle fois, pour lui demander si je peux assister à la fin de la visite. Aklèf me regarde attentivement et me dit : « Oui Gabriel, tu pourras faire cela pendant la dernière heure de cette visite que tu attends depuis, je crois, très longtemps. » Je le regarde et mes yeux se remplissent de larmes… Au moment où Aklèf terminait son explication et donnait son accord, je les ai vus, lui et Guyzen, marcher ensemble droit devant. Comme à leur habitude, ils partaient dans cette direction, sûrement pour trouver un chauffeur afin de nous ramener, les touristes et moi-même, Gabriel, à l'hôtel chaque soir. Mais aujourd'hui, j'ai décidé, pour une fois dans ma vie, de suivre les touristes sans m'inquiéter d'éventuelles épreuves ou énigmes à résoudre. Et pourquoi ne pas profiter pleinement du repos qui me semble bien mérité dans les jours à venir ? Ce soir, lorsque je serai dans ma chambre, probablement pour la dernière fois, je repenserai à tout ce que j'ai vécu au cours de ces semaines... Je regarde ma montre, qui affiche l'heure que j'aime particulièrement : il est **17h30.**

P.476

Soudain, pour la première fois ce soir, je tourne la tête et aperçois sur ma gauche un gardien qui s'avance vers la dernière porte située derrière moi, une porte qui vient tout juste d'être fermée — oui vraiment définitivement. Je crois également avoir libéré Gabbie, même si ce n'est qu'une théorie : normalement, elle aurait dû apparaître dans cette chambre, mais cela n'a malheureusement pas eu lieu. Si les guides Aklèf et Guyzen sont partis comme à leur habitude dans cette direction, c'est sûrement parce qu'ils savent comment Gabbie va finalement se manifester. Quoi qu'il arrive, je vais suivre les touristes comme tout le monde suit le groupe. Même s'il y a des symboles que je ne comprends pas, je les trouve très jolis ; savoir d'où ils viennent est un bon début pour toute personne qui souhaite découvrir l'Égypte ancienne. J'ai aussi entendu dire que demain, la technologie va beaucoup faire parler d'elle…Sans transition, je sens que la visite guidée touche bientôt à sa fin. Pour une fois, je me laisse porter et, en avançant doucement parmi les touristes, je commence peu à peu à faire le point dans mon esprit. Depuis le début de cette aventure, je réalise qu'après avoir été réduit à la taille d'un enfant de douze ans le premier jour, puis être parti en Égypte ce même jour, ces quelques semaines ont changé ma façon de voir les choses. Elles m'ont permis de comprendre l'importance de lâcher prise, notamment sur mon activité, « **la fabrique**… » de créations de jouets. Oui, dans cette optique, il suffirait de déléguer les tâches et probablement de procéder à du recrutement.

P.477

Mais pour l'instant, je continue d'accompagner le groupe de touristes pas à pas. Certes, cela n'avance pas très vite, mais ce n'est pas grave : profitons jusqu'à la dernière information sur la culture égyptienne. D'ailleurs, justement, en parlant des Égyptiens, j'aperçois les guides Aklèf et Guyzen qui reviennent vers moi ; sans doute viennent-ils m'indiquer qu'il est temps de me rapprocher de la sortie du musée…Ils sont désormais tout proches de moi, apparemment heureux de me revoir. Avant de s'approcher davantage, je jette un coup d'œil à ma montre : il est **18h15**, l'heure idéale pour prendre le chemin de la sortie du musée. Quelques minutes plus tard, les guides me rejoignent et m'annoncent : « Gabriel, ce soir nous allons prendre l'itinéraire le plus court possible, une surprise t'attend dans ta chambre à l'hôtel. » Je les observe tous les deux et réponds que j'ai compris. Ensuite, Aklèf me demande de laisser le groupe de touristes passer devant nous et de fermer la marche, comme nous l'avions fait les jours précédents. Sans discuter, j'obéis à sa demande, fais quelques pas sur le côté et me rapproche du mur de droite pour permettre à tous les touristes de passer, suivant ainsi les instructions d'Aklèf. En laissant passer tous les touristes devant moi, Aklèf et Guyzen m'ont dit : « Gabriel, cette fois-ci, c'est bientôt notre tour… » Quelques minutes plus tard, Guyzen me tapote l'épaule gauche et ajoute : « Gabriel, maintenant, c'est à nous d'avancer. » Sans hésiter, nous suivons le dernier groupe de touristes et marchons tous en direction de la sortie. À ce moment-là, une annonce retentit par haut-parleur, nous demandant de nous rapprocher de la sortie du musée car celui-ci va fermer dans quelques minutes.

P.478

Justement en parlant de l'heures il est maintenant **18h30.** Tout le monde se dirige déjà vers la sortie et nous sommes les derniers : Aklèf, Guyzen et moi, Gabriel, à fermer le groupe final. Il ne reste qu'une vingtaine de personnes qui suivent lentement vers la sortie. Celle-ci se trouve juste devant, alors que chacun avance d'un pas soutenu mais tranquille, échangeant silencieusement sur les objets observés. J'apprécie vraiment qu'ils puissent partager leurs expériences, tant visuelles qu'au sujet des informations entendues lors de leur visite au musée. Leur apprentissage de la pyramide profitera aux futurs touristes, permettant ainsi à d'autres de venir et revenir encore pendant des décennies. Le groupe, qui comptait une vingtaine de personnes, se réduit progressivement jusqu'à ce qu'il ne reste plus qu'une poignée de personnes. Parmi elles, nous sommes là aussi, arrivant juste devant l'entrée du musée et faisant partie des derniers à franchir complètement la porte, alors que les hôtesses et hôtes commencent déjà à la refermer. Tout le monde se retrouve désormais à l'extérieur, y compris nous. Les portes du musée sont maintenant closes. Chaque groupe de touristes rejoint alors son propre monospace. Chacun monte à bord et suit les consignes de son chauffeur ; comme chaque soir, tout le monde part dans le silence. Ma montre indique 18h45, il fait un peu froid ce soir, mais ce froid-là est sain et agréable. Nous attendons donc, prêts, avant de monter à notre tour dans le monospace. Pendant que nous attendions, notre guide Guyzen scrutait les alentours pour trouver un chauffeur disponible pour notre trajet retour. Tout à coup, Aklèf est apparu, accompagné d'un conducteur.

P.479

D'un signe de la main droite, il nous a signalé qu'il s'approchait, mais il n'était pas seul. À sa gauche se tenait effectivement le chauffeur, qui, si je me souviens bien, était celui qui nous avait emmenés le matin juste après l'ouverture du musée. J'ai alors interpellé Guyzen, qui m'a répondu : « Oui Gabriel, que se passe-t-il ? » Je lui ai annoncé qu'Aklèf arrivait avec un chauffeur. Guyzen se tourne vers sa droite et, à voix haute, me confirme qu'il s'agit bien du chauffeur du matin. C'est une bonne nouvelle, car ainsi nous n'aurons pas à chercher trop longtemps. Mon collègue Aklèf avait également anticipé la nécessité de trouver rapidement un chauffeur. Guyzen ajoute que l'itinéraire sera très court, ce qui permettra à tout le groupe de touristes d'arriver à l'hôtel du Caire juste avant **20h00**. Le guide Aklèf et le chauffeur se sont approchés de nous pour nous informer que le monospace était garé tout près. Guyzen nous a simplement demandé de le suivre, et une fois arrivés devant la portière du véhicule, le chauffeur nous a rejoints après quelques instants et a ouvert la portière coulissante droite, presque sans bruit. Tout le dernier groupe de touristes, moi y compris, Gabriel, sommes montés un à un dans le monospace. Une fois que tout le monde était à bord, j'ai vu le guide Aklèf et le chauffeur discuter, probablement au sujet du trajet à venir, même si je ne suis pas certain que ce soit vraiment le cas. Quoi qu'il en soit, ce soir marque ma dernière nuit en Égypte avant de prendre l'avion pour la France, où je mettrai en pratique tout ce que j'ai appris lors de ce voyage. Quelques minutes plus tard, ma montre affiche **19h00** précises. Enfin, le guide et le chauffeur se dirigent vers nous ;

CHAT-PIE-TRE-480

Le guide Aklèf monte à l'avant, côté passager droit, comme son collègue Guyzen quelques instants auparavant. Ensuite, c'est au tour du chauffeur de s'installer à son poste de conduite. Il nous observe afin de vérifier que chaque touriste a bien fermé et attaché sa ceinture de sécurité. Quand il est sûr que tout le monde est prêt, il insère la clé dans le contact et démarre le véhicule. Comme à son habitude, il s'assure qu'aucun véhicule n'arrive de sa gauche et pourrait gêner sa sortie du stationnement. Sans oublier d'activer le clignotant gauche, il effectue toutes ses vérifications, puis quitte l'emplacement en toute sécurité pour prendre la route vers l'hôtel du Caire. Les guides Aklèf et Guyzen m'observent comme s'ils voulaient sans doute me parler de quelque chose. Pour vérifier une théorie, je vais leur demander « l'heure » afin qu'ils changent leur façon de me regarder. Au lieu de me solliciter à chaque instant pour connaître l'heure — « Aklèf, peux-tu me donner l'heure s'il te plaît ? » — Guyzen intervient alors : « Gabriel, pourquoi demandes-tu l'heure alors que tu portes une montre ? » Je lui réponds qu'il me semble être observé chaque soir comme si j'étais un objet de collection. À ce moment, Aklèf ajoute : « Gabriel, le fait que nous te regardions chaque soir ne signifie pas que tu es un objet de collection. Il est de notre responsabilité de garder un œil sur chacun. Toute personne venant ici, en Égypte, visite les pyramides. » Un silence s'installe ensuite, comme d'habitude. Je leur indique alors : « Guides, Aklèf et Guyzen, vous avez raison d'accomplir votre travail avec sérieux. » Chacun reprend sa place et reste plongé dans ses réflexions durant le trajet qui nous conduit à l'hôtel du Caire.

P.481

Pendant notre trajet vers la destination finale, je repense aux événements passés. Il y a eu des instants où j'étais physiquement bloqué, incapable de marcher ou de bouger correctement. À ces moments-là, tout ce que je pouvais faire était réfléchir, essayer de détourner mon esprit sur autre chose. J'ai tenté de comprendre et j'ai réalisé qu'il ne s'agissait pas de Gabbie, mais bel et bien d'un gardien de la pyramide qui rejetait ma présence, me faisant sentir que je n'étais pas le bienvenu dans cet endroit. La colère que je ressentais était intense, presque tangible. Soudain, une rage guerrière s'est emparée de moi, parcourant tout mon corps jusqu'à me faire hurler, vraiment hurler, d'une voix d'homme qui jaillissait de ma gorge d'enfant. J'avais du mal à croire ce qui se passait. Lorsque j'ai poussé ce cri viril, toute cette oppression négative a disparu, comme si elle s'était évaporée. Dans ce cri résonnait aussi ma douleur liée à la maladie. Je n'étais plus oppressé, mais libre, libre de bouger la tête et de marcher à nouveau. Il m'était pourtant impossible de m'éloigner du groupe de touristes, c'était une erreur à ne jamais commettre, car on risquait de se perdre à jamais. Mais il y a une chose que je n'ai plus vue : Gabbie. Je crois qu'elle avait disparu après l'arrivée du guide Aklèf, tout comme Guyzen, alors que je voulais justement retrouver Gabbie. Oui à ce moment-là j'étais comme transporter sur le plans émotions, concernant toutes cette souffrance physique mais aussi morale que je subissais, jours après jours. Mais bon bref, revenons à cette instant-T. Nous sommes toujours dan se monospace, qui roule toujours vers notre destination. Comme à chaque fois.

P.482

Je consulte ma montre qui indique précisément **19h20**. Soudain, le guide Guyzen informe tout le groupe que nous arriverons bientôt et qu'il ne reste que quelques kilomètres à parcourir ; il recommande de patienter encore un peu. Tout le monde acquiesce, signifiant par un hochement de tête leur accord avec les explications du guide concernant la distance restante. En observant autour de moi, je remarque que la plupart des passagers dorment pendant le trajet, probablement pour récupérer de leurs efforts fournis au cours de la journée. En effet, les informations délivrées par les guides aux touristes sollicitent non seulement l'esprit, mais demandent aussi beaucoup d'énergie physique. Imaginez, chères lectrices et chers lecteurs, passer une journée entière à marcher dans les couloirs d'un musée : croyez-moi, c'est bien plus épuisant qu'on ne le pense. Oui, c'est d'autant plus vrai qu'on y réfléchit sérieusement. En évoquant justement le chemin à suivre, le guide Aklèf nous informe que nous arriverons dans quelques minutes. Soudain, ceux qui ont dormi pendant le trajet se réveillent tout juste. Alors que le guide Aklèf venait de nous confirmer que nous approchions de l'hôtel du Caire, le chauffeur annonce également qu'il va chercher une place et essayer de se garer. Nous venons tout juste d'entrer dans la fameuse rue pour trouver un stationnement. Le chauffeur vérifie s'il y a une place disponible, mais il est évident que les places sont très difficiles à trouver. Cette fois encore, le portier est là, mais il n'offre aucune aide, sachant que ce soir, il s'agit d'une portière de l'hôtel du Caire qui attend les derniers groupes de touristes venant du musée.

P.483

Il y avait encore suffisamment de temps pour se garer ; le conducteur reste détendu et maîtrise parfaitement la situation, car en Égypte, on fait preuve d'attention sur la route. Il est donc préférable de ne pas les déranger. Le chauffeur continue de rouler, mais ne trouve aucune place disponible. Je pense qu'il s'agit probablement d'un simple hasard et qu'il n'est tout simplement pas possible de trouver une place de stationnement. Aklèf me fixe avec sérieux et me dit : « Gabriel, écoute, tout le monde est vraiment épuisé. S'il te plaît, évite de lancer l'une de tes théories qui, selon moi, n'ont aucun fondement. Il faut que tu gardes ton calme. Je ne remets pas du tout en question le travail du chauffeur, bien au contraire. Je trouve simplement étrange que, par hasard, il soit si difficile de trouver une place de parking. À ce moment-là, le guide Guyzen intervient et précise : « Gabriel, mon collègue ici présent, Aklèf t'a dit qu'il est possible de trouver une place et que tu ne devrais pas compliquer la situation. Le chauffeur sait parfaitement se garer. En fait, à propos des places, le chauffeur vient justement d'en trouver une qui vient de se libérer ; il suffisait, simplement de faire le tour du quartier Pathé pour se garer tout près de l'hôtel. Un silence pesant s'installe à nouveau, et j'annonce : « D'accord, il s'agissait simplement d'une suggestion théorique que je souhaitais partager avec vous. » Aklèf réagit en me remerciant : « Merci Gabriel, mais chacun souhaite regagner l'hôtel, toi y compris. Il serait donc préférable de patienter comme tout le monde. » Je réponds ainsi à Guyzen : « Je vais attendre sans difficulté. » À peine ma phrase terminée, à la surprise générale, le chauffeur trouve une place.

P.484

De stationnement et nous invite à nous préparer à sortir du véhicule. Il nous reste seulement quelques minutes pour descendre ; il est **19h40** selon ma montre, ce qui laisse amplement le temps de se rendre à l'hôtel à pied. Je me souviens qu'Aklèf m'avait annoncé : « Gabriel, une surprise t'attend dans ta chambre à l'hôtel du Caire. » À ce moment-là, j'entends la voix du guide Aklèf nous informer de notre arrivée, ce qui me ramène à la réalité. Les guides Aklèf et Guyzen, ainsi que le chauffeur, indiquent que le monospace est correctement stationné sur la gauche de l'entrée de l'hôtel. Il est alors précisé qu'il est important de descendre du véhicule individuellement, en rappelant également ma responsabilité vis-à-vis des touristes qui montent dans mon véhicule chaque jour. Le groupe doit patienter pendant que je fais le tour afin de vous faire sortir par la droite et ouvrir la portière en toute sécurité. Dès que le chauffeur termine ses indications, nous quittons nos places assises et descendons chacun à notre tour, accompagnés du chauffeur pour garantir la sécurité. Après que tous les touristes ont été descendus en toute sécurité, le chauffeur a refermé avec précaution la portière coulissante droite du véhicule, s'est dirigé vers son poste de conduite, y est monté puis a refermé la porte gauche. Il a ensuite inséré la clé dans le contact, attaché sa ceinture de sécurité, démarré le moteur et quitté l'aire de stationnement pour regagner son domicile. Les guides Aklèf et Guyzen ont invité le groupe à rester rassemblé afin d'avançaient calmement vers l'entrée de l'hôtel. Nous attendions que la porte soit ouverte. Une fois réunis devant la portière, celle-ci nous a salués : « Bonsoir mesdames et messieurs ».

CHAT-PIE-TRE-485

Les guides, Aklèf et Guyzen, ont répondu : « Bonsoir Madame la portière, comment allez-vous ? » La portière de l'hôtel a répondu : « Merci, je vais bien », puis elle nous a invité à entrer comme d'habitude et à patienter dans le hall d'accueil. Les guides ont également exprimé leur gratitude : « Merci d'avoir ouvert la porte pour notre groupe de touristes ». La portière conclut l'échange par « mes de rien messieurs dames ». Après la fin de la discussion, Aklèf et Guyzen conduisent le groupe de touristes, qui rentrent à l'hôtel juste après que la porte se referme derrière eux. Ils demandent aux groupes d'attendre afin que chacun puisse monter dans l'ascenseur par petits groupes. Quelques instants plus tard, ils restent debout dans le hall en attendant l'ascenseur, sachant que celui-ci ne peut accueillir qu'un nombre limité de personnes en fonction du poids individuel. Le guide Guyzen prend l'initiative d'appeler l'ascenseur en appuyant sur le bouton orange. Après quelques minutes**,** soit vers **20h20**, nous entendons l'ascenseur arriver ; sa sonnerie retentit alors que nous voyons un petit groupe de cinq touristes monter aux étages, probablement au premier. Nous faisons preuve de patience en attendant notre tour. Le second groupe, composé de cinq personnes, prend également l'ascenseur pour se rendre au deuxième étage. Il ne reste alors que le troisième groupe de cinq personnes, qui accède au troisième étage, suivi du dernier groupe de cinq personnes, qui se dirige vers le quatrième étage. Enfin, un petit trio, constitué d'Aklèf, Guyzen et moi-même, Gabriel, emprunte l'ascenseur en dernier pour rejoindre le deuxième étage. L'ascenseur nous conduit à l'étage souhaité.

P.486

Dès notre arrivée, la sonnerie de l'ascenseur retentit et les portes s'ouvrent. Les guides, Guyzen et Aklèf, sortent en premier, puis je les suis. Habituellement, je marche devant eux alors qu'ils m'accompagnent jusqu'à ma chambre ; cette inversion me paraît singulière. Cependant, la fatigue se fait sentir et mon seul désir est de découvrir la surprise qui m'attend dans ma chambre. Aklèf et Guyzen avancent toujours vers ma chambre, au **numéro 259**, et je continue à les suivre. À ce moment-là, je presse le pas pour les dépasser et ouvrir la porte de ma chambre avant eux. Lorsque j'arrive à leur hauteur, je leur dis : « Excusez-moi, excusez-moi, guides Aklèf et Guyzen, puis-je me rapprocher de ma chambre, s'il vous plaît ? Merci. Soudain, les deux guides me permettent de passer et m'accompagnent alors que je marche vers ma porte. Quelques minutes plus tard, j'arrive enfin devant celle-ci. Je sors ma clé de ma poche droite, comme à mon habitude, puis l'insère dans la serrure et tourne vers la gauche pour déverrouiller la porte. Une fois la serrure ouverte, je saisis la poignée et ouvre la porte largement. À ce moment précis, les deux guides arrivent juste derrière moi. Après avoir passé le seuil de ma chambre, ils me suivent spontanément. Je leur propose une boisson au hasard, comme un jus de fruits. Aklèf et Guyzen gardent le silence sur le moment ; ils parcourent le logement, probablement à la recherche de quelque chose, qu'il soit important ou non, je l'ignore. Cette fois-ci, je ne formule aucune "théorie farfelue" comme ils aiment le dire. Je les observe circuler dans toutes les pièces : salon, chambre, cuisine, salle d'eau et toilettes. Je leur propose à nouveau une boisson, mais Aklèf ?

P.487

Guyzen, tous deux, me répondent : « Non merci Gabriel, c'est très gentil. » Je leur demande alors : « Les guides, pourquoi faites-vous autant d'allers-retours dans ma chambre ? » Ils me regardent et m'expliquent que c'est pour vérifier s'il n'y a eu aucun changement depuis mon arrivée, sachant qu'aujourd'hui est mon dernier jour. Cela ne veut pas dire que, parce que c'est mon dernier jour ici en Égypte, cette inspection de l'inspecteur est justifiée. Une fois de plus, on m'explique que c'est monnaie courante ici, que c'est la règle, donc il n'y a pas lieu de s'inquiéter. Tandis qu'Aklèf tente de me rassurer, le guide Guyzen lui glisse à l'oreille : « C'est bon, il n'y a rien. » Puis, à voix haute, Guyzen déclare : « La chambre est toujours aussi propre. » Je leur réponds alors : « Bien sûr que la chambre est propre. Pendant mon absence, les employés de cet hôtel du Caire font leur travail... » Les deux guides, Aklèf et Guyzen, esquissent un sourire malicieux, acceptant finalement ma proposition d'un jus de fruits. Un silence s'installe entre nous trois, puis je me dirige vers le réfrigérateur pour leur offrir des boissons à base de jus de fruits locaux. Une fois arrivé devant le frigo, je me penche et ouvre la porte ; quelques bouteilles de jus de fruits sont proprement alignées. J'en prends deux au hasard. Puis, en me relevant et en refermant la porte du frigo, je marche vers leur direction. Ensuite, les guides tenaient vos boissons aux fruits locaux. Aklèf et Guyzen les attrapent, ouvrent la bouteille d'un geste simple de la main droite et savourent le jus avec plaisir. À la fin de la dégustation, les guides me disent : « Ces jus locaux de notre pays sont vraiment excellents. » Quelques instants plus tard.

P.488

Tous deux décident de quitter ma chambre. Le guide Aklèf me lance alors spontanément : « Ah oui ! Gabriel, j'ai failli oublier, ta surprise arrivera bientôt… » Après avoir prononcé ces mots, ils quittent définitivement ma chambre et referment la porte d'un geste de la main droite. Celle-ci se ferme avec un léger bruit, et soudain je me retrouve enfin seul. (…) Ce silence me calme ; à cet instant, je jette un dernier regard à ma montre pour ce soir, il est exactement **21h00**. En me dirigeant vers le canapé pour y déposer mon sac-à-dos, j'en profite pour m'asseoir, me détendre et décompresser. (…) Aucun bruit, aucune voix-off, aucun visage ni paire d'yeux ne viennent troubler ma tranquillité… Je respire enfin de bonheur. Je me dirige vers la douche pour me laver puis, comme chaque soir, prendre un repas frugal. D'ailleurs, c'est mon dernier soir. Allez, hop ! Debout ! Je marche vers la salle de bain et enlève mes vêtements de la journée. J'entre dans la cabine et referme la porte vitrée. J'ouvre simultanément les robinets d'eau chaude et froide, afin d'obtenir une température tiède. L'eau s'écoule du pommeau fixé au-dessus de ma tête. Je reste debout, bizarrement il y'a aussi une place assise. Préférant être encore debout, appréciant le calme ainsi que la sensation apaisante de l'eau qui glisse sur mon corps. Une douche du soir, prolongée depuis plus de dix minutes, m'apporte un réel bien-être dans une atmosphère de silence et sous une eau tiède particulièrement agréable. Je profite pleinement de ce moment de tranquillité, tandis que l'eau continue de couler. Je vais encore en profiter quelques instants avant de quitter la douche. Quelques minutes plus tard, après avoir fermé les robinets.

P.489

D'eau chaude et froide, je suis encore trempée et le sol carrelé est glissant. Je préfère poser la serviette par terre pour éviter tout risque d'accident. Je veux absolument éviter de me blesser ; c'est certain, je dois faire attention quand je pose mon pied droit au sol. Il ne faudrait pas que je reste un jour de plus dans cet hôtel, même si j'y ai déjà vécu des semaines pleines d'épreuves incroyables… Sans transition, j'attrape une serviette accrochée au mur en face de moi et je m'essuie soigneusement, sans oublier les pieds – c'est très important pour ne pas glisser. Après être sorti de la douche, je me dirige une dernière fois vers mon placard pour enfiler mon pyjama du soir, il est d'ailleurs déjà **21h20**. Il ne me reste qu'à prendre un repas léger ou non, comme à mon habitude, puis à me coucher sans réfléchir davantage, hormis pour penser au départ prévu le lendemain matin. Ce soir, vêtu de mon pyjama bleu et doré classique, je me rends au réfrigérateur. J'ouvre la porte, me penche pour observer ce que je pourrais manger, car j'ai vraiment très faim. Comme toujours, le choix ne manque pas. Sandwichs découpés en triangles, garnis de légumes comme tomates, salade, oignons et courgettes, ce qui donne un mélange intriguant dans le sandwich. Ils sont accompagnés de mayonnaise et d'une sauce probablement destinée à accompagner la viande dans une petite barquette : poulet, viande hachée, etc. On retrouve également les jus comme je l'ai déjà mentionné. À côté de tout cela, il y a des mini-pizzas faites avec les mêmes ingrédients, ainsi que quelques rondelles de cornichons glissées dans les pains triangulaires. Le plus surprenant, c'est la présence d'un pain qui fait penser au grec, accompagné d'une autre barquette de frites.

CHAT-PIE-TRE-490

Il y-avait de quoi se régaler… Ce soir, je vais simplement me contenter d'un pain grec qui va bien rassasier mon estomac, avec un jus de fruits local pour compléter le repas. En me relevant, je pose le sandwich sur le dessus du frigo avant d'en refermer la porte. Je me tourne alors vers la chaise en bois, avec l'intention de passer une soirée tranquille, quand soudain, une lumière blanche apparaît comme par enchantement ! Dans ma tête, je me dis… Oh non, encore ! J'ai juste envie de manger tranquillement ; il est déjà **21h35**, et voilà qu'on vient encore me déranger ? Que se passe-t-il cette fois ? Puis, je me souviens qu'Aklèf m'avait parlé d'une fameuse « surprise » qui m'attendait dans ma chambre. Je reste donc debout tandis que cette lumière blanche me rappelle Gabbie… Elle devient de plus en plus intense, jusqu'à ce que je voie effectivement Gabbie apparaître juste devant moi ! C'est **génial** : elle est enfin libérée de son univers paradoxal. À cet instant, pour la première fois depuis des semaines, je la vois en personne ; c'est fantastique. "Heureux !! " Tout à coup, Gabbie pose la main sur mon bras gauche pour me confirmer qu'il s'agissait bien d'elle. Je ressens la douceur incomparable de ses mains, ce qui me plonge dans un état de véritable extase. Je tremble encore ! Mes chères lectrices et lecteurs, cela faisait si longtemps que j'attendais ce moment et que je rêvais de sa présence devant moi. Puis Gabbie est arrivée, quelle joie ! Ah, j'en ai les larmes aux yeux… Elles coulent sur mon visage. (…) Un silence s'installe entre nous, mais ce silence est bénéfique ; je profite de cet instant pour enfin l'admirer en chair et en os. Du moins, pour ce soir, je crois. (??)

P.491

Soudain, Gabbie me regarde et me dit : « Gabriel, enfin je te vois en vrai, j'avais vraiment envie de te rencontrer. » Elle ajoute qu'elle voudrait me prendre dans ses bras. Je l'interromps et lui dis qu'elle peut le faire sans problème. À cet instant, Gabbie m'enlace vraiment ; c'est agréable d'être serré dans les bras de quelqu'un d'autre. Après que Gabbie m'a serré dans ses bras, elle m'a dit : « Gabriel, écoute, j'ai quelque chose à te dire. Je voulais vraiment que tu saches pourquoi je ne souhaite pas rester près des guides Aklèf et Guyzen, après m'être éclipsée de la chambre. » Je la regarde avec une sincère et une attention particulière, l'esprit rempli de questions. Gabbie poursuit : est dit ceux-ci « Gabriel, les guides Aklèf et Guyzen étaient présents dans le monde où j'étais bloquée dans le monde paradoxal. Ils n'étaient pas humains, mais bel et bien des dragons. » Je la fixe à nouveau, stupéfait. Je lui demande alors : « Gabbie, explique-moi, je ne comprends pas du tout. Comment ça, les guides Aklèf et Guyzen étaient des dragons ? — Gabbie a ajouté : « Ceux-là, oui Gabriel, les guides n'étaient pas ceux que tu crois. Souviens-toi bien de la fameuse 'Vanessa', le prénom que tu avais donné. » Je l'ai interrompue pour lui répondre : « Oui, d'ailleurs, je n'ai plus du tout revu Vanessa depuis l'incident dans le couloir du musée. » Gabbie poursuit son explication : « Gabriel, il faut que tu saches que si tu as réussi là où les autres n'ont pas terminé leurs quêtes, les guides eux aussi sont différents… D'ailleurs, Gabriel, demain lorsque tu quitteras l'hôtel et l'Égypte, sois prudent. » Je lui demande pourquoi, ce qui l'inquiète à ce point, et pourquoi elle veut me prévenir d'un danger concernant les guides.

P.492

Aklèf et Guyzen. Le regard de Gabbie est plein d'émotions et d'anxiété ; elle répète : « Gabriel, s'il te plaît, fait vraiment attention. Je sais que tu te poses des questions, mais sache que c'est pour ton bien, Gabriel. Je n'ai plus beaucoup de temps pour moi, alors je dois te dire, sur une note positive : merci infiniment de m'avoir enfin permis de sortir de ce paradoxe. Je te souhaite un bon voyage et un bon retour en France. Je la regarde et lui dis : "Gabbie, je te remercie aussi, mais avant que tu partes comme tu es venue, dans cette lumière intensément blanche, je voudrais te dire merci pour chaque moment passé avec toi… Peut-être qu'un jour on se reverra, j'en suis sûr. Mais cette fois, ce sera à ton tour de venir en France juste pour passer des vacances avec moi. Avant son départ, je lui dis ces mots : « Gabbie, lorsque tu viendras en France, tu n'auras pas à t'inquiéter d'énigmes ou d'épreuves farfelues… » Alors que je terminais cette phrase, j'ai vu Gabbie s'en aller, disparaissant comme elle était arrivée, enveloppée dans une lumière **intensément brillante**. Maintenant que je me retrouve véritablement seul dans ma chambre, je vais enfin pouvoir manger mon sandwich grec en toute tranquillité et profiter du calme. Avec ces fameuses frites accompagnées des sauces appropriées, il est presque impensable de manger quelque chose qui ne vient pas du pays. Cependant, chères lectrices et chers lecteurs, ce plat est également international ; je comprends votre avis qu'il est partout pareil. Mais celui-ci a une saveur vraiment particulière. À ce moment-là, j'aperçois sur la table quelque chose de rouge... Je me dis : oh non ! Encore ces fameux yeux rouges si intenses ?

P.493

Gabbie avait probablement raison sur un point : il faut rester attentif aux événements à venir. Je remarque à nouveau sur la table ces deux points rouges qui ressemblent à des yeux familiers. Ils restent immobiles, fixés dans ma direction. Toute cette histoire est décidément étrange. Est-ce vraiment terminé ? Qu'est-ce qui pourrait encore m'arriver ? Toutes les épreuves du musée sont bel et bien terminées, alors qu'ai-je pu oublier ? Les deux points continuent de rester fixes, sans bouger. Je lève les yeux pour regarder l'heure. Finalement, il s'avère que ces deux points rouges intenses étaient simplement ceux du réveil accroché au mur ; je n'y avais pas prêté attention jusqu'à ce jour… Soulagé, je peux enfin me détendre et savourer tranquillement mon sandwich, mes frites et la boisson de mon choix. Entre-temps, par habitude, je jette un œil à ma montre tout en dégustant mon sandwich grec accompagné de frites. Miam ! Miam ! Je me régale ! Il est maintenant **21h45.** Hop ! Hop ! J'ouvre une bouteille de jus de fruits locaux pour faire passer le tout. Croc après croc, bouchée après bouchée… jusqu'à la dernière. Et enfin, la dernière goutte de jus de fruits local… Après avoir savouré chaque morceau et bu jusqu'à la dernière goutte, je termine mon repas. J'ai vraiment l'estomac plein, ouf ! Ça fait du bien, ou ça passe… Je ne sais pas pour vous, chères lectrices et lecteurs, mais le plaisir de manger est bien là. C'était délicieux ! Une fois rassasié, je me suis levé de ma chaise pour jeter tous les emballages : celui du sandwich et la barquette transparente désormais vide, dans la petite poubelle, hop, hop ! Tout dedans… Puis, je suis allé à la douche comme d'habitude pour me nettoyer les dents.

P.494

L'hygiène buccale est très importante, sinon gare aux caries ! Si on néglige cela pendant des semaines, bonjour les dégâts, mais ce n'est que mon avis personnel… Maintenant que mes dents sont bien brossées et propres, je me dirige vers mon lit, m'installe sous la couette légèrement chaude et j'attrape mon super bouquin ! Mes Chères lectrices, chers lecteurs, pouvez-vous deviner quel est mon livre préféré ? Qu'en pensez-vous ? Je vous laisse réfléchir à cette question. Sur ce, je vous souhaite une bonne nuit et vous dis à demain, pour une dernière fois au réveil. Il est maintenant **22h10**. Chaque matin en Égypte, le soleil se lève et ses premiers rayons me réveillent aussitôt... Bonjour à vous, chères lectrices et chers lecteurs ! Comment allez-vous ? Avez-vous passé une bonne nuit ? Pour ma part, je peux enfin répondre « OUI » comme un loir : je n'ai pas été dérangée par des entités ni par des yeux rouges intenses. Pour votre information, « dormir comme un loir » est une expression ancienne datant du VIIIe siècle ; elle fait référence à la longue période d'hypothermie profonde de cet animal, régulièrement comparée au sommeil réparateur que nous connaissons, chez l'humains quand il dort. Voilà pour l'information. Quoi qu'il en soit, désormais je suis bien réveillée, est quitté mon lit avec une grande motivation. Comme à mon habitude, je vais sous la douche seulement pour me laver le visage. J'ouvre les robinets d'eau chaude et froide afin d'obtenir une température tiède, juste comme il faut. En frottant le savon avec de l'eau tiède pour obtenir de la mousse, je l'applique sur mon visage tout en me regardant dans le miroir. J'ai parfois envie de plaisanter à ce moment précis, mais finalement, j'y renonce.

CHAT-PIE-TRE-495

Je me penche ensuite pour bien rincer la mousse de mon visage, puis j'utilise une serviette pour m'essuyer. Pendant que je me sèche, je réfléchis à ce que je vais faire ensuite. Maintenant que je suis sorti de la douche, j'envisage de prendre un petit déjeuner léger. Comme chaque matin, je marche vers la cuisine, une question me viens …En remarquant que mon visage a transpiré durant la nuit. C'est assez étrange d'avoir autant transpiré, mais je n'en fais pas toute une histoire, et je passe à autre chose, sans transition. Maintenant, je me dirige vers le placard de ma chambre afin de prendre des vêtements propres et de m'habiller. J'opte pour un jean que j'ai gardé secrètement, accompagné d'une chemise blanche spécialement choisie pour cette occasion. Lors de mon départ d'Égypte, ces deux habits étaient mes solutions de secours, au cas où je réussirais l'épreuve qui m'avait été confiée dans mon appartement les semaines précédentes. Il faut rappeler que j'étais déjà adulte à cette époque. Ainsi se termine cette petite parenthèse : tout est en ordre, je suis correctement habillé. Il ne me reste plus qu'à prendre ma ration du matin comme prévu, et me voilà prêt pour la journée, frais et élégant. À ma montre et sur l'horloge murale, il est **07h20**. Je me dirige vers la cuisine pour prendre un bol dans le placard, puis j'ouvre les portes et le saisis. Ensuite, j'ouvre le tiroir afin de prendre une cuillère à café. Comme à mon habitude, je me dirige vers le placard en haut à droite, où se trouvent les céréales variées que j'aime prendre régulièrement. Pendant ce temps, je m'approche du frigo, me regardant dans la réflexion de la porte. Dans ma main, je tiens un bol avec une cuillère à café à l'intérieur.

P.496

Tandis que de l'autre côté, il y a la boîte de céréales au blé chocolaté. Arrivé devant le frigo, je pose simplement le tout dessus. J'ouvre la porte, me penche, et saisis le lait de la main gauche. Je me redresse, un silence s'installe… En refermant la porte du frigo, je fais face à un dilemme : comment vais-je réussir à tout porter d'un seul coup ? Deux options s'offrent à moi : effectuer plusieurs allers-retours ou tout transporter d'un coup. Je choisis finalement la seconde option, décidant de placer la boîte de céréales sous mon bras gauche, le lait dans ma main gauche et le bol dans ma main droite. Après un court moment de réflexion, j'emporte l'ensemble vers la table, où je dépose les éléments avec soin. Ensuite, je recule la chaise en bois à l'aide de ma main droite, puis me positionne entre la table et la chaise afin de m'installer confortablement. Enfin, je tire la chaise vers moi à deux mains et me prépare ainsi à savourer mon petit-déjeuner. Installé confortablement sur une chaise en bois, je profite du silence digne d'une cathédrale pour savourer mon petit déjeuner. Je commence toujours par verser le lait dans le bol, puis j'ajoute les céréales chocolatées avant de mélanger le tout avec une cuillère à café. Ces céréales, délicieusement croquantes, rendent ce moment particulièrement agréable. Ce matin à **8h10**, je déguste mon bol bouchée après bouchée, appréciant la douceur sucrée du mélange de céréales au chocolat. L'ambiance paisible ajoute une saveur supplémentaire à cette expérience. Oui, je me sens apaisé, et ce sentiment n'a pas de prix. Quelques minutes plus tard, après avoir terminé mon bol de céréales chocolatées, je me lève direction la cuisine pour rincer le bol.

P.497

Et la cuillère à café au lavabo, laissant couler l'eau froide pendant quelques instants. En refermant le robinet. Je dépose ensuite le bol et cuillère à café sur l'égouttoir, puis je me dirige vers la salle de bain pour me brosser les dents. Prenons quelques minutes supplémentaires pendant le brossage des dents afin d'éviter une mauvaise haleine. J'ouvre le robinet pour laisser couler l'eau froide, puis je prends également le dentifrice, posé à l'intérieur du meuble sous le lavabo. En appuyant sur le tube de dentifrice, je dépose une petite quantité de pâte sur la brosse à dents, qui entre alors en contact avec mes dents. D'un geste allant du haut vers le bas et inversement, de la mousse se forme. Une à trois minutes suffisent pour brosser les dents et terminer cette étape. Une fois que mes dents sont bien nettoyées et le brossage terminé, je quitte la douche. Je suis prêt physiquement à quitter l'hôtel, mais pour le moment je dois attendre que les guides Aklèf et Guyzen qui arriveront, probablement pour me dire au revoir une dernière fois. En consultant ma montre, je constate qu'il est exactement **8h35.** J'attends donc, assis sur le canapé, leur arrivée en restant patient. Je vérifie mentalement si la chambre ne comporte aucun oubli : le lit est fait, tout est soigneusement plié, la salle de bain est complète, et la cuisine est ordonnée, à l'exception du bol et de la cuillère à café qu'il vaut mieux essuyer et ranger à leur place respective. Je me lève alors du canapé pour me rendre dans la cuisine afin d'effectuer ces petites tâches. Je prends une serviette et commence par essuyer le bol ainsi que la cuillère à café. Une fois tout propre et rangé, je plie soigneusement la serviette utilisée et la dépose sur l'égouttoir.

P.498

Ensuite, je m'installe sur le canapé et reste calme en attendant l'arrivée des guides Aklèf et Guyzen. Chères lectrices et chers lecteurs, cette histoire nous aura sans doute donné quelques frissons, ou du moins presque… C'est à votre jugement. Quoi qu'il en soit, j'écoute les pas des touristes qui, comme d'habitude, se déplacent entre leurs chambres et l'ascenseur, que ce soit pour partir ou revenir. Tour à tour, j'entends l'ascenseur monter et descendre, transportant les voyageurs…En parlant justement de voyageurs, il existe une sorte d'habitude concernant les sonneries de la porte de l'ascenseur. Encore une fois, je reconnais ce dernier signal : quelqu'un se dirige vers ma chambre, et d'après mon ressenti, plusieurs personnes viennent vers moi. Je suppose qu'il s'agit probablement des guides Aklèf et Guyzen, mais d'après le bruit des pas, il y a une quatrième personne. Je crois que c'est le chauffeur de taxi, sans doute Gilles, l'ami des chauffeurs ? Pour être sûr, je préfère attendre qu'ils arrivent devant la porte de ma chambre. Une fois devant, je saurai qui est là. En consultant ma montre, il est précisément **9h00**… J'ai hâte de quitter l'Égypte et de retrouver enfin mon apparence d'homme. Lorsque vient le moment de partir, pouvez-vous deviner qui s'approche de moi ? Oui, mes chers lectrices et lecteurs, vous avez vu juste : ce sont les guides Aklèf et Guyzen qui avancent doucement vers la porte… Il ne reste plus qu'un peu de temps avant leur arrivée. La question qui se pose est la suivante : que va-t-il se passer une fois mon retour en France, et plus précisément dans mon appartement ? Actuellement, il semble que les guides se sont justement arrêtés devant ma porte.

P.499

D'après l'observation des ombres, ma théorie s'avère fondée ; il s'agit bien des guides Aklèf et Guyzen qui se trouvent derrière la porte. La présence de leurs ombres confirme de manière certaine qu'ils sont là. D'ailleurs, en parlant d'eux : toc, toc, toc... Je demande : « Qui est là ? » L'un d'eux me répond avec assurance : « Gabriel, c'est nous, les guides Aklèf et Guyzen. » Je reste quelques instants — environ deux minutes — puis je leur pose la question : « Qui est avec vous ? » Le guide Guyzen me répond : « C'est Gilles, l'ami des chauffeurs. » Je reste une minute dans le silence avant de leur dire : « Aklèf et Guyzen, veuillez patienter s'il vous plaît. » À cet instant, Aklèf me rassure : « D'accord, Gabriel, nous patientons. » Une minute plus tard, je leur annonce : « Aklèf et Guyzen, j'arrive ! » Je fais alors quelques pas jusqu'à la porte de ma chambre pour leur ouvrir. J'appuie vers le bas sur la poignée, la tire vers moi tout en reculant, de quelques pas, et la porte s'ouvre largement. Aklèf et Guyzen me regardent tour à tour, puis ils me demandent : « Alors Gabriel, comment s'est passée ta nuit ? » Je leur réponds que cette nuit s'est très bien déroulée et que personne ne m'a dérangé en tant qu'invités surprise ou autres. Puis Guyzen intervient à nouveau et déclare : « C'est une bonne chose pour toi, Gabriel. » À ce moment-là, Aklèf me demande : « Gabriel, as-tu envie de quitter l'Égypte ou préfères-tu rester ici ? » Je le regarde attentivement et lui réponds qu'il serait préférable pour moi de retrouver ma vie professionnelle ainsi que mon foyer. Aklèf ajoute alors : « Mais pas uniquement. » Un silence s'installe entre nous. Ensuite, Gilles l'ami des chauffeurs de taxi, commence à s'impatienter à vouloir.

CHAT-PIE-TRE-500

M'emmener dans un taxi pour me conduire à l'aéroport le plus proche du Caire. Le guide Guyzen m'a demandé de veiller à ne rien laisser derrière moi en quittant définitivement ma chambre. Après avoir vérifié les lieux, j'ai confirmé à Aklèf et Guyzen que tout était en ordre. Je n'emporte avec moi que mon sac de sport contenant l'ensemble de mes vêtements accumulés au fil des semaines ainsi que quelques tenues propres restantes, et mon sac à dos. À cet instant précis, Aklèf s'est approché pour me serrer dans ses bras et m'a souhaité bon voyage, suivi par Guyzen qui m'a également adressé ses vœux de bon retour en France. À cet instant, un silence notable s'installe entre nous quatre : Aklèf, Guyzen, l'ami des chauffeurs et moi-même. Une émotion palpable règne dans le groupe. L'ami des chauffeurs reprend la parole et déclare : « Gabriel, il est temps d'y aller ; un avion t'attend. » Je consulte ma montre une dernière fois — il est **9h40**. Reprenant mes esprits, je réponds à Gilles que je le suis. Il ajoute : « C'est parti Gabriel, allons-y. » Aklèf et Guyzen proposent de m'accompagner à la réception de l'hôtel afin de m'aider à prendre un taxi. J'accepte leur proposition et leur confirme qu'ils peuvent m'accompagner jusqu'à l'arrivée du taxi. Nous nous dirigeons tous ensemble vers l'ascenseur, en constatant que les touristes empruntent également le même chemin. Tout le monde attend patiemment l'arrivée de l'ascenseur à notre étage ; après quelques instants, celui-ci arrive. Pour moi, c'est la dernière fois que j'entends cette sonnerie caractéristique. Dès l'ouverture des portes, les groupes de touristes descendent tour à tour, cinq personnes à chaque fois ; cette fois-ci, la file d'attente est conséquente.

P.501

Il semble évident que je ne suis pas la seule personne à quitter l'hôtel du Caire. Pendant que nous attendions, nous remarquions progressivement que le nombre de touristes diminuait, minute après minute. À chaque coup de sonnette, des personnes descendaient ou montaient dans l'ascenseur, ce qui se répétait à l'inverse ; le temps passait et la foule s'amenuisait aussi, et j'avais l'intuition que notre tour approchait. Soudain, dans le dernier groupe de touristes, l'un d'eux nous indique l'heure suivante : il est bien **10h10**. À cet instant, Aklèf essaie une dernière fois de me parler par la pensée, souhaitant simplement m'informer : "Gabriel, ne t'inquiète pas, tu prendras ton vol **à 12h30,** je te le confirme." J'avais dit d'accord à Aklèf. À peine avait-il terminé sa phrase que l'ascenseur est enfin arrivé, et c'était notre tour de monter. Les portes se sont ouvertes : Aklèf, Guyzen, Gilles, l'ami des chauffeurs, ainsi que moi-même, Gabriel, sommes montés ensemble dans l'ascenseur pour la dernière fois et avons descendu jusqu'au rez-de-chaussée. Nous nous sommes tous dirigés vers la sortie, et, une fois encore, nous avons salué les hôtesses et hôtes en leur disant « bonjour et au revoir ». Tout le personnel d'accueil nous a regardés aussi, nous souhaitant bon voyage à tous. Je leur ai répondu « merci », puis nous avons continué vers la sortie de l'hôtel, où le portier du jour nous avait ouvert la porte. Nous sommes tous sortis, et le portier nous a souhaité bonne journée à chacun ; comme toujours, c'est avec bienveillance que nous lui avons répondu, Aklèf, Guyzen, Gilles et moi-même Gabriel « **bonne journée** » également.

P.502

Gille, l'ami des chauffeurs, fait un signe de la main gauche afin qu'un chauffeur s'approche. À peine sa main abaissée, un taxi vient justement se garer pile devant nous. Aklèf et Guyzen se placent devant moi pour me dire « MERCI-Gabriel ». Soudain, Aklèf prend la parole et ajoute, encore une fois, quelques mots. Merci pour tous tes efforts, au nom de Gabbie qui n'est malheureusement pas avec nous et qui te souhaite aussi un bon voyage et un bon retour en France. Je te souhaite de réussir dans tes projets présents et futurs. Ému, Aklèf me serre dans ses bras, suivi de Guyzen, puis Gilles m'ouvre la porte du taxi en disant : « Gabriel, il est l'heure de partir ». Spontanément, j'acquiesce à sa demande : "D'accord, Gilles, vas-y, mais laisse-moi quelques minutes, s'il te plaît." Gabriel salue cordialement les guides Aklèf, puis Guyzen, en prenant chacun dans ses bras successivement. Une fois que tout le monde a fait ses adieux, Gabriel ne tarde pas à monter dans le taxi. Gilles, connu parmi les chauffeurs, s'installe du côté droit à l'avant, tandis que le conducteur démarre le véhicule. Gabriel consulte sa montre, qui indique précisément **11h00**. Alors qu'ils quittent le stationnement, Gilles demande au chauffeur de se diriger vers l'aéroport du Caire. Le chauffeur acquiesce et continue sa route... Le narrateur reprend une dernière fois le récit de Gabriel en ces termes. Une heure plus tard, à **12h00**, le taxi arrive : Gilles, l'ami des chauffeurs, ainsi que Gabriel arrivent tout juste devant l'aéroport. Ils se dirigent vers le comptoir d'enregistrement pour enregistrer son bagage, puis, une fois cela fait, ils se rendent vers la salle d'embarquement. À ce moment, Gilles, l'ami des chauffeurs.

P.503

Dit au revoir à Gabriel, puis Gilles repart avec son chauffeur. Comme à son habitude Gabriel regarde sa montre, il voie bien **12h30**, il se dit que dans quarante-cinq minutes, il va pouvoir quitter le pays (égyptien) et s'envoler pour la France…Gabriel est assis sur un siège, est attends trente minutes, est une fois de plus, il regarde sa montre indiquant bien **12h55**. Alors que l'avion vient d'atterrir, les hôtesses ouvrent la passerelle reliant la salle d'embarquement à l'appareil. À **13h00**, tous les passagers se lèvent, moi compris, et se dirigent vers le couloir où chacun présente son billet de retour – pour Gabriel, il s'agit du siège **46A**. Nous prenons place à bord. Une fois assis, Gabriel vérifie sa montre : il est **13h15**, moment où l'avion se remplit et sera bientôt prêt à repartir. Quelques minutes plus tard, notre collègue Gabriel décolle à **13h30** en direction de la capitale/ville principale (France). Une fois que toutes les voyageuses et tous les voyageurs y-compris Gabriel, le capitaine de bord à fait ces consignes de sécurité à travers son micro, est avoir souhaiter un bon voyage à tout le monde, est que le vol durera environs 6 heures. Est qu'on arrivera à destination de l'aéroport de paris, vers **20h00**. Nous lui souhaitons un bon retour chez lui. Quant à moi, en tant que narrateur, **je vous remercie d'avoir voyagé DANS L'IMAGINAIRE, avec notre compagnie aérienne/line.**

…Un petit message à vous qui m'avait lu sans doute avec attentions, je voudrais vous remercier, infiniment, mes chères lectrices et une attention sincère. **Si je n'avais pas mis les jours sachez, que c'est fait exprès pour vous puissiez,** mettre les vôtres dans votre propre imaginaires…Encore une fois infiniment merci…

FIN

Au nom du Narrateur, de Gabriel, Gabbie, Aklèf, Guyzen, Vannessa, Gilles, A mes chères lecteurs et lectrices, merci c'était une belle Aventure !!!

www.ingramcontent.com/pod-product-compliance
Lightning Source LLC
LaVergne TN
LVHW011941060526
838201LV00061B/4173